Bedeutung der *Morrison*-Entscheidung des *Supreme Court* der Vereinigten Staaten von Amerika für das US-amerikanische Übernahmerecht und die deutsche Übernahmepraxis

**Europäische Hochschulschriften**

European University Studies

Publications Universitaires Européennes

| | |
|---|---|
| Reihe II | **Rechtswissenschaft** |
| Series II | Law |
| Série II | Droit |

Band/Volume **5810**

Jens König

# Bedeutung der *Morrison*-Entscheidung des *Supreme Court* der Vereinigten Staaten von Amerika für das US-amerikanische Übernahmerecht und die deutsche Übernahmepraxis

PL ACADEMIC RESEARCH

**Bibliografische Information der Deutschen Nationalbibliothek**
Die Deutsche Nationalbibliothek verzeichnet diese Publikation in der Deutschen Nationalbibliografie; detaillierte bibliografische Daten sind im Internet über http://dnb.d-nb.de abrufbar.

Zugl.: Düsseldorf, Univ., Diss., 2015

Dissertation der Juristischen Fakultät der Heinrich-Heine-Universität Düsseldorf
Erstgutachter: Prof. Dr. Ulrich Noack
Zweitgutachter: PD Dr. Michael Beurskens
Tag der mündlichen Prüfung: 17. Juni 2015

D 61
ISSN 0531-7312
ISBN 978-3-631-67031-6 (Print)
E-ISBN 978-3-653-06238-0 (E-Book)
DOI 10.3726/978-3-653-06238-0


PL Academic Research ist ein Imprint der Peter Lang GmbH.
Peter Lang – Frankfurt am Main · Bern · Bruxelles · New York · Oxford · Warszawa · Wien



Diese Publikation wurde begutachtet.

www.peterlang.com

Meinen Eltern

# Vorwort

Die vorliegende Arbeit wurde im Juli 2014 von der rechtswissenschaftlichen Fakultät der Heinrich-Heine-Universität Düsseldorf als Dissertation angenommen. Die Disputation fand am 17. Juni 2015 statt. Literatur und Rechtsprechung sind bis März 2014 berücksichtigt.

Mein Dank gilt meinem Doktorvater Prof. Dr. Ulrich Noack für die Betreuung dieser Arbeit.

Herrn Prof. Dr. Michael Beurskens danke ich herzlich für die zügige Erstellung des Zweitgutachtens.

Danken möchte ich auch den Münchener Partnern der internationalen Wirtschaftskanzlei Skadden, Arps, Slate, Meagher & Flom LLP, Herrn Dr. Bernd R. Mayer und Herrn Dr. Lutz Zimmer, für die Möglichkeit, mich dieser Arbeit neben meiner anwaltlichen Tätigkeit widmen zu können.

Ganz besonderer Dank gebührt ferner meiner Frau für ihr Verständnis, ihre Geduld und ihre wertvollen Anmerkungen beim Korrekturlesen.

Schließlich danke ich von Herzen meinen Eltern für ihre Liebe und ihre langjährige Unterstützung und Förderung. Ihnen widme ich diese Arbeit.

München, im Dezember 2015 Jens König

# Inhaltsverzeichnis


**Abkürzungsverzeichnis** ..... XV

**Erstes Kapitel: Einleitung** ..... 1

A. Einführung ..... 1

B. Untersuchungsgegenstand und Gang der Untersuchung ..... 2

**Zweites Kapitel: Konzeption des deutschen Übernahmerechts** ..... 5

A. Vorbemerkung ..... 5

B. Übernahmeverfahren nach deutschem Recht ..... 5

I. Vorbemerkung ..... 5

II. Barangebote ..... 9

1. Einleitung des Angebotsverfahrens ..... 9

2. Erstellung und Einreichung der Angebotsunterlage bei der BaFin ..... 10

3. Prüfung der Angebotsunterlage durch die BaFin ..... 12

4. Veröffentlichung der Angebotsunterlage ..... 12

5. Laufzeit eines Übernahmeangebots ..... 13

a. Mindest- und Höchstannahmefrist ..... 14

b. Verlängerung der Laufzeit eines Angebots ..... 14

aa. Einberufung der Hauptversammlung der Zielgesellschaft ..... 14

bb. Änderung des Angebots ..... 15

cc. Konkurrierendes Angebot ..... 17

6. Stellungnahme der Zielgesellschaft ..... 18

7. Veröffentlichungs- und Mitteilungspflichten des Bieters während und nach Ablauf der Annahmefrist ..... 19

8. Weitere Annahmefrist ..... 20

9. Veröffentlichungs- und Mitteilungspflichten des Bieters nach Ablauf der weiteren Annahmefrist .....21
10. Abwicklung des Übernahmeangebots .....21
11. Sonstige Bestimmungen .....21
a. Unzulässigkeit von Teil-Übernahmeangeboten .....22
b. Zulässigkeit des Erwerbs von Aktien der Zielgesellschaft außerhalb des Angebotsverfahrens .....23
c. Vertragliche Rücktrittsrechte .....24
12. Haftungsfragen .....24
a. Haftung für eine fehlerhafte Angebotsunterlage (§ 12 Abs. 1 WpÜG) .....24
b. Haftung für das Scheitern der Angebotsfinanzierung (§ 13 Abs. 2 WpÜG) .....26
c. Haftung für eine fehlerhafte Stellungnahme .....26
III. Tauschangebote .....28
1. Keine Prospektpflicht .....29
2. Spezielle Regelungen für Tauschangebote .....29

**Drittes Kapitel: Konzeption des US-amerikanischen Übernahmerechts** .....31

**A. US-amerikanisches Bundesrecht** .....31
I. Williams Act .....32
II. Ausführungsbestimmungen der SEC .....37
III. „*Tender Offer*"-Verfahren nach US-amerikanischem Recht .....38
1. Vorbemerkung .....38
2. Barangebote (*Cash Tender Offers*) .....41
a. Einleitung des Angebotsverfahrens .....41
aa. Beginn des „*Tender Offer*"-Verfahrens (*Commencement*) .....41
bb. Pflichten des Bieters am Tag des *Commencement* .....43
(1) Verbreitungs- und Offenlegungspflichten (*Dissemination and Disclosure Requirements*) .....44
(2) Einreichungspflichten (*Filing Requirements*) .....50

b. Laufzeit des *Tender Offer* ....53
aa. Mindestangebotsfrist (*Minimum Offering Period*) ....53
bb. Verlängerung der Laufzeit eines *Tender Offer* ....54
c. Stellungnahme der Zielgesellschaft ....56
d. Veröffentlichungs- und Mitteilungspflichten des Bieters während und nach Ablauf der Angebotsfrist ....60
e. Abwicklung eines *Tender Offer* ....60
f. Sonstige Bestimmungen ....61
aa. Gleichbehandlungspflicht (*Equal Treatment Requirement*) ....61
(1) *All-Holders Rule* ....62
(2) *Best-Price Rule* ....63
bb. Zuteilung bei Teilangeboten (*Pro Rata Requirement*) ....67
cc. Rücknahmerechte (*Withdrawal Rights*) der Wertpapierinhaber ....69
dd. Weitere Angebotsfrist (*Subsequent Offering Period*) ..70
ee. Unzulässigkeit des Erwerbs von Wertpapieren der Zielgesellschaft außerhalb des „*Tender Offer*"-Verfahrens ....72
g. Haftungsfragen ....74
3. Tauschangebote (*Registered Exchange Offers*) ....77
a. Einleitung des Angebotsverfahrens ....77
b. Pflicht zur Berichterstattung ....82
c. Haftungsfragen ....82
4. *Cross-Border Rules* ....85
a. Exchange Act ....91
aa. *Tier I Exemption* ....91
bb. *Tier II Exemption* ....98
b. Securities Act ....106
B. Einzelstaatliche Regelungen ....109
I. Übernahmegesetze der Einzelstaaten (*Anti-Takeover Statutes*) ....109
II. Wertpapiergesetze der Einzelstaaten (*Blue Sky Laws*) ....114

**Viertes Kapitel: Geographische Reichweite des US-amerikanischen Übernahmerechts und Bedeutung der *Morrison*-Entscheidung im Übernahmekontext** ... 117

A. Traditioneller Ansatz zur Bestimmung der geographischen Reichweite des US-amerikanischen Übernahmerechts ... 118

I. Bundesgesetze ... 118

1. Extraterritoriale Anwendbarkeit der kapitalmarktrechtlichen Betrugsvorschriften – *Effects*- und *Conduct*-Rechtsprechung ... 118

a. Leitentscheidungen des *Second Circuit Court of Appeals* ... 119

aa. *Schoenbaum v. Firstbrook* (1968) ... 119

bb. *Leasco Data Processing Equip. Corp. v. Maxwell* (1972) ... 120

cc. *Bersch v. Drexel Firestone, Inc.* (1975) ... 121

b. Rechtsprechung weiterer US-amerikanischer *Circuit Courts* ... 122

c. Zusammenfassung ... 123

2. Übertragung des *Effects* und des *Conduct Test* auf das US-amerikanische Übernahmerecht ... 124

a. Exchange Act ... 125

aa. Übernahmerechtliche Publizitäts- und Verfahrensvorschriften ... 125

(1) *Plessey Co. plc v. General Elec. Co. plc* (1986) ... 126

(2) *CDC Life Sciences Inc. v. Institut Mérieux S.A.* (1988) ... 129

(3) Traditioneller Standpunkt der SEC ... 130

(4) Schlussfolgerung ... 131

bb. Übernahmerechtliche Betrugsvorschriften ... 132

(1) *Consolidated Gold Fields plc v. Minorco, S.A.* (1989) ... 133

(2) *John Labatt Ltd. v. Onex Corp.* (1995) ... 135

(3) Schlussfolgerung ... 135

b. Securities Act ... 136

II. Einzelstaatliche Regelungen ... 140

B. Grundsatzentscheidung des US-amerikanischen *Supreme Court* zur materiell-rechtlichen Reichweite der kapitalmarktrechtlichen Betrugsvorschriften ........ 140

I. Vorbemerkung ........ 140

II. *Morrison v. National Australia Bank Ltd.* (2010) ........ 140

C. Entwicklungen im US-Kapitalmarktrecht post-*Morrison* ........ 145

I. Reaktion des US-amerikanischen Kongresses auf das *Morrison*-Urteil ........ 145

1. *Enforcement Actions* der SEC und des DOJ ........ 145

2. Privatklagen ........ 146

II. Umsetzung und Konkretisierung der höchstrichterlichen Vorgaben durch instanzgerichtliche Rechtsprechung ........ 147

1. Entscheidungen zur Übertragbarkeit der *Morrison*-Grundsätze auf Ansprüche unter dem Securities Act ........ 147

a. *In re Royal Bank of Scotland Group plc Sec. Litig.* (2011) .... 147

b. *SEC v. Goldman Sachs & Co.* (2011) ........ 150

2. Entscheidungen zur Interpretation und rechtlichen Einordnung von *Morrison*'s „*Domestic Transactions*“ *Prong* .... 153

a. *Absolute Activist Value Master Fund Ltd. v. Ficeto* (2012) ... 153

b. *SEC v. Benger* (2013) ........ 155

c. *In re Sanofi-Aventis Sec. Litig.* (2013) ........ 156

III. Studie der SEC zur internationalen Reichweite des auf § 10(b) Exchange Act gestützten Privatklagerechts ........ 159

1. Ergebnisse der Studie ........ 159

2. Abweichende Stellungnahme von Kommissar *Luis A. Aguilar* ........ 160

D. Bedeutung der *Morrison*-Entscheidung im Übernahmekontext ........ 160

I. Bedeutung des Urteils für das US-amerikanische Übernahmerecht.... 161

II. Bedeutung des Urteils für die deutsche Übernahmepraxis ........ 164

1. Erforderlichkeit eines „*Domestic*“ *Tender Offer* ........ 164

2. „*Domestic*“ *Tender Offer* und deutsche Übernahmepraxis ........ 166

**Zusammenfassung** ........ 169

**Anhang** 171
A. Beispiel für *Summary Advertisement* (*Cash Tender Offer*) 171
B. Ausgewählte Rechtsquellen 178
I. Williams Act 178
1. § 13(d)-(e) Exchange Act [15 U.S.C. § 78m(d)-(e) (2012)] 178
2. § 14(d)-(f) Exchange Act [15 U.S.C. § 78n(d)-(f) (2012)] 182
II. Registrierungs- und Prospektpflicht, § 5 Securities Act [15 U.S.C. § 77e (2012)] 185
III. Bestimmungen der SEC 187
1. Regulation 14D [17 C.F.R. §§ 240.14d-1 *et seq.* (2013)] 187
2. Regulation 14E [17 C.F.R. §§ 240.14e-1 *et seq.* (2013)] 225
3. Securities Act Rule 162 [17 C.F.R. § 230.162 (2013)] 237
4. Securities Act Rules 800 und 802 [17 C.F.R. §§ 230.800 and 230.802 (2013)] 238

**Literaturverzeichnis** 245

# Abkürzungsverzeichnis

| | |
|---|---|
| 1st Cir. | United States Court of Appeals for the First Circuit (Boston) |
| 2d Cir. | United States Court of Appeals for the Second Circuit (New York) |
| 3d Cir. | United States Court of Appeals for the Third Circuit (Philadelphia) |
| 4th Cir. | United States Court of Appeals for the Fourth Circuit (Richmond) |
| 5th Cir. | United States Court of Appeals for the Fifth Circuit (New Orleans) |
| 6th Cir. | United States Court of Appeals for the Sixth Circuit (Cincinnati) |
| 7th Cir. | United States Court of Appeals for the Seventh Circuit (Chicago) |
| 8th Cir. | United States Court of Appeals for the Eighth Circuit (St. Louis) |
| 9th Cir. | United States Court of Appeals for the Ninth Circuit (San Francisco) |
| 10th Cir. | United States Court of Appeals for the Tenth Circuit (Denver) |
| 11th Cir. | United States Court of Appeals for the Eleventh Circuit (Atlanta) |
| a. A. | andere(r) Ansicht |
| a.m. | *ante meridiem* |
| ABA | American Bar Association |
| ABl. EG | Amtsblatt der Europäischen Gemeinschaften (bis 31. Januar 2003) |
| ABl. EU | Amtsblatt der Europäischen Union (seit 1. Februar 2003) |
| *ABN AMRO* | ABN AMRO Holding N.V. |
| Abs. | Absatz; Absätze |
| *ACM* | Absolute Capital Management Holdings Limited |
| *ACS* | ACS Actividades de Construcción y Servicios S.A. |
| ADR | American Depositary Receipt(s) |
| ADS | American Depositary Share(s) |
| *aff'd* | *affirmed* |
| AG | Aktiengesellschaft (Rechtsform); Die Aktiengesellschaft (Zeitschrift) |
| AktG | Aktiengesetz |
| Alb. L. Rev. | Albany Law Review (Zeitschrift) |
| allg. M. | allgemeine(r) Meinung |

| | |
|---|---|
| Alt. | Alternative |
| Am. J. Comp. L. | American Journal of Comparative Law (Zeitschrift) |
| Am. U. L. Rev. | American University Law Review (Zeitschrift) |
| Anh. | Anhang |
| Apr. | April |
| *Aquitaine* | Aquitaine Company of Canada Ltd. |
| Art. | Artikel |
| Aug. | August |
| AWD | Außenwirtschaftsdienst des Betriebs-Beraters (Zeitschrift) |
| BaFin | Bundesanstalt für Finanzdienstleistungsaufsicht |
| *Banff* | Banff Oil Ltd. |
| BB | Betriebs-Berater (Zeitschrift) |
| Bd. | Band |
| Begr. | Begründer; Begründung |
| BGB | Bürgerliches Gesetzbuch (BGB) |
| BKR | Zeitschrift für Bank- und Kapitalmarktrecht (Zeitschrift) |
| BörsG | Börsengesetz (BörsG) |
| Brook. J. Corp. Fin. & Com. L. | Brooklyn Journal of Corporate, Financial & Commercial Law (Zeitschrift) |
| Bros. | Brothers |
| BSJ | Barbara S. Jones, U.S. District Judge |
| BT-Drucks. | Bundestagsdrucksache |
| Bus. L. Int'l | Business Law International (Zeitschrift) |
| Bus. Law. | Business Lawyer (Zeitschrift) |
| bzw. | beziehungsweise |
| C.D. Cal. | United States District Court for the Central District of California |
| C.F.R. | Code of Federal Regulations |
| Cal. Corp. Code | California Corporations Code |
| Cas. | Casualty |
| *CDC* | CDC Life Sciences Inc. |
| CDO | Collateralized Debt Obligation |
| CDS | Credit Default Swap |
| CEO | Chief Executive Officer |
| *cert. denied* | *certiorari denied* |
| CFR | Code of Federal Regulations |
| Ch. | Chapter |
| Chi. J. Int'l L. | Chicago Journal of International Law (Zeitschrift) |
| *Citibank* | Citibank N.A. |
| *Clearstream* | Clearstream Banking Aktiengesellschaft |
| Co. | Company |
| Colum. Bus. L. Rev. | Columbia Business Law Review (Zeitschrift) |

| | |
|---|---|
| Colum. J. Transnat'l L. | Columbia Journal of Transnational Law (Zeitschrift) |
| Comm. | Committee |
| Cong. | Congress |
| Cong. Rec. | Congressional Record |
| *Continental* | Continental Aktiengesellschaft |
| Corp. | Corporation |
| D. Del. | United States District Court for the District of Delaware |
| d. h. | das heißt |
| D.C. Cir. | United States Court of Appeals for the District of Columbia Circuit |
| DB | Der Betrieb (Zeitschrift) |
| DCGK | Deutscher Corporate Governance Kodex |
| Dec. | December |
| Del. J. Corp. L. | Delaware Journal of Corporate Law (Zeitschrift) |
| DepotG | Gesetz über die Verwahrung und Anschaffung von Wertpapieren (Depotgesetz – DepotG) |
| DGCL | Delaware General Corporation Law |
| Diss. | Dissertation |
| Dodd-Frank Act | Dodd-Frank Wall Street Reform and Consumer Protection Act |
| DOJ | U.S. Department of Justice |
| DStR | Deutsches Steuerrecht (Zeitschrift) |
| Duke L.J. | Duke Law Journal (Zeitschrift) |
| DZWir | Deutsche Zeitschrift für Wirtschaftsrecht (Zeitschrift) |
| DZWIR | Deutsche Zeitschrift für Wirtschafts- und Insolvenzrecht (Zeitschrift) |
| E.D. Pa. | United States District Court for the Eastern District of Pennsylvania |
| ECFR | European Company and Financial Law Review (Zeitschrift) |
| ed. | edition |
| EDGAR | Electronic Data Gathering, Analysis, and Retrieval |
| EEOC | U.S. Equal Employment Opportunity Commission |
| EG | Europäische Gemeinschaft |
| Einl. | Einleitung |
| Elec. | Electric |
| Equip. | Equipment |
| *et al.* | *et alii* |
| *et seq.* | *et sequens* |
| EU-Prospektverordnung | Verordnung (EG) Nr. 809/2004 der Kommission vom 29. April 2004 zur Umsetzung der Richtlinie 2003/71/EG des Europäischen Parlaments und des Rates betreffend die in Prospekten enthaltenen Angaben sowie die Aufmachung, die Aufnahme von Angaben in Form eines |

| | |
|---|---|
| | Verweises und die Veröffentlichung solcher Prospekte sowie die Verbreitung von Werbung (ABl. EU Nr. L 149 vom 30. April 2004, S. 1–144, berichtigt in ABl. EU Nr. L 215 vom 16. Juni 2004, S. 3–103 und ABl. EU Nr. L 186 vom 18. Juli 2005, S. 3–104, zuletzt geändert durch Verordnung (EU) Nr. 486/2012 der Kommission vom 30. März 2012 (ABl. EU Nr. L 150 vom 9. Juni 2012, S. 1–65)) |
| EU-Übernahmerichtlinie | Richtlinie 2004/25/EG des Europäischen Parlaments und des Rates vom 21. April 2004 betreffend Übernahmeangebote (ABl. EU Nr. L 142 vom 30. April 2004, S. 12–23, zuletzt geändert durch Verordnung (EG) Nr. 219/2009 des Europäischen Parlaments und des Rates vom 11. März 2009 (ABl. EU Nr. L 87 vom 31. März 2009, S. 109–154)) |
| EWG | Europäische Wirtschaftsgemeinschaft |
| EWR | Europäischer Wirtschaftsraum |
| EWS | Europäisches Wirtschafts- und Steuerrecht (Zeitschrift) |
| Exchange Act | Securities Exchange Act of 1934 |
| f. | folgende |
| F. App'x | Federal Appendix |
| F. Supp. | Federal Supplement |
| F. Supp. 2d | Federal Supplement, Second Series |
| F.2d | Federal Reporter, Second Series |
| F.3d | Federal Reporter, Third Series |
| FDA | U.S. Food and Drug Administration |
| Feb. | February |
| Fed. Reg. | Federal Register |
| ff. | fortfolgende |
| FINRA | Financial Industry Regulatory Authority, Inc. |
| FM | Frank Maas, U.S. Magistrate Judge |
| FMStBG | Gesetz zur Beschleunigung und Vereinfachung des Erwerbs von Anteilen an sowie Risikopositionen von Unternehmen des Finanzsektors durch den Fonds „Finanzmarktstabilisierungsfonds – FMS" (Finanzmarktstabilisierungsbeschleunigungsgesetz – FMStBG) |
| Fn. | Fußnote(n) |
| Fordham J. Corp. & Fin. L. | Fordham Journal of Corporate & Financial Law (Zeitschrift) |
| Fordham L. Rev. | Fordham Law Review (Zeitschrift) |
| FR | Federal Register |
| FS | Festschrift |
| GBD | George B. Daniels, U.S. District Judge |
| *GEC* | The General Electric Company Limited |

| | |
|---|---|
| ggf. | gegebenenfalls |
| GmbH | Gesellschaft mit beschränkter Haftung |
| *Gold Fields* | Consolidated Gold Fields Limited |
| *Goldman Sachs* | Goldman Sachs & Co |
| H. | House |
| h. M. | herrschende(n/r) Meinung |
| H.R. | House of Representatives; House Bill |
| Harv. Bus. L. Rev. | Harvard Business Law Review (Zeitschrift) |
| Harv. Int'l L.J. | Harvard International Law Journal (Zeitschrift) |
| *Hawaii* | Hawaii Annuity Trust Fund for Operating Engineers |
| *HOCHTIEF* | HOCHTIEF Aktiengesellschaft |
| *HomeSide* | HomeSide Lending, Inc. |
| How. L.J. | Howard Law Journal (Zeitschrift) |
| hrsg. | herausgegeben |
| Hrsg. | Herausgeber |
| *HWM* | Hunter World Markets, Inc. |
| i. d. R. | in der Regel |
| i. E. | im Ergebnis |
| i. S. d. | im Sinne des/der |
| i. S. v. | im Sinne von |
| i. V. m. | in Verbindung mit |
| *IBI* | Integrated Biodiesel Industries, Ltd. |
| *IKB* | IKB Deutsche Industriebank Aktiengesellschaft |
| Inc. | Incorporated |
| Indus. | Industries; Industrial |
| Ins. | Insurance |
| Int'l Fin. L. Rev. | International Financial Law Review (Zeitschrift) |
| Int'l Law. | International Lawyer (Zeitschrift) |
| Investment Advisers Act | Investment Advisers Act of 1940 |
| Investment Company Act | Investment Company Act of 1940 |
| Iowa L. Rev. | Iowa Law Review (Zeitschrift) |
| ISIN | International Securities Identification Number |
| J. | Justice |
| J. Corp. L. | Journal of Corporation Law (Zeitschrift) |
| Jan. | January |
| JES | John E. Sprizzo, U.S. District Judge |
| JOBS Act | Jumpstart Our Business Startups Act |
| Jr. | Junior |
| KBF | Katherine B. Forrest, U.S. District Judge |
| *Labatt* | John Labatt Limited |
| Law & Contemp. Probs. | Law and Contemporary Problems (Zeitschrift) |
| Law & Pol'y Int'l Bus. | Law and Policy in International Business (Zeitschrift) |
| Litig. | Litigation |
| Ltd. | Limited |

| | |
|---|---|
| m. w. N. | mit weiteren Nachweisen |
| MAC | Material Adverse Change |
| Mar. | March |
| Md. L. Rev. | Maryland Law Review (Zeitschrift) |
| *Mérieux* | Institut Mérieux S.A. |
| MHD | Michael H. Dolinger, U.S. Magistrate Judge |
| MiFiD | Richtlinie 2004/39/EG des Europäischen Parlaments und des Rates vom 21. April 2004 über Märkte für Finanzinstrumente, zur Änderung der Richtlinien 85/611/EWG und 93/6/EWG des Rates und der Richtlinie 2000/12/EG des Europäischen Parlaments und des Rates und zur Aufhebung der Richtlinie 93/22/EWG des Rates (ABl. EU Nr. L 145 vom 30. April 2004, S. 1–44, berichtigt in ABl. EU Nr. L 45 vom 16. Februar 2005, S. 18–21, zuletzt geändert durch Richtlinie 2010/78/EU des Europäischen Parlaments und des Rates vom 24. November 2010 (ABl. EU Nr. L 331 vom 15. Dezember 2010, S. 120–161)) |
| Minn. J. Int'l L. | Minnesota Journal of International Law (Zeitschrift) |
| *Minorco* | Minorco, S.A. |
| Mio. | Millionen |
| Mrd. | Milliarden |
| n. | footnote |
| N.D. Ga. | United States District Court for the Northern District of Georgia |
| N.D. Ill. | United States District Court for the Northern District of Illinois |
| N.D. Iowa | United States District Court for the Northern District of Iowa |
| N.V. | Naamloze Vennootschap |
| N.Y. Bus. Corp. Law | New York Business Corporation Law |
| N.Y.L.F. | New York Law Forum (Zeitschrift) |
| N.Y.U. J. Int'l L. & Pol. | New York University Journal of International Law and Politics (Zeitschrift) |
| *NAB* | National Australia Bank Limited |
| NASDAQ | National Association of Securities Dealers Automatic Quotation System |
| Nat'l | National |
| NE Carpenters | New England Carpenters Guaranteed Annuity Fund |
| No. | Number |
| Nov. | November |
| Nr. | Nummer |
| NSCC | National Securities Clearing Corporation |

| | |
|---|---|
| Nw. J. Int'l L. & Bus. | Northwestern Journal of International Law & Business (Zeitschrift) |
| Nw. U. L. Rev. | Northwestern University Law Review (Zeitschrift) |
| NZG | Neue Zeitschrift für Gesellschaftsrecht (Zeitschrift) |
| Oct. | October |
| Ohio St. L.J. | Ohio State Law Journal (Zeitschrift) |
| *OTC* | Over The Counter |
| *Paribas* | Paribas Corp. |
| PBCL | Pennsylvania Business Corporation Law |
| *Pergamon* | Pergamon Press Limited |
| PIPE | Private Investment in Public Equity |
| PLC; plc | Public Limited Company |
| *Plessey* | The Plessey Company Limited |
| Pty. Ltd. | Proprietary Limited |
| Pub. | Public |
| Pub. L. No. | Public Law Number |
| *RBS* | The Royal Bank of Scotland Group plc |
| Rdnr. | Randnummer(n) |
| Record of N.Y.C.B.A. | Record of the Association of the Bar of the City of New York (Zeitschrift) |
| RefE | Referentenentwurf |
| RegE | Regierungsentwurf |
| Rep. | Report; Representative |
| Res. | Resources |
| Rev. of Sec. Reg. | Review of Securities Regulation (Zeitschrift) |
| Rev. of Sec. & Commodities Reg. | Review of Securities & Commodities Regulation (Zeitschrift) |
| *rev'd on other grounds* | *reversed on other grounds* |
| RICO Act | Racketeer Influenced and Corrupt Organizations Act |
| RIW | Recht der Internationalen Wirtschaft (Zeitschrift) |
| RJS | Richard J. Sullivan, U.S. District Judge |
| RMBS | Residential Mortgage-Backed Securities |
| S. | Satz; Seite(n); Senate; Senate Bill |
| S. Ct. | Supreme Court Reporter |
| S.A. | Sociedad Anónima; Société Anonyme |
| S.D.N.Y. | United States District Court for the Southern District of New York |
| S.p.A. | Società per Azioni |
| *Sanofi* | Sanofi-Aventis S.A. |
| *Schaeffler* | Schaeffler KG |
| *Schwarz Pharma* | Schwarz Pharma Aktiengesellschaft |
| SDN BHD | Sendirian Berhad |
| SE | Societas Europaea |

| | |
|---|---|
| SE-Verordnung | Verordnung (EG) Nr. 2157/2001 des Rates vom 8. Oktober 2001 über das Statut der Europäischen Gesellschaft (SE) (ABl. EG Nr. L 294 vom 10. November 2001, S. 1–21, zuletzt geändert durch Verordnung (EG) Nr. 1791/2006 des Rates vom 20. November 2006 (ABl. EU Nr. L 363 vom 20. Dezember 2006, S. 1–80)) |
| SEC | U.S. Securities and Exchange Commission |
| Sec. | Section; Securities |
| Sec. Reg. L.J. | Securities Regulation Law Journal (Zeitschrift) |
| Secs. | Sections |
| Securities Act | Securities Act of 1933 |
| Sen. | Senator |
| Sept. | September |
| Sess. | Session |
| SoFFin | Sonderfonds Finanzmarktstabilisierung |
| sog. | so genannte(r/s/n) |
| Stan. L. Rev. | Stanford Law Review (Zeitschrift) |
| Stat. | United States Statutes at Large |
| *sub nom.* | *sub nomine* |
| Subcomm. | Subcommittee |
| Supp. | Supplement |
| Sys. | System |
| Tex. L. Rev. | Texas Law Review (Zeitschrift) |
| Trust Indenture Act | Trust Indenture Act of 1939 |
| u. a. | unter anderem |
| U. Cin. L. Rev. | University of Cincinnati Law Review (Zeitschrift) |
| U. Miami L. Rev. | University of Miami Law Review (Zeitschrift) |
| U.S. | United States; United States Reports |
| U.S. GAAP | United States Generally Accepted Accounting Principles |
| U.S.C. | United States Code |
| ÜbernRLUmsG | Gesetz zur Umsetzung der Richtlinie 2004/25/EG des Europäischen Parlaments und des Rates vom 21. April 2004 betreffend Übernahmeangebote (Übernahmerichtlinie-Umsetzungsgesetz) |
| *Unocal* | Unocal Corporation |
| v. | versus |
| Va. L. Rev. | Virginia Law Review (Zeitschrift) |
| Vand. L. Rev. | Vanderbilt Law Review (Zeitschrift) |
| Verf. | Verfasser |
| vgl. | vergleiche |
| Vill. L. Rev. | Villanova Law Review (Zeitschrift) |
| Vol. | Volume |
| Wake Forest L. Rev. | Wake Forest Law Review (Zeitschrift) |
| Wash. & Lee L. Rev. | Washington and Lee Law Review (Zeitschrift) |

| | |
|---|---|
| Wash. U. L.Q. | Washington University Law Quarterly (Zeitschrift) |
| Williams Act | Williams Act of 1968 |
| Wis. L. Rev. | Wisconsin Law Review (Zeitschrift) |
| WKN | Wertpapierkennnummer |
| WL | Westlaw |
| WM | Wertpapier-Mitteilungen (Zeitschrift) |
| WPg | Die Wirtschaftsprüfung (Zeitschrift) |
| WpHG | Gesetz über den Wertpapierhandel (Wertpapierhandelsgesetz – WpHG) |
| WpPG | Gesetz über die Erstellung, Billigung und Veröffentlichung des Prospekts, der beim öffentlichen Angebot von Wertpapieren oder bei der Zulassung von Wertpapieren zum Handel an einem organisierten Markt zu veröffentlichen ist (Wertpapierprospektgesetz – WpPG) |
| WpÜG | Wertpapiererwerbs- und Übernahmegesetz (WpÜG) |
| WpÜG-AngebotsVO | Verordnung über den Inhalt der Angebotsunterlage, die Gegenleistung bei Übernahmeangeboten und Pflichtangeboten und die Befreiung von der Verpflichtung zur Veröffentlichung und zur Abgabe eines Angebots (WpÜG-Angebotsverordnung) |
| WpÜG-AnwendbarkeitsVO | Verordnung über die Anwendbarkeit von Vorschriften betreffend Angebote im Sinne des § 1 Abs. 2 und 3 des Wertpapiererwerbs- und Übernahmegesetzes (WpÜG-Anwendbarkeitsverordnung) |
| WpÜG-GebührenVO | Verordnung über Gebühren nach dem Wertpapiererwerbs- und Übernahmegesetz (WpÜG-Gebührenverordnung) |
| z. B. | zum Beispiel |
| z. T. | zum Teil |
| ZBB | Zeitschrift für Bankrecht und Bankwirtschaft (Zeitschrift) |
| ZGR | Zeitschrift für Unternehmens- und Gesellschaftsrecht (Zeitschrift) |
| ZHR | Zeitschrift für das gesamte Handelsrecht und Wirtschaftsrecht (Zeitschrift) |
| Ziff. | Ziffer(n) |
| ZIP | Zeitschrift für Wirtschaftsrecht (Zeitschrift) |
| zit. | zitiert |

# Erstes Kapitel: Einleitung

## A. Einführung

Die Berichterstattung in den Medien wird im Falle öffentlicher Übernahmen börsennotierter Publikumsgesellschaften regelmäßig durch deren politische bzw. wirtschaftspolitische Brisanz bestimmt. Namhafte Beispiele aus der jüngeren deutschen Vergangenheit sind etwa die Übernahmen des Automobilzulieferers und Reifenherstellers *Continental* durch *Schaeffler* im Jahre 2008 sowie des Baukonzerns *HOCHTIEF* durch den spanischen Konkurrenten *ACS* um die Jahreswende 2010 / 2011. Weithin verborgen bleiben der Öffentlichkeit hingegen in aller Regel die rechtlichen, insbesondere aufsichtsrechtlichen Fragestellungen. Von besonderem Interesse sind für die deutsche Übernahmepraxis vor allem Berührungspunkte mit den US-amerikanischen Übernahmevorschriften sowie – sollte der Bieter Wertpapiere als Gegenleistung offerieren wollen – den dortigen Registrierungsanforderungen. Ergeben können sich solche Schnittstellen in der Praxis bereits dann, wenn – wie etwa die genannten Beispiele zeigen – Aktionäre der deutschen Zielgesellschaft ihren Sitz bzw. Wohnsitz in den Vereinigten Staaten von Amerika haben.

Dass das US-amerikanische Übernahmerecht aus Anlegerschutzgründen traditionell bereits Geltung beansprucht, wenn dortige Investoren mit einem in erster Linie z. B. deutschem Recht unterliegenden öffentlichen Übernahmeangebot konfrontiert sind, hat nicht nur zur Folge, dass mit der US-Börsenaufsicht SEC eine weitere Aufsichtsbehörde in das Verfahren involviert ist. Vielmehr ergeben sich häufig auch regulatorische Konflikte, zeitliche Verzögerungen und ein für den Bieter erhöhter organisatorischer und finanzieller Aufwand. Zudem erhöht sich signifikant auch das Risiko von Rechtsstreitigkeiten vor US-amerikanischen Gerichten, insbesondere wegen möglicher Verstöße gegen die dortigen kapitalmarktrechtlichen Betrugsvorschriften.

In vielen Ländern hat sich vor diesem Hintergrund über die Jahre eine Art Ausschlusspraxis entwickelt. Sofern gesetzlich zulässig und mit den Zielen bzw. strategischen Erwägungen der Bieter vereinbar, versuchen Letztere typischerweise, der Anwendbarkeit US-amerikanischen Rechts durch Distributionsbeschränkungen und ggf. einen Ausschluss US-amerikanischer Wertpapierinhaber zu entgehen. Auf diese für US-Anleger nachteilige Entwicklung hat die SEC bereits im Jahre 1999 mit dem Erlass der sog. *cross-border rules* reagiert. Wenngleich diese im Jahre 2008 nochmals erheblich ausgeweiteten Befreiungsvorschriften nicht alle im internationalen Übernahmekontext relevanten Normenkonflikte, Haftungsrisiken und sonstigen Beeinträchtigungen gelöst bzw. beseitigt haben, haben sie doch für die Praxis spürbare Erleichterungen geschaffen und die Notwendigkeit gesetzlich legitimierter Durchbrechungen des auch und gerade das deutsche Übernahmerecht beherrschenden Gleichbehandlungsgrundsatzes erheblich verringert.

Obwohl die SEC nicht zuletzt durch den Erlass bzw. die Liberalisierung der genannten *cross-border rules* die – wie insbesondere die Übernahme von *HOCHTIEF* durch *ACS* beweist – auch in Deutschland noch praktizierte Ausschlusspraxis zumindest konkludent gebilligt hat, mangelt es seit jeher an rechtlich verbindlichen Vorgaben sowohl was den geographischen Anwendungsbereich des US-amerikanischen Übernahmerechts als auch die Möglichkeiten bzw. die Voraussetzungen seiner Umgehung betrifft. Es oblag in der Vergangenheit folglich den Gerichten, die entsprechenden Grenzen zu bestimmen. Eine maßgebliche Bedeutung kam dabei der vom *Second Circuit Court of Appeals*, dem für die US-amerikanischen Bundesstaaten Connecticut, New York und Vermont zuständigen Berufungsgericht, seit 1968 geprägten Rechtsprechung zur extraterritorialen Anwendbarkeit der kapitalmarktrechtlichen Betrugsvorschriften zu, da die in jenem Zusammenhang entwickelten Grundsätze von US-amerikanischen Gerichten traditionell auf das inländische Übernahmerecht übertragen wurden.

Mit der Leitentscheidung *Morrison v. National Australia Bank Ltd.*[1] hat der *Supreme Court* der Vereinigten Staaten von Amerika erstgenannter Rechtsprechung am 24. Juni 2010 die Grundlage entzogen. Unterinstanzliche Gerichte haben seither nicht gezögert, die vom *Supreme Court* artikulierten Grundsätze zur Reichweite der allgemeinen „*anti-fraud*“-Bestimmungen auf andere Normen bzw. Gesetze zu übertragen. Ebenfalls adressiert wurde die Problematik der extraterritorialen Anwendbarkeit der kapitalmarktrechtlichen Betrugsvorschriften vom US-amerikanischen Kongress im Rahmen des am 21. Juli 2010 als Reaktion auf die Finanzmarktkrise des Jahres 2007 erlassenen Dodd-Frank Act.[2] Angesichts der Brisanz der aktuellen Entwicklungen sowie der dogmatischen Parallelen erscheint eine vertiefte Auseinandersetzung mit der Bedeutung der *Morrison*-Entscheidung für das bei transatlantischen Übernahmen traditionell zu beachtende US-amerikanische Übernahmerecht sowie die deutsche Übernahmepraxis daher zwingend erforderlich.

## B. Untersuchungsgegenstand und Gang der Untersuchung

Ziel dieser Arbeit ist es, die Bedeutung der *Morrison*-Entscheidung sowie der jüngsten Entwicklungen in den Vereinigten Staaten von Amerika im Bereich der kapitalmarktrechtlichen Betrugsvorschriften für das US-amerikanische Übernahmerecht sowie die deutsche Übernahmepraxis zu analysieren. Nach einer komprimierten Darstellung der Konzeption des deutschen Übernahmerechts im zweiten Kapitel wird die duale Struktur des Übernahmerechts der Vereinigten Staaten von Amerika im dritten Kapitel ausführlich erörtert; in den Grundzügen skizziert werden dabei auch die Übernahmegesetze der einzelnen Bundesstaaten, die sog. *anti-takeover statutes*, sowie die Wertpapiergesetze der Einzelstaaten, die sog. *blue sky laws*. Für

1 130 S. Ct. 2869 (June 24, 2010).

2 Pub. L. No. 111–203, 124 Stat. 1376 (2010). Allgemein zum Dodd-Frank Act siehe etwa *Chaffee*, 60 Am. U. L. Rev. 1431 (2011).

Zwecke der besseren Vergleichbarkeit wird sich die Darstellung in beiden Kapiteln am zeitlichen Ablauf eines Übernahme- bzw. „*tender offer*"-Verfahrens orientieren und sich auf die übernahmespezifischen Rechte und Pflichten der Beteiligten konzentrieren. Den Kern der Arbeit bildet die Analyse der geographischen Reichweite des US-amerikanischen Übernahmerechts und der Bedeutung der Regelungen für die deutsche Übernahmepraxis im vierten Kapitel. Nach ausführlicher Erörterung des traditionellen Ansatzes zur Begründung der extraterritorialen Anwendbarkeit der kapitalmarktrechtlichen Betrugsvorschriften sowie der Übertragung der maßgeblichen Grundsätze auf das US-amerikanische Übernahmerecht wird *en détail* auf die *Morrison*-Entscheidung, die zu den kapitalmarktrechtlichen Betrugsvorschriften erlassenen Extraterritorialitätsbestimmungen des Dodd-Frank Act, unterinstanzliche Gerichtsentscheidungen der jüngeren Vergangenheit sowie die von der SEC im April 2012 veröffentlichte Studie zu diesem Themenkomplex eingegangen. Im Anschluss wird untersucht, ob und ggf. welche Bedeutung die *Morrison*-Entscheidung sowie die durch diese angestoßenen Entwicklungen im Kapitalmarktrecht der Vereinigten Staaten von Amerika für das US-amerikanische Übernahmerecht sowie die deutsche Übernahmepraxis haben.

# Zweites Kapitel: Konzeption des deutschen Übernahmerechts

Öffentliche Übernahmen börsennotierter Unternehmen werden in Deutschland durch das WpÜG, das Wertpapiererwerbs- und Übernahmegesetz, geregelt.[3]

## A. Vorbemerkung

Mit dem am 1. Januar 2002 in Kraft getretenen Regelwerk wurden in Deutschland erstmals verbindliche Verhaltensregeln für die an öffentlichen Übernahmen beteiligten Marktteilnehmer geschaffen. Zu den das Gesetz prägenden allgemeinen Grundsätzen gehören neben der Gleichbehandlung der Aktionäre der Zielgesellschaft insbesondere deren Information sowie die rasche Durchführung des Verfahrens.[4]

Die Entstehungsgeschichte des WpÜG ist eng mit den langjährigen Verhandlungen auf europäischer Ebene über die im Mai 2004 in Kraft getretene EU-Übernahmerichtlinie verbunden.[5] Deren Erlass hatte umfangreiche Änderungen durch das ÜbernRLUmsG vom 8. Juli 2006 zur Folge; Konzeption und Grundsätze des Gesetzes wurden dadurch jedoch ebenso wenig berührt wie durch nachfolgende Änderungsgesetze.

## B. Übernahmeverfahren nach deutschem Recht

Die Konzeption des WpÜG wird nachfolgend in ihren Grundzügen unter Berücksichtigung des zeitlichen Ablaufs eines Übernahmeverfahrens dargestellt. Die getrennte Erörterung von Bar- und Tauschangeboten dient insbesondere der besseren Vergleichbarkeit mit den im dritten Kapitel folgenden Ausführungen zum US-amerikanischen Recht.

### I. Vorbemerkung

Das WpÜG enthält anders als etwa sein US-amerikanisches Pendant sowohl konkrete Angaben zu dessen Anwendungsbereich als auch spezifische Vorgaben zu Art und Höhe der im Rahmen eines Übernahmeangebots zu offerierenden Gegenleistung.

Gemäß § 1 Abs. 1 WpÜG gilt das Gesetz für öffentliche Angebote zum Erwerb von Wertpapieren, die von einer Zielgesellschaft, insbesondere einer Aktiengesellschaft

---

3 Neben dem WpÜG sind im Rahmen öffentlicher Übernahmen i. d. R. auch Regelungen des AktG und des WpHG zu beachten.

4 Vgl. § 3 WpÜG.

5 Zu den Entwicklungen des Übernahmerechts auf europäischer wie nationaler Ebene ausführlich *Zehetmeier-Müller/Zirngibl*, in: Geibel/Süßmann, WpÜG, Einl. Rdnr. 1 ff.

mit Sitz in Deutschland,[6] emittiert wurden und zum Handel an einem organisierten Markt[7] zugelassen sind. Ausgenommen sind nach Auffassung der BaFin[8] und der h. M. in der Literatur[9] lediglich auf den Rückerwerb eigener Aktien gerichtete Offerten.

Hinsichtlich der Art der Angebote unterscheidet das Gesetz in § 2 Abs. 1 zwischen freiwilligen und aufgrund einer Verpflichtung nach dem WpÜG abzugebenden öffentlichen Kauf- und Tauschangeboten. Zu Ersteren gehören nicht nur die in §§ 10 ff. WpÜG geregelten einfachen Erwerbsangebote,[10] sondern auch die auf den Kontrollerwerb abzielenden Übernahmeangebote i. S. d. §§ 29 ff. WpÜG. Pflichtangebote sind demgegenüber in §§ 35 ff. WpÜG geregelt; zur Abgabe eines solchen ist jedoch nur verpflichtet, wer – sei es mittelbar oder unmittelbar – die Kontrolle über eine Zielgesellschaft i. S. d. Gesetzes erlangt hat.[11]

Während der Begriff „Kontrolle" in § 29 Abs. 2 WpÜG als das Halten eines Stimmrechtsanteils von mindestens 30 % definiert ist, hat der deutsche Gesetzgeber auf eine Legaldefinition des für den Anwendungsbereich des Gesetzes zentralen Begriffs des „öffentli*chen Angebots*" bewusst verzichtet. Begründet wurde dies insbesondere mit der „*Vielgestaltigkeit der möglichen Sachverhalte*" sowie der „*Gefahr von Umgehungsmöglichkeiten*".[12] Die Öffentlichkeit eines Angebots ist daher letztlich anhand diverser Kriterien zu bestimmen, wie z. B. dem Kreis der Angebotsadressaten, der Art der Verbreitung des Angebots sowie dessen inhaltlicher Gestaltung.[13]

---

6 Gemäß § 2 Abs. 3 WpÜG sind „*Zielgesellschaften*" i. S. d. WpÜG auch Kommanditgesellschaften auf Aktien mit Sitz im Inland sowie Gesellschaften mit Sitz in einem anderen Staat des EWR. Eine SE ist gemäß Art. 10 SE-Verordnung wie eine inländische Aktiengesellschaft zu behandeln.

7 Als „*organisierter Markt*" gelten gemäß § 2 Abs. 7 WpÜG sowohl der regulierte Markt an einer Börse in Deutschland (§§ 32 ff. BörsG) als auch der geregelte Markt i. S. d. Art. 4 Abs. 1 Nr. 14 MiFiD in einem anderen Staat des EWR. Der inländische Freiverkehr (§ 48 BörsG) ist nicht vom Anwendungsbereich des Gesetzes erfasst. Siehe *Noack/Holzborn*, in: Schwark/Zimmer, KMRK, § 2 WpÜG Rdnr. 47.

8 Ausführlich zur ursprünglichen Verwaltungspraxis der BaFin sowie zur „*Kehrtwende*" der Behörde im Jahre 2006 *Pluskat*, NZG 2006, 731 ff.

9 Vgl. etwa *Angerer*, in: Geibel/Süßmann, WpÜG, § 1 Rdnr. 128; *Noack/Holzborn*, in: Schwark/Zimmer, KMRK, § 1 WpÜG Rdnr. 11; *Schüppen*, in: FK-WpÜG, § 1 Rdnr. 31 ff.; *Versteegen*, in: KK-WpÜG, § 1 Rdnr. 64. Vor der „*Kehrtwende*" der BaFin im Jahre 2006 bereits *Baum*, ZHR 167 (2003) 580 ff.; *Berrar/Schnorbus*, ZGR 2003, 59, 63 ff.; *Koch*, NZG 2003, 61 ff.; *Süßmann*, AG 2002, 424 ff. A. A. *Wackerbarth*, in: MünchKommAktG, § 2 WpÜG Rdnr. 23 ff.

10 Einfache Erwerbsangebote i. S. d. §§ 10 ff. WpÜG können sowohl auf den Erwerb bzw. Ausbau einer Beteiligung unterhalb der Kontrollschwelle als auch auf den Ausbau einer bereits bestehenden Kontrollposition gerichtet sein. Siehe *Angerer*, in: Geibel/Süßmann, WpÜG, § 1 Rdnr. 10 ff.

11 Zur befreienden Wirkung eines Übernahmeangebots siehe § 35 Abs. 3 WpÜG.

12 Begr. RegE WpÜG, BT-Drucks. 14/7034 vom 5. Oktober 2001, S. 33.

13 Vgl. Begr. RegE WpÜG, BT-Drucks. 14/7034 vom 5. Oktober 2001, S. 33.

Im Hinblick auf die Art der Gegenleistung bestimmt das WpÜG in § 31 Abs. 2, dass diese entweder in einem Geldbetrag in Euro oder in liquiden, zum Handel an einem organisierten Markt zugelassenen Aktien bestehen muss. Neben einer dieser gesetzlich vorgeschriebenen Gegenleistungsarten steht es dem Bieter allerdings frei, den Aktionären der Zielgesellschaft alternativ eine andere Gegenleistung anzubieten.[14] Ebenfalls zulässig sind Angebote bestehend aus einer Bar- und einer Aktienkomponente – sei es, dass der Bieter beide Komponenten miteinander kombiniert oder diese wahlweise[15] offeriert.[16] Mit dem durch § 31 Abs. 2 WpÜG bezweckten Schutz der Aktionäre vereinbar ist überdies eine Kombination der gesetzlich vorgeschriebenen Gegenleistungselemente mit einer den Anforderungen der Norm nicht entsprechenden Gegenleistung, sofern Letztere gewissermaßen als „*add on*" gewährt, der gesetzlich vorgeschriebene Mindestwert mithin bereits durch das bzw. die Pflichtgegenleistungselement(e) erreicht oder überschritten wird.[17] Keinen Bedenken begegnen schließlich auch die eher im angloamerikanischen Raum verbreiteten sog. *mix and match offers*, bei denen der Bieter den Adressaten des Angebots ermöglicht, Art und Zusammensetzung der Gegenleistung in den Grenzen der von ihm angebotenen Gesamtgegenleistung nach eigenen Präferenzen zusammenzustellen.[18]

Einschränkungen der Entscheidungsfreiheit des Bieters im Hinblick auf die Art der Gegenleistung ergeben sich aus Gründen der Gleichbehandlung lediglich aus § 31 Abs. 3 WpÜG. Nach dieser Vorschrift ist der Bieter verpflichtet, den Aktionären der Zielgesellschaft zumindest alternativ[19] ein Barangebot zu unterbreiten, wenn er, mit ihm gemeinsam handelnde Personen oder deren Tochterunternehmen in den sechs Monaten vor der Veröffentlichung der Entscheidung zur Abgabe des Übernahmeangebots bis zum Ablauf der Annahmefrist insgesamt mindestens 5 % der

14 Begr. RegE WpÜG, BT-Drucks. 14/7034 vom 5. Oktober 2001, S. 55.

15 Siehe § 21 Abs. 1 Nr. 2 WpÜG.

16 *Santelmann/Nestler*, in: Steinmeyer, WpÜG, § 31 Rdnr. 64.

17 Ebenso *Krause*, in: Assmann/Pötzsch/Uwe H. Schneider, WpÜG, § 31 Rdnr. 65; *Marsch-Barner*, in: Baums/Thoma, WpÜG, Bd. II, § 31 Rdnr. 61; *Noack*, in: Schwark/Zimmer, KMRK, § 31 WpÜG Rdnr. 52; a. A. *Kremer/Oesterhaus*, in: KK-WpÜG, § 31 Rdnr. 38; *Süßmann*, in: Geibel/Süßmann, WpÜG, § 31 Rdnr. 25 f.

18 In Deutschland sind seit 2002 [Stand: 16. März 2014] noch keine öffentlichen Angebote i. S. d. WpÜG als *mix and match offer* strukturiert worden. Zur Zulässigkeit solcher Angebote nach deutschem Recht siehe *Krause*, in: Assmann/Pötzsch/Uwe H. Schneider, WpÜG, § 31 Rdnr. 64; *Marsch-Barner*, in: Baums/Thoma, WpÜG, Bd. II, § 31 Rdnr. 61; *Oppenhoff*, in: Beck'sches Handbuch der AG, § 27 Rdnr. 132; *Seydel*, in: KK-WpÜG, § 11 Rdnr. 53; *Süßmann*, in: Geibel/Süßmann, WpÜG, § 31 Rdnr. 26.

19 H. M.; vgl. etwa Begr. RegE WpÜG, BT-Drucks. 14/7034 vom 5. Oktober 2001, S. 55; *Haarmann*, in: FK-WpÜG, § 31 Rdnr. 99, 106; *Kremer/Oesterhaus*, in: KK-WpÜG, § 31 Rdnr. 58; *Noack*, in: Schwark/Zimmer, KMRK, § 31 WpÜG Rdnr. 72; *Süßmann*, in: Geibel/Süßmann, WpÜG, § 31 Rdnr. 29.

Aktien oder Stimmrechte an der Zielgesellschaft gegen Zahlung einer Geldleistung erworben haben.

Während für einfache öffentliche Erwerbsangebote keine gesetzlichen Mindestpreisregelungen gelten, haben Bieter den Adressaten von Übernahmeangeboten zudem eine „*angemessene Gegenleistung*" anzubieten, wobei bei der Bestimmung der Angemessenheit neben dem durchschnittliche Börsenkurs der Aktien der Zielgesellschaft auch etwaige Vorerwerbe durch den Bieter, mit ihm gemeinsam handelnde Personen oder deren Tochterunternehmen zu berücksichtigen sind.[20] Ergänzt werden diese Vorgaben durch die aufgrund der Ermächtigung in § 31 Abs. 7 WpÜG vom Bundesministerium der Finanzen erlassenen §§ 3 bis 7 WpÜG-AngebotsVO, welche Einzelheiten zur Berechnung des den Aktionären zu offerierenden Mindestwertes wie auch den maßgeblichen Referenzperioden enthalten.

§ 3 Abs. 1 WpÜG-AngebotsVO wiederholt zunächst den Inhalt von § 31 Abs. 1 S. 1 WpÜG (Satz 1) und legt sodann fest, dass die den Angebotsadressaten anzubietende Gegenleistung den nach den §§ 4 bis 6 WpÜG-AngebotsVO festgelegten Mindestwert nicht unterschreiten darf (Satz 2). Daraus folgt, dass von den in § 4 und § 5 WpÜG-AngebotsVO normierten Wertuntergrenzen, namentlich Höhe der Gegenleistung bei Vorerwerben bzw. gewichteter durchschnittlicher inländischer Börsenkurs der Aktien der Zielgesellschaft während der letzten drei Monate vor Veröffentlichung der Entscheidung des Bieters zur Abgabe des Übernahmeangebots, die jeweils höhere Gegenleistung maßgeblich ist.[21]

Besteht die vom Bieter angebotene Gegenleistung zumindest teilweise in Aktien, ist im Hinblick auf die Berechnung des Umtauschverhältnisses zusätzlich § 7 WpÜG-AngebotsVO zu beachten. Danach ist der Wert der vom Bieter zum Tausch vorgesehenen Aktien in entsprechender Anwendung der §§ 5 und 6 WpÜG-AngebotsVO, d. h. auf der Grundlage ihres (ggf. gewichteten) durchschnittlichen Börsenkurses während der letzten drei Monate vor Bekanntgabe der Übernahmeabsicht, zu ermitteln. Der Anwendungsbereich letzterer Vorschrift betrifft dabei den Fall, dass die vom Bieter offerierten Aktien ausschließlich zum Handel an einem organisierten Markt im europäischen Ausland zugelassen sind.[22]

---

20 Siehe § 31 Abs. 1 S. 1 und 2 WpÜG.

21 § 6 WpÜG-AngebotsVO findet seit dem 14. Juli 2006, dem Zeitpunkt des Inkrafttretens des ÜbernRLUmsG, nur noch über den Verweis in § 7 WpÜG-AngebotsVO Anwendung. Vgl. § 1 Abs. 2 und 4 WpÜG i. V. m. § 1 WpÜG-AnwendbarkeitsVO sowie Beschlussempfehlung und Bericht des Finanzausschusses, BT-Drucks. 16/1541 vom 18. Mai 2006, S. 13.

22 Beschlussempfehlung und Bericht des Finanzausschusses, BT-Drucks. 16/1541 vom 18. Mai 2006, S. 13.

## II. Barangebote

### *1. Einleitung des Angebotsverfahrens*

Das formalisierte Angebotsverfahren wird nach der Konzeption des WpÜG mit der Veröffentlichung der Entscheidung des Bieters zur Abgabe des Angebots eingeleitet.[23] Sobald der Bieter diese Entscheidung getroffen hat,[24] muss er unverzüglich die Geschäftsführungen sämtlicher inländischer[25] Börsen, an denen Wertpapiere des Bieters, der Zielgesellschaft oder anderer durch das Angebot unmittelbar betroffener Gesellschaften zum Handel zugelassen sind und / oder auf diese Wertpapiere bezogene Derivate gehandelt werden, sowie die BaFin über seine Entscheidung informieren.[26] Durch diese Vorabmitteilung, die mindestens 20 bis 30 Minuten vor der eigentlichen Veröffentlichung der Entscheidung zu erfolgen hat,[27] wird zum einen sichergestellt, dass die Geschäftsführungen der betreffenden Börsen den Aktienhandel – soweit erforderlich – aussetzen (oder einstellen) können; zum anderen ist die Vorabmitteilung auch und gerade im Hinblick auf die Überwachungsaufgabe der BaFin von Bedeutung.[28]

Die Veröffentlichung der Entscheidung zur Angebotsabgabe selbst hat im Anschluss an die Unterrichtung der Börsen und der BaFin sowohl durch Bekanntgabe im Internet als auch über ein bei institutionellen Marktteilnehmern weit verbreitetes elektronisch betriebenes Informationsverbreitungssystem (z. B. Bloomberg oder Reuters) zu erfolgen.[29] Eine Veröffentlichung in anderer Weise ist hingegen erst im Anschluss an die Herstellung der sog. Bereichsöffentlichkeit gestattet.[30]

---

23 *Ekkenga/Hofschroer*, DStR 2002, 724, 726; *Thoma*, NZG 2002, 105, 107; *Wackerbarth*, in: MünchKommAktG, § 10 WpÜG Rdnr. 1; *Walz*, in: FK-WpÜG, § 10 Rdnr. 2.

24 Bei mehrstufigen Entscheidungsprozessen besteht die übernahmerechtliche Veröffentlichungspflicht nach h. M. erst, wenn der Aufsichtsrat des Bieters der Entscheidung zugestimmt hat. So etwa *Brandi/Süßmann*, AG 2004, 642, 652; *Geibel*, in: Geibel/Süßmann, WpÜG, § 10 Rdnr. 13 ff.; *Hirte*, in: KK-WpÜG, § 10 Rdnr. 34 f.; *Lebherz*, WM 2010, 154, 155; *Thoma*, in: Baums/Thoma, WpÜG, Bd. I, § 10 Rdnr. 20 ff.; a. A. *Wackerbarth*, in: MünchKommAktG, § 10 WpÜG Rdnr. 32 ff.

25 Begr. RegE WpÜG, BT-Drucks. 14/7034 vom 5. Oktober 2001, S. 40; *Geibel*, in: Geibel/Süßmann, WpÜG, § 10 Rdnr. 48; *Hirte*, in: KK-WpÜG, § 10 Rdnr. 58; *Noack/Holzborn*, in: Schwark/Zimmer, KMRK, § 10 WpÜG Rdnr. 18.

26 § 10 Abs. 2 S. 1 WpÜG.

27 *Assmann*, in: Assmann/Pötzsch/Uwe H. Schneider, WpÜG, § 10 Rdnr. 56; *Hirte*, in: KK-WpÜG, § 10 Rdnr. 51; *Thoma*, in: Baums/Thoma, WpÜG, Bd. I, § 10 Rdnr. 69.

28 Begr. RegE WpÜG, BT-Drucks. 14/7034 vom 5. Oktober 2001, S. 40; *Assmann*, in: Assmann/Pötzsch/Uwe H. Schneider, WpÜG, § 10 Rdnr. 56. Eine Befreiung von der Pflicht zur Vorabinformation kommt unter den Voraussetzungen des § 10 Abs. 2 S. 3 WpÜG lediglich für im Ausland wohnhafte bzw. ansässige Bieter in Betracht.

29 § 10 Abs. 3 S. 1 WpÜG.

30 § 10 Abs. 3 S. 3 WpÜG.

Obligatorischer Mindestinhalt der Veröffentlichung ist neben der Tatsache, dass ein Angebot beabsichtigt ist, die genaue Bezeichnung des Bieters, der Zielgesellschaft sowie der voraussichtlich betroffenen Wertpapiere (WKN / ISIN).[31] Zusätzlich ist gemäß § 10 Abs. 3 S. 2 WpÜG die Adresse anzugeben, unter der die Angebotsunterlage im Internet veröffentlicht wird.[32] Nicht enthalten muss die Veröffentlichung hingegen die konkreten Konditionen des beabsichtigten Angebots, wie z. B. Art und Höhe der Gegenleistung.[33] Die Veröffentlichung entsprechender Eckpunkte ist in der Praxis dennoch allgemein üblich.

Unverzüglich nach der Veröffentlichung der Entscheidung zur Abgabe des Angebots hat der Bieter nicht nur die entsprechende Meldung den Börsengeschäftsführungen und der BaFin zu übersenden,[34] sondern auch den Vorstand der Zielgesellschaft schriftlich von seiner Entscheidung in Kenntnis zu setzen.[35] Eine Pflicht des Bieters zur unverzüglichen Unterrichtung der eigenen Belegschaft ergibt sich überdies aus § 10 Abs. 5 S. 3 WpÜG. Ebenfalls gesetzlich geregelt ist die Unterrichtung der Arbeitnehmer der Zielgesellschaft, welche gemäß § 10 Abs. 5 S. 2 WpÜG durch den Vorstand selbiger zu erfolgen hat, und zwar unverzüglich nach der eigenen Unterrichtung durch den Bieter.

### *2. Erstellung und Einreichung der Angebotsunterlage bei der BaFin*

Die Angebotsunterlage hat der Bieter gemäß § 14 Abs. 1 S. 1 WpÜG binnen vier Wochen nach Bekanntgabe seiner Übernahmeabsicht zu erstellen und der BaFin zur Prüfung vorzulegen. Ist dem Bieter die Einhaltung dieser vierwöchigen Regelfrist nicht möglich, kann die Aufsichtsbehörde die Frist insbesondere bei grenzüberschreitenden Angeboten auf dessen Antrag um bis zu vier Wochen verlängern.[36]

---

31 *Santelmann/Steinhardt*, in: Steinmeyer, WpÜG, § 10 Rdnr. 22.

32 Ein Teil der Literatur fordert zusätzlich die in der Praxis übliche Angabe, ob der Bieter ein einfaches Erwerbsangebot i. S. d. §§ 10 ff. WpÜG oder ein Übernahmeangebot i. S. d. §§ 29 ff. WpÜG abzugeben beabsichtigt. Siehe *Noack/Holzborn*, in: Schwark/Zimmer, KMRK, § 10 WpÜG Rdnr. 27; *Santelmann/Steinhardt*, in: Steinmeyer, WpÜG, § 10 Rdnr. 22; *Thoma*, in: Baums/Thoma, WpÜG, Bd. I, § 10 Rdnr. 55.

33 Allg. M., vgl. statt aller *Thoma*, in: Baums/Thoma, WpÜG, Bd. I, § 10 Rdnr. 56 m. w. N.

34 Siehe § 10 Abs. 4 S. 1 WpÜG sowie die für ausländische Bieter unter Umständen geltende Sonderregelung in Satz 2 der Vorschrift.

35 § 10 Abs. 5 S. 1 WpÜG. Die Pflicht zur Unterrichtung des Vorstands der Zielgesellschaft dürfte bei einem bevorstehenden Übernahmeangebot in erster Linie der Verdeutlichung des Bestehens des Vereitelungs- und Behinderungsverbots nach § 33 WpÜG dienen. So etwa *Geibel*, in: Geibel/Süßmann, WpÜG, § 10 Rdnr. 79. Nicht Adressat der Mitteilung nach § 10 Abs. 5 S. 1 WpÜG ist der Aufsichtsrat der Zielgesellschaft; dessen Unterrichtung richtet sich nach § 90 AktG. Vgl. *Noack/Holzborn*, in: Schwark/Zimmer, KMRK, § 10 WpÜG Rdnr. 34.

36 § 14 Abs. 1 S. 3 WpÜG.

Inhaltlich hat die in deutscher Sprache abzufassende und vom Bieter zu unterzeichnende Angebotsdokumentation[37] nach der Generalklausel des § 11 Abs. 1 S. 2 WpÜG sämtliche Angaben zu enthalten, die erforderlich sind, um in Kenntnis der Sachlage über das Angebot entscheiden zu können. Die nach Vorstellung des Gesetz- bzw. Verordnungsgebers typischerweise für eine informierte Entscheidung der Wertpapierinhaber erforderlichen und daher aufzunehmenden Angaben ergeben sich sodann aus § 11 Abs. 2 und 3 WpÜG wie auch aus § 2 WpÜG-AngebotsVO.

In § 11 Abs. 2 WpÜG unterscheidet das Gesetz – wenn auch ohne materiellrechtliche Relevanz – zwischen *„Angaben über den Inhalt des Angebots"* und *„ergänzende[n] Angaben"*. Unter Ersteren versteht das Gesetz in Satz 2 der Vorschrift neben Angaben zur Identifizierung des Bieters (Nr. 1) und der Zielgesellschaft (Nr. 2) insbesondere Informationen zu den vom Angebot umfassten Wertpapieren (Nr. 3), zur Art und Höhe der vom Bieter für diese gebotenen Gegenleistung (Nr. 4), zu den Bedingungen, von denen die Wirksamkeit des Angebots abhängt (Nr. 5),[38] sowie zu Beginn und Ende der Annahmefrist (Nr. 6). Als *„ergänzende Angaben"* bezeichnet § 11 Abs. 2 S. 3 WpÜG demgegenüber sowohl Angaben zur Finanzierung des Angebots bzw. zu den voraussichtlichen Auswirkungen eines erfolgreichen Angebots auf die Vermögens-, Finanz- und Ertragslage des Bieters (Nr. 1) als auch solche zu den Absichten des Bieters im Hinblick auf die künftige Geschäftstätigkeit der Zielgesellschaft (Nr. 2) sowie zu sämtlichen den Mitgliedern von Vorstand und / oder Aufsichtsrat der Zielgesellschaft gewährten oder in Aussicht gestellten geldwerten Vorteilen (Nr. 3). Barangeboten hat der Bieter überdies gemäß Nummer 4 der Vorschrift als Anlage eine Finanzierungsbestätigung i. S. d. § 13 Abs. 1 S. 2 WpÜG beizufügen.[39]

Zu den nach § 2 WpÜG-AngebotsVO ebenfalls in die Angebotsunterlage aufzunehmenden Angaben gehören schließlich neben solchen zu etwaigen mit dem Bieter bzw. der Zielgesellschaft gemeinsam handelnden Personen (Nr. 1) insbesondere Details zu den zur Festsetzung der Gegenleistung angewandten Bewertungsmethoden (Nr. 3), zur technischen Abwicklung des Angebots (Nr. 4), zu den vom Bieter bereits gehaltenen Wertpapieren (Nr. 5), zu Art und Umfang der bei Vorerwerben gewährten oder vereinbarten Gegenleistung (Nr. 7) sowie zum Erfordernis und Stand behördlicher, insbesondere kartellrechtlicher Genehmigungen und Verfahren (Nr. 8).

---

37 Vgl. § 11 Abs. 1 S. 4 und 5 WpÜG.

38 In der Praxis verbreitet sind vor allem Kartellvorbehalte, Mindestannahmequoten und MAC-Bedingungen. Zu den Anforderungen an Letztere siehe insbesondere *Berger/Filgut*, WM 2005, 253 ff.; *Hasselbach*, in: KK-WpÜG, § 18 Rdnr. 58 ff.; *Hasselbach/Wirtz*, BB 2005, 842 ff.; *Hopt*, in: FS Schmidt, S. 681 ff.; *Merkner/Sustmann*, in: Baums/Thoma, WpÜG, Bd. I, § 18 Rdnr. 116 ff. Finanzierungsvorbehalte sind nach deutschem Recht hingegen unzulässig. Vgl. *Merkner/Sustmann*, in: Baums/Thoma, WpÜG, Bd. I, § 18 Rdnr. 136 ff. m. w. N. Allgemein zu Bedingungen in Übernahmeangeboten *Busch*, AG 2002, 145 ff.

39 Vgl. *Lenz/Linke*, AG 2002, 361, 364. Zu Inhalt und Rechtsnatur von Finanzierungsbestätigungen siehe *Berrar*, ZBB 2002, 174 ff.

Ebenfalls nicht fehlen dürfen gemäß § 2 Nr. 9, 11 und 12 WpÜG-AngebotsVO abstrakte Hinweise auf gesetzliche Fristverlängerungen und Rücktrittsrechte sowie – sollte es sich um ein grenzüberschreitendes Angebot handeln – Angaben darüber, welchem Recht die durch Annahme des Angebots zwischen Bieter und Wertpapierinhabern zustande kommenden Verträge unterliegen.

Aus haftungsrechtlichen Gründen erforderlich sind gemäß § 11 Abs. 3 WpÜG schließlich spezifische Angaben zu den Personen und / oder Gesellschaften, die für den Inhalt der Angebotsunterlage die Verantwortung übernehmen; zudem verlangt das Gesetz von diesen insbesondere eine Erklärung, dass die in der Angebotsunterlage enthaltenen Angaben ihres Wissens richtig sind und keine wesentlichen Umstände ausgelassen wurden.

### *3. Prüfung der Angebotsunterlage durch die BaFin*

Nach Eingang der Angebotsunterlage prüft die BaFin diese sowohl auf Vollständigkeit als auch auf offensichtliche Verstöße gegen das WpÜG und die WpÜG-AngebotsVO.[40] Die Frist für diese formelle und eingeschränkt materielle Prüfung beträgt gemäß § 14 Abs. 2 S. 1 WpÜG zehn Werktage. Innerhalb dieser Frist kann die BaFin die Veröffentlichung der Angebotsunterlage gestatten oder das Angebot untersagen. Spielraum hat die BaFin hinsichtlich der Frist nur insofern als sie dem Bieter angesichts der weitreichenden Folgen einer Untersagungsverfügung gemäß § 14 Abs. 2 S. 3 WpÜG eine einmalige Nachfrist von bis zu fünf Werktagen einräumen kann, um beanstandete Mängel zu beseitigen und eine drohende Untersagung abzuwenden.[41]

### *4. Veröffentlichung der Angebotsunterlage*

Gestattet die BaFin die Veröffentlichung der Angebotsunterlage hat der Bieter diese gemäß § 14 Abs. 2 S. 1, Abs. 3 S. 1 WpÜG unverzüglich durch Bekanntgabe im Internet sowie im Bundesanzeiger zu veröffentlichen.[42] Alternativ zur Veröffentlichung

40 Vgl. §§ 14 Abs. 2 und 15 Abs. 1 Nr. 1 und 2 WpÜG.

41 Zu den Rechtsfolgen einer Untersagung des Angebots siehe insbesondere § 15 Abs. 3 S. 1 WpÜG (gesetzliches Verbot der Veröffentlichung der Angebotsunterlage), § 15 Abs. 3 S. 2 WpÜG (Nichtigkeit von Rechtsgeschäften) und § 26 Abs. 1 S. 1 WpÜG (Sperrfrist). Die Sanktionen bei Nichtbeachtung einer Untersagungsverfügung sind in § 60 Abs. 1 Nr. 6 WpÜG (Ordnungswidrigkeit) und § 46 WpÜG (Zwangsmittel) geregelt.

42 Gleiches gilt, wenn die Aufsichtsbehörde die Prüffrist von zehn bzw. maximal fünfzehn Werktagen verstreichen lässt, ohne das Angebot zu untersagen. Vgl. § 14 Abs. 1 S. 2 WpÜG (Eingangsbestätigung) und § 14 Abs. 2 S. 1 Alt. 2 WpÜG (Gestattungsfiktion). Die von der BaFin für die Gestattung der Veröffentlichung der Angebotsunterlage bzw. das Verstreichenlassen der Prüffrist zu erhebende Gebühr beträgt gemäß § 47 WpÜG i. V. m. §§ 2 Abs. 1 Nr. 2 und 4 Abs. 1 Nr. 5 WpÜG-GebührenVO zwischen EUR 10.000 und EUR 100.000. Der identische Gebührenrahmen gilt auch

der Angebotsunterlage im Bundesanzeiger kann der Bieter diese auch zur kostenlosen Ausgabe bei einer geeigneten Stelle im Inland bereithalten; in diesem Fall der sog. Schalterpublizität reicht im Bundesanzeiger bereits eine bloße Hinweisbekanntmachung, aus der hervorgeht, wo die Angebotsunterlage bereit gehalten wird und unter welcher Adresse die Veröffentlichung selbiger im Internet erfolgt ist.[43]

Der Konzeption des WpÜG entsprechend hat der Bieter unverzüglich nach Veröffentlichung der Angebotsunterlage diese dem Vorstand der Zielgesellschaft sowie der eigenen Belegschaft zu übermitteln.[44] Die Weiterleitung der Dokumentation an die Belegschaft der Zielgesellschaft hat anschließend ebenso unverzüglich durch deren Vorstand zu erfolgen.[45]

### 5. *Laufzeit eines Übernahmeangebots*

Die Veröffentlichung der Angebotsunterlage über die in § 14 Abs. 3 S. 1 WpÜG genannten Medien, rechtlich als Abgabe des Angebots zu qualifizieren, setzt gemäß § 16 Abs. 1 S. 2 WpÜG die Frist für die Annahme des Angebots in Gang.[46]

---

bei Untersagung des Angebots nach § 15 Abs. 1 oder 2 WpÜG. Vgl. § 47 WpÜG i. V. m. §§ 2 Abs. 1 Nr. 3 und 4 Abs. 1 Nr. 5 WpÜG-GebührenVO. Zur Bedeutung der Weiterleitung der Angebotsunterlage durch die depotführenden Banken gemäß Ziff. 16 der Sonderbedingungen für Wertpapiergeschäfte siehe *Thoma*, in: Baums/Thoma, WpÜG, Bd. I, § 14 Rdnr. 95.

43 Die Veröffentlichung der Angebotsunterlage im Bundesanzeiger bzw. im Wege der Schalterpublizität ist der BaFin gemäß § 14 Abs. 3 S. 2 WpÜG unverzüglich, d. h. regelmäßig innerhalb von zwei bis drei Tagen, mitzuteilen. Nach Ansicht des Gesetzgebers genügt insofern die Mitteilung des entsprechenden Links. Vgl. Begr. RegE ÜbernRLUmsG, BT-Drucks. 16/1003 vom 17. März 2006, S. 18. Über die Veröffentlichung im Internet hat der Bieter die Aufsichtsbehörde nach dem klaren Gesetzeswortlaut nicht in Kenntnis zu setzen. Wegen der Möglichkeit der Untersagung des Angebots nach § 15 Abs. 2 WpÜG wird in der Literatur gleichwohl eine sorgfältige Dokumentation des Zeitpunkts der Freischaltung der Angebotsunterlage im Internet empfohlen. So etwa *Seydel*, in: KK-WpÜG, § 14 Rdnr. 69.

44 § 14 Abs. 4 S. 1 und 3 WpÜG. Die Unterrichtung des Aufsichtsrats der Zielgesellschaft richtet sich wie im Falle von § 10 Abs. 5 S. 1 WpÜG nach allgemeinen aktienrechtlichen Bestimmungen. Vgl. etwa *Geibel*, in: Geibel/Süßmann, WpÜG, § 14 Rdnr. 61.

45 § 14 Abs. 4 S. 2 WpÜG. Durch die Weiterleitung der Angebotsunterlage sollen die Beschäftigten des Zielunternehmens frühzeitig über die Folgen des Angebots, wie z. B. geplante Werksschließungen und / oder Standortverlagerungen, unterrichtet werden; ebenfalls bedeutsam ist die Weitergabe im Hinblick auf das Recht des Betriebsrats bzw. der Arbeitnehmer der Zielgesellschaft zur Abgabe einer eigenen Stellungnahme nach § 27 Abs. 2 WpÜG. Vgl. *Noack/Holzborn*, in: Schwark/Zimmer, KMRK, § 14 WpÜG Rdnr. 24.

46 Vgl. Begr. RegE WpÜG, BT-Drucks. 14/7034 vom 5. Oktober 2001, S. 44; *Assmann*, in: Assmann/Pötzsch/Uwe H. Schneider, WpÜG, § 14 Rdnr. 33; *Meyer*, in: Assmann/Pötzsch/Uwe H. Schneider, WpÜG, § 11 Rdnr. 39; *Noack/Holzborn*, in: Schwark/

### a. *Mindest- und Höchstannahmefrist*

Die vom Bieter in der Angebotsunterlage festzulegende Annahmefrist muss gemäß § 16 Abs. 1 S. 1 WpÜG zwischen vier und zehn Wochen betragen.[47] Diese Einschränkung der Privatautonomie des Bieters soll zum einen gewährleisten, dass die Adressaten des Angebots über ausreichend Zeit für die Entscheidung über die Annahme desselben verfügen, und die Zielgesellschaft – sollte es sich um einen feindlichen Übernahmeversuch handeln – in die Lage versetzt wird, eine Hauptversammlung zur Beschlussfassung über etwaige Abwehrmaßnahmen einzuberufen; zum anderen wollte der Gesetzgeber mit den Vorgaben zur Dauer der Annahmefrist sicherstellen, dass – dem Grundsatz des § 3 Abs. 4 S. 2 WpÜG entsprechend – die Zielgesellschaft durch das Angebotsverfahren nicht über einen angemessenen Zeitraum hinaus in ihrer Geschäftstätigkeit behindert wird.[48]

### b. *Verlängerung der Laufzeit eines Angebots*

Während die BaFin ebenso wie die h. M. in der Literatur eine nachträgliche Verlängerung der in der Angebotsunterlage bestimmten Annahmefrist durch den Bieter für unzulässig erachtet,[49] ordnet das Gesetz in drei Fällen eine Modifikation bzw. Verlängerung selbiger an.

#### aa. Einberufung der Hauptversammlung der Zielgesellschaft

Wird im Zusammenhang mit dem Angebot nach der Veröffentlichung der Angebotsunterlage eine Hauptversammlung der Zielgesellschaft einberufen,[50] beträgt die Annahmefrist gemäß § 16 Abs. 3 S. 1 WpÜG zwingend zehn Wochen, entspricht mithin unabhängig von den ursprünglichen Festlegungen des Bieters stets der gesetzlich

---

Zimmer, KMRK, § 14 WpÜG Rdnr. 2; *Seydel*, in: KK-WpÜG, § 11 Rdnr. 20 und § 14 Rdnr. 62; *Thoma*, in: Baums/Thoma, WpÜG, Bd. I, § 11 Rdnr. 7 und § 14 Rdnr. 78.

47 Die staatliche Übernahme der *Hypo Real Estate Holding AG* durch den Finanzmarktstabilisierungsfonds (SoFFin) im Frühjahr 2009 bildete mit einer Annahmefrist von knapp 2,5 Wochen einen wegen § 12 Abs. 3 Nr. 1 S. 1 FMStBG zulässigen Sonderfall.

48 *Hasselbach*, in: KK-WpÜG, § 16 Rdnr. 14; *Merkner/Sustmann*, in: Baums/Thoma, WpÜG, Bd. I, § 16 Rdnr. 3, 6; *Wackerbarth*, in: MünchKommAktG, § 16 WpÜG Rdnr. 3.

49 Zur Verwaltungspraxis der BaFin sowie zur h. M. in der Literatur siehe *Lenz/Behnke*, BKR 2003, 43 f., bzw. *Noack/Zetzsche*, in: Schwark/Zimmer, KMRK, § 16 WpÜG Rdnr. 10 m. w. N. Ausgeschlossen ist nach allg. M. eine Verkürzung der Annahmefrist. Vgl. statt aller *Geibel*, in: Geibel/Süßmann, WpÜG, § 16 Rdnr. 11.

50 Vgl. auch Ziff. 3.7 Abs. 3 DCGK in der Fassung vom 13. Mai 2013 („*Der Vorstand sollte im Falle eines Übernahmeangebots eine außerordentliche Hauptversammlung einberufen, in der die Aktionäre über das Übernahmeangebot beraten und gegebenenfalls über gesellschaftsrechtliche Maßnahmen beschließen.*"); der Kodex ist abrufbar unter http://www.corporate-governance-code.de/ger/kodex/index.html (zuletzt abgerufen im März 2014).

zulässigen Höchstfrist.[51] Im Falle feindlicher Übernahmeangebote wird auf diese Weise sichergestellt, dass vor Vollzug der Transaktion eine Hauptversammlung der Zielgesellschaft nicht nur einberufen, sondern auch durchgeführt und etwaige von der Hauptversammlung beschlossene Verteidigungsmaßnahmen vom Vorstand der Zielgesellschaft umgesetzt werden können.[52]

### bb. Änderung des Angebots

Ändert der Bieter sein Angebot innerhalb der letzten zwei Wochen vor Ablauf der Annahmefrist, verlängert sich diese gemäß § 21 Abs. 5 S. 1 WpÜG automatisch um zwei Wochen.[53] Während es dem Bieter nach der Konzeption des WpÜG frei steht, sein Angebot *„bis zu einem Werktag vor Ablauf der Annahmefrist“* beliebig oft zu ändern, ist ihm eine erneute Änderung während der sich anschließenden Zweiwochenfrist durch § 21 Abs. 6 WpÜG explizit untersagt. Die zulässigen Modifikationen eines Angebots sind zudem abschließend in § 21 Abs. 1 S. 1 WpÜG geregelt. So gestattet die Vorschrift dem Bieter in ihren Nummern 1 und 2, die den Wertpapierinhabern der Zielgesellschaft ursprünglich angebotene Gegenleistung zu erhöhen oder den Angebotsadressaten alternativ zu dieser wahlweise eine andere Gegenleistung anzubieten. Nach § 21 Abs. 1 S. 1 Nr. 3 und 4 WpÜG ist Ersterer überdies berechtigt, eine in der Angebotsunterlage vorgesehene Mindestannahmequote nachträglich herabzusetzen oder zwecks Beseitigung *„rechtliche[r] Schwebezustände“*[54] auf in die Angebotsunterlage aufgenommene Bedingungen zu verzichten.

Für die Veröffentlichung der Angebotsänderung, die Unterrichtung der BaFin und die Übermittlung des geänderten Angebots an den Vorstand der Zielgesellschaft, dessen Belegschaft sowie die Arbeitnehmer des Bieters gelten nach § 21 Abs. 2 WpÜG die Regelungen des § 14 Abs. 3 und 4 WpÜG entsprechend.[55] Nicht vorgesehen ist lediglich die vorherige Durchführung eines formellen Prüfungsverfahrens,

---

51 § 16 Abs. 4 WpÜG sieht für angebotsbezogene Hauptversammlungen zudem u. a. eine Verkürzung der aktienrechtlichen Einberufungsfrist sowie Erleichterungen im Hinblick auf die Wahl des Versammlungsortes vor.

52 Vgl. *Fleischer/Kalss*, WpÜG, S. 95; *Hasselbach*, in: KK-WpÜG, § 16 Rdnr. 59; *Merkner/Sustmann*, in: Baums/Thoma, WpÜG, Bd. I, § 16 Rdnr. 74.

53 Nach Satz 2 der Vorschrift gilt dies selbst dann, wenn das geänderte Angebot gegen Vorschriften des WpÜG und / oder anderer anwendbarer Gesetze verstößt. Verhindert werden soll dadurch, dass Streitigkeiten über die rechtliche Zulässigkeit einer Änderung am Kapitalmarkt zu Unklarheiten hinsichtlich der Laufzeit des Angebots führen. Begr. RegE WpÜG, BT-Drucks. 14/7034 vom 5. Oktober 2001, S. 49 f.

54 Begr. RegE WpÜG, BT-Drucks. 14/7034 vom 5. Oktober 2001, S. 49.

55 Ebenfalls entsprechend gelten gemäß § 21 Abs. 3 WpÜG folgende Regelungen des WpÜG: § 11 Abs. 1 S. 2 bis 5 und Abs. 3 (Form und Inhalt der Änderungsbekanntmachung), § 12 (Haftung für die geänderte Angebotsunterlage), § 13 (Finanzierung des geänderten Angebots) und 15 Abs. 1 Nr. 2 (Untersagung der Änderung).

da das Angebot im Falle einer unzulässigen Änderung nach deren Untersagung ohne Weiteres in seiner ursprünglichen Form fort gilt.[56]

Ebenfalls zu beachten ist schließlich die Regelung des § 21 Abs. 4 WpÜG. Diese räumt sämtlichen Empfängern des ursprünglichen Angebots, welche dieses vor der Veröffentlichung der Änderung bereits angenommen haben, bis zum Ablauf der Annahmefrist ein gesetzliches Rücktrittsrecht ein. Nach der Vorstellung des Gesetzgebers soll dadurch auch diesen die Annahme des Angebots zu den geänderten Konditionen ermöglicht werden.[57] Eines Rücktritts und einer anschließenden Annahme des geänderten Angebots bedarf es in der Praxis jedoch nicht. Vielmehr geht die BaFin ebenso wie die h. M. in der Literatur davon aus, dass die durch Annahme des ursprünglichen Angebots zustande gekommenen Verträge durch die Angebotsänderung nachträglich kraft Gesetzes modifiziert werden.[58] Von Bedeutung ist das gesetzliche Rücktrittsrecht des § 21 Abs. 4 WpÜG in der Praxis daher nur insofern, als es den Wertpapierinhabern der Zielgesellschaft unabhängig von einem im Einzelfall eingeräumten vertraglichen Rücktrittsrecht erlaubt, im Falle einer Änderung des Angebots eine ggf. bereits getroffene Verkaufsentscheidung nochmals zu überdenken.[59]

56 *Seydel*, in: KK-WpÜG, § 14 Rdnr. 14; *Thoma*, in: Baums/Thoma, WpÜG, Bd. I, § 14 Rdnr. 10.

57 Begr. RegE WpÜG, BT-Drucks. 14/7034 vom 5. Oktober 2001, S. 49.

58 Siehe etwa *Diekmann*, in: Baums/Thoma, WpÜG, Bd. I, § 21 Rdnr. 54 ff.; *Hasselbach*, in: KK-WpÜG, § 21 Rdnr. 17 f., 46; *Santelmann*, in: Steinmeyer, WpÜG, § 21 Rdnr. 8 ff., 40 f.; *Seiler*, in: Assmann/Pötzsch/Uwe H. Schneider, WpÜG, § 21 Rdnr. 19 f., 49 f.; *Sohbi*, in: Heidel, Aktienrecht, § 21 WpÜG Rdnr. 9; ebenso wohl auch *Oppenhoff*, in: Beck'sches Handbuch der AG, § 27 Rdnr. 82; ähnlich *Noack/Holzborn*, in: Schwark/Zimmer, KMRK, § 21 WpÜG Rdnr. 36 f. und 45 f., und *Rothenfußer/Friese-Dormann/Rieger*, AG 2007, 137, 140 f., die eine automatische Modifizierung der Verträge lediglich bei Änderungen i. S. v. § 21 Abs. 1 Nr. 2 WpÜG (Erweiterung des Angebots um eine alternative Gegenleistung) ablehnen; differenzierend auch *Wackerbarth*, in: MünchKommAktG, § 21 WpÜG Rdnr. 17 ff., der lediglich bei reinen Entgelterhöhungen i. S. d. § 21 Abs. 1 S. 1 Nr. 1 WpÜG von einer automatischen Vertragsanpassung ausgeht. Eine Modifizierung kraft Gesetztes generell ablehnend *Brems/Apfelbacher*, in: Apfelbacher/Barthelmess/Buhl/von Dryander, German Takeover Law, Part Two, § 21 Rdnr. 21; *Ekkenga/Hofschroer*, DStR 2002, 724, 729; *Rahlfs*, in: Zschocke/Schuster, Bad Homburger Handbuch zum Übernahmerecht, Teil C, Rdnr. 394; *Schröder*, in: FK-WpÜG, § 21 Rdnr. 30, 34 ff.; *Schüppen*, WPg 2001, 958, 964 (zum RegE); *Thaeter*, in: Thaeter/Brandi, Öffentliche Übernahmen, Teil 2, Rdnr. 292 ff.; *Tröger*, DZWIR 2002, 353, 360 f.; *Zinser*, NZG 2001, 391, 395.

59 Vgl. *Sohbi*, in: Heidel, Aktienrecht, § 21 WpÜG Rdnr. 9.

### cc. Konkurrierendes Angebot

Ebenfalls Auswirkungen auf die Laufzeit kann schließlich die Abgabe eines konkurrierenden Angebots[60] haben. Liegt der letzte Tag der Annahmefrist eines solchen Angebots zeitlich nach demjenigen des ursprünglichen Angebots, wird gemäß § 22 Abs. 2 S. 1 WpÜG die Annahmefrist des Letzteren an diejenige des konkurrierenden Angebots angeglichen. Entsprechendes gilt gemäß § 22 Abs. 2 S. 2 Alt. 1 WpÜG im Falle einer Änderung des konkurrierenden Angebots. Führt eine solche gemäß § 21 Abs. 5 WpÜG nachträglich zu einer Verlängerung der Annahmefrist desselben, ordnet das Gesetz auch für diesen Fall einen Gleichlauf der Annahmefristen der miteinander in Konkurrenz stehenden Angebote an.

Nicht vom Gesetzeswortlaut erfasst wird hingegen der Fall, dass die Annahmefrist des konkurrierenden Angebots zeitlich vor derjenigen des ursprünglichen Angebots endet – sei es weil der konkurrierende Bieter von Anfang an bewusst eine kürzere Annahmefrist gewählt hat oder weil sich die Frist für die Annahme des Erstangebots nachträglich änderungsbedingt gemäß § 21 Abs. 5 WpÜG verlängert. Während das Schrifttum in ersterem Fall eine Analogie zu § 22 Abs. 2 S. 1 WpÜG mangels Schutzwürdigkeit des konkurrierenden Bieters überwiegend ablehnt,[61] nehmen in letzterem Fall sowohl die BaFin[62] als auch die h. M. in der Literatur[63]

---

60 *„Konkurrierende Angebote“* sind nach der Legaldefinition des § 22 Abs. 1 WpÜG solche, die während der (ggf. verlängerten) Annahmefrist eines Angebots von einem Dritten abgegeben werden. Während der weiteren Annahmefrist des § 16 Abs. 2 S. 1 WpÜG abgegebene Angebote Dritter sind hingegen nicht von der Definition erfasst. Allg. M., vgl. statt aller *Diekmann*, in: Baums/Thoma, WpÜG, Bd. I, § 22 Rdnr. 23 ff. m. w. N.

61 Vgl. *Diekmann*, in: Baums/Thoma, WpÜG, Bd. I, § 22 Rdnr. 34; *Hasselbach*, in: KK-WpÜG, § 22 Rdnr. 23 f.; *Krause*, in: Assmann/Pötzsch/Uwe H. Schneider, WpÜG, § 22 Rdnr. 31; *Noack/Holzborn*, in: Schwark/Zimmer, KMRK, § 22 WpÜG Rdnr. 12; *Rothenfußer/Friese-Dormann/Rieger*, AG 2007, 137, 144 f. Ebenso i. E. *Schröder*, in: FK-WpÜG, § 22 Rdnr. 18, und *Thun*, in: Geibel/Süßmann, WpÜG, § 22 Rdnr. 19. A. A. *Steinhardt*, in: Steinmeyer, WpÜG, § 22 Rdnr. 7 ff.

62 Vgl. etwa die Bekanntmachung der *Heat Beteiligungs III GmbH* vom 12. Januar 2007 betreffend das freiwillige öffentliche Übernahmeangebot an die Aktionäre der *Techem AG* vom 14. Dezember 2006, abrufbar unter http://www.bundesanzeiger.de (zuletzt abgerufen im März 2014), sowie die diesbezüglichen Ausführungen der BaFin im Jahresbericht 2007, S. 191 f., abrufbar unter http://www.bafin.de (zuletzt abgerufen im März 2014).

63 Vgl. etwa *Diekmann*, in: Baums/Thoma, WpÜG, Bd. I, § 22 Rdnr. 35 f.; *Hasselbach*, in: KK-WpÜG, § 22 Rdnr. 27; *Krause*, in: Assmann/Pötzsch/Uwe H. Schneider, WpÜG, § 22 Rdnr. 36 f.; *Noack/Holzborn*, in: Schwark/Zimmer, KMRK, § 22 WpÜG Rdnr. 12 f.; *Oechsler*, NZG 2001, 817, 825 (zum RegE); *Rothenfußer/Friese-Dormann/Rieger*, AG 2007, 137, 145; *Steinhardt*, in: Steinmeyer, WpÜG, § 22 Rdnr. 7 ff.; *Thun*, in: Geibel/Süßmann, WpÜG, § 22 Rdnr. 24 ff.; a. A. *Schröder*, in: FK-WpÜG, § 22 Rdnr. 18 Fn. 21.

in analoger Anwendung von § 22 Abs. 2 S. 2 Alt. 1 WpÜG eine Angleichung der Annahmefrist des konkurrierenden an diejenige des ursprünglichen Angebots an.

Wertpapierinhabern, die das ursprüngliche Angebot vor Veröffentlichung der Angebotsunterlage des konkurrierenden Angebots angenommen, d. h. mit dem Erstbieter bereits einen Kaufvertrag über ihre Wertpapiere abgeschlossen haben, räumt § 22 Abs. 3 WpÜG – ähnlich wie § 21 Abs. 4 WpÜG im Falle einer Angebotsänderung – zudem ein gesetzliches Rücktrittsrecht ein, welches bis zum Ablauf der (ggf. synchronisierten) Annahmefrist des ursprünglichen Angebots ausgeübt werden kann. Analog anwendbar ist § 22 Abs. 3 WpÜG nach h. M. überdies bei Angebotsänderungen; entsprechend besteht ein Rücktrittsrecht vom ursprünglichen Angebot, wenn dieses vor Veröffentlichung der Änderung des konkurrierenden Angebots akzeptiert bzw. ein solches vom konkurrierenden Angebot, wenn Letzteres vor Veröffentlichung der Änderung des ursprünglichen Angebots angenommen wurde.[64]

### *6. Stellungnahme der Zielgesellschaft*

Von erheblicher praktischer und wirtschaftlicher Bedeutung ist insbesondere im Rahmen von Übernahmeangeboten die in § 27 Abs. 1 S. 1 WpÜG normierte Pflicht der Verwaltungsorgane der Zielgesellschaft, zu dem Angebot sowie zu jeder seiner Änderungen eine begründete Stellungnahme abzugeben – sei es gemeinsam oder getrennt.

Inhaltlich haben Vorstand und Aufsichtsrat auf sämtliche Aspekte einzugehen, die aus Sicht der Empfänger des Angebots für die Bewertung desselben von Bedeutung sind.[65] Nach § 27 Abs. 1 S. 2 WpÜG zwingend erforderlich sind daher neben Angaben zu Art und Höhe der angebotenen Gegenleistung (Nr. 1) auch solche zu den voraussichtlichen Folgen eines erfolgreichen Angebots (Nr. 2), zu den vom Bieter mit dem Angebot verfolgten Zielen (Nr. 3) sowie zur Absicht der an der Zielgesellschaft beteiligten Vorstands- und Aufsichtsratsmitglieder, das Angebot anzunehmen (Nr. 4). Ob – wie in der Praxis üblich – darüber hinaus stets auch eine konkrete Handlungsempfehlung an die Aktionäre erforderlich ist, erscheint in der Literatur indes noch nicht abschließend geklärt.[66]

---

64 Zur h. M. im Schrifttum siehe *Diekmann*, in: Baums/Thoma, WpÜG, Bd. I, § 22 Rdnr. 58 ff.; *Noack/Holzborn*, in: Schwark/Zimmer, KMRK, § 22 WpÜG Rdnr. 19 f.; *Rothenfußer/Friese-Dormann/Rieger*, AG 2007, 137, 148 f.; *Thun*, in: Geibel/Süßmann, WpÜG, § 22 Rdnr. 48 ff.; a. A. *Hasselbach*, in: KK-WpÜG, § 22 Rdnr. 40. Die BaFin geht hingegen offenbar von einem Rücktrittsrecht analog § 21 Abs. 4 WpÜG aus. Vgl. BaFin-Jahresbericht 2007, S. 192 (betreffend den Bieterkampf um die *Techem AG*); abrufbar unter http://www.bafin.de (zuletzt abgerufen im März 2014).

65 *Harbarth*, in: Baums/Thoma, WpÜG, Bd. I, § 27 Rdnr. 34; *Wackerbarth*, in: Münch-KommAktG, § 27 WpÜG Rdnr. 11.

66 Zum aktuellen Stand der Diskussion siehe etwa *Hirte*, in: KK-WpÜG, § 27 Rdnr. 50 m. w. N.

Ihre Stellungnahme(n) haben die Verwaltungsorgane gemäß § 27 Abs. 3 S. 1 WpÜG unverzüglich nach Übermittlung der Angebotsunterlage bzw. der jeweiligen Änderung durch den Bieter zu veröffentlichen.[67] Für die Form der Veröffentlichung gelten dabei aufgrund des Verweises auf die Regelung des § 14 Abs. 3 S. 1 WpÜG die gleichen Vorgaben wie für die Bekanntgabe der Angebotsunterlage durch den Bieter.[68] § 27 Abs. 3 S. 2 WpÜG schreibt zudem vor, dass Vorstand und Aufsichtsrat die Stellungahme(n) *„gleichzeitig"*, d. h. unmittelbar im Anschluss an die Veranlassung ihrer Veröffentlichung,[69] dem Betriebsrat bzw. unmittelbar den Arbeitnehmern zu übermitteln haben. Ein Link zur Veröffentlichung im Bundesanzeiger ist gemäß § 27 Abs. 3 S. 3 WpÜG überdies unverzüglich der BaFin mitzuteilen.[70]

### 7. *Veröffentlichungs- und Mitteilungspflichten des Bieters während und nach Ablauf der Annahmefrist*

In zeitlicher Hinsicht überschneidet sich die Stellungnahmepflicht der Verwaltungsorgane der Zielgesellschaft zum Teil mit den Veröffentlichungs- und Mitteilungspflichten des Bieters nach § 23 Abs. 1 S. 1 Nr. 1 und 2 WpÜG. Ausweislich der Gesetzesbegründung sollen Letztere während des Angebotsverfahrens am Markt Transparenz sowohl über die Beteiligung des Bieters als auch die Akzeptanz des Angebots schaffen; nach Ablauf der Annahmefrist soll der Kapitalmarkt zudem umgehend über den Ausgang des Verfahrens sowie ggf. den Beginn der weiteren Annahmefrist des § 16 Abs. 2 S. 1 WpÜG informiert werden.[71] Der Bieter ist

---

67 Die h. M. in der Literatur sieht eine Veröffentlichung innerhalb von zwei Wochen nach Übermittlung der (Änderung der) Angebotsunterlage noch als *„unverzüglich"* an. Vgl. *Harbarth*, ZIP 2004, 3, 5 f.; *Hopt*, ZHR 166 (2002) 383, 421; *Krause/Pötzsch*, in: Assmann/Pötzsch/Uwe H. Schneider, WpÜG, § 27 Rdnr. 125; *Noack/Holzborn*, in: Schwark/Zimmer, KMRK, § 27 WpÜG Rdnr. 27. Hinsichtlich des Fristbeginns differenzierend *Röh*, in: FK-WpÜG, § 27 Rdnr. 77 (Frist für den Aufsichtsrat soll erst mit Weiterleitung der Angebotsunterlage durch den Vorstand beginnen). Anders auch *Ekkenga*, in: Ehricke/Ekkenga/Oechsler, WpÜG, § 27 Rdnr. 40, der es für ausreichend erachtet, wenn der Aufsichtsrat seine Stellungnahme innerhalb einer Woche nach Veröffentlichung der Stellungnahme des Vorstands bekannt gibt.

68 Gemäß § 27 Abs. 2 WpÜG hat der Vorstand der Zielgesellschaft seiner Stellungnahme eine ihm ggf. von Arbeitnehmerseite übermittelte Stellungnahme beizufügen. Im Falle von Angebotsänderungen findet die Vorschrift nach ganz h. M. analoge Anwendung. Siehe etwa *Grobys*, in: Geibel/Süßmann, WpÜG, § 27 Rdnr. 37; *Harbarth*, in: Baums/Thoma, WpÜG, Bd. I, § 27 Rdnr. 115; *Krause/Pötzsch*, in: Assmann/Pötzsch/Uwe H. Schneider, WpÜG, § 27 Rdnr. 110; *Steinmeyer*, in: Steinmeyer, WpÜG, § 27 Rdnr. 55.

69 *Noack/Holzborn*, in: Schwark/Zimmer, KMRK, § 27 WpÜG Rdnr. 30.

70 Begr. RegE ÜbernRLUmsG, BT-Drucks. 16/1003 vom 17. März 2006, S. 18 f. Nach alter Rechtslage wurde ein Nachweis innerhalb von drei Werktagen seit der Veröffentlichung noch als rechtzeitig angesehen. Vgl. OLG Frankfurt ZIP 2003, 2117 f.

71 Begr. RegE WpÜG, BT-Drucks. 14/7034 vom 5. Oktober 2001, S. 50.

entsprechend nicht nur verpflichtet, Informationen zum jeweils aktuellen Wertpapier- und Stimmrechtsbestand über die in § 14 Abs. 3 S. 1 WpÜG genannten Medien zu veröffentlichen und der BaFin mitzuteilen; anzugeben hat der Bieter vielmehr auch die sich aus den ihm zugegangenen Annahmeerklärungen ergebende Anzahl der Wertpapiere einschließlich der Höhe der sich daraus ergebenden Kapital- und Stimmrechtsanteile.

Die Informationen zur Beteiligungs- und Annahmequote sind während des Angebotsverfahrens wöchentlich, in der letzten Woche vor Ablauf der Annahmefrist börsentäglich[72] bekanntzugeben. Ebenfalls zu informieren ist unverzüglich nach Ablauf der ggf. verlängerten Annahmefrist. Angesichts des mit der Feststellung des Ergebnisses regelmäßig verbundenen Zeitaufwands wird dem Bieter von der h. M. insofern ein Zeitraum von bis zu fünf Börsenhandelstagen zugebilligt.[73]

### 8. *Weitere Annahmefrist*

An die Veröffentlichung nach § 23 Abs. 1 S. 1 Nr. 2 WpÜG schließt sich im Falle eines erfolgreichen[74] Übernahmeangebots gemäß § 16 Abs. 2 S. 1 WpÜG die sog. *„weitere Annahmefrist"* an.[75] Diese allgemein als *„Zaunkönigregelung"* bezeichnete Norm eröffnet unentschlossenen Aktionären die Möglichkeit, das Angebot des Bieters

---

72 H. M.; vgl. etwa *Diekmann*, in: Baums/Thoma, WpÜG, Bd. I, § 23 Rdnr. 53; *Noack/Holzborn*, in: Schwark/Zimmer, KMRK, § 23 WpÜG Rdnr. 16; *Schröder*, in: FK-WpÜG, § 23 Rdnr. 26; *Steinhardt*, in: Steinmeyer, WpÜG, § 23 Rdnr. 21; *Thun*, in: Geibel/Süßmann, WpÜG, § 23 Rdnr. 22; *Wackerbarth*, in: MünchKommAktG, § 23 WpÜG Rdnr. 16; a. A. *Assmann*, in: Assmann/Pötzsch/Uwe H. Schneider, WpÜG, § 23 Rdnr. 22 (*„täglich"*).

73 Vgl. zur h. M. *Diekmann*, in: Baums/Thoma, WpÜG, Bd. I, § 23 Rdnr. 57; *Möllers*, in: KK-WpÜG, § 23 Rdnr. 77 ff.; *Noack/Holzborn*, in: Schwark/Zimmer, KMRK, § 23 WpÜG Rdnr. 17; *Schröder*, in: FK-WpÜG, § 23 Rdnr. 32 Fn. 36; ähnlich *Thun*, in: Geibel/Süßmann, WpÜG, § 23 Rdnr. 27 ff. (sieben Kalendertage); a. A. *Wackerbarth*, in: MünchKommAktG, § 23 WpÜG Rdnr. 18a (maximal zwei Werktage).

74 Zu dieser von der h. M. in der Literatur zutreffend vertretenen teleologischen Reduktion des § 16 Abs. 2 S. 1 WpÜG siehe *Diekmann*, in: Baums/Thoma, WpÜG, Bd. I, § 23 Rdnr. 11, 55 f.; *Ekkenga/Hofschroer*, DStR 2002, 768, 769 f.; *Geibel*, in: Geibel/Süßmann, WpÜG, § 16 Rdnr. 36 f.; *Liebscher*, ZIP 2001, 853, 865 (zum RefE); *Merkner/Sustmann*, in: Baums/Thoma, WpÜG, Bd. I, § 16 Rdnr. 42 ff.; *Noack/Zetzsche*, in: Schwark/Zimmer, KMRK, § 16 WpÜG Rdnr. 17; *Scholz*, in: FK-WpÜG, § 16 Rdnr. 17 Fn. 23; *Seiler*, in: Assmann/Pötzsch/Uwe H. Schneider, WpÜG, § 16 Rdnr. 34 f.; *Steinmeyer*, in: Steinmeyer, WpÜG, § 16 Rdnr. 5 ff.; *Wackerbarth*, in: MünchKommAktG, § 16 WpÜG Rdnr. 20 ff. A. A. *Hasselbach*, in: KK-WpÜG, § 16 Rdnr. 44, 57, und *Möllers*, in: KK-WpÜG, § 23 Rdnr. 80, 82 ff., die eine während der weiteren Annahmefrist im Einzelfall entstehende Schutzlücke durch analoge Anwendung von § 23 Abs. 1 S. 1 Nr. 1 WpÜG zu schließen gedenken.

75 Bei der weiteren Annahmefrist des § 16 Abs. 2 S. 1 WpÜG handelt es sich anders als im Falle der §§ 16 Abs. 3, 21 Abs. 5 und 22 Abs. 2 WpÜG nicht um eine Verlängerung der regulären Annahmefrist. Vgl. *Noack/Zetzsche*, in: Schwark/Zimmer, KMRK, § 16

innerhalb eines zweiwöchigen Zeitraums nach Ergebnisbekanntmachung zu unveränderten Konditionen anzunehmen. Rechnung trägt die Vorschrift damit insbesondere der Situation von Minderheitsaktionären deutscher Publikumsgesellschaften, denen ein koordiniertes Verhalten bei der Entscheidung über die Annahme oder Ablehnung eines Übernahmeangebots *de facto* nicht möglich ist.[76]

### 9. *Veröffentlichungs- und Mitteilungspflichten des Bieters nach Ablauf der weiteren Annahmefrist*

Im Falle einer weiteren Annahmefrist ist der endgültige Ausgang des Übernahmeverfahrens gemäß § 23 Abs. 1 S. 1 Nr. 3 WpÜG unverzüglich nach deren Ablauf bekanntzugeben und der BaFin mitzuteilen. Als „*unverzüglich*" wird insofern ebenso wie im Falle von Nummer 2 der Vorschrift überwiegend ein Zeitraum von fünf Börsen- bzw. Werktagen angesehen.[77]

### 10. *Abwicklung des Übernahmeangebots*

Im Unterschied zum Verfahren ist die technische Abwicklung öffentlicher Angebote nicht konkret im WpÜG geregelt; allerdings ist der Bieter gemäß § 2 Nr. 4 WpÜG-AngebotsVO verpflichtet, diesbezügliche Details ebenso wie Angaben über den Zeitpunkt, zu dem die das Angebot annehmenden Aktionäre die Gegenleistung erhalten, in die Angebotsunterlage aufzunehmen. Es entspricht insofern gängiger Praxis, dass die zentrale Abwicklungsstelle den Angebotspreis unverzüglich, spätestens jedoch am achten Bankarbeitstag nach Ablauf der (weiteren) Annahmefrist an die Depotbanken der die Offerte annehmenden Aktionäre überweist, und zwar Zug um Zug gegen Übertragung der zum Verkauf eingereichten Aktien in ihr Depot bei *Clearstream*.[78]

### 11. *Sonstige Bestimmungen*

Abgesehen von den bereits erörterten Verfahrens- und Abwicklungsfragen ist charakteristisch für das deutsche Übernahmerecht insbesondere auch die Unzulässigkeit von Teil-Übernahmeangeboten sowie die Zulässigkeit des Erwerbs von Aktien

---

WpÜG Rdnr. 12; *Scholz*, in: FK-WpÜG, § 16 Rdnr. 17; *Wackerbarth*, in: MünchKommAktG, § 16 WpÜG Rdnr. 17.

76 Begr. RegE WpÜG, BT-Drucks. 14/7034 vom 5. Oktober 2001, S. 46.

77 Vgl. etwa *Diekmann*, in: Baums/Thoma, WpÜG, Bd. I, § 23 Rdnr. 58; *Möllers*, in: KK-WpÜG, § 23 Rdnr. 80; a. A. *Wackerbarth*, in: MünchKommAktG, § 23 WpÜG Rdnr. 18a (maximal zwei Werktage).

78 Vgl. etwa Ziff. 11.5 und 11.6 der Angebotsunterlage betreffend das freiwillige öffentliche Übernahmeangebot der *Beauty Holding Three AG* an die Aktionäre der *Douglas Holding AG* vom 31. Oktober 2012; die Angebotsunterlage ist abrufbar unter http://www.bafin.de (zuletzt abgerufen im März 2014).

der Zielgesellschaft außerhalb des Angebotsverfahrens. Nicht unerwähnt bleiben soll überdies die von Bietern gerade im internationalen Kontext regelmäßig genutzte Möglichkeit der Einräumung vertraglicher Rücktrittsrechte.

### *a. Unzulässigkeit von Teil-Übernahmeangeboten*

Anders als nach US-amerikanischem Recht müssen sich Übernahmeangebote i. S. d. WpÜG gemäß § 32 stets auf alle Aktien der Zielgesellschaft erstrecken.[79] Für den Fall eines vom Bieter beabsichtigten Kontrollerwerbs bzw. Kontrollwechsels wird dadurch sämtlichen Aktionären die Möglichkeit eröffnet, zu angemessenen Konditionen (vgl. § 31 WpÜG) aus der Gesellschaft auszuscheiden.[80] Unterbunden werden insbesondere sog. *two-tiered, front-end loaded takeover bids*, d. h. solche Angebote, bei denen der Bieter sein Angebot auf erster Stufe auf den zur Kontrollerlangung erforderlichen Anteil beschränkt und die restlichen Aktien erst in einem zweiten Schritt zu für ihn günstigeren Konditionen zu erwerben beabsichtigt.[81]

Nicht der Vollangebotspflicht unterliegen nach h. M. entsprechend § 35 Abs. 2 S. 3 WpÜG Aktien der Zielgesellschaft, die – wie z. B. eigene Aktien – nicht zum Gegenstand eines Pflichtangebots gemacht werden müssen.[82] Überdies kann die BaFin dem Bieter bei grenzüberschreitenden Angeboten unter bestimmten Voraussetzungen auf Antrag gestatten, Wertpapierinhaber mit Wohnsitz, Sitz oder gewöhnlichem Aufenthalt in einem Staat außerhalb des EWR vom Angebot auszunehmen (§ 24 WpÜG).[83]

Zulässig sind Teilangebote nach der Konzeption des deutschen Übernahmerechts einzig im Falle einfacher öffentlicher Erwerbsangebote. § 19 WpÜG ordnet insofern an, dass der Bieter, sollte sein Teilangebot überzeichnet sein, grundsätzlich alle ihm ordnungsgemäß zugegangenen Annahmeerklärungen verhältnismäßig

79 Diese sog. Vollangebotspflicht umfasst alle von der Zielgesellschaft emittierten Aktiengattungen, stimmberechtigte Stammaktien ebenso wie ggf. ausgegebene Vorzugsaktien. Siehe Begr. RegE WpÜG, BT-Drucks. 14/7034 vom 5. Oktober 2001, S. 57.

80 Vgl. *Diekmann*, in: Baums/Thoma, WpÜG, Bd. II, § 32 Rdnr. 1; *Steinmeyer*, in: Steinmeyer, WpÜG, § 32 Rdnr. 1; *Wackerbarth*, in: MünchKommAktG, § 32 WpÜG Rdnr. 2.

81 *Wackerbarth*, in: MünchKommAktG, § 32 WpÜG Rdnr. 2; vgl. auch *Sandberger*, DZWir 1993, 319, 322.

82 Vgl. etwa *Diekmann*, in: Baums/Thoma, WpÜG, Bd. II, § 32 Rdnr. 9 f.; *Favoccia*, in: Assmann/Pötzsch/Uwe H. Schneider, WpÜG, § 32 Rdnr. 9 f.; *Noack*, in: Schwark/Zimmer, KMRK, § 32 WpÜG Rdnr. 11; *Oppenhoff*, in: Beck'sches Handbuch der AG, § 27 Rdnr. 134; *Steinmeyer*, in: Steinmeyer, WpÜG, § 32 Rdnr. 5 f.; *Tröger*, DZWIR 2002, 397, 401; *Vogel*, in: FK-WpÜG, § 32 Rdnr. 18. A. A. *Wackerbarth*, in: MünchKommAktG, § 32 WpÜG Rdnr. 21 f. Ebenso offenbar die Verwaltungspraxis der BaFin; vgl. *Cascante/Tyrolt*, AG 2012, 97, 106 Fn. 82.

83 § 24 WpÜG stellt wegen seiner rein personellen Wirkung streng genommen keine echte Ausnahme von der Vollangebotspflicht dar. Vgl. *Vogel*, in: FK-WpÜG, § 32 Rdnr. 21.

zu berücksichtigen hat.[84] Abweichend von diesem Grundsatz der quotalen Zuteilung ist dem Bieter zur Vermeidung von Splitterbeteiligungen lediglich eine bevorzugte Berücksichtigung sog. Kleinstbeteiligungen erlaubt.[85] Stets unzulässig ist dagegen u. a. eine Zuteilung nach dem Prioritätsprinzip, d. h. auf sog. *„first-come, first-served"*-Basis.[86]

### *b. Zulässigkeit des Erwerbs von Aktien der Zielgesellschaft außerhalb des Angebotsverfahrens*

Der Erwerb von Aktien der Zielgesellschaft außerhalb des Angebotsverfahrens ist im Gegensatz zum US-amerikanischen Recht nach deutschem Recht ohne Weiteres zulässig. Das Gesetz sieht in § 23 Abs. 2 WpÜG lediglich spezielle Veröffentlichungs- und Mitteilungspflichten vor. So hat der Bieter gemäß Satz 1 der Vorschrift Parallel- wie auch Nacherwerbe unverzüglich[87] gemäß § 14 Abs. 3 S. 1 WpÜG zu veröffentlichen und der BaFin mitzuteilen;[88] anzugeben ist dabei neben der Anzahl

---

84 Ausführlich zur dogmatischen Einordnung von Teilangeboten *Hasselbach*, in: KK-WpÜG, § 19 Rdnr. 15 f.

85 Begr. RegE WpÜG, BT-Drucks. 14/7034 vom 5. Oktober 2001, S. 48; *Brehms/Apfelbacher*, in: Apfelbacher/Barthelmess/Buhl/von Dryander, German Takeover Law, Part Two, § 19 Rdnr. 3; *Favoccia*, in: Assmann/Pötzsch/Uwe H. Schneider, WpÜG, § 19 Rdnr. 12; *Thoma*, in: Baums/Thoma, WpÜG, Bd. I, § 19 Rdnr. 30. A. A. etwa *Wackerbarth*, in: MünchKommAktG, § 19 WpÜG Rdnr. 41 f.

86 Begr. RegE WpÜG, BT-Drucks. 14/7034 vom 5. Oktober 2001, S. 48; *Favoccia*, in: Assmann/Pötzsch/Uwe H. Schneider, WpÜG, § 19 Rdnr. 1, 12; *Land*, DB 2001, 1707, 1711 (zum RegE); *Noack/Holzborn*, in: Schwark/Zimmer, KMRK, § 19 WpÜG Rdnr. 3, 8.

87 Anders als im Falle der Ergebnisbekanntgabe gemäß § 23 Abs. 1 S. 1 Nr. 2 bzw. 3 WpÜG soll die Veröffentlichung bzw. Mitteilung im Falle des § 23 Abs. 2 S. 1 WpÜG nur dann *„unverzüglich"* i. S. d. Norm sein, wenn sie innerhalb von zwei Börsenhandelstagen erfolgt. Siehe *Noack/Holzborn*, in: Schwark/Zimmer, KMRK, § 23 WpÜG Rdnr. 28; ähnlich *Diekmann*, in: Baums/Thoma, WpÜG, Bd. I, § 23 Rdnr. 68 (zwei Werktage); *Thun*, in: Geibel/Süßmann, WpÜG, § 23 Rdnr. 46 f. (zwei bis drei Werktage bei Parallelerwerben und drei Werktage bei Nacherwerben). Nach a. A. im Schrifttum sind Parallelerwerbe (einschließlich Gegenleistung) erst dann unverzüglich gemäß § 23 Abs. 2 S. 1 WpÜG bekanntzugeben, wenn feststeht, dass das Übernahmeangebot erfolgreich ist. Vgl. etwa *Schröder*, in: FK-WpÜG, § 23 Rdnr. 39; *Steinhardt*, in: Steinmeyer, WpÜG, § 23 Rdnr. 34; *Wackerbarth*, in: MünchKommAktG, § 23 WpÜG Rdnr. 22 f., 25.

88 Ausführlich zu Reichweite und verfassungsrechtlichen Grenzen der Veröffentlichungs- und Mitteilungspflichten des § 23 Abs. 2 S. 1 Alt. 1 WpÜG bei fehlendem Kontrollerwerb *Neumann/Ogorek*, BB 2010, 1297 ff. Dem dinglichen Erwerb gleichgestellt sind gemäß § 23 Abs. 2 S. 2 i. V. m. § 31 Abs. 6 WpÜG schuldrechtliche Vereinbarungen, aufgrund derer die Übereignung von Aktien verlangt werden kann; nicht als Erwerb gilt hingegen die Ausübung gesetzlicher Bezugsrechte im Rahmen von Kapitalerhöhungen.

der erworbenen Aktien[89] auch die Höhe der sich daraus ergebenden Aktien- und Stimmrechtsanteile sowie Art und Höhe der für jeden Anteil gewährten bzw. vereinbarten[90] Vergütung.

Von Bedeutung sind die von der Norm geforderten Informationen für die mit einem Übernahmeangebot konfrontierten Aktionäre im Hinblick auf die in § 31 Abs. 4 und 5 WpÜG enthaltenen Nachbesserungsansprüche. Nach ersterer Bestimmung erhöht sich bei Parallelerwerben die vom Bieter geschuldete Gegenleistung kraft Gesetzes um den Unterschiedsbetrag zwischen der in der Angebotsunterlage festgesetzten und der im Einzelfall gewährten bzw. vereinbarten Gegenleistung. Ergänzend gewährt § 31 Abs. 5 WpÜG Aktionären, die das Angebot während der regulären oder weiteren Annahmefrist angenommen haben, im Falle außerbörslicher Nacherwerbe zusätzlich zu ihrem (häufig bereits erfüllten) vertraglichen Anspruch auf die Gegenleistung einen nachvertraglichen gesetzlichen Zahlungsanspruch in Höhe des Differenzbetrags.

#### c. *Vertragliche Rücktrittsrechte*

Unabhängig von den in § 21 Abs. 4 und § 22 Abs. 3 WpÜG normierten gesetzlichen Rücktrittsrechten steht es dem Bieter frei, den Angebotsadressaten ein vertragliches Rücktrittsrecht einzuräumen. Von dieser Möglichkeit wird insbesondere bei grenzüberschreitenden Sachverhalten nicht zuletzt aus Gründen der Konfliktvermeidung regelmäßig Gebrauch gemacht.

### 12. *Haftungsfragen*

Von Bedeutung im Rahmen nationaler wie internationaler Übernahmen sind schließlich auch Haftungsfragen. Erörterungswürdig erscheint unter diesem Gesichtspunkt insbesondere die Haftung für eine fehlerhafte Angebotsunterlage, diejenige für das Scheitern der Angebotsfinanzierung sowie die Haftung für eine fehlerhafte Stellungnahme.[91]

#### a. *Haftung für eine fehlerhafte Angebotsunterlage (§ 12 Abs. 1 WpÜG)*

Die für die Praxis wichtigste Haftungsnorm des WpÜG findet sich in § 12 des Gesetzes. Nach dieser Vorschrift können diejenigen, die das Angebot des Bieters

---

89 H. M.; vgl. etwa *Diekmann*, in: Baums/Thoma, WpÜG, Bd. I, § 23 Rdnr. 65 („*redaktionelles Versehen*"); *Noack/Holzborn*, in: Schwark/Zimmer, KMRK, § 23 WpÜG Rdnr. 27; *Schröder*, in: FK-WpÜG, § 23 Rdnr. 40 („*redaktionelles Versehen*"); *Sohbi*, in: Heidel, Aktienrecht, § 23 WpÜG Rdnr. 8; *Wackerbarth*, in: MünchKommAktG, § 23 WpÜG Rdnr. 27; a. A. *Assmann*, in: Assmann/Pötzsch/Uwe H. Schneider, WpÜG, § 23 Rdnr. 41; *Thun*, in: Geibel/Süßmann, WpÜG, § 23 Rdnr. 41.

90 Allg. M., vgl. statt aller *Schröder*, in: FK-WpÜG, § 23 Rdnr. 40.

91 Ausführlich zu den Folgen eines Verstoßes gegen das Verhinderungsverbot des § 33 Abs. 1 WpÜG *Grunewald*, in: Baums/Thoma, WpÜG, Bd. II, § 33 Rdnr. 100 ff.

angenommen haben, Ersatz des ihnen aus der Annahme des Angebots bzw. der Übertragung der Aktien entstandenen Schadens verlangen, sofern für die Beurteilung des Angebots wesentliche Angaben der Angebotsunterlage entweder unrichtig oder unvollständig sind. Der Schadensersatzanspruch richtet sich gemäß § 12 Abs. 1 Nr. 1 WpÜG zum einen gegen all jene, die formal – sei es durch Unterzeichnung der Angebotsunterlage[92] oder durch ausdrückliche Erklärung in selbiger[93] – die Verantwortung für den Inhalt der Angebotsdokumentation übernommen haben. Ebenfalls als Gesamtschuldner haften gemäß § 12 Abs. 1 Nr. 2 WpÜG diejenigen auf Schadensersatz, von denen der Erlass der Angebotsunterlage ausgeht; verantwortlich sind mithin auch solche Personen, die als tatsächliche Urheber der Angebotsunterlage typischerweise ein eigenes wirtschaftliches Interesse an der Übernahme der Zielgesellschaft haben.[94]

Nicht gemäß § 12 Abs. 1 WpÜG in Anspruch genommen werden kann nach Absatz 2 der Vorschrift lediglich, wer nachweist, dass ihm die Fehlerhaftigkeit der Angaben in der Angebotsunterlage nicht bekannt war und diese Unkenntnis nicht auf grober Fahrlässigkeit beruhte. Mangels Kausalität ebenfalls ausgeschlossen ist eine Haftung gemäß § 12 Abs. 3 WpÜG, sofern der für die Angebotsunterlage Verantwortliche nachweisen kann, dass die Annahme des Angebots nicht aufgrund der Angebotsunterlage erfolgt ist (Nr. 1), der die Annahme Erklärende die Unrichtigkeit oder Unvollständigkeit der Angaben bei Abgabe der Annahmeerklärung kannte (Nr. 2) oder die unrichtigen oder unvollständigen Angaben vor der Annahme des Angebots im Wege einer Ad-hoc-Mitteilung gemäß § 15 WpHG oder einer dieser vergleichbaren Bekanntmachung berichtigt wurden (Nr. 3). Letztere Möglichkeit wurde vom Gesetzgeber geschaffen, da sich § 15 WpHG nur an Emittenten von im Inland zum Börsenhandel zugelassenen Wertpapieren richtet, der Kreis potentieller Bieter und Prospektverantwortlicher, die berichtigend tätig werden können, jedoch nicht auf solche beschränkt ist.[95]

Was das Verhältnis der Haftungsnorm zu anderen Vorschriften betrifft, stellt § 12 Abs. 6 WpÜG zudem ausdrücklich klar, dass weitergehende vertragliche Ansprüche ebenso wenig durch § 12 WpÜG verdrängt werden wie Ansprüche wegen vorsätzlicher unerlaubter Handlungen, allen voran solche wegen vorsätzlicher sittenwidriger Schädigung gemäß § 826 BGB. Ausgeschlossen im Anwendungsbereich des § 12

92 Vgl. § 11 Abs. 1 S. 5 WpÜG.
93 Vgl. § 11 Abs. 3 WpÜG.
94 Begr. RegE WpÜG, BT-Drucks. 14/7034 vom 5. Oktober 2001, S. 42; *Assmann*, AG 2002, 153, 157. Den Bieter beratende Rechtsanwälte und Wirtschaftsprüfer sowie finanzierende bzw. in die technische Abwicklung des Angebots involvierte Banken gehören typischerweise nicht zum Kreis der i. S. v. § 12 Abs. 1 Nr. 2 WpÜG Anspruchsverpflichteten.
95 Begr. RegE WpÜG, BT-Drucks. 14/7034 vom 5. Oktober 2001, S. 43.

WpÜG sind hingegen etwa Ansprüche aus allgemeiner zivilrechtlicher Prospekthaftung; die Regelung des § 12 WpÜG ist insofern abschließend.[96]

### *b. Haftung für das Scheitern der Angebotsfinanzierung (§ 13 Abs. 2 WpÜG)*

Erweitert wird der Kreis der Haftenden im Falle eines Barangebots durch § 13 Abs. 2 WpÜG. Scheitert die Finanzierung eines solchen Angebots kommen neben vertraglichen Ansprüchen gegen den Bieter wegen Nichterfüllung der durch Annahme des Angebots zustande gekommenen Verträge insbesondere auch Schadensersatzansprüche gegen das Wertpapierdienstleistungsunternehmen in Betracht, welches die Sicherstellung der Finanzierung durch den Bieter bestätigt hat. Voraussetzung eines solchen Anspruchs ist zum einen, dass der Bieter die nach § 13 Abs. 1 S. 2 WpÜG notwendigen Maßnahmen zur Sicherstellung der Finanzierung nicht getroffenen hat; zum anderen setzt die Norm voraus, dass dieses Versäumnis für das Scheitern der Angebotsfinanzierung ursächlich war, dem Bieter mithin zum Zeitpunkt der Fälligkeit des Anspruchs auf die Gegenleistung „*aus diesem Grund*" die notwendigen Mittel nicht zur Verfügung standen.

Aufgrund der nach § 13 Abs. 3 WpÜG angeordneten entsprechenden Geltung des § 12 Abs. 2 bis 6 WpÜG gelten für die Haftung nach § 13 Abs. 2 WpÜG im Wesentlichen die gleichen Grundsätze wie für diejenige des Bieters für eine fehlerhafte Angebotsunterlage. Konkurrierende vertragliche Ansprüche scheiden anders als im Falle des § 12 WpÜG allerdings regelmäßig aus, da der der Erteilung der Finanzierungsbestätigung zugrunde liegende Vertrag zwischen Wertpapierdienstleistungsunternehmen und Bieter keine Schutzwirkung zugunsten der Wertpapierinhaber der Zielgesellschaft entfaltet.[97]

### *c. Haftung für eine fehlerhafte Stellungnahme*

Nicht explizit im WpÜG geregelt ist die Haftung von Vorstand und Aufsichtsrat für fehlerhafte Stellungnahmen. Eine solche bestimmt sich daher nach allgemeinen Regeln, wobei zwischen der Haftung gegenüber der Zielgesellschaft, derjenigen gegenüber den Wertpapierinhabern sowie der Haftung gegenüber dem Bieter zu unterscheiden ist.

Verletzen Vorstand und / oder Aufsichtsrat der Zielgesellschaft die ihnen nach § 27 WpÜG obliegende Pflicht zur Abgabe einer begründeten Stellungnahme, kann sich eine Schadensersatzhaftung gegenüber der Zielgesellschaft aus § 93 Abs. 2

---

96 Begr. RegE WpÜG, BT-Drucks. 14/7034 vom 5. Oktober 2001, S. 44; *Assmann*, AG 2002, 153, 160; *Renner*, in: FK-WpÜG, § 12 Rdnr. 73; *Schüppen*, WPg 2001, 958, 963 (zum RegE); *Sohbi*, in Heidel, Aktienrecht, § 12 WpÜG Rdnr. 22; *Stephan*, AG 2003, 551, 552; *Thoma*, in: Baums/Thoma, WpÜG, Bd. I, § 12 Rdnr. 2, 84; a. A. *Wackerbarth*, in: MünchKommAktG, § 11 WpÜG Rdnr. 108 ff.

97 *Marsch-Barner*, in: Baums/Thoma, WpÜG, Bd. I, § 13 Rdnr. 65.

AktG[98] (Haftung der Mitglieder des Vorstands) bzw. § 116 S. 1 AktG i. V. m. § 93 Abs. 2 AktG[99] (Haftung der Mitglieder des Aufsichtsrats) ergeben. Der Zielgesellschaft ist es dadurch vor allem möglich, etwaige Regressschäden infolge einer erfolgreichen Inanspruchnahme durch geschädigte Aktionäre (vgl. § 31 BGB) zu liquidieren.[100] Ebenfalls in Betracht kommt überdies neben einer Haftung nach § 117 Abs. 1 S. 1 AktG und § 117 Abs. 2 S. 1 AktG insbesondere auch eine solche nach deliktsrechtlichen Bestimmungen.[101]

In der Literatur kontrovers diskutiert werden indes Einzelheiten der Haftung der Verwaltung gegenüber den Wertpapierinhabern der Zielgesellschaft. Während mangels planwidriger Regelungslücke eine Haftung analog § 12 WpÜG bzw. entsprechend spezialgesetzlicher Prospekthaftung ganz überwiegend abgelehnt wird,[102] sprechen sich einige Stimmen im Schrifttum für eine Anwendung der Grundsätze der allgemeinen zivilrechtlichen Prospekthaftung aus.[103] Als Haftungsgrundlage in Betracht kommen zudem Ansprüche aus § 117 Abs. 1 S. 2 AktG und § 117 Abs. 2

98 *Friedl*, NZG 2004, 448, 449; *Glade*, in: Heidel, Aktienrecht, § 27 WpÜG Rdnr. 13; *Harbarth*, in: Baums/Thoma, WpÜG, Bd. I, § 27 Rdnr. 154; *Krause/Pötzsch*, in: Assmann/Pötzsch/Uwe H. Schneider, WpÜG, § 27 Rdnr. 155; *Röh*, in: FK-WpÜG, § 27 Rdnr. 83; *Schwennicke*, in: Geibel/Süßmann, WpÜG, § 27 Rdnr. 52; *Wackerbarth*, in: MünchKommAktG, § 27 WpÜG Rdnr. 16b.

99 *Friedl*, NZG 2004, 448, 449; *Glade*, in: Heidel, Aktienrecht, § 27 WpÜG Rdnr. 13; *Harbarth*, in: Baums/Thoma, WpÜG, Bd. I, § 27 Rdnr. 159; *Krause/Pötzsch*, in: Assmann/Pötzsch/Uwe H. Schneider, WpÜG, § 27 Rdnr. 160; *Röh*, in: FK-WpÜG, § 27 Rdnr. 83.

100 *Ekkenga*, in: Ehricke/Ekkenga/Oechsler, WpÜG, § 27 Rdnr. 43; *Harbarth*, in: Baums/Thoma, WpÜG, Bd. I, § 27 Rdnr. 154, 159; *Krause/Pötzsch*, in: Assmann/Pötzsch/Uwe H. Schneider, WpÜG, § 27 Rdnr. 155, 160.

101 Vgl. *Assmann/Bozenhardt*, in: Assmann/Basaldua/Bozenhardt/Peltzer, ZGR-Sonderheft 9, Übernahmeangebote, S. 1, 104 Fn. 547.

102 Vgl. etwa *Friedl*, NZG 2004, 448, 452 f.; *Harbarth*, in: Baums/Thoma, WpÜG, Bd. I, § 27 Rdnr. 135 f., 158; *Krause/Pötzsch*, in: Assmann/Pötzsch/Uwe H. Schneider, WpÜG, § 27 Rdnr. 143, 159; *Röh*, in: FK-WpÜG, § 27 Rdnr. 85; *Steinmeyer*, in: Steinmeyer, WpÜG, § 27 Rdnr. 76.

103 Vgl. *Lutter/Krieger*, Rechte und Pflichten des Aufsichtsrats, Rdnr. 1022; *Noack/Holzborn*, in: Schwark/Zimmer, KMRK, § 27 WpÜG Rdnr. 35; *Röh*, in: FK-WpÜG, § 27 Rdnr. 86 ff.; *Wackerbarth*, in: MünchKommAktG, § 27 WpÜG Rdnr. 16, 41. Wegen des gebotenen Gleichlaufs mit der Haftung des Bieters nach § 12 WpÜG soll die Haftung der Verwaltung gegenüber den Wertpapierinhabern allerdings nur bei grob fahrlässigem oder vorsätzlichem Verhalten eingreifen.

S. 1 AktG.[104] In Einzelfällen können sich Schadensersatzansprüche zudem aus § 823 Abs. 2 BGB[105] und / oder § 826 BGB[106] ergeben.

Als Anspruchsgrundlage einer Haftung gegenüber dem Bieter kommt demgegenüber ausschließlich § 826 BGB in Betracht.[107]

## III. Tauschangebote

Tauschangebote, d. h. Angebote, bei denen der Bieter neu zu emittierende bzw. eigene Aktien als Gegenleistung offeriert, führen in Deutschland seit jeher ein Schattendasein. Seit Inkrafttreten des WpÜG wurden lediglich zwölf solcher Angebote unterbreitet. Darüber hinaus haben Bieter in drei Fällen gemischte Angebote veröffentlicht und in weiteren zwei Fällen Aktien als alternative Gegenleistung angeboten.

---

104 Vgl. etwa *Friedl*, NZG 2004, 448, 449 f.; *Harbarth*, in: Baums/Thoma, WpÜG, Bd. I, § 27 Rdnr. 152, 158; *Krause/Pötzsch*, in: Assmann/Pötzsch/Uwe H. Schneider, WpÜG, § 27 Rdnr. 146 ff., 159; *Röh*, in: FK-WpÜG, § 27 Rdnr. 93.

105 Als Schutzgesetz kommt insbesondere § 263 StGB in Betracht. Vgl. *Friedl*, NZG 2004, 448, 451. § 27 WpÜG ist nach h. M. nicht als Schutzgesetz i. S. d. § 823 Abs. 2 BGB zugunsten der Wertpapierinhaber der Zielgesellschaft zu qualifizieren. Vgl. *Bürgers/Holzborn*, ZIP 2003, 2273, 2279; *Friedl*, NZG 2004, 448, 450 f.; *Harbarth*, in: Baums/Thoma, WpÜG, Bd. I, § 27 Rdnr. 142 ff., 158; *Krause/Pötzsch*, in: Assmann/Pötzsch/Uwe H. Schneider, WpÜG, § 27 Rdnr. 150 f., 159; *Müller*, in: Zschocke/Schuster, Bad Homburger Handbuch zum Übernahmerecht, Teil D, Rdnr. 29; *Noack/Holzborn*, in: Schwark/Zimmer, KMRK, § 27 WpÜG Rdnr. 34; *Schwennicke*, in: Geibel/Süßmann, WpÜG, § 27 Rdnr. 51, 58; *Steinmeyer*, in: Steinmeyer, WpÜG, § 27 Rdnr. 81; *Wackerbarth*, in: MünchKommAktG, § 27 WpÜG Rdnr. 16a; a. A. *Ekkenga*, in: Ehricke/Ekkenga/Oechsler, WpÜG, § 27 Rdnr. 44; *Lutter/Krieger*, Rechte und Pflichten des Aufsichtsrats, Rdnr. 1022; *Röh*, in: FK-WpÜG, § 27 Rdnr. 92.

106 *Brandi*, in: Thaeter/Brandi, Öffentliche Übernahmen, Teil 3, Rdnr. 176; *Friedl*, NZG 2004, 448, 452; *Harbarth*, in: Baums/Thoma, WpÜG, Bd. I, § 27 Rdnr. 148 ff., 158; *Krause/Pötzsch*, in: Assmann/Pötzsch/Uwe H. Schneider, WpÜG, § 27 Rdnr. 153 f., 159; *Noack/Holzborn*, in: Schwark/Zimmer, KMRK, § 27 WpÜG Rdnr. 34; *Röh*, in: FK-WpÜG, § 27 Rdnr. 93; *Wackerbarth*, in: MünchKommAktG, § 27 WpÜG Rdnr. 16b.

107 *Harbarth*, in: Baums/Thoma, WpÜG, Bd. I, § 27 Rdnr. 155 ff., 160; *Noack/Holzborn*, in: Schwark/Zimmer, KMRK, § 27 WpÜG Rdnr. 37; *Röh*, in: FK-WpÜG, § 27 Rdnr. 94. Eine Haftung gemäß § 823 Abs. 2 BGB i. V. m. § 263 StGB ebenfalls für denkbar haltend *Friedl*, NZG 2004, 448, 453, und *Krause/Pötzsch*, in: Assmann/Pötzsch/Uwe H. Schneider, WpÜG, § 27 Rdnr. 156 ff., 161. Eine Haftung gegenüber dem Bieter gänzlich ablehnend *Ekkenga*, in: Ehricke/Ekkenga/Oechsler, WpÜG, § 27 Rdnr. 44.

### 1. *Keine Prospektpflicht*

Werden Wertpapiere im Wege eines öffentlichen Tauschangebots offeriert, entfällt gemäß § 4 Abs. 1 Nr. 2 WpPG die Pflicht zur Veröffentlichung eines Wertpapierprospekts, da – wie es der Wortlaut der Norm erfordert – mit der Angebotsunterlage ein Dokument verfügbar ist, dessen Angaben denen des Prospekts gleichwertig sind.[108]

### 2. *Spezielle Regelungen für Tauschangebote*

Spezielle Regelungen für Tauschangebote finden sich sowohl im WpÜG als auch in der WpÜG-AngebotsVO angesichts des vom Gesetzgeber intendierten regulatorischen Gleichlaufs von Bar- und Tauschangeboten nur vereinzelt. Sonder- bzw. Ausnahmeregelungen gelten lediglich für die inhaltliche Gestaltung der Angebotsunterlage, für die als Gegenleistung angebotenen Wertpapiere sowie für die Frist zur Einreichung der Angebotsunterlage bei der BaFin.

Als Ausgleich für die Befreiung von der Prospektpflicht muss die Angebotsunterlage im Falle eines Tauschangebots gemäß § 11 Abs. 4 WpÜG i. V. m. § 2 Nr. 2 WpÜG-AngebotsVO prospektrechtlichen Standards genügen, d. h. sämtliche gemäß § 7 WpPG i. V. m. der EU-Prospektverordnung erforderlichen Mindestangaben enthalten. Maßgeblich sind insofern insbesondere die Anhänge I bis III der EU-Prospektverordnung, namentlich die *„Mindestangaben für das Registrierungsformular* für Aktien *(Modul)*", das *„Modul für Pro forma-Finanzinformationen*" sowie die *„Mindestangaben für die Wertpapierbeschreibung für Aktien (Schema)*".[109] Etwas anderes gilt nur, sofern für die als Gegenleistung offerierten Wertpapiere bereits vor Veröffentlichung der Angebotsunterlage im Inland ein Wertpapierprospekt in deutscher Sprache veröffentlicht wurde und während der gesamten Laufzeit des Angebots ein gültiger Prospekt veröffentlicht ist. In diesem Fall genügt in der Angebotsunterlage bereits der Hinweis, dass und wo dieser Prospekt veröffentlicht bzw. erhältlich ist.

Die den Angebotsadressaten im Rahmen eines öffentlichen Übernahmeangebots zum Tausch angebotenen Aktien müssen zudem liquide und zum Handel an einem organisierten Markt i. S. d. § 2 Abs. 7 WpÜG zugelassen sein.[110] Auch hat der Bieter

---

108 Vgl. zu den inhaltlichen Anforderungen an die Angebotsunterlage § 11 Abs. 4 WpÜG i. V. m. § 2 Nr. 2 WpÜG-AngebotsVO.

109 Näher hierzu *Veranneman/Gärtner*, AG 2009, 648, 650 ff.

110 § 31 Abs. 2 S. 1 Alt. 2 WpÜG. Das Liquiditätserfordernis soll den Adressaten eines Tauschangebots im Falle der Annahme desselben die zeitnahe Veräußerung der erworbenen Aktien ermöglichen. Vgl. *Haarmann*, in: FK-WpÜG, § 31 Rdnr. 82; *Krause*, in: Assmann/Pötzsch/Uwe H. Schneider, WpÜG, § 31 Rdnr. 48; *Kremer/Oesterhaus*, in: KK-WpÜG, § 31 Rdnr. 30; *Süßmann*, in: Geibel/Süßmann, WpÜG, § 31 Rdnr. 10. Durch das Erfordernis der Zulassung an einem organisierten Markt i. S. d. § 2 Abs. 7 WpÜG sollen ausweislich der Gesetzesbegründung für die als Gegenleistung angebotenen Aktien zudem europäische Standards und damit ein Mindestmaß an Anlegerschutz gewährleistet werden. Siehe Begr. RegE WpÜG,

Inhabern stimmberechtigter Aktien der Zielgesellschaft gemäß § 31 Abs. 2 S. 2 WpÜG als Gegenleistung ebenfalls stimmberechtigte Aktien anzubieten, da sich deren gesellschaftsrechtliche Position andernfalls verschlechtern würde.[111] Schließlich finden für die Ermittlung des Wertes der vom Bieter als Gegenleistung offerierten Aktien gemäß § 31 Abs. 1 und Abs. 7 S. 1 WpÜG i. V. m. § 7 WpÜG-AngebotsVO die für die Bewertung der Aktien der Zielgesellschaft geltenden Regelungen der §§ 5 und 6 WpÜG-AngebotsVO entsprechende Anwendung. Der Wert der vom Bieter angebotenen Aktien ist mithin auf der Grundlage ihres (ggf. gewichteten) durchschnittlichen Börsenkurses zu ermitteln. Die in § 4 WpÜG-AngebotsVO enthaltenen Grundsätze zur Berücksichtigung etwaiger Vorerwerbe finden bei Tauschangeboten zur Berechnung des Umtauschverhältnisses indes keine Anwendung; andernfalls wäre es dem Bieter möglich, durch Erwerb eigener Aktien (vgl. § 71 AktG) zu überhöhten Preisen die Bewertung dieser Aktien künstlich zu erhöhen und dadurch den Wert der anzubietenden Gegenleistung zu verringern.[112] Entsprechende Überlegungen gelten, wenn der Bieter statt eigener Aktien solche einer anderen Gesellschaft als Gegenleistung offeriert.[113]

Ebenfalls zu beachten ist bei Tauschangeboten schließlich die Regelung des § 14 Abs. 1 S. 3 WpÜG. Danach kann die BaFin die vierwöchige Regelfrist für die Übermittlung der Angebotsunterlage auf Antrag des Bieters unter bestimmten Voraussetzungen nicht nur bei grenzüberschreitenden Angeboten, sondern auch im Falle ggf. „*erforderlicher Kapitalmaßnahmen*" um bis zu vier Wochen verlängern.

---

BT-Drucks. 14/7034 vom 5. Oktober 2001, S. 55. Kritisch zum Erfordernis eines Zweitlistings im EWR im Falle ausländischer Bietergesellschaften, deren Aktien z. B. ausschließlich zum Handel an der New York Stock Exchange zugelassen sind, *Kremer/Oesterhaus*, in: KK-WpÜG, § 31 Rdnr. 32; *Marsch-Barner*, in: Baums/Thoma, WpÜG, Bd. II, § 31 Rdnr. 68; *Veranneman/Gärtner*, AG 2009, 648, 649.

111 Vgl. Begr. RegE WpÜG, BT-Drucks. 14/7034 vom 5. Oktober 2001, S. 55.

112 Begr. RegE WpÜG, BT-Drucks. 14/7034 vom 5. Oktober 2001, S. 80.

113 Vgl. *Kremer/Oesterhaus*, in: KK-WpÜG, § 31 Anh. – § 7 AngebVO Rdnr. 6.

# Drittes Kapitel: Konzeption des US-amerikanischen Übernahmerechts

Das Verfahren sowie die Rechte und Pflichten der an einer öffentlichen Übernahme Beteiligten werden in den Vereinigten Staaten von Amerika anders als in Deutschland sowohl durch bundes- als auch durch landesrechtliche Vorschriften geregelt. Konkretisiert werden Erstere zudem durch zahlreiche Ausführungsbestimmungen der SEC, der US-amerikanischen Wertpapier- und Börsenaufsichtsbehörde.

## A. US-amerikanisches Bundesrecht

Die auf Bundesebene für öffentliche Angebote wichtigsten Gesetze sind der Securities Act aus dem Jahre 1933[114] sowie der ein Jahr später in Kraft getretene Exchange Act.[115] Beide Gesetze wurden vom US-amerikanischen Kongress[116] als Reaktion auf den Beginn der Großen Depression in den Vereinigten Staaten von Amerika erlassen. Ziel war es, US-amerikanische Anleger vor missbräuchlichen Emissionen und Börsenhandelspraktiken zu schützen und die Integrität der Wertpapiermärkte sicherzustellen bzw. zu erhalten. Charakteristisch für beide Kapitalmarktgesetze ist die sog. „*full disclosure*"-Philosophie, das Prinzip umfassender Publizität, welches es Anlegern ermöglichen soll, eigenverantwortliche Anlageentscheidungen auf wohlinformierter Grundlage zu treffen. Die Gewährleistung angemessener Konditionen war bzw. ist hingegen allenfalls ein indirektes Anliegen des Gesetzgebers.

Während die Emission von Wertpapieren, der sog. Primärmarkt, im Securities Act geregelt ist, wird der rechtliche Rahmen für den Handel mit emittierten Wertpapieren, den sog. Sekundärmarkt, durch den Exchange Act vorgegeben.[117] Ersterer enthält daher insbesondere auch für öffentliche Tauschangebote, sog. *exchange offers*, relevante Bestimmungen zur Registrierung von Wertpapieren;[118] im Exchange Act finden sich demgegenüber neben rein übernahmerechtlichen

---

114 15 U.S.C. §§ 77a *et seq.*

115 15 U.S.C. §§ 78a *et seq.*

116 Der US-amerikanische Kongress besteht aus zwei Kammern, dem Senat und dem Repräsentantenhaus. Im Senat ist jeder der 50 US-Bundesstaaten mit zwei jeweils für sechs Jahre direkt vom Volk gewählten Senatoren vertreten; alle zwei Jahre steht ein Drittel der Senatoren zur Wahl. Die Sitzvergabe im Repräsentantenhaus richtet sich demgegenüber nach der Einwohnerzahl der einzelnen Bundesstaaten. Die Kammer besteht aktuell aus 435 Abgeordneten; Wahlen finden alle zwei Jahre statt. Zu weiteren Einzelheiten siehe insbesondere Art. I der Verfassung der Vereinigten Staaten von Amerika.

117 *Hazen*, Securities Regulation in a Nutshell, § I.2.

118 Vgl. etwa § 6 Securities Act, 15 U.S.C. § 77f (2012).

Bestimmungen[119] insbesondere auch Vorschriften zur Überwachung US-amerikanischer Wertpapierbörsen,[120] zur Berichterstattung von Publikumsgesellschaften,[121] zum Erwerb von Stimmrechtsvollmachten[122] sowie zur Bekämpfung von Insiderhandel.[123]

## I. Williams Act

Die meisten für öffentliche Übernahmen relevanten Bestimmungen des Exchange Act wurden erst im Jahre 1968 mit Erlass des Williams Act[124] in das Gesetz integriert.

Grund für den Erlass des Williams Act waren Lücken in den Publizitätsvorschriften des Exchange Act. Dieser sah entgegen seines „*full disclosure*"-Ansatzes in der bis zum Jahre 1968 geltenden Fassung weder für den Erwerb größerer Aktienpakete im Wege öffentlicher Barangebote, sog. *cash tender offers*, über die Börse, sog. *open market purchases*, oder im Wege individuell ausgehandelter Geschäfte, sog. *negotiated purchases*, noch für den Rückerwerb eigener Aktien, sog. *issuer tender offers*, spezielle Offenlegungspflichten vor.

Um diese Regelungslücken zu schließen, brachte Senator *Harrison A. Williams, Jr.* aus New Jersey am 22. Oktober 1965 als S. 2371 einen ersten Gesetzentwurf zur Verbesserung des Anlegerschutzes in den US-amerikanischen Senat ein.[125] Die Hintergründe der von ihm angestoßenen Gesetzesreform erläuterte Senator *Williams* im *Congressional Record* unter der Überschrift „*Protection against Corporate Raiders*" wie folgt:

> „*[D]espite [...] great advances, the Federal securities laws remain inadequate in one notable respect. They fail to take proper cognizance of the activities of corporate raiders.*
>
> ***In recent years we have seen proud old companies reduced to corporate shells after white-collar pirates have seized control with funds from sources which are unknown in many cases, then sold or traded away the best assets, later to split up most of the loot among themselves.*** *[...]*
>
> *The ultimate responsibility for preventing this kind of* ***industrial sabotage*** *lies with the management and the shareholders of the corporation that is so*

---

119 Vgl. § 14(d) Exchange Act, 15 U.S.C. § 78n(d) (2012), sowie die spezielle „*anti-fraud*"-Bestimmung in § 14(e) Exchange Act, 15 U.S.C. § 78n(e) (2012).

120 Vgl. § 6 Exchange Act, 15 U.S.C. § 78f (2012).

121 Vgl. § 13(a) Exchange Act, 15 U.S.C. § 78m(a) (2012).

122 Vgl. etwa § 14(a) Exchange Act, 15 U.S.C. § 78n(a) (2012).

123 Vgl. etwa § 16(b) Exchange Act, 15 U.S.C. § 78p(b) (2012).

124 Pub. L. No. 90–439, 82 Stat. 454 (1968).

125 S. 2731, 89th Cong., 1st Sess. (1965). Ein im Wesentlichen identischer Gesetzentwurf wurde kurz darauf vom Abgeordneten *Harley O. Staggers* aus West Virginia unter der laufenden Nummer H.R. 14417 (89th Cong., 2d Sess. (1966)) in das Repräsentantenhaus des US-amerikanischen Kongresses eingebracht.

*threatened. But the leniency of [the U.S. securities] laws places management and shareholders at a distinct disadvantage in coming to grips with the enemy.*

*A group of corporate raiders, collusively joined together, can buy up enough shares of a corporation's stock virtually to guarantee victory in a proxy fight without management or shareholders having any knowledge of these acquisitions. [...]*

***The biggest loophole open to the corporate raider is this cloak of secrecy under which he is permitted to operate while obtaining the shares needed to put him on the road to successful capture of a company.***

*Under current law, the take-over specialist need not publicly reveal his program until after he acquires more than 10 percent of the outstanding shares. Moreover, the raider need not reveal the names of individuals with whom he may be acting in concert to seize control of the company. As a result, corporate management is often unable to protect itself from such inroads, because in most instances, it is possible to wrest control of a corporation by buying up considerably less than 51 percent of the outstanding stock.*

***In some companies, management control may be won by control of as little as 10 percent.***"[126] (Hervorhebungen durch Verf.)

Ebenso anschaulich analysierte der damalige *General Counsel* der SEC, *Philip A. Loomis, Jr.*, die Motive für den Gesetzentwurf:

„*That bill [...] originated with certain corporate managements who felt that corporate raiders should be discouraged.*"[127]

Die übernahmefeindliche Haltung[128] des Senators spiegelte sich auch in einzelnen der vorgeschlagenen Gesetzesänderungen wider. Zum einen sah der Entwurf eine Änderung des § 16(a) Exchange Act,[129] der sog. *insider reporting provision*, vor; konkret sollte sowohl die Beteiligungsschwelle für die Pflicht zur Einreichung von Insiderinformationen bei der SEC abgesenkt als auch das sog. *acting in concert* einer gesetzlichen Regelung zugeführt werden.[130] Ergänzt werden sollte zum anderen die allgemeine *anti-fraud provision* des § 10 Exchange Act[131] – und zwar sowohl um Regelungen betreffend *cash tender offers* und sonstige Erwerbe größerer Aktienpakete als auch um solche betreffend Rückerwerbe eigener Aktien.[132] Für Erstere enthielt der Entwurf insbesondere die Verpflichtung des Bieters bzw.

126 111 Cong. Rec. 28257, 28257–58 (1965) (statement of Sen. Harrison A. Williams, Jr.).

127 *Loomis*, 22 Record of N.Y.C.B.A. 275, 279 (1967).

128 Vgl. *Brown*, Securities Law and Practice Deskbook, § 11:1 („*In the mid 1960s, Congress began working on a legislative response. Those who viewed tender offers negatively had the upper hand at first, and they caused the proposed legislation to be anti-tender offer in its effect.*").

129 15 U.S.C. § 78p(a) (1964).

130 Siehe S. 2731, 89th Cong., 1st Sess. § 1 (1965).

131 15 U.S.C. § 78j (1964).

132 Siehe S. 2731, 89th Cong., 1st Sess. § 2 (1965).

Erwerbers, sowohl der Zielgesellschaft als auch der SEC die Abgabe des Angebots bzw. den beabsichtigten Paketerwerb mindestens 20 Tage im Voraus anzukündigen bzw. förmlich mitzuteilen.[133] Weniger weitreichend waren hingegen die Vorschriften zum Rückerwerb eigener Aktien; diesbezüglich beschränkte sich der Gesetzentwurf im Wesentlichen auf die Übertragung von Rechtsetzungsbefugnissen auf die SEC zur Konkretisierung der zum Schutz der Anleger erforderlichen Publizitätspflichten.[134]

Obwohl der Gesetzentwurf S. 2371 im Laufe der Legislaturperiode des 89. Kongresses nicht im US-amerikanischen Senat beraten wurde, stieß er auf großes Interesse sowohl in der Wirtschafts- als auch der Finanzwelt. Entscheidende Impulse für die weitere Entwicklung des Gesetzgebungsvorhabens gingen dabei von der SEC aus. Diese begrüßte Mitte des Jahres 1966 in einem an den zuständigen Senatsausschuss, das *Committee on Banking and Currency*, adressierten Memorandum zwar die mit dem Gesetzentwurf verfolgten Ziele, kritisierte aber zugleich die gesetzessystematische Umsetzung des Vorhabens sowie den übernahmefeindlichen Ansatz des Entwurfs.[135] Unter den detaillierten Änderungsvorschlägen der Behörde fanden sich zudem zahlreiche, die „*full disclosure*"-Philosophie gewissermaßen ergänzende Vorschläge zur Verbesserung des Anlegerschutzes. So regte die Aufsichtsbehörde für den Bereich öffentlicher Übernahmen insbesondere die Aufnahme von Regelungen betreffend (i) die Abgabe von Stellungnahmen, (ii) die Zuteilung bei überzeichneten Teilangeboten, (iii) die Gewährung von Rücknahmerechten und (iv) die Gleichbehandlung von Angebotsadressaten im Falle einer Erhöhung der Gegenleistung an; zudem plädierte die Behörde für die Aufnahme einer speziell für Übernahmeangebote geltenden „*anti-fraud*"-Bestimmung.[136] Die zusätzliche Anregung der SEC, *exchange offers* in den Anwendungsbereich der Übernahmeregelungen einzubeziehen, war vor diesem Hintergrund nur konsequent.[137]

---

133 Siehe S. 2731, 89th Cong., 1st Sess. § 2 (1965). Explizit ausgenommen von der Regelung waren vor allem *exchange offers*, da dem Publizitätserfordernis bei diesen durch die Registrierungspflicht unter dem Securities Act bereits hinreichend Rechnung getragen war. Der „*full disclosure*"-Philosophie entsprechend wurde im Gesetzentwurf zudem bewusst auf die Aufnahme zusätzlicher Schutznormen (z. B. Gleichbehandlungspflicht) verzichtet. Vgl. 111 Cong. Rec. 28257, 28259–60 (1965) (statement of Sen. Harrison A. Williams, Jr.).

134 Siehe S. 2731, 89th Cong., 1st Sess. § 2 (1965).

135 Siehe SEC, Memorandum to the S. Comm. on Banking and Currency on S. 2731, 89th Cong., abgedruckt in 112 Cong. Rec. 19003–07 (1966).

136 Siehe SEC, Memorandum to the S. Comm. on Banking and Currency on S. 2731, 89th Cong., abgedruckt in 112 Cong. Rec. 19003, 19005–07 (1966).

137 Vgl. 112 Cong. Rec. 19003, 19005 (1966) („*The [Securities and Exchange] Commission suggests the deletion of [...] the word 'cash' [...] on the ground that there does not seem to be any reason for excluding from the reach of the statute tender offers for the exchange of stock or other consideration.*"). Die gleichzeitige Empfehlung zur Streichung der im Gesetzentwurf enthaltenen Ausnahmeregelung für *exchange offers* ist allem Anschein nach nur versehentlich unterblieben.

Zu Beginn der Legislaturperiode des 90. Kongresses unternahm Senator *Williams* einen erneuten Anlauf zur Ergänzung der kapitalmarktrechtlichen Vorschriften. Mit dem Ziel, die widerstreitenden Interessen von Bietern und Zielgesellschaften nunmehr ausgewogen zu berücksichtigen, brachte Senator *Williams*[138] am 18. Januar 1967 als S. 510 einen grundlegend überarbeiteten Gesetzentwurf in den US-amerikanischen Senat ein, welcher sowohl in gesetzessystematischer als auch inhaltlicher Hinsicht unverkennbar die Handschrift der Aufsichtsbehörde trug.[139]

Wie von der SEC vorgeschlagen, wurden die speziell für *tender offers* relevanten Vorschriften in die sog. *proxy provision* des § 14 Exchange Act[140] integriert; die Regelungen zu sonstigen Anteilserwerben sowie diejenigen zum Rückerwerb eigener Aktien fanden hingegen Einzug in die in § 13 Exchange Act[141] normierten Vorschriften zur Unternehmensberichterstattung.[142] Vollständig verzichtet wurde auf Empfehlung der SEC zudem auf eine Änderung der *insider reporting provision*.[143]

In inhaltlicher Hinsicht wurde insbesondere die 20-tägige Vorankündigungspflicht erheblich abgemildert.[144] Auch enthielt der überarbeitete Entwurf zusätzlich zu den Publizitätsvorschriften – wie von der SEC empfohlen – Schutzbestimmungen

---

138 *Co-sponsor* des Gesetzentwurfs war der aus Kalifornien stammende Senator *Thomas H. Kuchel*.

139 S. 510, 90th Cong., 1st Sess. (1967), abgedruckt in 113 Cong. Rec. 854, 856–57 (1967). Ein im Wesentlichen identischer Gesetzentwurf wurde nahezu zeitgleich vom Abgeordneten *John E. Moss* aus Kalifornien unter der laufenden Nummer H.R. 14475 (90th Cong., 1st Sess. (1967)) in das Repräsentantenhaus des US-amerikanischen Kongresses eingebracht.

140 15 U.S.C. § 78n (1964).

141 15 U.S.C. § 78m (1964).

142 S. 510, 90th Cong., 1st Sess. (1967).

143 Eine Absenkung der meldepflichtigen Beteiligungsschwelle hätte eine nicht beabsichtigte Ausweitung der sog. *short-swing profit liability* der betreffenden Insider gemäß § 16(b) Exchange Act, 15 U.S.C. § 78p(b) (1964), zur Folge gehabt.

144 Siehe S. 510, 90th Cong., 1st Sess. § 2 (1967). Im Falle von *cash tender offers* sah der Entwurf nur noch die Pflicht des Bieters vor, bei der SEC fünf Tage vor Abgabe des Angebots ein sog. *disclosure statement* einzureichen; eine Vorabunterrichtung der Zielgesellschaft war im Entwurf hingegen nicht mehr vorgesehen. Vgl. zum Hintergrund der Änderung SEC, Memorandum to the S. Comm. on Banking and Currency on S. 2731, 89th Cong., abgedruckt in 112 Cong. Rec. 19003, 19005 (1966) („*The [Securities and Exchange] Commission [...] believes that the requirement of a 20-day advance notice to the issuer and the [Securities and Exchange] Commission is unnecessary for the protection of security holders to whom such offers would be directed and suggests instead that 5 days prior to the making of a tender offer notice be given to the [Securities and Exchange] Commission in a confidential statement.*"), sowie *Cohen*, 22 Bus. Law. 149, 153 (1966) („*It was originally proposed that a statement describing the offer be filed with the [Securities and Exchange] Commission and mailed to the offeree company at least 20 days before the solicitation commenced. This would have given shareholders 20 days to evaluate a tender offer. [...] [W]e believed this might give management an unwarranted advantage when the offer is opposed.*").

zugunsten der Adressaten von *cash tender offers.*[145] Auf eine Streichung der Ausnahmeregelung für *exchange offers* und damit insbesondere eine Erstreckung des Geltungsbereichs Letzterer auf diese wurde hingegen verzichtet.[146]

Trotz vereinzelter kritischer Stimmen aus Wissenschaft und Lehre[147] wurde die Gesetzesvorlage vom US-amerikanischen Senat am 30. August 1967 mit einigen kleineren Änderungen verabschiedet.[148] Knapp ein Jahr später stimmte das Repräsentantenhaus dem Gesetzesvorhaben mit weiteren, für Zwecke dieser Arbeit jedoch nicht relevanten Änderungen zu.[149] Nach Billigung dieser Änderungsvorschläge durch den Senat am 18. Juli 1968[150] wurde das Gesetz mit dem Titel „*AN ACT Providing for full disclosure of corporate equity ownership of securities under the Securities Exchange Act of 1934*" am 29. Juli 1968 vom damaligen Präsidenten der Vereinigten Staaten, *Lyndon B. Johnson*, unterzeichnet und verkündet.[151]

Eine der bedeutendsten Änderungen erfuhr der Williams Act bereits am 22. Dezember 1970, knapp zwei Jahre nach seinem Erlass.[152] Im Zuge der von der SEC

---

145 Siehe S. 510, 90th Cong., 1st Sess. § 2 (1967).

146 Vgl. S. 510, 90th Cong., 1st Sess. § 2 (1967).

147 Vgl. Full Disclosure of Corporate Equity Ownership and in Corporate Takeover Bids: Hearings on S. 510 Before the Subcomm. on Securities of the S. Comm. on Banking and Currency, 90th Cong. 136–39 (1967) (statement of Robert H. Mundheim, Professor of Law, University of Pennsylvania School of Law) („*[T]he bill [...] should not focus on getting information from the maker of the tender offer. The focus should be on making as much current information about the offeree company as possible available to the shareholders of that company.*"); *Manne*, 1967 Duke L.J. 231.

148 113 Cong. Rec. 24662–66 (1967). Insbesondere wurde die in Fn. 144 genannte Fünf-Tage-Vorab-Einreichungs-Frist gestrichen, die anteilige Berücksichtigung bei Teilangeboten auf die ersten zehn Tage beschränkt und eine Regelung aufgenommen, der zufolge die SEC ebenso wie die Wertpapierinhaber der Zielgesellschaft für den Fall, dass die Mehrheit der *directors* im Zusammenhang mit einem *tender offer* oder einer sonstigen Akquisition ausgetauscht werden soll, entsprechend zu informieren sind. Zu Hintergrund und Zweck letzterer Regelung ausführlich *Dietrich*, Tender Offer, S. 200 ff. Zu den *hearings* vor dem Senat siehe Full Disclosure of Corporate Equity Ownership and in Corporate Takeover Bids: Hearings on S. 510 Before the Subcomm. on Securities of the S. Comm. on Banking and Currency, 90th Cong. (1967). Zum Bericht des zuständigen Senatsausschusses siehe S. Rep. No. 90–550 (1967).

149 114 Cong. Rec. 21481–84 (1968). Zum *hearing* vor dem Repräsentantenhaus siehe Takeover Bids: Hearing on H.R. 14475 and S. 510 Before the Subcomm. on Commerce and Finance of the H. Comm. on Interstate and Foreign Commerce, 90th Cong. (1968). Zum Bericht des zuständigen Ausschusses des Repräsentantenhauses siehe H.R. Rep. No. 90–1711 (1968).

150 114 Cong. Rec. 21953–54 (1968).

151 Pub. L. No. 90–439, 82 Stat. 454 (1968).

152 Pub. L. No. 91–567, 84 Stat. 1497 (1970). Zum *hearing* vor dem Senat siehe Additional Consumer Protection in Corporate Takeovers and Increasing the Securities Act Exemptions for Small Businessmen: Hearing on S. 336 and S. 3431 Before the Sub-

angestoßenen Gesetzesreform wurde insbesondere die Ausnahmeregelung für *exchange offers*, der damalige § 14(d)(8)(A) Exchange Act,[153] gestrichen. Grund für die Streichung war die zutreffende, von der Aufsichtsbehörde bereits vier Jahre zuvor artikulierte Erkenntnis, dass angesichts der im Securities Act statuierten Registrierungs- und Prospektpflicht zwar die erforderliche Publizität gewährleistet war, die mit dem Williams Act neu in den Exchange Act eingefügten übernahmerechtlichen Schutzbestimmungen (Rücknahmerechte, „*pro rata*"-Regelung sowie Pflicht des Bieters, Erhöhungen der Gegenleistung allen Aktionären zugutekommen zu lassen) den Adressaten solcher Angebote jedoch durch die Ausnahmeregelung vorenthalten wurden. Zudem hatte der Gesetzgeber erkannt, dass eine Pflicht der Zielgesellschaft zur Abgabe einer begründeten Stellungnahme mangels entsprechender Regelung im Securities Act einzig im Falle eines Barangebots bestand.[154]

Die bislang letzten Änderungen des Williams Act datieren aus dem Jahre 2010. Im Rahmen des als Reaktion auf die Finanzmarktkrise des Jahres 2007 erlassenen Dodd-Frank Act wurde insbesondere § 13 Exchange Act[155] einigen für Zwecke dieser Arbeit jedoch nicht relevanten Änderungen unterzogen.[156]

## II. Ausführungsbestimmungen der SEC

Auf Basis der durch den Williams Act übertragenen Rechtsetzungsbefugnisse promulgierte die SEC bereits im August 1968 sog. *emergency rules*.[157] Diese

---

comm. on Securities of the S. Comm. on Banking and Currency, 91th Cong. (1970). Zum Bericht des zuständigen Senatsausschusses siehe S. Rep. No. 91–1125 (1970). Zum *hearing* vor dem Repräsentantenhaus siehe Investor Protection in Corporate Takeovers – Increase in 'Regulation A' Exemption: Hearing on H.R. 4285, S. 3431 and S. 336 Before the Subcomm. on Commerce and Finance of the H. Comm. on Interstate and Foreign Commerce, 91th Cong. (1970). Zum Bericht des zuständigen Ausschusses des Repräsentantenhauses siehe H.R. Rep. No. 91–1655 (1970). Zu den Änderungen aus dem Jahre 1970 siehe auch *Brown*, 26 Bus. Law. 1637 (1971).

153 15 U.S.C. § 78n(d)(8)(A) (1964 & Supp. V 1969).

154 Siehe S. Rep. No. 91–1125, at 3–4 (1970); H.R. Rep. No. 91–1655, at 4 (1970). Weitere Änderungen betrafen etwa die *anti-fraud provision* des § 14(e) Exchange Act, 15 U.S.C. § 78n(e) (1964 & Supp. V 1969) (Aufnahme einer Ermächtigung der SEC zum Erlass von Ausführungsbestimmungen), sowie die Regelungen in §§ 13(d)(1) und 14(d)(1) Exchange Act, 15 U.S.C. §§ 78m(d)(1) and 78n(d)(1) (1964 & Supp. V 1969) (Reduzierung der Berichtsschwellen von 10 % auf 5 %).

155 15 U.S.C. § 78m (2012).

156 Zu den Einzelheiten der Änderungen siehe Dodd-Frank Act, Pub. L. No. 111–203, §§ 766(b), 929R(a), 991(b)(2), 124 Stat. 1376, 1799, 1866–67, 1952–53 (2010).

157 Siehe Acquisitions, Tender Offers, and Solicitations, Exchange Act Release No. 8370 (July 30, 1968) [33 Fed. Reg. 11015 (Aug. 2, 1968), as corrected 33 Fed. Reg. 11207 (Aug. 8, 1968)]. Zu nachfolgenden Änderungen siehe Acquisitions, Tender Offers, and Solicitations, Exchange Act Release No. 8392 (Aug. 30, 1968) [33 Fed. Reg. 14109 (Sept. 18, 1968)], und Acquisitions, Tender Offers, and Solicitations,

gewissermaßen als Überbrückungsmaßnahme gedachten Regelungen stellten den ersten Schritt der Aufsichtsbehörde auf dem Weg zur Entwicklung eines umfassenden Regelwerks zur Umsetzung der durch den Williams Act herbeigeführten gesetzlichen Änderungen dar. Grundlegend überarbeitet wurden die *emergency rules* jedoch erst im Jahre 1979 – mehr als zehn Jahre nach Erlass des Gesetzes.[158]

Die Ausführungsbestimmungen der SEC sind unterteilt in Regulation 14D[159] und Regulation 14E.[160] Hinsichtlich der jeweiligen Anwendungsbereiche bestimmt Exchange Act Rule 14d-1(a),[161] dass Erstere ausschließlich für § 14(d)(1) Exchange Act[162] unterliegende *tender offers* gilt; Letztere gewährleistet hingegen einen Mindestschutz bei allen Arten von öffentlichen Angeboten.

## III. „*Tender Offer*"-Verfahren nach US-amerikanischem Recht

Ebenso wie im zweiten Kapitel die Konzeption des WpÜG wird nachfolgend das Übernahmeverfahren nach US-amerikanischem Recht dargestellt. Wie bereits den vorstehenden Ausführungen zu entnehmen ist, sind anders als im deutschen Recht die Vorschriften für Bar- und Tauschangebote nicht einheitlich kodifiziert. Zwar gelten die Übernahmebestimmungen des Exchange Act sowie die auf dessen Grundlage erlassenen Ausführungsbestimmungen der SEC seit der Gesetzesreform im Jahre 1970 für beide Angebotsarten. Zusätzlich enthalten aber auch der Securities Act sowie die diesbezüglichen SEC-Regelungen zahlreiche, ausschließlich für Tauschangebote relevante Bestimmungen. Eine getrennte Darstellung von Bar- und Tauschangeboten erscheint daher – anders als im Falle des WpÜG – aus Gründen der Übersichtlichkeit zwingend geboten. Sofern es der Zusammenhang gebietet, werden Ausführungen zum Tauschangebot jedoch bereits im Abschnitt zum Barangebot erläutert.

### 1. *Vorbemerkung*

Im Unterschied zum WpÜG unterscheidet das US-amerikanische Übernahmerecht nicht zwischen öffentlichen Erwerbs-, Übernahme- und Pflichtangeboten.[163] Dem

---

Exchange Act Release No. 8556 (Mar. 24, 1969) [34 Fed. Reg. 6101 (Apr. 4, 1969)]. Zu den Änderungen der „*emergency rules*" im Anschluss an die Reform des Williams Act im Jahre 1970 siehe Acquisitions of Securities and Making of Tender Offers, Securities Act Release No. 5126, Exchange Act Release No. 9060 (Jan. 18, 1971) [36 Fed. Reg. 976 (Jan. 21, 1971)].

158 Siehe Tender Offers, Securities Act Release No. 6158, Exchange Act Release No. 16384, Investment Company Act Release No. 10958 (Nov. 29, 1979) [44 Fed. Reg. 70326 (Dec. 6, 1979)].

159 17 C.F.R. §§ 240.14d-1 *et seq.* (2013).

160 17 C.F.R. §§ 240.14e-1 *et seq.* (2013).

161 17 C.F.R. § 240.14d-1(a) (2013).

162 15 U.S.C. § 78n(d)(1) (2012).

163 Die bundesgesetzlichen Regelungen enthalten keine Pflicht zur Abgabe eines Angebots bei Erreichen oder Überschreiten einer bestimmten Beteiligungshöhe

Williams Act und damit auch den Ausführungsbestimmungen des SEC liegt vielmehr die Auffassung zugrunde, dass bereits relativ kleine Beteiligungen *de facto* kontrollrelevant sein können.[164] Entsprechend greifen etwa die Berichtspflichten des § 13(d) Exchange Act[165] bereits bei Überschreiten einer Beteiligung von 5 % und die übernahmerechtlichen Bestimmungen im engeren Sinne, insbesondere § 14(d) Exchange Act,[166] bereits bei einem auf das Überschreiten dieser Schwelle gerichteten *tender offer* ein.

Den für die Reichweite des Williams Act maßgeblichen Begriff „*tender offer*" hat der US-amerikanische Kongress jedoch ebenso wenig definiert wie der deutsche Gesetzgeber denjenigen des „*öffentlichen Angebots*". Auch die SEC hat bislang darauf verzichtet, die von ihr veröffentlichten Ausführungsbestimmungen um eine Definition des Begriffs zu ergänzen.[167] Stattdessen oblag es seit jeher den Gerichten, die Charakteristika eines *tender offer* und damit letztlich auch den Anwendungsbereich des Gesetzes näher zu bestimmen.

Ein verbreitet herangezogener Test ist der von der SEC vorgeschlagene und vom *United States District Court for the Southern District of New York* in der Leitentscheidung *Wellman v. Dickinson*[168] angewandte sog. *eight-factor test.* Als charakteristisch für ein *tender offer* gelten danach (i) ein aktives und breit angelegtes Werben um Aktien eines Emittenten bei dessen Aktionären, (ii) ein Werben um einen erheblichen Aktienanteil, (iii) die Offerte eines Aufschlags gegenüber dem jeweils aktuellen Marktpreis, (iv) nicht verhandelbare Angebotskonditionen, (v) eine Abhängigkeit des Angebots von der Einreichung einer bestimmten Anzahl von Aktien, (vi) eine zeitliche Begrenzung des Angebots, (vii) die Ausübung von Verkaufsdruck auf die Aktionäre sowie (viii) die öffentliche Ankündigung der Erwerbsabsicht.[169] Dessen ungeachtet wies das Gericht jedoch ausdrücklich darauf hin, dass „*[t]he absence of one particular factor [...] is not necessarily fatal [...] because depending upon the*

---

(sog. *mandatory bids*). Vgl. *Banke*, in: Apfelbacher/Barthelmess/Buhl/von Dryander, German Takeover Law, Part Three, C, Rdnr. 48; *Ekkenga/Kuntz*, WM 2004, 2427, 2428; *Greene et al.*, U.S. Regulation of the International Securities and Derivatives Markets, Vol. 1, § 9.01; *Helmis*, RIW 2001, 825, 830; *Kirchner/Painter*, 50 Am. J. Comp. L. 451, 454 (2002); *Letzel*, BKR 2002, 293, 296; *Pietzke*, in: FS Fikentscher, S. 601, 615; *Wackerbarth*, in: MünchKommAktG, § 2 WpÜG Rdnr. 6; *Zinser*, RIW 1999, 844, 845 f.

164 Vgl. 111 Cong. Rec. 28257, 28258 (1965).

165 15 U.S.C. § 78m(d) (2012).

166 15 U.S.C. § 78n(d) (2012).

167 Vgl. aber den Vorschlag der SEC aus dem Jahre 1979 in Proposed Amendments to Tender Offer Rules, Securities Act Release No. 6159, Exchange Act Release No. 16385, Investment Company Act Release No. 10959 (Nov. 29, 1979) [44 Fed. Reg. 70349 (Dec. 6, 1979)].

168 475 F. Supp. 783 (S.D.N.Y. 1979), *aff'd*, 682 F.2d 355 (2d Cir. 1982), *cert. denied*, 460 U.S. 1069 (1983).

169 *Wellman v. Dickinson*, 475 F. Supp. 783, 823–24 (S.D.N.Y. 1979), *aff'd*, 682 F.2d 355 (2d Cir. 1982), *cert. denied*, 460 U.S. 1069 (1983).

*circumstances involved in the particular case, one or more of the [...] features may be more compelling and determinative than the others.*“[170]

Ein ebenfalls häufig von den Gerichten herangezogener Test geht auf die Entscheidung *Hanson Trust PLC v. SCM Corp.*[171] des *Second Circuit Court of Appeals* aus dem Jahre 1985 zurück. Das für die US-amerikanischen Bundesstaaten Connecticut, New York und Vermont zuständige Berufungsgericht erkannte seinerzeit zwar die Relevanz der meisten der vom New Yorker Bezirksgericht sechs Jahre zuvor aufgelisteten Kriterien an, gleichzeitig wiesen die Richter jedoch darauf hin, dass „*the elevation of such a list to a mandatory 'litmus test' appears to be both unwise and unnecessary.*“[172] Von dieser Erkenntnis ausgehend stellte der *Second Circuit Court of Appeals* stattdessen auf die Gesamtumstände der Transaktion ab:

> „*[S]ince the purpose of § 14(d) [of the Exchange Act] is to protect the ill-informed solicitee, the question of whether a solicitation constitutes a 'tender offer' within the meaning of § 14(d) [of the Exchange Act] turns on whether, viewing the transaction in the light of the totality of circumstances, there appears to be a likelihood that unless the pre-acquisition filing strictures of that statute are followed there will be a substantial risk that solicitees will lack information needed to make a carefully considered appraisal of the proposal put before them.*“[173]

Angesichts dieser eher schutzzweckorientierten Rechtsprechung erscheint der (potentielle) Anwendungsbereich des US-amerikanischen Übernahmerechts ungeachtet etwaiger Extraterritorialitätsüberlegungen wesentlich weiter als derjenige des WpÜG. Auch kennt das US-amerikanische Recht – der das inländische Kapitalmarktrecht beherrschenden „*full disclosure*“-Philosophie entsprechend – im Unterschied zum WpÜG keine Beschränkungen hinsichtlich der Art der vom Bieter zu offerierenden Gegenleistung. Ebenso wenig enthalten die in den Vereinigten Staaten von Amerika geltenden übernahmerechtlichen Bestimmungen eine dem § 31 WpÜG vergleichbare gesetzliche Mindestpreisregelung.[174] Die von der SEC im Jahre 1986 u. a. erlassene sog. *best-price rule*[175] verlangt lediglich, dass die Angebotskonditionen (einschließlich der vom Bieter zu erbringenden Gegenleistung) für alle Angebotsadressaten identisch sind. Zudem verhindern die in einigen US-amerikanischen Bundesstaaten geltenden sog. „*fair price*“- oder „*best price*“-Bestimmungen die Strukturierung einer öffentlichen Übernahme als sog. *two-tiered, front-end loaded offer*; die Reduzierung der Gegenleistung im Rahmen eines einem *tender offer* folgenden sog. *squeeze-out merger* ist in den betreffenden Bundesstaaten daher ebenfalls ausgeschlossen.

---

170 *Wellman v. Dickinson*, 475 F. Supp. 783, 824 (S.D.N.Y. 1979), *aff'd*, 682 F.2d 355 (2d Cir. 1982), *cert. denied*, 460 U.S. 1069 (1983).

171 774 F.2d 47 (2d Cir. 1985).

172 *Hanson Trust PLC v. SCM Corp.*, 774 F.2d 47, 57 (2d Cir. 1985).

173 *Hanson Trust PLC v. SCM Corp.*, 774 F.2d 47, 57 (2d Cir. 1985).

174 *Knoll*, Die Übernahme von Kapitalgesellschaften, S. 84.

175 Siehe Exchange Act Rule 14d-10(a)(2), 17 C.F.R. § 240.14d-10(a)(2) (2013).

## *2. Barangebote (Cash Tender Offers)*

Für Barangebote sind neben dem Williams Act in erster Linie die von der SEC auf dessen Grundlage erlassenen Ausführungsbestimmungen, namentlich Regulation 14E und ggf. Regulation 14D, maßgeblich. Von der Geltung letzterer Verordnung soll für Zwecke der vollumfänglichen Erläuterung des Verfahrens nachfolgend ausgegangen werden.

### *a. Einleitung des Angebotsverfahrens*

#### aa. Beginn des „*Tender Offer*"-Verfahrens (*Commencement*)

Gemäß Exchange Act Rule 14d-2(a)[176] gilt ein „*tender offer*"-Verfahren als um 0:01 Uhr US-amerikanischer Ostküstenzeit desjenigen Tages eingeleitet, an dem der Bieter „*has first published, sent or given the means to tender to security holders.*" Als „*means to tender*" bezeichnet die Vorschrift sowohl den für die Einreichung der Wertpapiere der Zielgesellschaft erforderlichen sog. *letter of transmittal* als auch eine Erklärung, wie die Empfänger des Angebots dieses Formular erhalten können. Eine Prüfung der sog. *tender offer materials*[177] durch die SEC findet im Falle eines *cash tender offer* vor dessen Verbreitung jedoch nicht statt.[178]

Eine bloße, die *means to tender* nicht enthaltende öffentliche Ankündigung[179] eines *tender offer* leitet weder den Beginn des Verfahrens ein[180] noch setzt sie eine Frist in Gang.[181] Sie hat jedoch zur Folge, dass Bieter und Zielgesellschaft alle schriftlichen

---

176 17 C.F.R. § 240.14d-2(a) (2013).

177 Der Begriff „*tender offer materials*" ist in Exchange Act Rule 14d-1(g)(9), 17 C.F.R. § 240.14d-1(g)(9) (2013), definiert und umfasst „*(i) [t]he **bidder's formal offer**, including all the material terms and conditions of the tender offer and all amendments thereto; (ii) [t]he related **transmittal letter** (whereby securities of the subject company which are sought in the tender offer may be transmitted to the bidder or its depositary) and all amendments thereto; and (iii) [p]ress releases, advertisements, letters and **other documents** published by the bidder or sent or given by the bidder to security holders which, directly or indirectly, solicit, invite or request tenders of the securities being sought in the tender offer.*" (Hervorhebungen durch Verf.)

178 *Kirman/Goldberg*, The Art of Deal Structuring, 45, 51.

179 Der von der SEC verwendete Begriff „*public announcement*" wird in Exchange Act Rule 14d-2, Instruction 5 to paragraph (b)(2), 17 C.F.R. § 240.14d-2 (2013), als „*any oral or written communication by the bidder or any person authorized to act on the bidder's behalf that is reasonably designed to, or has the effect of, informing the public or security holders in general about the tender offer*" definiert.

180 So zutreffend *Brown et al.*, Takeovers, § 4.04 n.73 („*[W]hile [Exchange Act] Rule 14d-2(b) imposes the filing requirement as part of a safe harbor for communications that do not commence a tender offer, an announcement that does not include a means of tendering shares would not appear to constitute a commencement of an offer under [...] [Exchange Act] Rule 14d-2(a).*").

181 Bis zum 24. Januar 2000, dem Zeitpunkt des Inkrafttretens der Regulation of Takeovers and Security Holder Communications, Securities Act Release No. 7760,

sog. *pre-commencement communications* in Bezug auf das Angebot spätestens am Tag ihrer jeweiligen Bekanntmachung unter Verwendung des Formulars „*Schedule TO-C*“[182] (Bieter) bzw. „*Schedule 14D-9C*“[183] (Zielgesellschaft) bei der SEC einreichen müssen.[184] Schriftliche Mitteilungen vor Beginn des „*tender offer*“-Verfahrens sind zudem mit einem deutlich sichtbaren Hinweis für die Angebotsadressaten zu versehen, das sog. *tender offer statement* des Bieters bzw. das sog. *tender offer*

---

Exchange Act Release No. 42055, Investment Company Act Release No. 24107 (Oct. 22, 1999) [64 Fed. Reg. 61408 (Nov. 10, 1999)], galt ein *cash tender offer* gemäß Exchange Act Rule 14d-2(b) und (c), 17 C.F.R. § 240.14d-2(b) and (c) (1999), bereits als mit dessen öffentlicher Ankündigung eingeleitet. Etwas anderes galt nach der sog. *five-business-day rule* lediglich dann, wenn der Bieter entweder das Angebot innerhalb von fünf Werktagen zurücknahm (kein *commencement*) oder innerhalb dieses Zeitraums sowohl ein sog. *tender offer statement* unter Verwendung des damals maßgeblichen Formulars *Schedule 14D-1*, 17 C.F.R. § 240.14d-100 (1999), bei der SEC einreichte als auch seinen Verbreitungspflichten gegenüber den Wertpapierinhabern der Zielgesellschaft nachkam („*tender offer*“-Verfahren galt in diesem Fall als zum letzteren Zeitpunkt eingeleitet). Im Falle eines *exchange offer* galt das Verfahren gemäß Exchange Act Rule 14d-2(e), 17 C.F.R. § 240.14d-2(e) (1999), nur dann nicht als mit dessen öffentlicher Ankündigung eingeleitet, sofern der Bieter bei der SEC im Anschluss umgehend ein *registration statement* einreichte.

182 Exchange Act Rule 14d-100, 17 C.F.R. § 240.14d-100 (2013).

183 Exchange Act Rule 14d-101, 17 C.F.R. § 240.14d-101 (2013).

184 Exchange Act Rule 14d-2(b)(2), 17 C.F.R. § 240.14d-2(b)(2) (2013), bzw. Exchange Act Rule 14d-9(a)(2), 17 C.F.R. § 240.14d-9(a)(2) (2013). Der Bieter muss zudem der Zielgesellschaft sowie jedem konkurrierenden Bieter die erste bei der SEC eingereichte bzw. einzureichende Mitteilung in Bezug auf die Transaktion zukommen lassen, damit diese auf zuverlässige Weise von einem geplanten *tender offer* Kenntnis erlangen und in die Lage versetzt werden, zeitnah zu reagieren. Siehe Regulation of Takeovers and Security Holder Communications, Securities Act Release No. 7760, Exchange Act Release No. 42055, Investment Company Act Release No. 24107, § II.D.2. (Oct. 22, 1999) [64 Fed. Reg. 61408 (Nov. 10, 1999)]. Die SEC lässt diesbezüglich grundsätzlich eine E-Mail an die Zielgesellschaft und ggf. den oder die konkurrierenden Bieter genügen. Vgl. Regulation of Takeovers and Security Holder Communications, Securities Act Release No. 7760, Exchange Act Release No. 42055, Investment Company Act Release No. 24107, § II.D.2. n.113 (Oct. 22, 1999) [64 Fed. Reg. 61408 (Nov. 10, 1999)] („*Instead of hand delivery, the rule only requires 'delivery,' so the bidder may use any other means of delivery that is equally prompt and equally likely to receive the attention of the target company (e.g., an e-mail to the corporate secretary, chief executive officer and other persons of similar authority at the target company, where the target company uses these e-mail addresses for public communications).*“). Zu den Einreichungspflichten im Falle sog. *registered exchange offers* siehe Exchange Act Rule 14d-2, Instruction 2 to paragraph (b)(2), 17 C.F.R. § 240.14d-2 (2013), Exchange Act Rule 14d-9, Instruction 2 to paragraph (a)(2), 17 C.F.R. § 240.14d-9 (2013), und Securities Act Rule 425, Note 2, 17 C.F.R. § 230.425 (2013).

*solicitation/recommendation statement* der Zielgesellschaft zur Kenntnis zu nehmen, sobald diese verfügbar sind.[185]

Zum Schutz der Wertpapierinhaber vor betrügerischen und irreführenden Mitteilungen in Bezug auf geplante *tender offers* hat die SEC im Jahre 1999 überdies mit Exchange Act Rule 14e-8[186] eine spezielle *anti-fraud provision* verabschiedet.[187] Diese untersagt Bietern, Pläne zur Abgabe eines *tender offer* öffentlich bekanntzugeben, wenn (i) sie nicht die Absicht haben, das „*tender offer*"-Verfahren innerhalb eines angemessenen Zeitraums einzuleiten und durchzuführen, (ii) sie durch die Ankündigung den Marktpreis ihrer eigenen Wertpapiere oder denjenigen der Wertpapiere der Zielgesellschaft zu manipulieren beabsichtigen oder (iii) sie vernünftigerweise nicht davon ausgehen können, dass ihnen die für den Erwerb der Anteile erforderlichen finanziellen Mittel zur Verfügung stehen werden.

### bb. Pflichten des Bieters am Tag des *Commencement*

Die vom Bieter am Tag des *commencement* zu beachtenden Pflichten ergeben sich aus Exchange Act Rule 14d-2(c).[188] Nachkommen muss der Bieter danach neben bestimmten Verbreitungs-[189] und Offenlegungspflichten[190] auch Einreichungspflichten gegenüber der SEC.[191]

---

185 Exchange Act Rule 14d-2, Instruction 3 to paragraph (b)(2), 17 C.F.R. § 240.14d-2 (2013), bzw. Exchange Act Rule 14d-9, Instruction 3 to paragraph (a)(2), 17 C.F.R. § 240.14d-9 (2013). Der jeweilige Hinweis muss zudem u. a. die Information enthalten, dass die Aktionäre der Zielgesellschaft die jeweiligen Unterlagen auf der Website der SEC kostenlos abrufen können.

186 17 C.F.R. § 240.14e-8 (2013).

187 Siehe Regulation of Takeovers and Security Holder Communications, Securities Act Release No. 7760, Exchange Act Release No. 42055, Investment Company Act Release No. 24107, § II.D.1. (Oct. 22, 1999) [64 Fed. Reg. 61408 (Nov. 10, 1999)]; *Brown et al.*, Takeovers, § 4.04 („*[t]o guard against the possibility that a manipulator might seek to flurry the stock of a company by announcing an intention to make a tender offer*").

188 17 C.F.R. § 240.14d-2(c) (2013).

189 Siehe Exchange Act Rule 14d-4(a), 17 C.F.R. § 240.14d-4(a) (2013).

190 Siehe Exchange Act Rule 14d-6(a), 17 C.F.R. § 240.14d-6(a) (2013).

191 Siehe Exchange Act Rule 14d-3(a), 17 C.F.R. § 240.14d-3(a) (2013).

### (1) Verbreitungs- und Offenlegungspflichten (*Dissemination and Disclosure Requirements*)

In Konkretisierung der Vorgaben des § 14(d)(1) Exchange Act[192] sieht Exchange Act Rule 14d-4(a)[193] drei alternative Methoden zur Verbreitung eines *tender offer* vor. Der Bieter kann entweder das gesamte Angebot in einer oder mehreren Tageszeitung(en) mit landesweiter Auflage[194] veröffentlichen (sog. *long-form publication*)[195] oder sich auf die Bekanntgabe einer Zusammenfassung des Angebots, eines sog. *summary advertisement*, auch *tombstone ad* genannt, beschränken (sog. *summary publication*);[196] in letzterem Fall hat er jedoch zusätzlich jedem Wertpapierinhaber auf Anfrage mit *reasonable promptness* eine Kopie der *tender offer materials* zuzusenden.[197] Beabsichtigt der Bieter, sich direkt und unaufgefordert an die Wertpapierinhaber der Zielgesellschaft zu wenden, hat er nach der in Exchange Act Rule 14d-5[198] näher ausgestalteten Exchange Act Rule 14d-4(a)(3)[199] überdies die Möglichkeit, nach erfolgter Veröffentlichung des Angebots bzw. einer Zusammenfassung desselben die relevanten Unterlagen unter Verwendung des Aktionärsverzeichnisses der Zielgesellschaft und sog. *security position listings*[200] der *clearing agencies* direkt an die

192 15 U.S.C. § 78n(d)(1) (2012) („*It shall be unlawful for any person [...] to make a tender offer for [...] any class of any equity security which is registered pursuant to section [12 of the Exchange Act] [...] if, after consummation thereof, such person would, directly or indirectly, be the beneficial owner of more than 5 per centum of such class, unless at the time* ***copies of the offer [...] are first published or sent or given to security holders*** *such person has filed with the [Securities and Exchange] Commission a statement containing such of the information specified in section [13(d) of the Exchange Act], and such additional information as the [Securities and Exchange] Commission may by rules and regulations prescribe as necessary or appropriate in the public interest or for the protection of investors.*“). (Hervorhebungen durch Verf.)

193 17 C.F.R. § 240.14d-4(a) (2013).

194 Siehe Exchange Act Rule 14d-4(c), 17 C.F.R. § 240.14d-4(c) (2013) („*Adequate publication. Depending on the facts and circumstances involved, adequate publication of a tender offer [...] may require publication in a newspaper with a national circulation or may only require publication in a newspaper with metropolitan or regional circulation or may require publication in a combination thereof: Provided, however, That publication in all editions of a daily newspaper with a national circulation shall be deemed to constitute adequate publication.*“). In der Praxis üblich sind Veröffentlichungen in Zeitungen wie *The New York Times* und / oder *The Wall Street Journal*.

195 Exchange Act Rule 14d-4(a)(1), 17 C.F.R. § 240.14d-4(a)(1) (2013).

196 Exchange Act Rule 14d-4(a)(2)(i), 17 C.F.R. § 240.14d-4(a)(2)(i) (2013).

197 Exchange Act Rule 14d-4(a)(2)(ii), 17 C.F.R. § 240.14d-4(a)(2)(ii) (2013). Der Versand innerhalb von zwei Werktagen nach Erhalt der Anfrage wird allgemein als ausreichend angesehen. Siehe *Jacobs*, The Williams Act, § 4:63.

198 17 C.F.R. § 240.14d-5 (2013).

199 17 C.F.R. § 240.14d-4(a)(3) (2013).

200 Der Begriff „*security position listing*“ ist in Exchange Act Rule 14d-1(g)(6), 17 C.F.R. § 240.14d-1(g)(6) (2013), definiert und bezeichnet „*with respect to securities of any*

Angebotsadressaten zu schicken bzw. durch die Zielgesellschaft an diese weiterleiten zu lassen. Für letzteren Fall hat die SEC u. a. ausdrücklich klargestellt, dass die Zielgesellschaft für den Inhalt der Dokumentation des Bieters nicht haftbar gemacht werden kann,[201] andererseits den Materialien des Bieters aber auch keine weiteren Mitteilungen hinzufügen darf.[202]

Da die Veröffentlichung des gesamten Angebots mit erheblichen Kosten verbunden ist und ein *summary advertisement*, welches gemäß Exchange Act Rule 14d-6(d)(3)[203] keinen *letter of transmittal* beinhalten darf,[204] allein regelmäßig nicht ausreicht, um die für den Erfolg des Angebots erforderliche Anzahl von Wertpapierinhabern zu bewegen, die *tender offer materials* und damit auch den für die Einreichung der Wertpapiere erforderlichen *letter of transmittal* anzufordern, entscheiden sich Bieter in der Praxis i. d. R. für die Kombination aus öffentlicher Bekanntmachung einer Kurzversion des Angebots und direktem Versand der vollständigen Unterlagen unter Verwendung sowohl des Aktionärsverzeichnisses der Zielgesellschaft als auch der *security position listings* der *clearing agencies*.[205]

Das gemäß Exchange Act Rule 14d-5(f)(2)[206] und Exchange Act Rule 14d-4(a)(3)[207] zu veröffentlichende *summary advertisement* muss neben Angaben zur Identität des Bieters und der Zielgesellschaft[208] auch solche zu den wesentlichen Angebotskonditionen enthalten.[209] Im Falle eines Teilangebots, eines sog. *partial tender offer*, muss der Bieter zudem mitteilen, ob er die Kontrolle über die Geschäftstätigkeit

---

*issuer held by a registered clearing agency in the name of the clearing agency or its nominee, a* ***list of those participants in the clearing agency on whose behalf the clearing agency holds the issuer's securities*** *and of the participants' respective positions in such securities as of a specified date.*" (Hervorhebungen durch Verf.).

201 Exchange Act Rule 14d-5(d)(4), 17 C.F.R. § 240.14d-5(d)(4) (2013).

202 Exchange Act Rule 14d-5(b)(7), 17 C.F.R. § 240.14d-5(b)(7) (2013).

203 17 C.F.R. § 240.14d-6(d)(3) (2013).

204 Stattdessen hat ein *summary advertisement* u. a. gemäß Exchange Act Rule 14d-6(d)(2)(v), 17 C.F.R. § 240.14d-6(d)(2)(v) (2013), den Hinweis zu enthalten, wie die Wertpapierinhaber der Zielgesellschaft auf Kosten des Bieters umgehend die *tender offer materials*, einschließlich des *letter of transmittal*, erhalten können. Bevor diese ihre Wertpapiere zum Verkauf einreichen können, müssen sie daher vom Bieter die vollständigen Unterlagen anfordern. Siehe etwa Regulation of Takeovers and Security Holder Communications, Securities Act Release No. 7607, Exchange Act Release No. 40633, Investment Company Act Release No. 23520, § II.B.7.b. (Nov. 3, 1998) [63 Fed. Reg. 67331 (Dec. 4, 1998)].

205 Vgl. *Oesterle*, Mergers and Acquisitions in a Nutshell, Ch. 6, § 23.A.

206 17 C.F.R. § 240.14d-5(f)(2) (2013).

207 17 C.F.R. § 240.14d-4(a)(3) (2013).

208 Exchange Act Rule 14d-6(a)(3)(i), (d)(2)(i), 17 C.F.R. § 240.14d-6(a)(3)(i), (d)(2)(i) (2013).

209 Exchange Act Rule 14d-6(a)(3)(i), (d)(2)(ii), 17 C.F.R. § 240.14d-6(a)(3)(i), (d)(2)(ii) (2013), i. V. m. Regulation M-A, Item 1004(a)(1), 17 C.F.R. § 229.1004(a)(1) (2013).

der Zielgesellschaft zu erwerben oder Einfluss auf diese zu nehmen beabsichtigt.[210] Ebenfalls zwingend ist der Hinweis, dass die von Exchange Act Rule 14d-6(d)(1)[211] geforderten und in die eigentliche Angebotsunterlage, das sog. *offer to purchase*, aufzunehmenden[212] Informationen, durch Bezugnahme in das *summary advertisement* einbezogen sind.[213] Zudem bedarf es der Erklärung des Bieters, dass zum Zwecke der Verbreitung des Angebots bei der Zielgesellschaft die Verwendung sowohl ihres Aktionärsverzeichnisses als auch der *security position listings* beantragt wird und die *tender offer materials* anschließend an alle eingetragenen Wertpapierinhaber, die sog. *record holders*, versendet bzw. allen in den Verzeichnissen und Listen genannten Brokern, Banken und ähnlichen Personen zwecks Weiterleitung an die wirtschaftlich berechtigten Inhaber der Wertpapiere, die sog. *beneficial owners*, zur Verfügung gestellt werden.[214] Nicht fehlen darf schließlich auch der Hinweis, wie die Angebotsadressaten umgehend, und zwar auf Kosten des Bieters, (zusätzliche) Kopien der *tender offer materials* erhalten können.[215]

Die Verwendung des Aktionärsverzeichnisses und der *security position listings* hat der Bieter im Anschluss an die Veröffentlichung des *summary advertisement* bei der Zielgesellschaft schriftlich gemäß Exchange Act Rule 14d-5(a)[216] zu beantragen.[217] Die inhaltlichen Anforderungen an diese Anfrage sind detailliert in Exchange Act Rule 14d-5(e)[218] geregelt. Insbesondere muss sich der Bieter wegen möglicher Zusatzbelastungen für die Zielgesellschaft bereits zum Zeitpunkt der Anfrage unwiderruflich festlegen, ob er im Falle wesentlicher Änderungen auch die Verbreitung aktualisierter bzw. ergänzter Unterlagen durch die Zielgesellschaft wünscht.[219]

---

210 Exchange Act Rule 14d-6(a)(3)(i), (d)(2)(iii), 17 C.F.R. § 240.14d-6(a)(3)(i), (d)(2)(iii) (2013).

211 17 C.F.R. § 240.14d-6(d)(1) (2013).

212 Vgl. Exchange Act Rule 14d-6(a)(3)(ii), 17 C.F.R. § 240.14d-6(a)(3)(ii) (2013) („*The tender offer materials transmitted to security holders pursuant to such [stockholder] lists and security position listings and furnished by the bidder upon the request of any security holder must include the information required by [Exchange Act Rule 14d-6(d)(1)].*“). Bei den von letzterer Vorschrift geforderten Informationen handelt es sich um die in das *tender offer statement* aufzunehmenden Informationen bzw. um eine adäquate Zusammenfassung selbiger.

213 Exchange Act Rule 14d-6(a)(3)(i), (d)(2)(iv), 17 C.F.R. § 240.14d-6(a)(3)(i), (d)(2)(iv) (2013).

214 Exchange Act Rule 14d-6(a)(3)(i), (d)(2)(vi), 17 C.F.R. § 240.14d-6(a)(3)(i), (d)(2)(vi) (2013).

215 Exchange Act Rule 14d-6(a)(3)(i), (d)(2)(v), 17 C.F.R. § 240.14d-6(a)(3)(i), (d)(2)(v) (2013).

216 17 C.F.R. § 240.14d-5(a) (2013).

217 Vgl. Exchange Act Rule 14d-4(a)(3), 17 C.F.R. § 240.14d-4(a)(3) (2013).

218 17 C.F.R. § 240.14d-5(e) (2013). Zu einzelstaatlichen Einsichtsrechten siehe Fn. 234.

219 Siehe Exchange Act Rule 14d-5(e)(5), (f)(1), 17 C.F.R. § 240.14d-5(e)(5), (f)(1) (2013). Siehe auch Tender Offers, Securities Act Release No. 6158, Exchange Act Release No. 16384, Investment Company Act Release No. 10958, § II. Rule 14d-4:

Die Zielgesellschaft hat nach Eingang der schriftlichen Anfrage des Bieters die Wahl, ob sie die Versendung der Unterlagen an alle im Aktionärsverzeichnis[220] eingetragenen und in den *security position listings* genannten Personen auf Kosten des Bieters zu übernehmen oder diesem Einblick in ihre Aktionärsstruktur zu gewähren beabsichtigt; in letzterem Fall kann und hat der Bieter den Versand der *tender offer materials* selbst in die Wege zu leiten.[221] Mündlich mitzuteilen hat die Zielgesellschaft dem Bieter die für sie bindende Entscheidung spätestens am zweiten Werktag[222] nach Eingang der Anfrage.[223]

---

Dissemination of Certain Tender Offers (Nov. 29, 1979) [44 Fed. Reg. 70326 (Dec. 6, 1979)] („*Pursuant to [Exchange Act] Rule 14d-4([d]),* ***material changes*** *in the information published or sent or given to security holders* ***must be disseminated in a manner reasonably designed to inform security holders****. This change reflects the simplification sought by [...] commentators with respect to the requirement* ***proposed*** *for comment* ***that material changes be disseminated by the same method used to disseminate the initial tender offer materials****. In order to prevent abuse of the use of stockholder lists and security position listings, however, a bidder who has elected pursuant to [Exchange Act] Rule 14d-5(f)(1) [...] to require the subject company to disseminate amendments disclosing material changes pursuant to [Exchange Act] Rule 14d-5 must disseminate such changes pursuant to such lists and listings. The bidder is nevertheless free to disseminate material changes by other means as well.*"). (Hervorhebungen durch Verf.)

220 Das Aktionärsverzeichnis darf nicht älter als zehn Werktage sein und ist daher ggf. zunächst zu aktualisieren. Vgl. Exchange Act Rule 14d-5(a)(2), 17 C.F.R. § 240.14d-5(a)(2) (2013).

221 Exchange Act Rule 14d-5(a)(3), 17 C.F.R. § 240.14d-5(a)(3) (2013).

222 Der Begriff „*business day*" wird in Exchange Act Rule 14d-1(g)(3), 17 C.F.R. § 240.14d-1(g)(3) (2013), u. a. für Zwecke von Regulation 14D und Regulation 14E einheitlich wie folgt definiert: „*The term business day means any day, other than Saturday, Sunday or a federal holiday, and shall consist of the time period from 12:01 a.m. through 12:00 midnight Eastern time.*" Zugleich legt die Norm fest, dass der Tag, in welchen das für den Beginn der Frist maßgebende Ereignis fällt, bei der Berechnung der Frist grundsätzlich mitgerechnet wird („*In computing any time period under section 14(d)(5) or section 14(d)(6) of the [Exchange] Act or under Regulation 14D or Regulation 14E, the date of the event which begins the running of such time period shall be included* <u>*except that*</u> *if such event occurs on other than a business day such period shall begin to run on and shall include the first business day thereafter[.]*").

223 Exchange Act Rule 14d-5(a)(4), 17 C.F.R. § 240.14d-5(a)(4) (2013). Die schriftlich zu bestätigende Mitteilung hat neben der Entscheidung der Zielgesellschaft auch einen Hinweis auf die ungefähre Anzahl ihrer Wertpapierinhaber zu enthalten. Für den Fall, dass sich die Zielgesellschaft für den Versand der Unterlagen auf Kosten des Bieters entscheidet, sind überdies Angaben zum Ort der Übergabe sowie solche zu den der Zielgesellschaft voraussichtlich entstehenden Versandkosten vorgeschrieben. Durch letztere Angaben soll der Bieter in Kenntnis gesetzt werden über die Anzahl der benötigten Exemplare und den von diesem

Entscheidet sich die Zielgesellschaft – wie in der Praxis üblich[224] –, den Versand der *tender offer materials* des Bieters selbst zu organisieren, muss diese innerhalb von drei Werktagen nach Erhalt der Unterlagen mit dem Versand selbiger an alle in den Verzeichnissen bzw. Listen genannten Personen beginnen;[225] zu beachten ist dabei, dass jeder in den *security position listings* genannten Person eine für Zwecke der Weiterleitung an die von dieser repräsentierten *beneficial owners* ausreichende Anzahl von Exemplaren übermittelt wird.[226] Den Versand bzw. die Übermittlung selbst hat die Zielgesellschaft zügig durchzuführen,[227] wobei der jeweilige Beginn dem Bieter umgehend mitzuteilen ist.[228] Weiterhin hat sich die Zielgesellschaft während der gesamten Laufzeit des Verfahrens im Rahmen des Zumutbaren um die regelmäßige Aktualisierung des Aktionärsverzeichnisses zu bemühen und jedem neu hinzutretenden Anteilsinhaber umgehend eine Kopie der Unterlagen zukommen zu lassen.[229] Hat der Bieter von der Zielgesellschaft gemäß Exchange Act Rule 14d-5(f)(1)[230] überdies die Verbreitung zusätzlicher, zur Offenlegung wesentlicher Änderungen erforderlicher Dokumente verlangt, muss die Zielgesellschaft auch diese umgehend nach deren Erhalt[231] versenden bzw. in ausreichender Stückzahl

bei Übergabe der Unterlagen an die Zielgesellschaft zu zahlenden Vorschuss. Vgl. Exchange Act Rule 14d-5(f)(3)(iii), (g)(1), 17 C.F.R. § 240.14d-5(f)(3)(iii), (g)(1) (2013). Zur Berechnung des Vorschusses siehe Exchange Act Rule 14d-5(g)(2), 17 C.F.R. § 240.14d-5(g)(2) (2013). Mehrkosten hat der Bieter der Zielgesellschaft umgehend gemäß Exchange Act Rule 14d-5(f)(3)(iv), 17 C.F.R. § 240.14d-5(f)(3)(iv) (2013), zu erstatten. Ein etwaiger Erstattungsanspruch des Bieters richtet sich nach Exchange Act Rule 14d-5(b)(8), 17 C.F.R. § 240.14d-5(b)(8) (2013). Überlässt die Zielgesellschaft dem Bieter den Versand der Unterlagen, richtet sich ein etwaiger Kostenerstattungsanspruch Ersterer nach Exchange Act Rule 14d-5(f)(4)(viii), 17 C.F.R. § 240.14d-5(f)(4)(viii) (2013).

224 Siehe *Bartos*, U.S. Securities Law, § 5.2.2.; *Jacobs*, The Williams Act, § 4:64.

225 Exchange Act Rule 14d-5(b)(2) und (3), 17 C.F.R. § 240.14d-5(b)(2) and (3) (2013).

226 Exchange Act Rule 14d-5(b)(3), 17 C.F.R. § 240.14d-5(b)(3) (2013). Zur Ermittlung der ungefähren Anzahl der von der jeweiligen Person repräsentierten wirtschaftlich berechtigten Wertpapierinhaber verpflichtet Exchange Act Rule 14d-5(b)(1), 17 C.F.R. § 240.14d-5(b)(1) (2013), die Zielgesellschaft *„[to] promptly contact each participant named on the most recent security position listing of any clearing agency within the access of the subject company and make inquiry of each such participant as to the approximate number of beneficial owners of the subject company securities being sought in the tender offer held by each such participant.“* Zur Übermittlungspflicht des Bieters siehe auch Exchange Act Rule 14d-5(f)(3)(i), (g)(1), 17 C.F.R. § 240.14d-5(f)(3)(i), (g)(1) (2013).

227 Exchange Act Rule 14d-5(b)(2) und (3), 17 C.F.R. § 240.14d-5(b)(2) and (3) (2013).

228 Exchange Act Rule 14d-5(b)(4), 17 C.F.R. § 240.14d-5(b)(4) (2013).

229 Exchange Act Rule 14d-5(b)(5), 17 C.F.R. § 240.14d-5(b)(5) (2013).

230 17 C.F.R. § 240.14d-5(f)(1) (2013).

231 Zur Mitteilungs- und Übermittlungspflicht des Bieters siehe Exchange Act Rule 14d-5(f)(3)(ii), (g)(1), 17 C.F.R. § 240.14d-5(f)(3)(ii), (g)(1) (2013).

weiterleiten.[232] Zusätzliche Kopien der *tender offer materials* hat den Angebotsadressaten ebenso umgehend der Bieter auf Aufforderung zukommen zu lassen.[233]

Entscheidet sich die Zielgesellschaft ausnahmsweise für den Versand durch den Bieter, hat sie diesem innerhalb von drei Werktagen nach Zugang der Anfrage die Namen und Adressen sowohl aller im Aktionärsverzeichnis eingetragenen Anteilsinhaber als auch aller in den der Zielgesellschaft zur Verfügung stehenden *security position listings* genannten *participants* zukommen zu lassen;[234] führt die Zielgesellschaft überdies eine Liste mit den Namen, Adressen und Wertpapierpositionen sog. *non-objecting beneficial owners*, hat sie diese Informationen dem Bieter ebenfalls zur Verfügung zu stellen.[235] Zur regelmäßigen Aktualisierung des Aktionärsverzeichnisses durch Benachrichtigung des Bieters über neu hinzugetretene

---

232 Exchange Act Rule 14d-5(b)(6), 17 C.F.R. § 240.14d-5(b)(6) (2013). Siehe in diesem Zusammenhang auch Exchange Act Rule 14d-4(d)(1), 17 C.F.R. § 240.14d-4(d)(1) (2013), sowie *Lipton/Steinberger*, Takeovers & Freezeouts, Vol. 1, § 2.04[4][f] („*Material changes in disseminated information must be promptly disclosed in additional tender offer material and must be disseminated in a manner reasonably designed to inform security holders of such changes. It is not essential that the same dissemination method be used that was used initially, unless the bidder has requested a shareholder list: the election to have the target mail amendments disclosing material changes is irrevocable and amendments must be disseminated by mail, although other methods may be used in addition.*“).

233 Exchange Act Rule 14d-5(f)(3)(v), 17 C.F.R. § 240.14d-5(f)(3)(v) (2013).

234 Exchange Act Rule 14d-5(c)(1), 17 C.F.R. § 240.14d-5(c)(1) (2013). Nicht offengelegt wird die Anzahl der von jedem *record holder* konkret gehaltenen Anteile. Siehe Tender Offers, Securities Act Release No. 6158, Exchange Act Release No. 16384, Investment Company Act Release No. 10958, § II. Rule 14d-5: Dissemination of Certain Tender Offers by the Use of Stockholder Lists and Security Position Listings (Nov. 29, 1979) [44 Fed. Reg. 70326 (Dec. 6, 1979)] („*While the name and address of record holders would be furnished to the bidder, the amount of securities held by such persons would not be disclosed. The commentators disagreed on whether the amount of securities owned of record by each security holder should be shown on the stockholder list. The [Securities and Exchange] Commission has determined not to require that disclosure because the purpose of the rule is to facilitate dissemination of the tender offer in the interest of all security holders; not to facilitate the tender offer by permitting the bidder to selectively mail only to large holders. This approach also serves to protect the interest of holders in the confidentiality of their holdings.*“). Ggf. weitergehende Einsichtsrechte nach einzelstaatlichem Recht, wie z. B. § 220 DGCL, werden durch die Regelung nicht verdrängt. Ausführlich hierzu *Elsing/Van Alstine*, US-amerikanisches Handels- und Wirtschaftsrecht, IX. Kapitel, Abschnitt C.4.d.; *Lipton/Steinberger*, Takeovers & Freezeouts, Vol. 1, § 2.04[4][d][iv], § 5.05.

235 Dadurch soll es dem Bieter ermöglicht werden, ebenso wie die Zielgesellschaft direkt mit den betreffenden Investoren in Kontakt zu treten. Vgl. Regulation of Takeovers and Security Holder Communications, Securities Act Release No. 7760, Exchange Act Release No. 42055, Investment Company Act Release No. 24107, § II.G.4. (Oct. 22, 1999) [64 Fed. Reg. 61408 (Nov. 10, 1999)].

Anteilseigner ist die Zielgesellschaft hingegen nur verpflichtet, sofern der Bieter von dieser gemäß Exchange Act Rule 14d-5(f)(1)[236] zusätzlich die Verbreitung ggf. geänderter Unterlagen gefordert hat.[237]

Im Gegenzug zur Gewährung der Einsicht in die Aktionärsstruktur der Zielgesellschaft ist der Bieter verpflichtet, die von Ersterer zur Verfügung gestellten Aktionärsverzeichnisse und *security position listings* vertraulich zu behandeln[238] und ausschließlich für Zwecke der Verbreitung der *tender offer materials* zu verwenden.[239] Die Verbreitung selbst ist parallel zu derjenigen der Zielgesellschaft geregelt.[240] Nach Beendigung des „*tender offer*"-Verfahrens hat der Bieter zudem alle Listen umgehend an die Zielgesellschaft zurückzugeben;[241] zur Einbehaltung von Kopien von und / oder Informationen aus diesen Verzeichnissen und Listen ist er nicht berechtigt.[242] Schließlich gilt auch im Falle des Versands durch den Bieter, dass dieser jedem Wertpapierinhaber auf Anfrage (zusätzliche) Kopien der *tender offer materials* zukommen lassen muss.[243]

### (2) Einreichungspflichten (*Filing Requirements*)

Seinen Pflichten gegenüber der SEC hat der Bieter am Tag des *commencement* durch elektronische[244] Einreichung des Formulars *Schedule TO-T*,[245] dem sog. *tender offer statement*, nachzukommen.[246] Außerdem muss der Bieter sowohl der Zielgesellschaft als auch jedem konkurrierenden Bieter eine Kopie des bei der Aufsichtsbehörde

236 17 C.F.R. § 240.14d-5(f)(1) (2013).
237 Exchange Act Rule 14d-5(c)(2), 17 C.F.R. § 240.14d-5(c)(2) (2013).
238 Exchange Act Rule 14d-5(f)(4)(iii), 17 C.F.R. § 240.14d-5(f)(4)(iii) (2013).
239 Exchange Act Rule 14d-5(f)(4)(i), 17 C.F.R. § 240.14d-5(f)(4)(i) (2013).
240 Siehe Exchange Act Rule 14d-5(f)(4)(v) und (vi), 17 C.F.R. § 240.14d-5(f)(4)(v) and (vi) (2013).
241 Exchange Act Rule 14d-5(f)(4)(ii), 17 C.F.R. § 240.14d-5(f)(4)(ii) (2013).
242 Exchange Act Rule 14d-5(f)(4)(iv), 17 C.F.R. § 240.14d-5(f)(4)(iv) (2013).
243 Exchange Act Rule 14d-5(f)(4)(vii), 17 C.F.R. § 240.14d-5(f)(4)(vii) (2013).
244 Regulation S-T Rule 101(a)(1)(iii), 17 C.F.R. § 232.101(a)(1)(iii) (2013). Die elektronische Einreichung hat über das sog. „*EDGAR*"-System der SEC zu erfolgen.
245 Exchange Act Rule 14d-100, 17 C.F.R. § 240.14d-100 (2013). *Schedule TO* ersetzte mit Wirkung vom 24. Januar 2000 *Schedule 13E-4* (*issuer tender offer*) und *Schedule 14D-1* (*third-party tender offer*). Siehe Regulation of Takeovers and Security Holder Communications, Securities Act Release No. 7760, Exchange Act Release No. 42055, Investment Company Act Release No. 24107 (Oct. 22, 1999) [64 Fed. Reg. 61408 (Nov. 10, 1999)].
246 Exchange Act Rule 14d-3(a)(1), 17 C.F.R. § 240.14d-3(a)(1) (2013). Für die Einreichung von *Schedule TO* wird eine Gebühr in Höhe von 1/50 von einem Prozent des Transaktionsvolumens erhoben. Siehe *Schedule TO*, General Instruction B., 17 C.F.R. § 240.14d-100 (2013), und Exchange Act Rule 0–11(d), 17 C.F.R. § 240.0–11(d) (2013).

einzureichenden Formulars zukommen lassen.[247] Die gleiche Verpflichtung trifft den Bieter zudem gegenüber sämtlichen inländischen Wertpapierbörsen, an denen die Wertpapiere der Zielgesellschaft zum Handel zugelassen sind; zusätzlich muss er diese jedoch telefonisch – und zwar wenn möglich vor Handelsbeginn – über seine eigene Identität, die Identität der Zielgesellschaft sowie die wesentlichen Angebotskonditionen unterrichten.[248]

Der Inhalt der in *Schedule TO* offenzulegenden Informationen ergibt sich aufgrund der von der SEC gewählten Verweisungstechnik weitestgehend aus Regulation M-A,[249] einem Unterabschnitt von Regulation S-K.[250] Das Formular beinhaltet danach (i) eine Zusammenfassung der wichtigsten Eckdaten der geplanten Transaktion,[251] (ii) Angaben zur Zielgesellschaft und zu den Wertpapieren, die der Bieter zu erwerben beabsichtigt,[252] (iii) Informationen zum einreichenden Bieter selbst,[253] (iv) eine Darstellung der wesentlichen Angebotskonditionen, wie z. B. Art und Höhe der den Wertpapierinhabern angebotenen Gegenleistung,[254] (v) Informationen zu bedeutenden Verhandlungen, Transaktionen und / oder wesentlichen Kontakten zwischen insbesondere dem Bieter und der Zielgesellschaft innerhalb der letzten zwei Jahre,[255] (vi) Angaben zu Absichten und strategischen Vorhaben des Bieters im Falle eines erfolgreichen Ausgangs des *„tender offer"*-Verfahrens,[256] (vii) Einzelheiten zur Finanzierung des Angebots,[257] (viii) Angaben zu den vom

247 Exchange Act Rule 14d-3(a)(2), 17 C.F.R. § 240.14d-3(a)(2) (2013). Ebenso wie im Falle von *pre-commencement communications* (siehe Fn. 184) erachtet die SEC auch in diesem Fall eine E-Mail grundsätzlich für ausreichend. Vgl. Regulation of Takeovers and Security Holder Communications, Securities Act Release No. 7760, Exchange Act Release No. 42055, Investment Company Act Release No. 24107, § II.D.2. n.113 (Oct. 22, 1999) [64 Fed. Reg. 61408 (Nov. 10, 1999)].

248 Exchange Act Rule 14d-3(a)(3)(i), 17 C.F.R. § 240.14d-3(a)(3)(i) (2013).

249 17 C.F.R. §§ 229.1000 *et seq.* (2013).

250 17 C.F.R. § 229 (2013).

251 *Schedule TO*, Item 1, 17 C.F.R. § 240.14d-100 (2013), i. V. m. Regulation M-A, Item 1001, 17 C.F.R. § 229.1001 (2013).

252 *Schedule TO*, Item 2, 17 C.F.R. § 240.14d-100 (2013), i. V. m. Regulation M-A, Item 1002(a) bis (c), 17 C.F.R. § 229.1002(a) through (c) (2013).

253 *Schedule TO*, Item 3, 17 C.F.R. § 240.14d-100 (2013), i. V. m. Regulation M-A, Item 1003(a) bis (c), 17 C.F.R. § 229.1003(a) through (c) (2013).

254 *Schedule TO*, Item 4, 17 C.F.R. § 240.14d-100 (2013), i. V. m. Regulation M-A, Item 1004(a), 17 C.F.R. § 229.1004(a) (2013).

255 *Schedule TO*, Item 5, 17 C.F.R. § 240.14d-100 (2013), i. V. m. Regulation M-A, Item 1005(a) und (b), 17 C.F.R. § 229.1005(a) and (b) (2013).

256 *Schedule TO*, Item 6, 17 C.F.R. § 240.14d-100 (2013), i. V. m. Regulation M-A, Item 1006(a) und (c)(1) bis (7), 17 C.F.R. § 229.1006(a) and (c)(1) through (7) (2013). Als Beispiele werden etwa die Verschmelzung der Zielgesellschaft, die Veräußerung wesentlicher Vermögenswerte und Änderungen im Management genannt.

257 *Schedule TO*, Item 7, 17 C.F.R. § 240.14d-100 (2013), i. V. m. Regulation M-A, Item 1007(a), (b) und (d), 17 C.F.R. § 229.1007(a), (b) and (d) (2013).

Bieter bereits gehaltenen Anteilen einschließlich einer Beschreibung aller Transaktionen des Bieters in den Wertpapieren der Zielgesellschaft innerhalb der letzten 60 Tage,[258] (ix) die Bezeichnung aller im Zusammenhang mit der Transaktion beauftragten Personen, wie z. B. *information agents*, einschließlich einer Zusammenfassung der wesentlichen Konditionen der jeweiligen Vergütungsvereinbarungen,[259] (x) ggf. bestimmte, den Bieter betreffende Finanzinformationen[260] und – sofern für die Entscheidung der Angebotsadressaten wesentlich – (xi) Angaben zu sonstigen vertraglichen Vereinbarungen, regulatorischen Vorgaben und gerichtlichen Verfahren sowie ggf. solche zusätzlichen wesentlichen Informationen, die zum Zwecke der Klarstellung erforderlich erscheinen.[261] Als Anlagen sind dem vom Bieter zu unterzeichnenden *Schedule TO* schließlich u. a. sämtliche, den Wertpapierinhabern zur Verfügung gestellten *tender offer materials*, einschließlich *offer to purchase* und *letter of transmittal*, beizufügen.[262]

---

258 *Schedule TO*, Item 8, 17 C.F.R. § 240.14d-100 (2013), i. V. m. Regulation M-A, Item 1008, 17 C.F.R. § 229.1008 (2013).

259 *Schedule TO*, Item 9, 17 C.F.R. § 240.14d-100 (2013), i. V. m. Regulation M-A, Item 1009(a), 17 C.F.R. § 229.1009(a) (2013).

260 *Schedule TO*, Item 10, 17 C.F.R. § 240.14d-100 (2013), i. V. m. Regulation M-A, Item 1010(a) und (b), 17 C.F.R. § 229.1010(a) and (b) (2013). Jahresabschlüsse (*financial statements*) etwa muss der Bieter nur zur Verfügung stellen, wenn dessen finanzielle Situation für die Entscheidung der Angebotsadressaten wesentlich ist. Siehe *Schedule TO*, Instruction 1 to Item 10, 17 C.F.R. § 240.14d-100 (2013). Nach Ansicht der SEC ist dies dann nicht der Fall, wenn es sich um ein reines Barangebot handelt, dieses keinem Finanzierungsvorbehalt unterliegt und entweder der Bieter nach dem Exchange Act zur periodischen Berichterstattung verpflichtet oder das Angebot als Vollangebot ausgestaltet ist. Vgl. *Schedule TO*, Instruction 2 to Item 10, 17 C.F.R. § 240.14d-100 (2013), sowie Regulation of Takeovers and Security Holder Communications, Securities Act Release No. 7760, Exchange Act Release No. 42055, Investment Company Act Release No. 24107, § II.G.2.a. (Oct. 22, 1999) [64 Fed. Reg. 61408 (Nov. 10, 1999)]. Zur Erforderlichkeit der Bekanntgabe von Pro-Forma-Finanzinformationen siehe die Vorgaben der SEC in *Schedule TO*, Instruction 5 to Item 10, 17 C.F.R. § 240.14d-100 (2013). Zur Frage der Überleitung von Jahresabschlüssen auf U.S. GAAP siehe *Schedule TO*, Instruction 8 to Item 10, 17 C.F.R. § 240.14d-100 (2013), sowie Acceptance From Foreign Private Issuers of Financial Statements Prepared in Accordance With International Financial Reporting Standards Without Reconciliation to U.S. GAAP, Securities Act Release No. 8879, Exchange Act Release No. 57026, International Series Release No. 1306 (Dec. 21, 2007) [73 Fed. Reg. 986 (Jan. 4, 2008)].

261 *Schedule TO*, Item 11, 17 C.F.R. § 240.14d-100 (2013), i. V. m. Regulation M-A, Item 1011(a) und (c), 17 C.F.R. § 229.1011(a) and (c) (2013).

262 *Schedule TO*, Item 12, 17 C.F.R. § 240.14d-100 (2013), i. V. m. Regulation M-A Item 1016(a), (b), (d), (g) und (h), 17 C.F.R. § 229.1016(a), (b), (d), (g) and (h) (2013). Ebenfalls als Anlage beizufügen sind etwa das vom Bieter veröffentlichte *summary advertisement*, der sog. *„Letter from the Information Agent to Brokers, Dealers, Commercial Banks, Trust Companies and Other Nominees“* sowie der sog. *„Letter*

Im Falle wesentlicher Änderungen der in *Schedule TO* enthaltenen Informationen hat der Bieter bei der SEC elektronisch[263] einen Nachtrag zum *Schedule TO* einzureichen; etwaige zusätzliche *tender offer materials* sind diesem in Kopie als Anlage beizufügen.[264] Kopien sämtlicher zusätzlich eingereichter Unterlagen muss der Bieter überdies der Zielgesellschaft sowie sämtlichen betroffenen nationalen Wertpapierbörsen zukommen lassen.[265] In zeitlicher Hinsicht verlangt die Vorschrift, dass der Bieter seinen Einreichungs- und Informationspflichten am Tag der Verbreitung der entsprechenden Informationen umgehend nachkommt; gewisse Erleichterungen gelten lediglich, wenn der Nachtrag ausschließlich die Anzahl der zum Verkauf eingereichten Wertpapiere und / oder die Bekanntgabe der Verlängerung der Angebotsfrist betrifft.[266]

### *b. Laufzeit des Tender Offer*

#### aa. Mindestangebotsfrist (*Minimum Offering Period*)

Die Mindestangebotsfrist eines *tender offer*, die sog. *minimum offering period*, beträgt gemäß Exchange Act Rule 14e-1(a)[267] 20 Werktage.[268] Eine Höchstfrist, wie sie das

---

*to Clients for Use by Brokers, Dealers, Commercial Banks, Trust Companies and Other Nominees*". Verwiesen wird in der Praxis in *Schedule TO* i. d. R. umfassend auf das beizufügende *offer to purchase*. Vgl. *Schedule TO*, General Instruction F., 17 C.F.R. § 240.14d-100 (2013) („*Information contained in exhibits to the [tender offer] statement may be incorporated by reference in answer or partial answer to any item unless it would render the answer misleading, incomplete, unclear or confusing. A copy of any information that is incorporated by reference or a copy of the pertinent pages of a document containing the information must be submitted with [the tender offer] statement as an exhibit, unless it was previously filed with the [Securities and Exchange] Commission electronically on EDGAR. [...] Information incorporated by reference is deemed filed with the [Securities and Exchange] Commission for all purposes of the [Exchange] Act.*").

263 Regulation S-T Rule 101(a)(2)(i), 17 C.F.R. § 232.101(a)(2)(i) (2013).

264 Exchange Act Rule 14d-3(b)(1), 17 C.F.R. § 240.14d-3(b)(1) (2013).

265 Exchange Act Rule 14d-3, Instruction to paragraph (b), 17 C.F.R. § 240.14d-3 (2013).

266 Siehe Exchange Act Rule 14d-3(c), 17 C.F.R. § 240.14d-3(c) (2013) („*Certain announcements. Notwithstanding the provisions of paragraph (b) of [Exchange Act Rule 14d-3], if the additional tender offer material or an amendment to Schedule TO discloses only the number of shares deposited to date, and/or announces an extension of the time during which shares may be tendered, then the bidder may file such tender offer material or amendment and send a copy of such tender offer material or amendment to the subject company, any exchange and/or the NASD, as required by paragraph (a) of [Exchange Act Rule 14d-3], promptly after the date such tender offer material is first published or sent or given to security holders.*").

267 17 C.F.R. § 240.14e-1(a) (2013).

268 Angesichts der in Exchange Act Rule 14d-1(g)(3), 17 C.F.R. § 240.14d-1(g)(3) (2013), enthaltenen Definition des Begriffs „*business day*" muss ein *tender offer* bis mindestens 24:00 Uhr US-amerikanischer Ostküstenzeit des 20. Werktags nach Beginn

deutsche Recht in § 16 Abs. 1 S. 1 WpÜG vorsieht, kennt das US-amerikanische Übernahmerecht nicht.[269]

### bb. Verlängerung der Laufzeit eines *Tender Offer*

Anders als im Anwendungsbereich des WpÜG kann ein Bieter nach US-amerikanischem Recht die Laufzeit eines *tender offer* auch ohne Weiteres verlängern.[270] Exchange Act Rule 14e-1(d)[271] verpflichtet den Bieter lediglich, die Verlängerung spätestens um 9:00 Uhr US-amerikanischer Ostküstenzeit an dem auf den Ablauf der Angebotsfrist folgenden Werktag etwa durch Herausgabe einer Pressemitteilung öffentlich bekanntzumachen; sind die Wertpapiere der Zielgesellschaft an einer oder mehreren inländischen Wertpapierbörse(n) zum Handel zugelassen, hat die Bekanntmachung in jedem Fall vor Handelsbeginn, ggf. also auch schon früher zu erfolgen.[272]

Im Falle einer Änderung der Angebotskonditionen ist zudem Exchange Act Rule 14e-1(b)[273] zu beachten. Diese Vorschrift bestimmt, dass ein *tender offer* ab dem Zeitpunkt der Bekanntgabe einer Erhöhung oder Reduzierung der Gegenleistung bzw. des Anteils der Wertpapiere, auf den sich das Angebot erstreckt, noch mindestens zehn Werktage offen bleiben muss; je nach Zeitpunkt der Bekanntmachung ist dessen Laufzeit daher entsprechend zu verlängern.[274] Überdies vertritt die SEC seit dem Jahre 1986 die Auffassung, dass auch andere wesentliche Änderungen der Angebotskonditionen zum Schutz der Wertpapierinhaber einen Überlegungszeitraum von fünf- bzw. zehn Werktagen erfordern:

---

des Verfahrens offen bleiben. Siehe hierzu auch Fn. 222 sowie Interpretative Release Relating to Tender Offer Rules, Exchange Act Release No. 16623, Question 8 (Mar. 5, 1980) [45 Fed. Reg. 15521 (Mar. 11, 1980)].

269 *Basnage/Curtin/Rubin*, 61 Bus. Law. 1071, 1092 (2006); *Kirman/Goldberg*, The Art of Deal Structuring, 45, 56; *Knoll*, Die Übernahme von Kapitalgesellschaften, S. 84 f.; *Oechsler*, in: Ehricke/Ekkenga/Oechsler, WpÜG, § 16 Rdnr. 5.

270 *Knoll*, Die Übernahme von Kapitalgesellschaften, S. 85.

271 17 C.F.R. § 240.14e-1(d) (2013).

272 Die Bekanntmachung des Bieters muss neben der Anzeige der Verlängerung auch Angaben zur ungefähren Anzahl der bis zum betreffenden Zeitpunkt zum Verkauf eingereichten Wertpapiere enthalten.

273 17 C.F.R. § 240.14e-1(b) (2013). Zum Verhältnis der Vorschrift zur Mindestangebotsfrist siehe Tender Offers, Securities Act Release No. 6158, Exchange Act Release No. 16384, Investment Company Act Release No. 10958, § II. Rule 14e-1: Unlawful Tender Offer Practices (Nov. 29, 1979) [44 Fed. Reg. 70326 (Dec. 6, 1979)] („*Paragraphs (a) and (b) of [Exchange Act] Rule 14e-1 operate on a concurrent, rather than a consecutive, basis. For example, if the offeror increases the consideration offered on business day 3 of the tender offer, the ten business day requirement of [Exchange Act] Rule 14e-l(b) would expire during the twenty business day period of [Exchange Act] Rule 14e-1(a) and would not result in requiring the offer to be extended.*").

274 Anders offenbar *Albrecht*, Williams Act, S. 168, die von einer automatischen Verlängerung der Laufzeit auszugehen scheint.

*„The minimum period during which an offer must remain open following material changes in the terms of the offer or information concerning the offer, other than a change in price or percentage of securities sought, [...] depend[s] on the facts and circumstances, including the relative materiality of the terms or information. As a general rule, [...] to allow dissemination to shareholders 'in a manner reasonably designed to inform [them] of such change' [...], the offer should remain open for a minimum of* ***five business days*** *from the date that the material change is first published, sent or given to security holders. If material changes are made with respect to information that approaches the significance of price and share levels, a minimum period of* ***ten business days*** *may be required to allow for adequate dissemination and investor response. Moreover, the five business day period may not be sufficient where revised or additional materials are required because disclosure disseminated to security holders is found to be materially deficient. [...].“* [275] (Hervorhebungen durch Verf.)

Den genannten Standpunkt hat die SEC zudem im Jahre 1999 anlässlich des Erlasses der sog. *registered exchange offers* betreffenden Exchange Act Rule 14d-4(d)(2)[276] ausdrücklich bestätigt:

*„Since the tender offer rules do not currently establish specific minimum time periods necessary for the disclosure and dissemination of material changes, other than those relating to changes in price or the amount of securities sought, we are establishing well-defined periods necessary for the dissemination of a prospectus supplement that contains material changes under early commencement.* ***The mandated periods*** *we adopt today* ***are consistent with our current rules and interpretive positions in this area.*** *“*[277] (Hervorhebungen durch Verf.)

---

275 Amendments to Tender Offer Rules: All-Holders and Best-Price, Securities Act Release No. 6653, Exchange Act Release No. 23421, Investment Company Act Release No. 15199, § III.D. n.70 (July 11, 1986) [51 Fed. Reg. 25873 (July 17, 1986)]. Vgl. auch Interpretive Release Relating To Tender Offers [sic] Rules, Exchange Act Release No. 24296, § II.A. (Apr. 3, 1987) [52 Fed. Reg. 11458 (Apr. 9, 1987)].

276 17 C.F.R. § 240.14d-4(d)(2) (2013): *„In a registered securities offer where the bidder disseminates the preliminary prospectus as permitted by [Exchange Act Rule 14d-4(b)], the offer must remain open from the date that material changes to the tender offer materials are disseminated to security holders, as follows: (i) Five business days for a prospectus supplement containing a material change other than price or share levels; (ii) Ten business days for a prospectus supplement containing a change in price, the amount of securities sought, [...] or other similarly significant change; (iii) Ten business days for a prospectus supplement included as part of a post-effective amendment; and (iv) Twenty business days for a revised prospectus when the initial prospectus was materially deficient.“*

277 Regulation of Takeovers and Security Holder Communications, Securities Act Release No. 7760, Exchange Act Release No. 42055, Investment Company Act Release No. 24107, § II.E.2. (Oct. 22, 1999) [64 Fed. Reg. 61408 (Nov. 10, 1999)]. Siehe ergänzend auch die detaillierten Erläuterungen in Commission Guidance

### c. *Stellungnahme der Zielgesellschaft*

Die während eines „*tender offer*"-Verfahrens von der Zielgesellschaft zu beachtenden Pflichten ergeben sich u. a. aus Exchange Act Rule 14e-2(a).[278] Nach dieser Bestimmung hat die Zielgesellschaft innerhalb von zehn Werktagen nach Beginn des Verfahrens z. B. im Wege einer Pressemitteilung bekanntzugeben, ob und warum sie die Annahme bzw. Ablehnung des Angebots des Bieters empfiehlt, ihm neutral gegenüber steht oder sich nicht in der Lage sieht, eine Position zu selbigem zu beziehen.[279] Ändert die Gesellschaft ihre Haltung oder tritt sonst eine wesentliche

---

and Revisions to the Cross-Border Tender Offer, Exchange Offer, Rights Offerings, and Business Combination Rules and Beneficial Ownership Reporting Rules for Certain Foreign Institutions, Securities Act Release No. 8957, Exchange Act Release No. 58597, § II.C.4.a. n.186, § II.C.5. n.224 and § II.C.6. n.245 (Sept. 19, 2008) [73 Fed. Reg. 60050 (Oct. 9, 2008)].

278 17 C.F.R. § 240.14e-2(a) (2013). Zu beachten ist z. B. auch Exchange Act Rule 13e-1, 17 C.F.R. § 240.13e-1 (2013), welche der Zielgesellschaft während der Laufzeit eines *tender offer* den Rückerwerb eigener Aktien nur unter bestimmten Voraussetzungen gestattet.

279 Zu den Motiven der SEC bei Normierung der Stellungnahmepflicht siehe Tender Offers, Securities Act Release No. 6158, Exchange Act Release No. 16384, Investment Company Act Release No. 10958, § II. Rule 14e-2: Position of Subject Company With Respect to a Tender Offer (Nov. 29, 1979) [44 Fed. Reg. 70326 (Dec. 6, 1979)]: „*The subject company's position with respect to a tender offer can have a determinative effect on the outcome of a tender offer and thus is material to security holders. The subject company therefore should not be permitted to state its position when it maximizes its tactical advantage and to remain silent when it does not. Such complete discretion increases the likelihood for hasty, ill-considered decision-making by security holders and the possibility for fraudulent, deceptive or manipulative acts or practices by a subject company and others. It is also inconsistent with the neutrality between bidders and subject companies sought to be achieved by the Williams Act. [...] [T]he statement of the subject company's position within ten business days of commencement together with a twenty business day minimum period will 'Avoid tipping the balance of regulation either in favor of [the subject company] or in favor of the person making the takeover bid.*" Zur Fristenproblematik bei sog. *Regulation 14E-only tender offers* siehe Commission Guidance on Mini-Tender Offers and Limited Partnership Tender Offers, Exchange Act Release No. 43069, Investment Company Act Release No. 24564, § I.C. (July 24, 2000) [65 Fed. Reg. 46581 (July 31, 2000)] („*With a tender offer not subject to Regulation 14D [...] the bidder is not required to send its offer to the target. Therefore, the target may not know about the tender offer. The target should take all steps to comply with its obligations under Regulation 14E within 10 business days or as soon as possible upon becoming aware of the offer.*").

Änderung in Bezug auf die nach der Bestimmung offengelegten Informationen ein, hat die Zielgesellschaft auch dies umgehend bekanntzugeben.[280]

Bezieht sich ein *tender offer* auf bei der SEC registrierte Wertpapiere, gilt eine gemäß Exchange Act Rule 14e-2[281] zu veröffentlichende Stellungnahme gemäß Exchange Act Rule 14d-9(g)[282] überdies als „*solicitation*" bzw. „*recommendation*" i. S. v. Exchange Act Rule 14d-9[283] und § 14(d)(4) Exchange Act.[284] Die Zielgesellschaft[285] hat daher entsprechend den Vorgaben ersterer Norm am Tag der Veröffentlichung ihrer Stellungnahme bei der SEC elektronisch[286] zusätzlich das Formular *Schedule 14D-9*,[287] das sog. *tender offer solicitation/recommendation statement*, einzureichen[288] und dem Bieter sowie jeder nationalen Wertpapierbörse, an der die Papiere der Gesellschaft notiert sind, eine Kopie desselben zukommen zu lassen; Letztere sind überdies telefonisch – soweit möglich vor Handelsbeginn – über das Angebot des Bieters und den Inhalt der Stellungnahme zu unterrichten.[289] Hinsichtlich der inhaltlichen Anforderungen an die Stellungnahme ist zudem Exchange Act Rule 14d-9(d)[290] zu beachten. Nach dieser Vorschrift hat die von der Zielgesellschaft zu veröffentlichende Stellungnahme nahezu sämtliche der in *Schedule 14D-9* offenzulegenden Informationen bzw. zumindest eine adäquate Zusammenfassung selbiger zu enthalten. Von letzterer Möglichkeit scheint die Praxis – soweit ersichtlich – ganz überwiegend Gebrauch zu machen.

Die für das bei der SEC einzureichende Formular geltenden Publizitätsanforderungen sind angesichts der Ende des Jahres 1999 von der Aufsichtsbehörde beschlossenen regulatorischen Maßnahmen wie im Falle von *Schedule TO* (nahezu

---

280 Exchange Act Rule 14e-2(b), 17 C.F.R. § 240.14e-2(b) (2013).

281 17 C.F.R. § 240.14e-2 (2013).

282 17 C.F.R. § 240.14d-9(g) (2013).

283 17 C.F.R. § 240.14d-9 (2013). Von der Regelung werden gemäß Exchange Act Rule 14d-9(f), 17 C.F.R. § 240.14d-9(f) (2013), keine sog. *stop-look-and-listen letters* erfasst. Mit solchen Schreiben kann die Zielgesellschaft ihre Aktionäre über die Abgabe eines *tender offer* informieren und diese zugleich auffordern, mit ihrer Entscheidung für oder gegen das Angebot bis zur Veröffentlichung der Stellungnahme der Gesellschaft zu warten.

284 15 U.S.C. § 78n(d)(4) (2012).

285 Zu weiteren Normadressaten siehe Exchange Act Rule 14d-9(e), 17 C.F.R. § 240.14d-9(e) (2013).

286 Regulation S-T Rule 101(a)(1)(iii), 17 C.F.R. § 232.101(a)(1)(iii) (2013).

287 17 C.F.R. § 240.14d-101 (2013).

288 Eine Überprüfung eines eingereichten *Schedule 14D-9* durch die SEC findet üblicherweise nicht statt. Auch wird keine Gebühr für die Einreichung des Formulars erhoben. Siehe Filing Fees for Certain Proxy and Information Filings Tender Offers, Mergers and Similar Transactions, Securities Act Release No. 6617, Exchange Act Release No. 22781, Investment Company Act Release No. 14890, Supplementary Information n.12 (Jan. 9, 1986) [51 Fed. Reg. 2472 (Jan. 17, 1986)].

289 Exchange Act Rule 14d-9(b), 17 C.F.R. § 240.14d-9(b) (2013).

290 17 C.F.R. § 240.14d-9(d) (2013).

ausnahmslos) in Regulation M-A geregelt. Das Formular hat danach Angaben zu Zielgesellschaft und betroffenen Wertpapieren[291] ebenso zu enthalten wie Informationen zum Angebot[292] sowie solche zu allen wesentlichen Vereinbarungen, Absprachen sowie tatsächlichen und / oder potentiellen Interessenkonflikten zwischen der Zielgesellschaft bzw. einem ihrer *affiliates* auf der einen Seite und ihren *executive officers, directors* oder *affiliates* bzw. dem Bieter oder dessen *executive officers, directors* oder *affiliates* auf der anderen Seite.[293] Ebenfalls Bestandteil des Formulars sind die Empfehlung der Zielgesellschaft, die ausführliche Begründung ihres Standpunkts sowie Angaben zu den Absichten ihrer *executive officers* und *directors*, von ihnen gehaltene Wertpapiere im Zuge des „*tender offer*"-Verfahrens an den Bieter zu veräußern.[294] Darüber hinaus hat die Zielgesellschaft in *Schedule 14D-9* alle von ihr im Zusammenhang mit der Transaktion beauftragten Personen zu benennen und die wesentlichen Konditionen der mit diesen getroffenen Vergütungsvereinbarungen zusammenzufassen.[295] Zu beschreiben hat sie zudem sämtliche innerhalb der letzten 60 Tage von ihr und / oder ihren *executive officers, directors, affiliates* oder

---

291 *Schedule 14D-9*, Item 1, 17 C.F.R. § 240.14d-101 (2013), i. V. m. Regulation M-A, Item 1002(a) und (b), 17 C.F.R. § 229.1002(a) and (b) (2013).

292 *Schedule 14D-9*, Item 2, 17 C.F.R. § 240.14d-101 (2013), i. V. m. Regulation M-A, Item 1003(a) und (d), 17 C.F.R. § 229.1003(a) and (d) (2013). Die zitierten Vorschriften verlangen zudem Informationen zur einreichenden Person. Handelt es sich bei dieser jedoch um die Zielgesellschaft selbst, sind die geforderten Angaben bereits von „*Item 1. Subject Company Information*" erfasst. Mehr als eines Verweises bedarf es in der Praxis daher nicht.

293 *Schedule 14D-9*, Item 3, 17 C.F.R. § 240.14d-101 (2013), i. V. m. Regulation M-A, Item 1005(d), 17 C.F.R. § 229.1005(d) (2013). Zweck der Regelung ist es „*to force disclosure of factors that might affect the board's recommendation.*" Siehe *Fleischer/ Sussman*, Takeover Defense, Vol. 1, § 9.02[B]. Zum Umfang der Veröffentlichungspflicht siehe auch Regulation M-A, Instruction to Item 1005(d), 17 C.F.R. § 229.1005(d) (2013) („*If the filing person is the subject company, no disclosure called for by [Item 1005(d)] is required in the document disseminated to security holders, so long as substantially the same information was filed with the [Securities and Exchange] Commission previously and disclosed in a proxy statement, report or other communication sent to security holders by the subject company in the past year. The document disseminated to security holders, however, must refer specifically to the discussion in the proxy statement, report or other communication that was sent to security holders previously. The information also must be filed as an exhibit to the schedule.*").

294 *Schedule 14D-9*, Item 4, 17 C.F.R. § 240.14d-101 (2013), i. V. m. Regulation M-A, Item 1012(a) bis (c), 17 C.F.R. § 229.1012(a) through (c) (2013).

295 *Schedule 14D-9*, Item 5, 17 C.F.R. § 240.14d-101 (2013), i. V. m. Regulation M-A, Item 1009(a), 17 C.F.R. § 229.1009(a) (2013).

Tochtergesellschaften getätigten Transaktionen in Wertpapieren der Gesellschaft.[296] Im *tender offer solicitation/recommendation statement* anzugeben ist auch, ob die Zielgesellschaft als Reaktion auf das Angebot Verhandlungen etwa im Hinblick auf ein konkurrierendes Angebot bzw. den Erwerb oder die Veräußerung bedeutender Vermögenswerte aufgenommen hat; etwaige darauf gerichtete Beschlüsse, Grundsatzvereinbarungen oder bereits unterzeichnete Verträge sind überdies darzustellen.[297] Nicht fehlen dürfen schließlich auch Details zu etwaigen „*golden parachute*"-Vereinbarungen sowie sonstige wesentliche Informationen, die zum Zwecke der Klarstellung erforderlich sind.[298] Als Anlage hat die Zielgesellschaft dem von ihr zu unterzeichnenden Formular zudem u. a. alle ihren Wertpapierinhabern bereitgestellten Unterlagen, einschließlich der veröffentlichten Stellungnahme, beizufügen.[299]

Im Falle einer wesentlichen Änderung der in *Schedule 14D-9* enthaltenen Informationen hat die Zielgesellschaft am Tag der Offenlegung der entsprechenden Information[300] bei der SEC umgehend elektronisch[301] einen Nachtrag zum *Schedule 14D-9* einzureichen und den Bieter sowie die nationalen Wertpapierbörsen in der

296 *Schedule 14D-9*, Item 6, 17 C.F.R. § 240.14d-101 (2013), i. V. m. Regulation M-A, Item 1008(b), 17 C.F.R. § 229.1008(b) (2013).

297 *Schedule 14D-9*, Item 7, 17 C.F.R. § 240.14d-101 (2013), i. V. m. Regulation M-A, Item 1006(d), 17 C.F.R. § 229.1006(d) (2013). Siehe auch Regulation M-A, Instruction to Item 1006(d)(1), 17 C.F.R. § 229.1006(d)(1) (2013) („*If an agreement in principle has not been reached at the time of filing, no disclosure under [Item (d)(1)] is required of the possible terms of or the parties to the transaction if in the opinion of the board of directors of the subject company disclosure would jeopardize continuation of the negotiations. In that case, disclosure indicating that negotiations are being undertaken or are underway and are in the preliminary stages is sufficient.*").

298 *Schedule 14D-9*, Item 8, 17 C.F.R. § 240.14d-101 (2013), i. V. m. Regulation M-A, Item 1011(b) und (c), 17 C.F.R. § 229.1011(b) and (c) (2013); Regulation S-K, Item 402(t)(2) und (3), 17 C.F.R. § 229.402(t)(2) and (3) (2013). Die Verpflichtung zur Offenlegung von „*golden parachute*"-Vereinbarungen besteht nicht, wenn es sich bei der Zielgesellschaft um einen sog. „*foreign private issuer*" i. S. v. Exchange Act Rule 3b-4, 17 C.F.R. § 240.3b-4 (2013), handelt. Siehe Regulation M-A, Instruction 1 to Item 1011(b), 17 C.F.R. § 229.1011(b) (2013). Zum Ursprung der seit dem 4. April 2011 geltenden Regelung siehe Shareholder Approval of Executive Compensation and Golden Parachute Compensation, Securities Act Release No. 9178, Securities Act Release No. 63768, § II.D. (Jan. 25, 2011) [76 Fed. Reg. 6010 (Feb. 2, 2011)].

299 *Schedule 14D-9*, Item 9, 17 C.F.R. § 240.14d-101 (2013), i. V. m. Regulation M-A, Item 1016(a), (e) und (g), 17 C.F.R. § 229.1016(a), (e) and (g) (2013).

300 Exchange Act Rule 14d-9(c)(3), 17 C.F.R. § 240.14d-9(c)(3) (2013), statuiert explizit die Pflicht der Zielgesellschaft, jede wesentliche Änderung umgehend und „*in a manner reasonably designed to inform security holders of such change*" bekanntzugeben.

301 Regulation S-T Rule 101(a)(2)(i), 17 C.F.R. § 232.101(a)(2)(i) (2013).

gleichen Art und Weise wie bei Einreichung der Ursprungsfassung des Formulars zu informieren.[302]

### d. *Veröffentlichungs- und Mitteilungspflichten des Bieters während und nach Ablauf der Angebotsfrist*

Eine dem § 23 WpÜG vergleichbare Pflicht des Bieters zur laufenden Berichterstattung kennt das US-amerikanische Übernahmerecht nicht.[303] Veröffentlichungs- und Mitteilungspflichten bestehen vielmehr erst nach Ablauf der (ursprünglichen) Angebotsfrist.

So muss der Bieter wegen der Regelung in Exchange Act Rule 14e-1(d)[304] eine Verlängerung der Laufzeit bis spätestens 9:00 Uhr US-amerikanischer Ostküstenzeit an dem auf den Ablauf der Angebotsfrist folgenden Werktag öffentlich bekannt geben.

Im Falle eines Regulation 14D unterliegenden *tender offer* hat der Bieter die SEC zudem umgehend durch elektronische[305] Einreichung eines *final amendment* zum *Schedule TO* über den Ausgang des „*tender offer*"-Verfahrens zu informieren.[306]

### e. *Abwicklung eines Tender Offer*

Akzeptiert der Bieter die zum Verkauf eingereichten Wertpapiere (sog. *acceptance for payment*[307]), muss er die Gegenleistung aufgrund des in Exchange Act Rule 14e-1(c)[308] normierten sog. „*prompt payment*"-Erfordernisses umgehend nach Beendigung des *tender offer*, d. h. regelmäßig innerhalb von drei Werktagen,[309] erbringen. Besonderheiten gelten lediglich, wenn der Vollzug der Transaktion die Erteilung behördlicher Genehmigungen voraussetzt.[310]

---

302 Exchange Act Rule 14d-9(c)(1) und (2), 17 C.F.R. § 240.14d-9(c)(1) and (2) (2013).

303 *Möllers*, in: KK-WpÜG, § 23 Rdnr. 44.

304 17 C.F.R. § 240.14e-1(d) (2013).

305 Regulation S-T Rule 101(a)(2)(i), 17 C.F.R. § 232.101(a)(2)(i) (2013).

306 Exchange Act Rule 14d-3(b)(2), 17 C.F.R. § 240.14d-3(b)(2) (2013). Mit Einreichung des *final amendment* gelten zugleich die Meldepflichten des § 13(d) Exchange Act, 15 U.S.C. § 78m(d) (2012), im Hinblick auf sämtliche vom Bieter im Rahmen des *tender offer* erworbenen Wertpapiere als erfüllt. Siehe *Schedule TO*, General Instruction H., 17 C.F.R. § 240.14d-100 (2013).

307 *Acceptance for payment* bezeichnet in der Praxis die Mitteilung des Bieters an die Abwicklungsstelle, dass er die im Rahmen des Angebots ordnungsgemäß zum Verkauf eingereichten Wertpapiere akzeptiert.

308 17 C.F.R. § 240.14e-1(c) (2013).

309 Commission Guidance on Mini-Tender Offers and Limited Partnership Tender Offers, Exchange Act Release No. 43069, Investment Company Act Release No. 24564, § II.D. (July 24, 2000) [65 Fed. Reg. 46581 (July 31, 2000)]; a. A. *Basnage/Curtin/Rubin*, 61 Bus. Law. 1071, 1093 (2006) („*within 5 U.S. business days*").

310 Vgl. *Macfadden Holdings Inc. v. JB Acquisition Corp.*, 802 F.2d 62, 69–70 (2d Cir. 1986). Siehe zur Thematik auch SEC Division of Corporation Finance, Manual of Publicly Available Telephone Interpretations, Section Q. Tender Offer Rules and Schedules,

### *f. Sonstige Bestimmungen*

Zusätzlich zu den bereits dargestellten, den zeitlichen Ablauf eines „*tender offer*"-Verfahrens bestimmenden Vorschriften sollen nachfolgend die sonstigen im Rahmen eines solchen Verfahrens zu beachtenden Bestimmungen skizziert werden. Die im Vergleich zum zweiten Kapitel zum Teil unterschiedliche Darstellung ist sowohl der Regelungssystematik als auch materiellen Differenzen geschuldet.

#### aa. Gleichbehandlungspflicht (*Equal Treatment Requirement*)

Die Pflicht des Bieters zur Gleichbehandlung sämtlicher Angebotsadressaten ist seit jeher eines der wesentlichen Prinzipien nicht nur des deutschen, sondern auch und vor allem des US-amerikanischen Übernahmerechts. Der Gleichbehandlung der Wertpapierinhaber der Zielgesellschaft dient in den Vereinigten Staaten von Amerika insbesondere die Vorschrift des § 14(d)(7) Exchange Act.[311] Diese bestimmt, dass

> „*[w]here any person varies the terms of a tender offer [...] before the expiration thereof by increasing the consideration offered to holders of such securities, such person shall pay the increased consideration to each security holder whose securities are taken up and paid for pursuant to the tender offer [...] whether or not such securities have been taken up by such person before the variation of the tender offer [...].*"

Den durch die Norm gewährten Schutz der Wertpapierinhaber gestaltete die SEC im Jahre 1986 durch Erlass von Exchange Act Rule 14d-10,[312] der sog. *all-holders* und

Interpretation No. 29 (July 1997) („*[Exchange Act] Rule 14e-1(c) requires that a bidder in a tender offer either pay the consideration offered or return the securities tendered 'promptly' after the withdrawal or termination of the tender offer. If payment is delayed because the bidder must obtain approvals from regulatory agencies before completing the purchase, the Division staff ordinarily (depending on the length of the delay) will not deem a violation of [Exchange Act] Rule 14e-1(c) to have occurred, provided the tender offer materials fully disclosed the possibility of such delay.*"); abrufbar unter http://www.sec.gov/interps/telephone/cftelinterps_tender.pdf (zuletzt abgerufen im März 2014). Allgemein zur Zulässigkeit von Kartellvorbehalten Interpretative Release Relating to Tender Offer Rules, Exchange Act Release No. 16623, Question 5 (Mar. 5, 1980) [45 Fed. Reg. 15521 (Mar. 11, 1980)] („*Nothing in the rules prohibits offers under the terms of which the acceptance for payment is conditioned upon fulfillment of a condition requiring regulatory approval.*").

311 15 U.S.C. § 78n(d)(7) (2012).

312 17 C.F.R. § 240.14d-10 (2013). Zur Rechtsetzungsbefugnis der SEC siehe Amendments to Tender Offer Rules: All-Holders and Best-Price, Securities Act Release No. 6653, Exchange Act Release No. 23421, Investment Company Act Release No. 15199, § II. (July 11, 1986) [51 Fed. Reg. 25873 (July 17, 1986)]. Aufgrund der Gesetzes- bzw. Regelungssystematik gilt der übernahmerechtliche Gleichbehandlungsgrundsatz nicht im Falle von *Regulation 14E-only tender offers*.

*best-price rule*, näher aus.[313] Grund für die damaligen Reformanstrengungen der SEC war die Entscheidung *Unocal Corp. v. T. Boone Pickens*[314] des *United States District Court for the Central District of California* aus dem Jahre 1985.[315] Entgegen der von der SEC seit Verabschiedung des Williams Act im Jahre 1968 vertretenen Position, der vom Gesetzgeber bezweckte Anlegerschutz werde nur erreicht, wenn ein *tender offer* sämtlichen Anlegern zu identischen Konditionen unterbreitet werde, hatte das Gericht den Antrag des feindlichen Bieters *Mesa Partners II* auf Erlass einer einstweiligen Verfügung gegen die Durchführung des zur Abwehr von der Zielgesellschaft *Unocal* veröffentlichten selektiven, nur ihn, den feindlichen Bieter, ausschließenden öffentlichen Rückerwerbsangebots abgelehnt.[316] Wenngleich der Fall direkt nur *issuer tender offers* und die Anwendbarkeit des „*all-holders*"-Erfordernisses betraf, sah sich die Behörde gehalten, Klarheit zugleich auch für *third-party tender offers* sowie im Hinblick auf das „*best-price*"-Erfordernis zu schaffen und die von ihr vertretene Position zu kodifizieren.[317]

(1) *All-Holders Rule*

Nach der seit dem Jahre 1986 in Exchange Act Rule 14d-10(a)(1)[318] kodifizierten *all-holders rule* muss sich ein Regulation 14D unterliegendes *tender offer* an alle in- und ausländischen[319] Wertpapierinhaber der Zielgesellschaft richten.[320] Obwohl

313 Siehe Amendments to Tender Offer Rules: All-Holders and Best-Price, Securities Act Release No. 6653, Exchange Act Release No. 23421, Investment Company Act Release No. 15199 (July 11, 1986) [51 Fed. Reg. 25873 (July 17, 1986)].

314 608 F. Supp. 1081 (C.D. Cal. 1985).

315 Siehe Proposed Amendments to Tender Offer Rules, Securities Act Release No. 6595, Exchange Act Release No. 22198, Investment Company Act Release No. 14611, § I. (July 1, 1985) [50 Fed. Reg. 27976 (July 9, 1985)].

316 Siehe *Unocal Corp. v. T. Boone Pickens*, 608 F. Supp. 1081, 1082–83 (C.D. Cal. 1985).

317 Siehe Proposed Amendments to Tender Offer Rules, Securities Act Release No. 6595, Exchange Act Release No. 22198, Investment Company Act Release No. 14611, § I. (July 1, 1985) [50 Fed. Reg. 27976 (July 9, 1985)].

318 17 C.F.R. § 240.14d-10(a)(1) (2013).

319 Siehe Amendments to Tender Offer Rules: All-Holders and Best-Price, Securities Act Release No. 6653, Exchange Act Release No. 23421, Investment Company Act Release No. 15199, § III.A.2. (July 11, 1986) [51 Fed. Reg. 25873 (July 17, 1986)]; Commission Guidance and Revisions to the Cross-Border Tender Offer, Exchange Offer, Rights Offerings, and Business Combination Rules and Beneficial Ownership Reporting Rules for Certain Foreign Institutions, Securities Act Release No. 8957, Exchange Act Release No. 58597, § II.G.1. (Sept. 19, 2008) [73 Fed. Reg. 60050 (Oct. 9, 2008)].

320 Zur Frage der Bedeutung des „*all-holders*"-Erfordernisses für sog. *partial tender offers*, d. h. auf den Erwerb nur eines bestimmten Anteils oder einer bestimmten Anzahl von Wertpapieren einer Zielgesellschaft gerichtete Angebote, siehe Amendments to Tender Offer Rules: All-Holders and Best-Price, Securities Act Release No. 6653, Exchange Act Release No. 23421, Investment Company Act

ein Ausschluss ausländischer Investoren im Anwendungsbereich von Regulation 14D mithin nicht gestattet ist, hat die SEC in Exchange Act Rule 14d-10(b)(1)[321] ausdrücklich klargestellt, dass die Vorschrift keine Auswirkung auf die Anforderungen an die Verbreitung eines *tender offer* gemäß Exchange Act Rule 14d-4[322] hat. Es reicht daher nach US-amerikanischem Recht aus, dass das Angebot bzw. eine Zusammenfassung desselben in einer Zeitung mit landesweiter Auflage veröffentlicht wird; eine Verbreitung der *tender offer materials* außerhalb der Vereinigten Staaten von Amerika ist hingegen nicht erforderlich.[323]

Wegen des möglichen Spannungsverhältnisses zwischen der *all-holders rule* und einzelstaatlichen „*anti-takeover*"-Bestimmungen ist es dem Bieter gemäß Exchange Act Rule 14d-10(b)(2)[324] lediglich gestattet, Wertpapierinhaber in solchen Staaten vom Angebot auszuschließen, in denen ihm die Unterbreitung desselben trotz ernsthafter Bemühungen, die lokaler Vorschriften zu beachten, behördlich oder gerichtlich untersagt ist.[325] Einzelfallbezogene Befreiungen von der Vorschrift kann die SEC zudem auf Antrag oder von Amts wegen aufgrund der Ermächtigung in Exchange Act Rule 14d-10(f)[326] erteilen.[327]

(2) *Best-Price Rule*

Die in Exchange Act Rule 14d-10(a)(2)[328] kodifizierte *best-price rule* verpflichtet den Bieter, sämtlichen Wertpapierinhabern der Zielgesellschaft den gleichen Preis für

---

Release No. 15199, § III.A. (July 11, 1986) [51 Fed. Reg. 25873 (July 17, 1986)] („*The all-holders requirement does not prohibit tender offers for fewer than all outstanding securities of a class, but provides that that all security holders must be able to accept the tender offer if they so choose.*"); *Van Alstine*, EWS 1993, 8, 12.

321 17 C.F.R. § 240.14d-10(b)(1) (2013).

322 17 C.F.R. § 240.14d-4 (2013).

323 Amendments to Tender Offer Rules: All-Holders and Best-Price, Securities Act Release No. 6653, Exchange Act Release No. 23421, Investment Company Act Release No. 15199, § III.A.2. (July 11, 1986) [51 Fed. Reg. 25873 (July 17, 1986)]; Commission Guidance and Revisions to the Cross-Border Tender Offer, Exchange Offer, Rights Offerings, and Business Combination Rules and Beneficial Ownership Reporting Rules for Certain Foreign Institutions, Securities Act Release No. 8957, Exchange Act Release No. 58597, § II.G.1. (Sept. 19, 2008) [73 Fed. Reg. 60050 (Oct. 9, 2008)].

324 17 C.F.R. § 240.14d-10(b)(2) (2013).

325 Zur Reichweite der Norm siehe *Jacobs*, The Williams Act, § 4:134 („*[Exchange Act] Rule 14d-10(b)(2) was adopted so a tender offeror is not caught between federal law requiring an offer to holders in all jurisdictions and state law prohibiting the tender offer by valid administrative or judicial action. 'State' law should be broad enough to cover a jurisdiction which is not a 'state,' such as a foreign country.*").

326 17 C.F.R. § 240.14d-10(f) (2013).

327 Die Befreiungsbefugnis hat die SEC auf den Direktor der *Division of Corporation Finance* übertragen. Siehe § 4A Exchange Act, 15 U.S.C. § 78d-1 (2012), und General Organization Rule 30–1(e)(11), 17 C.F.R. § 200.30–1(e)(11) (2013).

328 17 C.F.R. § 240.14d-10(a)(2) (2013).

ihre Anteilsscheine zu zahlen.[329] Die Regelung untersagt jedoch nicht, verschiedene Arten von Gegenleistungen anzubieten. Zugleich verlangt sie nicht, dass sich unterschiedliche Gegenleistungen wertmäßig entsprechen.[330] Den Wertpapierinhabern muss vielmehr lediglich das Recht eingeräumt werden, frei zwischen den angebotenen Gegenleistungen zu wählen.[331] Dem Bieter ist es überdies gestattet, jede der alternativen Gegenleistungen dem Umfang nach zu begrenzen; zum Schutz der Adressaten hält es die SEC in einem solchen Fall für ausreichend, dass der Bieter die umfangmäßigen Beschränkungen ebenso wie die im Falle einer Überzeichnung geltende Zuteilungsregelung von Anfang an vollumfänglich offenlegt.[332] Hinsichtlich der einzelfallbezogenen Befreiungsbefugnis der SEC gelten schließlich die bei der *all-holders rule* dargestellten Ausführungen entsprechend.

Seit ihrem Erlass im Jahre 1986 war die *best-price rule* häufig Anlass für Rechtsstreitigkeiten. In ihrer Ursprungsfassung untersagte die Norm die Abgabe eines *tender offer,*

> „*unless [...] [t]he consideration paid to any security holder* ***pursuant to the tender offer*** *is the highest consideration paid to any other security holder* ***during such tender offer.***“[333] (Hervorhebungen durch Verf.)

---

329 Da die Regelung entgegen ursprünglicher Überlegungen der SEC (siehe Proposed Amendments to Tender Offer Rules, Securities Act Release No. 6595, Exchange Act Release No. 22198, Investment Company Act Release No. 14611 (July 1, 1985) [50 Fed. Reg. 27976 (July 9, 1985)]) nicht auf den höchsten offerierten, sondern den höchsten gezahlten Preis abstellt und damit auch eine Reduzierung der Gegenleistung zulässt, musste im Jahre 1986 zugleich die Regelung zur Verlängerung der Angebotsfrist in Exchange Act Rule 14e-1(b), 17 C.F.R. § 240.14e-1(b) (1986), sowie diejenige betreffend Rücknahmerechte in Exchange Act Rule 14d-7, 17 C.F.R. § 240.14d-7 (1986), entsprechend angepasst werden. Siehe Amendments to Tender Offer Rules: All-Holders and Best-Price, Securities Act Release No. 6653, Exchange Act Release No. 23421, Investment Company Act Release No. 15199, § V. (July 11, 1986) [51 Fed. Reg. 25873 (July 17, 1986)], und Proposed Amendments to Tender Offer Rules, Securities Act Release No. 6619, Exchange Act Release No. 22791, Investment Company Act Release No. 14897, § I. (Jan. 14, 1986) [51 Fed. Reg. 3186 (Jan. 24, 1986)].

330 Amendments to Tender Offer Rules: All-Holders and Best-Price, Securities Act Release No. 6653, Exchange Act Release No. 23421, Investment Company Act Release No. 15199, § III.B.2. (July 11, 1986) [51 Fed. Reg. 25873 (July 17, 1986)].

331 Exchange Act Rule 14d-10(c)(1), 17 C.F.R. § 240.14d-10(c)(1) (2013). Siehe auch Exchange Act Rule 14d-10(c)(2), 17 C.F.R. § 240.14d-10(c)(2) (2013), die zusätzlich voraussetzt, dass „*[t]he highest consideration of each type paid to any security holder is paid to any other security holder receiving that type of consideration.*“

332 Amendments to Tender Offer Rules: All-Holders and Best-Price, Securities Act Release No. 6653, Exchange Act Release No. 23421, Investment Company Act Release No. 15199, § III.B.2. (July 11, 1986) [51 Fed. Reg. 25873 (July 17, 1986)].

333 Exchange Act Rule 14d-10(a)(2), 17 C.F.R. § 240.14d-10(a)(2) (1987).

Im Mittelpunkt der gerichtlichen Auseinandersetzungen stand angesichts des zitierten Wortlauts zumeist die Frage, ob der in der Praxis regelmäßig zu beobachtende Abschluss von neuen bzw. die Übernahme bestehender Vereinbarungen mit Wertpapierinhabern der Zielgesellschaft durch den Bieter und / oder darauf basierende Zahlungen die *best-price rule* verletzen.

Die mit derartigen Fällen befassten Gerichte legten die Norm in der Vergangenheit uneinheitlich aus. Nach dem vom *Ninth Circuit Court of Appeals* in *Epstein v. MCA, Inc.*[334] entwickelten sog. *integral part test* sollte die Norm unabhängig vom Zeitpunkt der Erbringung der Gegenleistung auf alle Vereinbarungen Anwendung finden, die integraler Bestandteil des *tender offer* sind. Entsprechend waren bei Anwendung dieses Tests regelmäßig insbesondere auch sog. *employment compensation, severance* und andere *employee benefit* oder *commercial arrangements* erfasst.

Andere Gerichte folgten hingegen dem engeren, vom *Seventh Circuit Court of Appeals* in *Lerro v. Quaker Oats Co.*[335] entwickelten sog. *bright-line test.* Nach diesem Test war die *best-price rule* lediglich verletzt, wenn – wie es der Wortlaut nahezulegen schien – die fragliche Vereinbarung während der Laufzeit des *tender offer* erfüllt wurde.[336] Vor Beginn oder nach Abschluss des „*tender offer*"-Verfahrens geleistete Zahlungen blieben hingegen selbst dann außer Betracht, wenn das der Zahlung zugrunde liegende Rechtsgeschäft für das Angebot als wesentlich anzusehen war.

Die mit der unterschiedlichen Auslegung der Norm verbundenen Unwägbarkeiten und insbesondere das Risiko erheblicher finanzieller Mehrbelastungen im Falle nachträglich festgestellter Verstöße gegen die *best-price rule* führten in der Praxis zu einem massiven Bedeutungsverlust von *tender offers* gegenüber einzelstaatlichem Recht unterliegenden und damit nicht von der Norm erfassten sog. *statutory* oder *long-form mergers.*[337] Korrigierend griff die SEC jedoch erst Ende des Jahres 2006 ein. Ziel der damaligen Reformüberlegungen war es, den skizzierten regulatorischen Fehlanreiz zu beseitigen und insbesondere klarzustellen, dass sog. *compensatory arrangements* zwischen Wertpapierinhabern auf der einen und Zielgesellschaft bzw. Bieter auf der anderen Seite nicht von der *best-price rule* erfasst werden.[338]

Zum einen änderte die Aufsichtsbehörde den Wortlaut der Vorschrift dahingehend, dass der Bieter den Wertpapierinhabern der Zielgesellschaft ein *tender offer* nur unter der Voraussetzung unterbreiten darf, dass

---

334 50 F.3d 644 (9th Cir. 1995), *rev'd on other grounds sub nom. Matsushita Elec. Indus. Co., Ltd. v. Epstein*, 516 U.S. 367 (1996).

335 84 F.3d 239 (7th Cir. 1996).

336 84 F.3d 239, 242–44 (7th Cir. 1996). Ebenso etwa *Walker v. Shield Acquisition Corp.*, 145 F. Supp. 2d 1360 (N.D. Ga. 2001).

337 Vgl. *Brown*, Securities Law and Practice Deskbook, § 11:2.

338 Amendments to the Tender Offer Best-Price Rules, Securities Act Release No. 54684, Investment Company Act Release No. 27542, § I.A. and § I.B. (Nov. 1, 2006) [71 Fed. Reg. 65393 (Nov. 8, 2006)].

*„[t]he consideration paid to any security holder* ***for securities tendered in the tender offer*** *is the highest consideration paid to any other security holder* ***for securities tendered in the tender offer*.**"[339] (Hervorhebungen durch Verf.)

Im Ergebnis entzog die SEC damit sowohl dem *„integral part test"* als auch dem *„bright-line test"* die Grundlage.[340] Entscheidend ist seither einzig der Zweck der Zahlung (*„for securities"*), nicht hingegen deren Zeitpunkt (*„during [a] tender offer"*) oder sonstige Erwägungen.

Zum anderen nahm die Behörde Zahlungen und Leistungen an Wertpapierinhaber der Zielgesellschaft aufgrund von *employment compensation*, *severance* und anderen *employee benefit arrangements* ausdrücklich von der *best-price rule* aus, sofern diese einzig für in der Vergangenheit erbrachte oder in der Zukunft noch bzw. nicht mehr zu erbringende Dienste geleistet bzw. gewährt werden und deren Höhe bzw. Umfang nicht anhand der Anzahl der vom Wertpapierinhaber zum Verkauf eingereichten oder einzureichenden Wertpapiere ermittelt wird (sog. *compensation exemption*).[341] Ergänzend bzw. klarstellend verabschiedete die SEC mit Exchange Act Rule 14d-10(d)(2)[342] überdies eine sog. *„non-exclusive safe harbor"*-Bestimmung. Nach dieser gelten die Voraussetzungen der *compensation exemption* als erfüllt, d. h. entsprechende Zahlungen bzw. Leistungen stellen keinen Verstoß gegen die *best-price rule* dar, wenn die fragliche Vereinbarung durch einen mit unabhängigen Verwaltungsratsmitgliedern (*independent directors*)[343] besetzten Vergütungsausschuss (*compensation committee*) bzw. einen mit ähnlichen Aufgaben betrauten Ausschuss des Verwaltungsrats der Zielgesellschaft als *employment compensation*, *severance* oder anderes *employee benefit arrangement* genehmigt wird;[344] sofern der Bieter an

---

339 Exchange Act Rule 14d-10(a)(2), 17 C.F.R. § 240.14d-10(a)(2) (2013).

340 Ebenso *Brown*, Securities Law and Practice Deskbook, § 11:2.

341 Exchange Act Rule 14d-10(d)(1), 17 C.F.R. § 240.14d-10(d)(1) (2013). Andere als die genannten Vereinbarungen sind von der Ausnahmeregelung nicht erfasst. Allerdings hat die SEC in Exchange Act Rule 14d-10, Instruction to paragraph (d), 17 C.F.R. § 240.14d-10 (2013), ausdrücklich klargestellt, dass *„[t]he fact that the provisions of [Exchange Act Rule 14d-10(d)] extend only to employment compensation, severance and other employee benefit arrangements and not to other arrangements, such as commercial arrangements, does not raise any inference that a payment under any such other arrangement constitutes consideration paid for securities in a tender offer.*"

342 17 C.F.R. § 240.14d-10(d)(2) (2013).

343 Zur Bestimmung der Unabhängigkeit der Verwaltungsratsmitglieder siehe Exchange Act Rule 14d-10, Instructions 1, 2 und 5 to paragraph (d)(2), 17 C.F.R. § 240.14d-10 (2013).

344 Nicht erforderlich ist, dass der genehmigende Ausschuss zusätzlich die einschränkenden Voraussetzungen der *compensation exemption* prüft. Siehe Amendments to the Tender Offer Best-Price Rules, Securities Act Release No. 54684, Investment Company Act Release No. 27542, § II.C.2.c. (Nov. 1, 2006) [71 Fed. Reg. 65393 (Nov. 8, 2006)].

der Vereinbarung als Partei beteiligt ist, genügt alternativ auch die Genehmigung durch einen entsprechenden Ausschuss des Bieters.[345] Sollte der Verwaltungsrat der Zielgesellschaft oder derjenige des Bieters nicht über einen solchen Ausschuss verfügen bzw. keines der Mitglieder unabhängig sein, kann eine entsprechende Vereinbarung auch durch einen zum Zwecke der Prüfung selbiger gebildeten und mit unabhängigen Verwaltungsratsmitgliedern besetzten Sonderausschuss (*special committee*) der Zielgesellschaft bzw. – sofern der Bieter Partei der Vereinbarung ist – des Bieters genehmigt werden.[346] Erleichterungen gelten zudem für ausländische Unternehmen, die den Status eines sog. „*foreign private issuer*" i. S. v. Exchange Act Rule 3b-4[347] besitzen.[348]

### bb. Zuteilung bei Teilangeboten (*Pro Rata Requirement*)

Anders als nach deutschem Recht steht es einem Bieter nach den in den Vereinigten Staaten von Amerika geltenden Bestimmungen jederzeit frei, ein *tender offer* nur auf einen Teil der Wertpapiere der Zielgesellschaft zu erstrecken. § 14(d)(6) Exchange Act[349] sieht für den Fall der Überzeichnung eines solchen *partial tender offer* – sollte es sich auf nach § 12 Exchange Act[350] registrierte Wertpapiere beziehen – lediglich eine verhältnismäßige Berücksichtigung aller innerhalb der ersten zehn Tage des „*tender offer*"-Verfahrens zum Verkauf eingereichten Wertpapiere vor.[351]

Die vom US-amerikanischen Kongress im Jahre 1968 verabschiedete Zuteilungsregelung hat die SEC mit Exchange Act Rule 14d-8[352] im Zeitraum zwischen 1979 und 1982 in zwei Schritten gewissermaßen außer Kraft gesetzt.[353] Um

---

345 Exchange Act Rule 14d-10(d)(2)(i), 17 C.F.R. § 240.14d-10(d)(2)(i) (2013).

346 Exchange Act Rule 14d-10(d)(2)(ii), 17 C.F.R. § 240.14d-10(d)(2)(ii) (2013).

347 17 C.F.R. § 240.3b-4 (2013). Zielgesellschaften i. S. v. § 2 Abs. 3 Nr. 1 WpÜG sind grundsätzlich als „*foreign private issuer*" i. S. d. Norm zu qualifizieren. Etwas anderes gilt nur, wenn mehr als 50 % der stimmberechtigten Wertpapiere der Gesellschaft von in den Vereinigten Staaten von Amerika ansässigen Personen gehalten werden und entweder (i) die Mehrheit ihrer *executive officers* oder *directors* die US-amerikanische Staatsangehörigkeit besitzt bzw. in den Vereinigten Staaten von Amerika wohnhaft ist, (ii) sich mehr als die Hälfte des Vermögens des Unternehmens in den Vereinigten Staaten von Amerika befindet oder (iii) die Gesellschaft ihren Verwaltungssitz in den Vereinigten Staaten von Amerika hat.

348 Siehe Exchange Act Rule 14d-10(d)(2)(iii), 17 C.F.R. § 240.14d-10(d)(2)(iii) (2013), und Exchange Act Rule 14d-10, Instruction 4 to paragraph (d)(2), 17 C.F.R. § 240.14d-10 (2013).

349 15 U.S.C. § 78n(d)(6) (2012).

350 15 U.S.C. § 78*l* (2012).

351 Die Vorschrift gilt entsprechend auch für den Fall der Bekanntgabe einer Erhöhung der Gegenleistung.

352 17 C.F.R. § 240.14d-8 (2013).

353 Vgl. *Kling/Nugent*, Negotiated Acquisitions, Vol. 1, § 5.03[3][b] n.128; *Lipton/Steinberger*, Takeovers & Freezeouts, Vol. 1, § 2.05[3]. Nach der ursprünglichen

Verkaufsentscheidungen auf wohlinformierter Grundlage zu fördern und die Komplexität der Vorschrift zu reduzieren, verpflichtet die genannte Bestimmung den Bieter, im Falle der Überzeichnung eines *partial tender offer* alle während dessen gesamter Laufzeit ordnungsgemäß zum Verkauf eingereichten Wertpapiere verhältnismäßig zu berücksichtigen.[354] Im Unterschied zu der für einfache Erwerbsangebote i. S. d. §§ 10 ff. WpÜG geltenden Regelung des § 19 WpÜG gestattet das US-amerikanische Pendant dem Bieter jedoch nicht, Kleinstbeteiligungen (sog. *odd-lot preference*) vollständig zu erwerben.[355]

Aus Gründen der Gleichbehandlung wird die Regelung zudem durch Exchange Act Rule 14e-4[356] ergänzt. Diese Bestimmung verbietet Adressaten von Teilangeboten nicht nur, mehr Wertpapiere zum Verkauf einzureichen als ihnen tatsächlich zustehen, um auf diese Weise das allen Teilangeboten inhärente Zuteilungsrisikos (*proration risk*) zu verringern bzw. ganz auszuschließen (Verbot des sog. *short tendering*); sie untersagt ihnen vielmehr auch, vor Ablauf der Zuteilungsfrist denjenigen Teil der zunächst zum Verkauf eingereichten Wertpapiere wieder in den Markt zu verkaufen, der voraussichtlich nicht vom Bieter zur Zahlung akzeptiert und entsprechend von diesem zurückgegeben wird (Verbot des sog. *hedged tendering*).[357]

---

Fassung war es dem Bieter möglich, bei Beachtung bestimmter Publizitätspflichten die Zuteilungszeiträume über die vom US-amerikanischen Kongress vorgesehenen Zeiträume (zehn Tage ab Beginn des Verfahrens bzw. ab Bekanntgabe einer Erhöhung der Gegenleistung) hinaus zu verlängern. Siehe Tender Offers, Securities Act Release No. 6158, Exchange Act Release No. 16384, Investment Company Act Release No. 10958, § II. Rule 14d-8: Exemption from Statutory Pro Rata Requirements (Nov. 29, 1979) [44 Fed. Reg. 70326 (Dec. 6, 1979)]. Vgl. zu den durch die Regelung in ihrer Ursprungsfassung ermöglichten Angebotsstrukturierungen, insbesondere zur Problematik der Bildung unterschiedlicher *proration pools*, die kritischen Ausführungen von *Lederman/Vlahakis*, 14 Rev. of Sec. Reg. 813 (1981). Zur Ausdehnung des Zuteilungszeitraums auf die gesamte Laufzeit eines *tender offer* im Jahre 1982 siehe Pro Rata Rule, Exchange Act Release No. 19336 (Dec. 15, 1982) [47 Fed. Reg. 57679 (Dec. 28, 1982)]. Kritisch zur Änderungsbefugnis der SEC *White*, 36 Vand. L. Rev. 1313 (1983). Ähnlich auch die Minderheitsvoten von *John S.R. Shad*, seinerzeit Vorsitzender der SEC, und *James C. Treadway, Jr.*

354 Vgl. Pro Rata Rule, Exchange Act Release No. 19336 (Dec. 15, 1982) [47 Fed. Reg. 57679 (Dec. 28, 1982)].

355 SEC Division of Corporation Finance, Manual of Publicly Available Telephone Interpretations, Section Q. Tender Offer Rules and Schedules, Interpretation No. 8 (July 1997); abrufbar unter http://www.sec.gov/interps/telephone/cftelinterps_tender.pdf (zuletzt abgerufen im März 2014). Anders die für *issuer tender offers* geltende Regelung in Exchange Act Rule 13e-4(f)(3)(i), 17 C.F.R. § 240.13e-4(f)(3)(i) (2013).

356 17 C.F.R. § 240.14e-4 (2013).

357 Die knapp zwei Monate vor Erlass des Williams Act von der SEC verabschiedete Vorgängerregelung, namentlich Exchange Act Rule 10b-4, 17 C.F.R. § 240.10b-4 (1969), untersagte ausschließlich die Praxis des „*short tendering*". Siehe Tendering Securities Not Owned, Exchange Act Release No. 8321 (May 28, 1968) [33 Fed.

### cc. Rücknahmerechte (*Withdrawal Rights*) der Wertpapierinhaber

Bezieht sich ein *tender offer* auf gemäß § 12 Exchange Act[358] registrierte Wertpapiere, sind für deren Inhaber auch die Regelungen in § 14(d)(5) Exchange Act[359] und Exchange Act Rule 14d-7[360] von besonderem Interesse.

Erstere Bestimmung sieht vor, dass Adressaten öffentlicher Angebote bereits zum Verkauf eingereichte Wertpapiere innerhalb der ersten sieben Tage des „*tender offer*"-Verfahrens sowie nach Ablauf von 60 Tagen jederzeit zurücknehmen können. Durch erstere Alternative sollten Wertpapierinhaber Gelegenheit erhalten, eine zu Beginn des Verfahrens möglicherweise übereilt getroffene Verkaufsentscheidung nochmals zu korrigieren; mit den sog. *back-end withdrawal rights* der zweiten Alternative wurde hingegen sichergestellt, dass niemand über einen angemessenen Zeitraum hinaus an einer einmal getroffenen Desinvestitionsentscheidung festgehalten werden kann.[361]

Während die *back-end withdrawal rights* in den Reformüberlegungen der SEC in der Vergangenheit zu keinem Zeitpunkt eine Rolle gespielt haben, hat die Aufsichtsbehörde das siebentägige gesetzliche Rücknahmerecht im Laufe der Jahre erheblich ausgeweitet. Ende des Jahres 1979 erweiterte sie dieses durch Erlass von Exchange Act Rule 14d-7[362] zunächst auf 15 Werktage und sah zugleich eine dem heutigen § 22 Abs. 3 WpÜG ähnelnde Rücknahmeregelung für den Fall der Abgabe eines konkurrierenden Angebots vor.[363] Die Ausdehnung der sog. *withdrawal period* auf die

---

Reg. 8269 (June 4, 1968)]. Das Verbot des „*hedged tendering*" wurde von der Aufsichtsbehörde erst im Jahre 1984 eingeführt und im Jahre 1985 sowie fünf Jahre später im Zuge der Umbenennung der Norm weiter konkretisiert. Siehe Short Tendering Rule, Exchange Act Release No. 20799 (Mar. 29, 1984) [49 Fed. Reg. 13867 (Apr. 9, 1984)], Short Tendering, Exchange Act Release No. 21782 (Feb. 22, 1985) [50 Fed. Reg. 8100 (Feb. 28, 1985)], und Prohibited Transactions in Connection With Partial Tender Offers, Exchange Act Release No. 28660 (Nov. 30, 1990) [55 Fed. Reg. 50316 (Dec. 6, 1990)].

358 15 U.S.C. § 78*l* (2012).

359 15 U.S.C. § 78n(d)(5) (2012).

360 17 C.F.R. § 240.14d-7 (2013).

361 Siehe 113 Cong. Rec. 854, 856 (1967). Zur Dogmatik siehe auch Commission Guidance and Revisions to the Cross-Border Tender Offer, Exchange Offer, Rights Offerings, and Business Combination Rules and Beneficial Ownership Reporting Rules for Certain Foreign Institutions, Securities Act Release No. 8957, Exchange Act Release No. 58597, § II.C.3. n.169 (Sept. 19, 2008) [73 Fed. Reg. 60050 (Oct. 9, 2008)] („*We interpret the back-end withdrawal rights provisions in Section 14(d)(5) of the Exchange Act to terminate upon acceptance of tendered securities.*"). Ebenso etwa *Bromberg*, 15 N.Y.L.F. 459, 507 (1969); *Griffin/Tucker*, 16 How. L.J. 654, 708 (1971); *Kennedy*, 23 Bus. Law. 1091, 1113 (1968).

362 17 C.F.R. § 240.14d-7 (1980).

363 Siehe Tender Offers, Securities Act Release No. 6158, Exchange Act Release No. 16384, Investment Company Act Release No. 10958, § II. Rule 14d-7: Additional Withdrawal Rights (Nov. 29, 1979) [44 Fed. Reg. 70326 (Dec. 6, 1979)].

gesamte Laufzeit eines *tender offer* folgte sieben Jahre später im Jahre 1986.[364] Bietern war es infolgedessen nicht mehr möglich, zum Verkauf eingereichte Wertpapiere vor Ablauf der Angebotsfrist zur Zahlung zu akzeptieren und dadurch frühzeitig vertragliche Bindungen herbeizuführen.[365] Die Änderungen trugen zudem entscheidend dazu bei, dass nicht nur die Verfahren selbst erheblich vereinfacht wurden; vielmehr hatte die Abgabe konkurrierender Angebote seither – anders als in Deutschland – auch keinen Einfluss mehr auf die Laufzeit bereits zuvor eingeleiteter Verfahren.[366]

### dd. Weitere Angebotsfrist (*Subsequent Offering Period*)

Die der „*weiteren Annahmefrist*" des § 16 Abs. 2 WpÜG ähnelnde sog. *subsequent offering period*[367] ist in Exchange Act Rule 14d-11[368] geregelt.[369] Nach dieser Vorschrift ist es Bietern gestattet, unentschlossenen Wertpapierinhabern der Zielgesellschaft nach Ablauf der ursprünglichen Angebotsfrist, der sog. *initial offering period*,[370] eine

---

364 Siehe Amendments to Tender Offer Rules: All-Holders and Best-Price, Securities Act Release No. 6653, Exchange Act Release No. 23421, Investment Company Act Release No. 15199, § III.E. (July 11, 1986) [51 Fed. Reg. 25873 (July 17, 1986)]. Die SEC entschied sich seinerzeit bewusst gegen Überlegungen, lediglich zusätzliche Rücknahmerechte für den Fall bestimmter Angebotsänderungen vorzusehen.

365 Zur früheren Rechtslage siehe etwa *Caleb & Co. v. E.I. DuPont de Nemours & Co.*, 599 F. Supp. 1468, 1472–74 (S.D.N.Y. 1984).

366 Vgl. Amendments to Tender Offer Rules: All-Holders and Best-Price, Securities Act Release No. 6653, Exchange Act Release No. 23421, Investment Company Act Release No. 15199, § III.E. (July 11, 1986) [51 Fed. Reg. 25873 (July 17, 1986)] („*The amendments [...] have the advantage of significantly simplifying the process. As a result [...], security holders will have only one date to be concerned with—the expiration date. Proration and withdrawal rights will exist throughout the offer. A bidder will be the master of its own bid; timing will not be altered by actions of a competing bidder. This should reduce the potential for gamesmanship in commencing competing bids.*").

367 Der Begriff „*subsequent offering period*" ist in Exchange Act Rule 14d-1(g)(8), 17 C.F.R. § 240.14d-1(g)(8) (2013), als „*period immediately following the initial offering period meeting the conditions specified in [Exchange Act Rule 14d-11]*" definiert.

368 17 C.F.R. § 240.14d-11 (2013).

369 Die Bestimmung normiert kein Erfordernis, dass eine bestimmte Menge an Aktien während der ursprünglichen Angebotsfrist zum Verkauf eingereicht worden ist. Siehe Regulation of Takeovers and Security Holder Communications, Securities Act Release No. 7760, Exchange Act Release No. 42055, Investment Company Act Release No. 24107, § II.G.1. (Oct. 22, 1999) [64 Fed. Reg. 61408 (Nov. 10, 1999)].

370 Exchange Act Rule 14d-11(a), 17 C.F.R. § 240.14d-11(a) (2013). Der Begriff „*initial offering period*" ist in Exchange Act Rule 14d-1(g)(4), 17 C.F.R. § 240.14d-1(g)(4) (2013), definiert als „*the period from the time the offer commences until all minimum time periods, including extensions, required by Regulations 14D [...] and 14E [...] have been satisfied and all conditions to the offer have been satisfied or waived within these time periods.*"

zusätzliche Frist von mindestens drei Werktagen[371] für die nachträgliche Einreichung ihrer Wertpapiere zu gewähren. Einschränkend wird jedoch ein Vollangebot vorausgesetzt.[372] Außerdem hat der Bieter alle im Laufe der *initial offering period* zum Verkauf eingereichten Wertpapiere im Anschluss an diese unverzüglich zu akzeptieren und die von ihm geschuldete Gegenleistung umgehend zu erbringen.[373] Das Ergebnis des *tender offer* hat der Bieter zudem bis spätestens 9:00 Uhr US-amerikanischer Ostküstenzeit an dem auf den Ablauf der *initial offering period* folgenden Werktag bekanntzugeben.[374]

Um Irritationen im Markt hinsichtlich der Beendigung des Verfahrens vorzubeugen, beginnt die *subsequent offering period* bereits am Tag der Ergebnisbekanntmachung.[375] Zudem muss der Bieter alle im Laufe der Zusatzfrist zum Verkauf eingereichten Wertpapiere auf „*as tendered*"-Basis akzeptieren und die Gegenleistung, welche der im Rahmen der *initial offering period* angebotenen Vergütung

---

371 Bis zur Änderung der Bestimmung im Jahre 2008 sah die Norm neben der Mindestfrist von drei Werktagen eine Höchstfrist von 20 Werktagen vor. Siehe Regulation of Takeovers and Security Holder Communications, Securities Act Release No. 7760, Exchange Act Release No. 42055, Investment Company Act Release No. 24107, § II.G.1. (Oct. 22, 1999) [64 Fed. Reg. 61408 (Nov. 10, 1999)].

372 Exchange Act Rule 14d-11(b), 17 C.F.R. § 240.14d-11(b) (2013). Unterbreitet der Bieter den Wertpapierinhabern ein alternatives Angebot, darf keine der Gegenleistungen dem Umfang nach begrenzt sein. Siehe Regulation of Takeovers and Security Holder Communications, Securities Act Release No. 7760, Exchange Act Release No. 42055, Investment Company Act Release No. 24107, § II.G.1. n.187 (Oct. 22, 1999) [64 Fed. Reg. 61408 (Nov. 10, 1999)] („*[...] The imposition of a cap on one or the other form of consideration could result in proration which [...] is why [the Securities and Exchange Commission] limited the subsequent offering period to offers for all outstanding securities.*").

373 Exchange Act Rule 14d-11(c), 17 C.F.R. § 240.14d-11(c) (2013). Siehe auch Regulation of Takeovers and Security Holder Communications, Securities Act Release No. 7760, Exchange Act Release No. 42055, Investment Company Act Release No. 24107, § II.G.1. n.185 (Oct. 22, 1999) [64 Fed. Reg. 61408 (Nov. 10, 1999)] („*The subsequent offering period may* ***not*** *be used if payment will be delayed for any reason. In the past [the Securities and Exchange Commission has] stated that payment may be delayed for certain governmental regulatory approvals. [...]* ***A subsequent offering period,*** *however,* ***cannot be used unless all conditions to payment have been satisfied or waived*** *and the bidder pays for all securities tendered in the initial offering period promptly after the close of the initial offering period.* ***Likewise, there cannot be any conditions to the offer during the subsequent offering period.***"). (Hervorhebungen im Original).

374 Exchange Act Rule 14d-11(d), 17 C.F.R. § 240.14d-11(d) (2013).

375 Exchange Act Rule 14d-11(d), 17 C.F.R. § 240.14d-11(d) (2013). Siehe auch Regulation of Takeovers and Security Holder Communications, Securities Act Release No. 7760, Exchange Act Release No. 42055, Investment Company Act Release No. 24107, § II.G.1. (Oct. 22, 1999) [64 Fed. Reg. 61408 (Nov. 10, 1999)].

sowohl der Art als auch der Höhe nach entsprechen muss,[376] jeweils unverzüglich, d. h. *peu à peu*, erbringen.[377]

Ähnlich wie der deutsche Gesetzgeber mit § 16 Abs. 2 WpÜG verfolgt die SEC mit der im Jahre 1999 eingeführten Regelung primär zwei Ziele: Zum einen soll die Norm Bietern das Erreichen der nach einzelstaatlichem Recht für einen sog. *short-form, back-end merger* erforderlichen Beteiligungshöhe erleichtern; zum anderen eröffnet die Vorschrift zögernden Wertpapierinhabern eine letzte Chance, ihre Anteile zu veräußern, ohne den Unwägbarkeiten eines möglicherweise illiquiden Marktes im Zeitraum zwischen Vollzug des *tender offer* und Durchführung der in der Praxis regelmäßig folgenden Verschmelzung ausgesetzt zu sein.[378]

#### ee. Unzulässigkeit des Erwerbs von Wertpapieren der Zielgesellschaft außerhalb des „*Tender Offer*"-Verfahrens

Grundlegend anders als im deutschen Übernahmerecht wird schließlich die Frage der Zu- bzw. Unzulässigkeit des Erwerbs von Wertpapieren der Zielgesellschaft außerhalb des Angebotsverfahrens beantwortet.

Während ein solcher Erwerb nach deutschem Recht ohne Weiteres zulässig ist und lediglich spezielle Veröffentlichungs- und Mitteilungspflichten sowie ggf. Nachbesserungsansprüche auslöst bzw. begründet, ist es dem Bieter und bestimmten ihm nahe stehenden Personen[379] nach US-amerikanischem Recht ab öffentlicher

---

376 Exchange Act Rule 14d-11(f), 17 C.F.R. § 240.14d-11(f) (2013). Die *initial offering period* und die *subsequent offering period* sind nach Ansicht der SEC Teil ein und desselben *tender offer*. Unterschiedliche Gegenleistungen würden daher nicht nur einen Verstoß gegen die *subsequent offering period rule* darstellen, sondern zugleich gegen die *best-price rule* verstoßen. Vgl. Regulation of Takeovers and Security Holder Communications, Securities Act Release No. 7760, Exchange Act Release No. 42055, Investment Company Act Release No. 24107, § II.G.1. n.188 (Oct. 22, 1999) [64 Fed. Reg. 61408 (Nov. 10, 1999)]; *Jacobs*, The Williams Act, § 4:138.

377 Exchange Act Rule 14d-11(e), 17 C.F.R. § 240.14d-11(e) (2013). Während der *subsequent offering period* scheidet eine Rücknahme zum Verkauf eingereichter Wertpapiere konsequenterweise aus. Vgl. Exchange Act Rule 14d-11, Note, 17 C.F.R. § 240.14d-11 (2013) („*No withdrawal rights apply during the subsequent offering period in accordance with [Exchange Act Rule 14d-7(a)(2)].*"), und Exchange Act Rule 14d-7(a)(2), 17 C.F.R. § 240.14d-7(a)(2) (2013) („*Exemption during subsequent offering period. Notwithstanding the provisions of section 14(d)(5) of the [Exchange] Act [...] and paragraph (a)[(1)] of [Exchange Act Rule 14d-7], the bidder need not offer withdrawal rights during a subsequent offering period.*").

378 Regulation of Takeovers and Security Holder Communications, Securities Act Release No. 7760, Exchange Act Release No. 42055, Investment Company Act Release No. 24107, § II.G.1. (Oct. 22, 1999) [64 Fed. Reg. 61408 (Nov. 10, 1999)].

379 Zu den von der Norm erfassten sog. „*covered persons*" i. S. v. Exchange Act Rule 14e-5(c)(3), 17 C.F.R. § 240.14e-5(c)(3) (2013), gehören neben dem Bieter insbesondere die diesen beratenden Investmentbanken. Rechtsanwälte sind hingegen i. d. R. von der Norm ausgenommen, da deren Vergütung gewöhnlich nicht vom

Ankündigung[380] eines *tender offer* grundsätzlich untersagt, Wertpapiere der Zielgesellschaft außerhalb des formalisierten „*tender offer*"-Verfahrens zu erwerben.[381] Die Restriktionen gelten dabei nicht nur für diejenigen Wertpapiere, die Gegenstand des Angebots sind,[382] sondern auch für solche Papiere, die unmittelbar in diese umgewandelt oder umgetauscht werden können.[383]

Ausnahmen von der Verbotsnorm sind nur in eng begrenztem Umfang vorgesehen. So gilt das Verbot z. B. nicht während des Laufs einer *subsequent offering period*, vorausgesetzt die außerhalb des „*tender offer*"-Verfahrens gezahlte oder vereinbarte Gegenleistung entspricht sowohl der Art als auch der Höhe nach der im Rahmen des Angebotsverfahrens offerierten Gegenleistung.[384] Hintergrund der Ausnahmeregelung dürfte insbesondere der Umstand sein, dass die Gewährung einer solchen

---

Vollzug der Transaktion abhängig ist. Vgl. Regulation of Takeovers and Security Holder Communications, Securities Act Release No. 7760, Exchange Act Release No. 42055, Investment Company Act Release No. 24107, § II.G.5.c. (Oct. 22, 1999) [64 Fed. Reg. 61408 (Nov. 10, 1999)].

380 Der in der Norm verwendete Begriff „*public announcement*" ist in Exchange Act Rule 14e-5(c)(5), 17 C.F.R. § 240.14e-5(c)(5) (2013), als „*any oral or written communication by the offeror or any person authorized to act on the offeror's behalf that is reasonably designed to, or has the effect of, informing the public or security holders in general about the tender offer*" definiert. Geheime Verhandlungen mit einzelnen Anlegern sind damit nicht tatbestandsmäßig. Vgl. Regulation of Takeovers and Security Holder Communications, Securities Act Release No. 7760, Exchange Act Release No. 42055, Investment Company Act Release No. 24107, § II.G.5.b. n.238 (Oct. 22, 1999) [64 Fed. Reg. 61408 (Nov. 10, 1999)].

381 Exchange Act Rule 14e-5, 17 C.F.R. § 240.14e-5 (2013). Zur Vorgängerregelung siehe Exchange Act Rule 10b-13, 17 C.F.R. § 240.10b-13 (1970–1999), und Prohibition Against Purchase of Securities During Tender Offer, Exchange Act Release No. 8712 (Oct. 8, 1969) [34 Fed. Reg. 15838 (Oct. 15, 1969)]. Zur Änderung und Umbenennung der Norm im Jahre 1999 siehe Regulation of Takeovers and Security Holder Communications, Securities Act Release No. 7760, Exchange Act Release No. 42055, Investment Company Act Release No. 24107, § II.G.5. (Oct. 22, 1999) [64 Fed. Reg. 61408 (Nov. 10, 1999)]. Zum Zweck der Regelung siehe etwa Commission Guidance and Revisions to the Cross-Border Tender Offer, Exchange Offer, Rights Offerings, and Business Combination Rules and Beneficial Ownership Reporting Rules for Certain Foreign Institutions, Securities Act Release No. 8957, Exchange Act Release No. 58597, § II.C.7. (Sept. 19, 2008) [73 Fed. Reg. 60050 (Oct. 9, 2008)] („*The rule prohibits the disparate treatment of security holders, prohibits the avoidance of proration requirements, and guards against the dangers posed by a bidder's purchases outside an offer that may involve fraud, deception and manipulation.*"). Vgl. hierzu auch *Dietrich*, AWD 1973, 304, 310.

382 Sog. „*subject securities*" i. S. v. Exchange Act Rule 14e-5(c)(7), 17 C.F.R. § 240.14e-5(c)(7) (2013), i. V. m. Regulation M-A, Item 1000(g), 17 C.F.R. § 229.1000(g) (2013).

383 Sog. „*related securities*" i. S. v. Exchange Act Rule 14e-5(c)(6), 17 C.F.R. § 240.14e-5(c)(6) (2013).

384 Exchange Act Rule 14e-5(a), 17 C.F.R. § 240.14e-5(a) (2013).

Zusatzfrist ein Vollangebot voraussetzt, eine Umgehung der bei Teilangeboten maßgeblichen Zuteilungsregelung während dieses nachgelagerten Zeitraums mithin nicht zu befürchten ist.[385]

Generell vom Verbot ausgenommen sind zudem gemäß Exchange Act Rule 14e-5(b)[386] bestimmte Arten von Transaktionen. Besondere Bedeutung dürfte in der Praxis der Regelung in Exchange Act Rule 14e-5(b)(7)[387] zukommen. Diese sieht vor, dass Erwerbe aufgrund von Verträgen, die bereits vor der öffentlichen Ankündigung eines *tender offer* abgeschlossen wurden, schon dann erlaubt sind, wenn sie zum einen unbedingt und für beide Parteien verbindlich sind und zum anderen der Bieter in den Angebotsmaterialien sowohl deren Existenz als auch alle wesentliche Konditionen offengelegt hat.[388] Abgesehen von den übrigen normierten Ausnahmetatbeständen ist die SEC gemäß Exchange Act Rule 14e-5(d)[389] zudem ausdrücklich ermächtigt, weitere Befreiungen auf schriftlichen Antrag oder von Amts wegen zu erteilen.[390]

### g. *Haftungsfragen*

Für *cash tender offers* relevante Haftungsnormen finden sich sowohl im Exchange Act als auch in Ausführungsbestimmungen der SEC. Neben den nachfolgend

---

385 Vgl. auch Regulation of Takeovers and Security Holder Communications, Securities Act Release No. 7760, Exchange Act Release No. 42055, Investment Company Act Release No. 24107, § II.G.5.b. (Oct. 22, 1999) [64 Fed. Reg. 61408 (Nov. 10, 1999)] („*[U]nder the terms of [Exchange Act] Rule 14e-5, any purchases made outside the offer during the subsequent offering period must be made using the same form and amount of consideration offered in the tender offer. Also, under the terms of [Exchange Act] Rule 14d-11, the offeror must immediately accept and promptly pay for all securities as they are tendered in the subsequent offering period, which* ***eliminates any difference in the time value of money*** *between those who tender and those who sell to the offeror outside the offer. Under these conditions, [...] those people who tender during a subsequent offering period will not be disadvantaged in relation to those whose securities are purchased outside of, but during, a subsequent offering period.*“). (Hervorhebungen durch Verf.)

386 17 C.F.R. § 240.14e-5(b) (2013).

387 17 C.F.R. § 240.14e-5(b)(7) (2013).

388 Entgegen ursprünglicher Überlegungen verlangt die SEC nicht, dass der vertraglich vereinbarte Preis pro Aktie dem im Rahmen des „*tender offer*“-Verfahrens offerierten Angebotspreis entspricht. Vgl. Regulation of Takeovers and Security Holder Communications, Securities Act Release No. 7760, Exchange Act Release No. 42055, Investment Company Act Release No. 24107, § II.G.5.e. (Oct. 22, 1999) [64 Fed. Reg. 61408 (Nov. 10, 1999)].

389 17 C.F.R. § 240.14e-5(d) (2013).

390 Zur Übertragung der Befreiungsbefugnis auf den Direktor der *Division of Trading and Markets* siehe § 4A Exchange Act, 15 U.S.C. § 78d-1 (2012), und General Organization Rule 30–3(a)(6), 17 C.F.R. § 200.30–3(a)(6) (2013).

erörterten Haftungsnormen ist stets auch die sog. *controlling person liability* gemäß § 20(a) Exchange Act[391] zu beachten.[392]

Eine zivilrechtliche Schadensersatzhaftung für fehlerhafte und / oder irreführende Angaben in den bei der SEC förmlich einzureichenden Unterlagen ist gesetzlich in § 18 Exchange Act[393] normiert. Für den Bieter ist die Norm insbesondere im Hinblick auf unzutreffende Angaben im *tender offer statement* von Bedeutung. Deren praktische Relevanz ist allerdings begrenzt, da Anleger Schadensersatz nur verlangen können, wenn sie die bei der SEC eingereichten Unterlagen bzw. eine Kopie derselben tatsächlich gelesen und im Zeitpunkt des Erwerbs bzw. der Veräußerung von Wertpapieren auf die in den Unterlagen enthaltenen fehlerhaften und / oder irreführenden Angaben tatsächlich vertraut haben (sog. *eyeball test*).[394]

In der Praxis wesentlich mehr Beachtung findet im Übernahmekontext die *catch-all provision* des § 10(b) Exchange Act[395] sowie die auf dessen Grundlage von der SEC zur Sanktionierung betrügerischen Verhaltens erlassene Exchange Act Rule 10b-5.[396] Aus diesen Verbotsnormen wird von den Gerichten seit dem Jahre 1946 nahezu einhellig ein sog. *implied private right of action* abgeleitet.[397]

---

391 15 U.S.C. § 78t(a) (2012).

392 Hierzu ausführlich *Lowenfels/Bromberg*, 53 Bus. Law. 1 (1997).

393 15 U.S.C. § 78r (2012).

394 Vgl. etwa *Armstrong v. American Pallet Leasing Inc.*, 678 F. Supp. 2d 827, 869 (N.D. Iowa 2009). Siehe auch *Hazen*, The Law of Securities Regulation, § 12.18.

395 15 U.S.C. § 78j(b) (2012). Die Vorschrift lautet wie folgt: „*It shall be unlawful for any person, directly or indirectly, by the use of any means or instrumentality of interstate commerce or of the mails, or of any facility of any national securities exchange—[...] [t]o use or employ,* ***in connection with the purchase or sale of any security registered on a national securities exchange or any security not so registered****, or any securities-based swap agreement[,] any manipulative or deceptive device or contrivance in contravention of such rules and regulations as the [Securities and Exchange] Commission may prescribe as necessary or appropriate in the public interest or for the protection of investors. [...].*" (Hervorhebungen durch Verf.)

396 17 C.F.R. § 240.10b-5 (2013). Die Vorschrift lautet wie folgt: „*It shall be unlawful for any person, directly or indirectly, by the use of any means or instrumentality of interstate commerce, or of the mails or of any facility of any national securities exchange,*

*(a) To employ any device, scheme, or artifice to defraud,*

*(b) To make any untrue statement of a material fact or to omit to state a material fact necessary in order to make the statements made, in the light of the circumstances under which they were made, not misleading, or*

*(c) To engage in any act, practice, or course of business which operates or would operate as a fraud or deceit upon any person,*

***in connection with the purchase or sale of any security****.*" (Hervorhebungen durch Verf.)

397 Vgl. *Kardon v. National Gypsum Co.*, 69 F. Supp. 512 (E.D. Pa. 1946). Vom US-amerikanischen *Supreme Court* anerkannt wurde die Existenz eines solchen Privatklagerechts erstmals im Jahre 1971 in der Entscheidung *Superintendent of Ins. of*

Einschränkend wird jedoch der Nachweis von *scienter*, eines „*mental state embracing intent to deceive, manipulate, or defraud*" verlangt; fahrlässiges Verhalten genügt demzufolge nicht.[398]

Ebenfalls zu beachten ist seit dem Jahre 1968 die mit dem Williams Act eingeführte *anti-fraud provision* des § 14(e) Exchange Act.[399] Diese Norm verbietet generell, im Zusammenhang mit einem *tender offer* wesentliche Tatsachen zu verschweigen oder

---

*the State of New York v. Bankers Life & Cas. Co.*, 404 U.S. 6, 13 n.9 (1971) („*It is now established that a private right of action is implied under § 10 (b) [of the Exchange Act].*"). Vgl. auch *Herman & McLean v. Huddleston*, 459 U.S. 375, 380 (1983) („*The existence of this implied remedy is simply beyond peradventure.*").

398 So *Ernst & Ernst v. Hochfelder*, 425 U.S. 185, 193–214 (1976) („*When a statute speaks so specifically in terms of manipulation and deception, and of implementing devices and contrivances—the commonly understood terminology of intentional wrongdoing—and when its history reflects no more expansive intent, we are quite unwilling to extend the scope of the statute to negligent conduct.*"). Hierzu ausführlich *Bucklo*, 29 Stan. L. Rev. 213 (1977). Weder in *Hochfelder* noch vier Jahre später in *Aaron v. SEC*, 446 U.S. 680 (1980), musste das Gericht die Frage klären, ob unter gewissen Umständen auch grobfahrlässiges Verhalten (*reckless behavior*) mitumfasst wird. Siehe *Ernst & Ernst v. Hochfelder*, 425 U.S. 185, 193 n.12 (1976), bzw. *Aaron v. SEC*, 446 U.S. 680, 686 n.5 (1980).

399 15 U.S.C. § 78n(e) (2012). Die Vorschrift lautet wie folgt: „*It shall be unlawful for any person to make any untrue statement of a material fact or omit to state any material fact necessary in order to make the statements made, in the light of the circumstances under which they are made, not misleading, or to engage in any fraudulent, deceptive, or manipulative acts or practices,* ***in connection with any tender offer*** *[…], or any solicitation of security holders in opposition to or in favor of any such offer […].*" (Hervorhebungen durch Verf.) Zum Umfang des *implied private right of action* vgl. etwa *Smallwood v. Pearl Brewing Co.*, 489 F.2d 579, 596 (5th Cir.), *cert. denied*, 419 U.S. 873 (1974) („*To charge violations of Section 14(e) [of the Exchange Act] in federal court a private plaintiff need not be a purchaser or a seller of any securities, as he must be to sue under [Exchange Act] Rule 10b-5. […] [U]nder Section 14(e) [of the Exchange Act] a plaintiff may gain standing if he has been injured by fraudulent activities of others perpetrated in connection with a tender offer, whether or not he has tendered his shares.*"), sowie *Aranow/Einhorn*, Tender Offers for Corporate Control, 117 („*[T]he deletion in Section 14(e) [of the Exchange Act] of the purchaser-seller limitation in Section 10(b) [of the Exchange Act] has enabled persons who might be denied standing to sue under Section 10(b) [of the Exchange Act] (e.g., offerors, target companies, and nontendering shareholders) to challenge fraudulent conduct in connection with tender offers.*"). Zu den Grenzen des Privatklagerechts siehe *Piper v. Chris-Craft Indus., Inc.*, 430 U.S. 1, 24–42 (1977) („*The legislative history […] shows that the sole purpose of the Williams Act was the protection of investors who are confronted with a tender offer. […] We find no hint in the legislative history […] that Congress contemplated a private cause of action for damages by one of several contending offerors against a successful bidder or by a losing contender against the target corporation.*").

falsch darzustellen;[400] ebenfalls untersagt ist nach dem Wortlaut der Bestimmung jede Form sonstigen betrügerischen, irreführenden und manipulativen Verhaltens. Einschränkend hat der *Supreme Court* der Vereinigten Staaten von Amerika allerdings bereits im Jahre 1985 in der Entscheidung *Schreiber v. Burlington Northern, Inc.*[401] klargestellt, dass auch letztgenannte Tatbestandsalternative zwingend ein Verschweigen wesentlicher Tatsachen bzw. deren falsche Darstellung erfordert. Eigenständige Bedeutung dürfte dieser daher im Ergebnis nicht zukommen. Zudem setzt auch eine Haftung nach § 14(e) Exchange Act[402] nach h. M. zwingend *scienter* voraus.[403]

### 3. Tauschangebote (Registered Exchange Offers)

Besteht die vom Bieter offerierte Gegenleistung ausschließlich oder zumindest teilweise in Wertpapieren, sind neben den Vorschriften des Exchange Act und den *tender offer rules* der SEC auch die Registrierungsanforderungen des Securities Act sowie die in diesem Kontext erlassenen Vorschriften der Aufsichtsbehörde zu beachten.[404] Eine dem § 4 Abs. 1 Nr. 2 WpPG entsprechende Regelung, die es dem Bieter ermöglichen würde, das Emissionsverfahren nach dem Securities Act in das „*tender offer*"-Verfahren zu integrieren, kennt das US-Kapitalmarktrecht nicht.[405] Der zeitliche Ablauf des Verfahrens wird im Falle eines sog. *registered exchange offer* daher maßgeblich durch die Vorgaben des Securities Act bestimmt.

#### a. Einleitung des Angebotsverfahrens

Maßgebend für den Beginn des Verfahrens sowie die vom Bieter am Tag des *commencement* zu beachtenden Verbreitungs-, Offenlegungs- und Einreichungspflichten sind wie im Falle eines *cash tender offer* die Bestimmungen in Exchange Act Rule 14d-2(a) und (c).[406] Für die Einleitung des Angebotsverfahrens bedeutsam ist zudem die Anfang des Jahres 2000 in Kraft getretene Securities Act Rule 162(a).[407] Nach dieser

---

400 Zum „*materiality*"-Standard siehe *List v. Fashion Park, Inc.*, 340 F.2d 457, 462 (1965) („*The basic test [...] is whether 'a reasonable man would attach importance [to the fact misrepresented] in determining his choice of action in the transaction in question.'*").

401 472 U.S. 1, 5–12 (1985). Hierzu *K.W.B.*, 64 Wash. U. L.Q. 245 (1986).

402 15 U.S.C. § 78n(e) (2012).

403 Siehe etwa *In re Digital Island Sec. Litigation*, 357 F.3d 322, 328 (3d Cir. 2004).

404 *Klepsch*, in: Steinmeyer, WpÜG, § 24 Rdnr. 10; *Nahr*, 21 Int'l Fin. L. Rev. 35 (2002).

405 Vgl. etwa *Form F-4*, General Instruction E.3., 17 C.F.R. § 239.34 (2013) („*If the transaction in which the securities being registered are to be issued is subject to Section 13(e), 14(d) or 14(e) of the Exchange Act, the provisions of those sections and the rules and regulations thereunder shall apply to the transaction in addition to the provisions of this Form [F-4].*").

406 17 C.F.R. § 240.14d-2(a) and (c) (2013).

407 17 C.F.R. § 230.162(a) (2013). Zum Ursprung der Norm siehe Regulation of Takeovers and Security Holder Communications, Securities Act Release No. 7760,

Bestimmung ist es Bietern gestattet, Wertpapierinhabern ein Tauschangebot bereits ab dem Zeitpunkt der Einreichung des sog. *registration statement* zu unterbreiten,[408] d. h. den Beginn der Angebotsfrist in die sog. *waiting period*, den Zeitraum zwischen Einreichung und Wirksamkeit des *registration statement*, vorzuverlagern.[409] Letzterem Zeitpunkt kommt dennoch auch im Falle eines solchen sog. *early commencement* Bedeutung zu. Denn Bietern ist nach der genannten Bestimmung vor Wirksamkeit der Registrierungsunterlage und Ablauf der Angebotsfrist zwar die Unterbreitung des Angebots, nicht aber der Erwerb zum Verkauf eingereichter Wertpapiere gestattet. Sollte die Prüfung des *registration statement* durch die SEC daher nicht vor Ablauf der Angebotsfrist beendet sein, dürfte der Bieter zur Verlängerung selbiger verpflichtet sein; anderenfalls bestünde die Gefahr, dass Wertpapiere, i. d. R. diejenigen des Bieters, entgegen § 5 Securities Act[410] ohne Vorliegen eines wirksamen *registration statement* veräußert würden.[411]

---

Exchange Act Release No. 42055, Investment Company Act Release No. 24107, § II.E.1. (Oct. 22, 1999) [64 Fed. Reg. 61408 (Nov. 10, 1999)].

408 Für US-amerikanische Bieter hat die SEC Formblatt *Form S-4*, 17 C.F.R. § 239.25 (2013), zur Verfügung gestellt; für *„foreign private issuers"* i. S. v. Securities Act Rule 405, 17 C.F.R. § 230.405 (2013), ist hingegen Formblatt *Form F-4*, 17 C.F.R. § 239.34 (2013), maßgeblich. Vgl. *Form S-4*, General Instruction A.1., 17 C.F.R. § 239.25 (2013), und *Form F-4*, General Instruction A.1., 17 C.F.R. § 239.34 (2013). Die Formblätter sind abrufbar unter https://www.sec.gov/about/forms/forms-4.pdf bzw. https://www.sec.gov/about/forms/formf-4.pdf (beide zuletzt abgerufen im März 2014).

409 Ein *registration statement* wird gemäß § 8(a) Securities Act, 15 U.S.C. § 77h(a) (2012), am 20. Tag nach dessen Einreichung bei der SEC automatisch wirksam. Erachtet die SEC ein solches allerdings in wesentlichen Punkten als offensichtlich unvollständig oder fehlerhaft, kann die Behörde gemäß § 8(b) Securities Act, 15 U.S.C. § 77h(b) (2012), eine sog. *refusal order* erlassen, um die Wirksamkeit der Registrierungsunterlage hinauszuschieben bis diese ihren Vorgaben entsprechend geändert wird. Nicht erforderlich ist eine solche Anordnung, wenn – wie in der Praxis üblich – ein Verlängerungsantrag, ein sog. *„delaying amendment"* i. S. v. Securities Act Rule 473, 17 C.F.R. § 230.473 (2013), zusammen mit dem *registration statement* oder in Form eines Nachtrags eingereicht wird. Angesichts der von der SEC regelmäßig in Form sog. *comments* übermittelten Änderungsverlangen beträgt der Zeitraum von der Einreichung eines *registration statement* bis zu dessen Wirksamkeit i. d. R. statt der gesetzlich vorgesehenen 20 Tage bis zu drei Monate. Gewinnt die Behörde nachträglich den Eindruck, dass wesentliche Tatsachen in der Registrierungsunterlage nicht bzw. fehlerhaft dargestellt sind, kann sie gemäß § 8(d) Securities Act, 15 U.S.C. § 77h(d) (2012), überdies eine sog. *stop order* erlassen, um die Wirksamkeit des *registration statement* auszusetzen. In beiden Fällen ist das Anbieten von Wertpapieren gemäß § 5(c) Securities Act, 15 U.S.C. § 77e(c) (2012), zeitweilig untersagt.

410 15 U.S.C. § 77e (2012).

411 Ebenso *Kling/Nugent*, Negotiated Acquisitions, Vol. 1, § 5.03[3][c]. Siehe allgemein zur Bedeutung der Prüfung durch die SEC auch § 23 Securities Act, 15 U.S.C.

Um von der Möglichkeit eines *early commencement* Gebrauch zu machen, muss der Bieter allen Wertpapierinhabern der Zielgesellschaft einen vorläufigen Prospekt, einen sog. *preliminary prospectus*, inklusive *letter of transmittal* zukommen lassen und bei der SEC neben einem *registration statement* auch ein *tender offer statement* einreichen.[412] Der Veröffentlichung eines *summary advertisement* bedarf es hingegen nicht.[413]

---

§ 77w (2012) („*Neither the fact that the registration statement for a security has been filed or is in effect nor the fact that a stop order is not in effect with respect thereto shall be deemed a finding by the [Securities and Exchange] Commission that the registration statement is true and accurate on its face or that it does not contain an untrue statement of fact or omit to state a material fact, or be held to mean that the [Securities and Exchange] Commission has in any way passed upon the merits of, or given approval to, such security. [...].*").

412 Vgl. Exchange Act Rule 14d-4(b), 17 C.F.R. § 240.14d-4(b) (2013), und Exchange Act Rule 14d-3(a), 17 C.F.R. § 240.14d-3(a) (2013). Die Einreichung des *tender offer statement* dient, da in der Praxis in ihm weitgehend auf die im *registration statement* enthaltenen Informationen Bezug genommen wird, in erster Linie der Information der SEC sowie der Märkte über den Beginn des Angebotsverfahrens. Siehe Regulation of Takeovers and Security Holder Communications, Securities Act Release No. 7760, Exchange Act Release No. 42055, Investment Company Act Release No. 24107, § II.E.1. n.127 (Oct. 22, 1999) [64 Fed. Reg. 61408 (Nov. 10, 1999)].

413 *Kling/Nugent*, Negotiated Acquisitions, Vol. 1, § 5.03[3][c]. Unabhängig vom *early commencement* hat die SEC für den Fall eines feindlichen Tauschangebots ausdrücklich klargestellt, dass – sollte der Bieter wie im Regelfall einen Antrag gemäß Exchange Act Rule 14d-5, 17 C.F.R. § 240.14d-5 (2013), stellen müssen, um sein Angebot den Wertpapierinhabern der Zielgesellschaft übersenden zu können – das Angebotsverfahren beginnt, sobald der Bieter ein *registration* wie auch ein *tender offer statement* bei der SEC einreicht und der Zielgesellschaft zwecks Verbreitung des Angebots einen entsprechenden Antrag übermittelt; der Beginn des Angebotsverfahrens wird in diesem Fall nicht um die in der Norm vorgesehenen Zeiträume verzögert. Wird der (vorläufige) Prospekt nicht am Tag des *commencement* an die Wertpapierinhaber versandt, da der Bieter auf die Antwort der Zielgesellschaft warten muss, empfiehlt die SEC die Veröffentlichung eines *summary advertisement*, um den Adressaten des Angebots mitzuteilen, wie sie Kopien des Prospekts erhalten können (z. B. durch Anruf einer gebührenfreien Telefonnummer). Zugleich hat die Aufsichtsbehörde klargestellt, dass es dem Bieter in solch einem Fall gestattet ist, sämtlichen ihm bereits bekannten Wertpapierinhabern der Zielgesellschaft Kopien des Prospekts von sich aus zukommen zu lassen. Siehe SEC Division of Corporation Finance, Manual of Publicly Available Telephone Interpretations, Third Supplement (July 2001), Section I (Regulation M-A: *Release No. 33–7760, October 22, 1999*), Subsection E (Early Commencement), Question 1; abrufbar unter http://www.sec.gov/interps/telephone/phonesupplement3.htm (zuletzt abgerufen im März 2014).

Das bei der SEC elektronisch[414] einzureichende *registration statement* besteht im Wesentlichen aus dem zu verbreitenden vorläufigen Prospekt, welcher neben detaillierten Angaben zum Tauschangebot,[415] zum Bieter[416] und zur Zielgesellschaft[417] auch bestimmte Stimmrechts- und Managementinformationen[418] zu enthalten hat. Darüber hinaus muss jeder Prospekt, der im Rahmen eines § 14(d) Exchange Act[419] unterliegenden Angebots verbreitet wird, gemäß Securities Act Rule 432[420] die gleichen Informationen enthalten wie die im Rahmen eines *cash tender offer* zu verbreitende Angebotsunterlage.[421]

Für den Fall eines *early commencement* verlangen die Ausführungsbestimmungen der SEC zudem, dass der Bieter sämtliche Wertpapierinhaber umgehend in

---

414 Regulation S-T Rule 101(a)(1)(i), 17 C.F.R. § 232.101(a)(1)(i) (2013).

415 *Form S-4,* Part I, Items 1–9, 17 C.F.R. § 239.25 (2013), bzw. *Form F-4,* Part I, Items 1–9, 17 C.F.R. § 239.34 (2013).

416 *Form S-4,* Part I, Items 10–14, 17 C.F.R. § 239.25 (2013), bzw. *Form F-4,* Part I, Items 10–14, 17 C.F.R. § 239.34 (2013).

417 *Form S-4,* Part I, Items 15–17, 17 C.F.R. § 239.25 (2013), bzw. *Form F-4,* Part I, Items 15–17, 17 C.F.R. § 239.34 (2013).

418 *Form S-4,* Part I, Item 19, 17 C.F.R. § 239.25 (2013), bzw. *Form F-4,* Part I, Item 19, 17 C.F.R. § 239.34 (2013).

419 15 U.S.C. § 78n(d) (2012).

420 17 C.F.R. § 230.432 (2013). Die Vorschrift lautet wie folgt: „*Notwithstanding the provisions of any form for the registration of securities under the [Securities] Act,* ***any prospectus*** *relating to securities to be offered in connection with a tender offer for [...] securities subject to [...] section 14(d) of the [...] Exchange Act [...]* ***must include the information required by*** *[...]* ***[Exchange Act Rule 14d-6(d)(1)]*** *[...] in all tender offers [...] that are published, sent or given to security holders.*" (Hervorhebungen durch Verf.).

421 Ein vorläufiger Prospekt muss entsprechend bereits alle für die Transaktion relevanten Informationen enthalten, inklusive solche zur Gegenleistung. Vgl. auch Exchange Act Rule 14d-4, Instruction 2 to paragraph (b), 17 C.F.R. § 240.14d-4 (2013) („*A preliminary prospectus [...] may not omit information under [Securities Act Rule] 430 or [Securities Act Rule] 430A [...].*"). Für den ebenfalls aufzunehmenden sog. „*red herring*"-Hinweis hat die SEC bereits im Jahre 2001 abweichend von dem in Regulation S-K, Item 501(b)(10)(iv), 17 C.F.R. § 229.501(b)(10)(iv) (2013), veröffentlichten Mustertext („*The information in this prospectus is not complete and may be changed. [...].*") die folgende Formulierung vorgeschlagen: „*The information in this prospectus may change. We may not complete the exchange offer and issue these securities until the registration statement filed with the Securities and Exchange Commission is effective. This prospectus is not an offer to sell these securities and it is not soliciting an offer to buy these securities in any state where the offer is not permitted.*" Siehe SEC Division of Corporation Finance, Manual of Publicly Available Telephone Interpretations, Third Supplement (July 2001), Section I (Regulation M-A: *Release No. 33–7760, October 22, 1999*), Subsection E (Early Commencement), Question 2; abrufbar unter http://www.sec.gov/interps/telephone/phonesupplement3.htm (zuletzt abgerufen im März 2014).

Form eines Nachtrags, eines sog. *prospectus supplement*, über wesentliche, z. B. auf Beanstandungen der SEC zurückzuführende inhaltliche Änderungen informiert.[422] Überdies schreibt die SEC vor, dass *registered exchange offers* im Anschluss an die Verbreitung eines solchen Nachtrags – je nach Bedeutung der Änderung – für bestimmte Mindestzeiträume offen bleiben müssen.[423] Der Bieter hat die Laufzeit eines solchen Angebots daher ebenso wie im Falle eines *cash tender offer* ggf. zu verlängern.[424]

Die konkreten Mindestzeiträume selbst ergeben sich aus Exchange Act Rule 14d-4(d)(2).[425] Nach dieser Vorschrift muss den Wertpapierinhabern der Zielgesellschaft ein Überlegungszeitraum von mindestens zehn Werktagen verbleiben bzw. eingeräumt werden, falls die Gegenleistung oder der Anteil[426] der Wertpapiere, auf den sich das Angebot erstreckt, erhöht oder reduziert bzw. eine ähnlich signifikante Korrektur vorgenommen wird.[427] Im Falle sonstiger wesentlicher Änderungen hält die SEC hingegen einen Zeitraum von fünf Werktagen für ausreichend.[428]

---

422 Regulation of Takeovers and Security Holder Communications, Securities Act Release No. 7760, Exchange Act Release No. 42055, Investment Company Act Release No. 24107, § II.E.2. (Oct. 22, 1999) [64 Fed. Reg. 61408 (Nov. 10, 1999)].

423 Exchange Act Rule 14d-4, Instruction 3 to paragraph (b), 17 C.F.R. § 240.14d-4 (2013).

424 Regulation of Takeovers and Security Holder Communications, Securities Act Release No. 7760, Exchange Act Release No. 42055, Investment Company Act Release No. 24107, § II.E.2. (Oct. 22, 1999) [64 Fed. Reg. 61408 (Nov. 10, 1999)].

425 17 C.F.R. § 240.14d-4(d)(2) (2013).

426 So entgegen dem Wortlaut der Norm *Jacobs*, The Williams Act, § 4:63 („*[Exchange Act] Rule 14e-1(b) applies to all tender offers (including exchange offers) while [Exchange Act] Rule 14d-4(d)(2) controls only exchange offers subject to Section 14(d) [of the Exchange Act]. An exchange offeror must comply with both rules. [...] [However, Exchange Act] Rule 14e-1(b) focuses on a change in the 'percentage' of the class sought while [Exchange Act] Rule 14d-4(d)(2)(ii) concentrates on a change in the 'amount' of securities sought. The [Securities and Exchange] Commission used 'percentage' instead of 'amount' in [Exchange Act] Rule 14e-1(b) so that the 10-business day period is not triggered by the tender offeror, in response to the target company issuing more securities during the tender offer, thereby increasing the amount of securities sought but not increasing the percentage sought. [Exchange Act] Rule 14d-4(d)(2)(ii) should be construed to be parallel to [Exchange Act] Rule 14e-1(b), and therefore to read 'percentage' even though it contains the word 'amount.'*").

427 Exchange Act Rule 14d-4(d)(2)(ii), 17 C.F.R. § 240.14d-4(d)(2)(ii) (2013).

428 Exchange Act Rule 14d-4(d)(2)(i), 17 C.F.R. § 240.14d-4(d)(2)(i) (2013). Erst gar nicht zu laufen beginnt die Mindestangebotsfrist, wenn der den Angebotsadressaten übermittelte Prospekt gravierende Mängel aufweist. Siehe Regulation of Takeovers and Security Holder Communications, Securities Act Release No. 7760, Exchange Act Release No. 42055, Investment Company Act Release No. 24107, § II.E.2. n.134 (Oct. 22, 1999) [64 Fed. Reg. 61408 (Nov. 10, 1999)], sowie Exchange Act Rule 14d-4(d)(2)(iv), 17 C.F.R. § 240.14d-4(d)(2)(iv) (2013).

Wegen der genannten fortlaufenden Informations- bzw. Nachtragspflicht hat die Aufsichtsbehörde Bieter explizit von der in § 5(b)(2) Securities Act[429] normierten Pflicht zur Verbreitung eines endgültigen Prospekts, eines sog. *final prospectus*, befreit;[430] nicht erübrigt hat sich lediglich die Pflicht zur Einreichung eines solchen bei der SEC.[431]

### b. *Pflicht zur Berichterstattung*

Die wegen § 5 Securities Act[432] im Rahmen eines Tauschangebots grundsätzlich erforderliche Registrierung der zum Tausch angebotenen Wertpapiere löst eine Pflicht des Bieters sowohl zur periodischen als auch zur Ad-hoc-Berichterstattung aus.[433] Ausländische Bieter etwa sind infolge einer solchen Registrierung verpflichtet, bei der SEC unter Verwendung von Formblatt *Form 20-F*[434] Jahresberichte, sog. *annual reports*, einzureichen. Außerdem haben sie der Behörde mittels Formblatt *Form 6-K*[435] Zwischenberichte, sog. *current reports*, zu übermitteln; Letztere haben neben den im Heimatland des berichtspflichtigen Unternehmens offenzulegenden Informationen u. a. auch Angaben zu für die Finanz-, Vermögens- und Ertragslage der Gesellschaft relevanten Ereignissen zu enthalten.[436] Zur Einreichung von Quartalsberichten sind ausländische Unternehmen im Gegensatz zu US-amerikanischen Gesellschaften hingegen nicht verpflichtet.[437]

### c. *Haftungsfragen*

Neben den für *cash tender offers* relevanten Haftungsnormen sind im Falle von Tauschangeboten insbesondere die an die Registrierungs- und Prospektpflicht

---

429 15 U.S.C. § 77e(b)(2) (2012).

430 Securities Act Rule 162(b), 17 C.F.R. § 230.162(b) (2013).

431 Regulation of Takeovers and Security Holder Communications, Securities Act Release No. 7760, Exchange Act Release No. 42055, Investment Company Act Release No. 24107, § II.E.2. (Oct. 22, 1999) [64 Fed. Reg. 61408 (Nov. 10, 1999)]; *Kling/Nugent*, Negotiated Acquisitions, Vol. 1, § 5.03[3][c] n.145.

432 15 U.S.C. § 77e (2012).

433 Vgl. § 15(d) Exchange Act, 15 U.S.C. § 78o(d) (2012), und Exchange Act Rules 15d-1, 15d-11, 15d-13 und 15d-16, 17 C.F.R. §§ 240.15d-1, 240.15d-11, 240.15d-13 and 240.15d-16 (2013).

434 17 C.F.R. § 249.220f (2013). Das Formblatt ist abrufbar unter http://www.sec.gov/about/forms/form20-f.pdf (zuletzt abgerufen im März 2014).

435 17 C.F.R. § 249.306 (2013). Das Formblatt ist abrufbar unter http://www.sec.gov/about/forms/form6-k.pdf (zuletzt abgerufen im März 2014).

436 Vgl. *Form 6-K*, General Instruction B., 17 C.F.R. § 249.306 (2013).

437 Jahresberichte haben US-amerikanische Unternehmen bei der SEC unter Verwendung von Formblatt *Form 10-K*, 17 C.F.R. § 249.310 (2013), Zwischenberichte unter Verwendung von Formblatt *Form 8-K*, 17 C.F.R. § 249.308 (2013), einzureichen. Für Quartalsberichte hat die SEC inländischen Gesellschaften Formblatt *Form 10-Q*, 17 C.F.R. § 249.308a (2013), zur Verfügung gestellt. Sämtliche Formblätter sind abrufbar unter http://www.sec.gov/forms (zuletzt abgerufen im März 2014).

anknüpfenden Haftungstatbestände der §§ 11 und 12 Securities Act[438] sowie die allgemeine Betrugsvorschrift des § 17(a) Securities Act[439] zu beachten. Zudem kann § 18 Exchange Act[440] speziell im Hinblick auf die an die Registrierung der Wertpapiere anknüpfenden Berichtspflichten Bedeutung erlangen.

Während die Verbotsnorm des § 5 Securities Act[441] gewährleisten soll, dass Wertpapiere in den Vereinigten Staaten von Amerika nicht ohne vorherige Registrierung öffentlich zum Kauf bzw. Tausch angeboten werden, begründet § 11 Securities Act[442] eine Schadensersatzpflicht für unzutreffende oder unvollständige Angaben in dem zu diesem Zweck bei der SEC einzureichenden *registration statement*. Die Haftung richtet sich in erster Linie gegen den Bieter als Emittenten der zum Tausch angebotenen Wertpapiere.[443] Auf ein Verschulden des Bieters kommt es dabei nicht an.[444] Vielmehr scheidet dessen Haftung nur aus, wenn er beweisen kann, dass der Anspruchsteller bereits zum Zeitpunkt des Erwerbs der Anteile positive Kenntnis von der Fehlerhaftigkeit bzw. Unvollständigkeit der Angaben hatte; grob fahrlässige Unkenntnis schadet nach dem eindeutigen Gesetzeswortlaut hingegen nicht.

Liegt ein Verstoß gegen die Registrierungs- und Prospektpflicht des § 5 Securities Act[445] als solche vor, kommt überdies eine Haftung des Bieters gemäß § 12(a)(1) Securities Act[446] in Betracht. Nach dieser Vorschrift haftet der Bieter als Veräußerer der zum Tausch angebotenen Wertpapiere dem Erwerber selbiger verschuldensunabhängig[447] auf Rückabwicklung des Tauschgeschäfts (*rescission*) bzw. Schadensersatz (*damages*); Letzterer kann jedoch nur verlangt werden, wenn

---

438 15 U.S.C. §§ 77k and 77*l* (2012). Zu beachten ist in diesem Zusammenhang auch § 15 Securities Act, 15 U.S.C. § 77o (2012), die sog. *controlling person liability*. Hierzu ausführlich *Lowenfels/Bromberg*, 53 Bus. Law. 1 (1997).

439 15 U.S.C. § 77q(a) (2012).

440 15 U.S.C. § 78r (2012).

441 15 U.S.C. § 77e (2012).

442 15 U.S.C. § 77k (2012).

443 Anspruchsgegner sind insbesondere auch alle sonstigen Unterzeichner des *registration statement*. Siehe §§ 6(a) und 11(a)(1) Securities Act, 15 U.S.C. §§ 77f(a) and 77k(a)(1) (2012). Gemäß § 11(f)(1) Securities Act, 15 U.S.C. § 77k(f)(1) (2012), haften alle gesamtschuldnerisch (sog. *joint and several liability*).

444 Im Gegensatz zum Bieter können sich alle übrigen Personen von der drohenden Prospekthaftung etwa durch den Nachweis exkulpieren, dass sie nach angemessener Überprüfung berechtigten Grund zu der Annahme hatten und auch tatsächlich annahmen, dass die Angaben im *registration statement* zutreffend waren und keine wesentlichen Tatsachen verschwiegen wurden (sog. *due diligence defense*). Vgl. § 11(b)(3)(A) Securities Act, 15 U.S.C. § 77k(b)(3)(A) (2012). Maßstab ist gemäß § 11(c) Securities Act, 15 U.S.C. § 77k(c) (2012), ein „*prudent man in the management of his own property*".

445 15 U.S.C. § 77e (2012).

446 15 U.S.C. § 77*l*(a)(1) (2012).

447 Vgl. *Pinter v. Dahl*, 486 U.S. 622, 638 (1988).

der Erwerber die im Zuge des Tauschangebots erworbenen Wertpapiere bereits mit Verlust weiterveräußert hat.

Ebenfalls auf Rückabwicklung bzw. Schadensersatz ist der Anspruch aus § 12(a)(2) Securities Act[448] gerichtet. Diese Bestimmung begründet eine Haftung des Bieters, wenn wesentliche Tatsachen – sei es im Prospekt oder in mündlichen Äußerungen – nicht oder unzutreffend dargestellt werden. Anders als einer Haftung nach § 12(a)(1) Securities Act[449] kann der Bieter einer solchen nach § 12(a)(2) Securities Act[450] allerdings durch den Nachweis entgehen, dass er die Unrichtigkeit oder Unvollständigkeit der Angaben weder kannte noch bei Anwendung angemessener Sorgfalt hätte kennen können.

Zu beachten ist überdies die allgemeine Betrugsvorschrift des § 17(a) Securities Act.[451] Diese besagt, dass

> „*[i]t shall be unlawful for any person* ***in the offer or sale of any securities*** *(including security-based swaps) or any security-based swap agreement [...] by the use of any means or instruments of transportation or communication in interstate commerce or by use of the mails, directly or indirectly—*
>
> *(1) to employ any device, scheme, or artifice to defraud, or*
>
> *(2) to obtain money or property by means of any untrue statement of a material fact or any omission to state a material fact necessary in order to make the statements made, in light of the circumstances under which they were made, not misleading; or*
>
> *(3) to engage in any transaction, practice, or course of business which operates or would operate as a fraud or deceit upon the purchaser.*“ (Hervorhebungen durch Verf.)

Trotz des im Vergleich zu Exchange Act Rule 10b-5[452] im Wesentlichen identischen Wortlauts wird im Rahmen von § 17(a) Securities Act[453] grundsätzlich bereits Fahrlässigkeit für ausreichend erachtet.[454] Ein *implied private right of action* wird jedoch vor allem in der Rechtsprechung ganz überwiegend abgelehnt.[455]

448 15 U.S.C. § 77*l*(a)(2) (2012).

449 15 U.S.C. § 77*l*(a)(1) (2012).

450 15 U.S.C. § 77*l*(a)(2) (2012).

451 15 U.S.C. § 77q(a) (2012).

452 17 C.F.R. § 240.10b-5 (2013).

453 15 U.S.C. § 77q(a) (2012).

454 Vgl. *Aaron v. SEC*, 446 U.S. 680, 695–700 (1980). *Scienter* soll lediglich für eine Haftung nach § 17(a)(1) Securities Act, 15 U.S.C. § 77q(a)(1) (2012), erforderlich sein.

455 So etwa *Maldonado v. Dominguez*, 137 F.3d 1, 6–8 (1st Cir. 1998); *Finkel v. Stratton Corp.*, 962 F.2d 169, 174–75 (2d Cir. 1992); *Bath v. Bushkin, Gaims, Gaines & Jonas*, 913 F.2d 817, 819–20 (10th Cir. 1990); *Schlifke v. Seafirst Corp.*, 866 F.2d 935, 942–43 (7th Cir. 1989); *Newcome v. Esrey*, 862 F.2d 1099, 1101–07 (4th Cir. 1988) (en banc); *Currie v. Cayman Res. Corp.*, 835 F.2d 780, 784–85 (11th Cir. 1988); *Krause*

Eine eigenständige Bedeutung kommt schließlich auch § 18 Exchange Act[456] zu. Die Vorschrift gilt zwar nicht für förmliche *filings* nach dem Securities Act und damit z. B. nicht für fehlerhafte Angaben in dem bei der SEC als Teil des *registration statement* einzureichenden Prospekt.[457] Haftungsrechtlich relevant können im Falle eines Tauschangebots aber insbesondere fehlerhafte und / oder irreführende Angaben auf Formblatt *Form 20-F* sein.[458] Angaben auf Formblatt *Form 6-K* sind demgegenüber explizit von der Haftung gemäß § 18 Exchange Act[459] ausgenommen.[460]

## 4. *Cross-Border Rules*

Im internationalen Übernahmekontext von besonderer Relevanz sind die von der SEC im Jahre 1999 erlassenen sog. *cross-border rules*, welche sowohl für Bar- als auch für Tauschangebote einige für die Übernahmepraxis bedeutsame Befreiungs- und Ausnahmeregelungen vorsehen.[461]

Grund für den Erlass der *cross-border rules* war die in der Vergangenheit häufig zu beobachtende Tendenz insbesondere ausländischer Bieter, der von US-amerikanischen Gerichten wie auch der SEC traditionell angenommenen extraterritorialen Anwendbarkeit des US-amerikanischen Übernahmerechts durch Ausschluss von in den Vereinigten Staaten von Amerika wohnhaften bzw. ansässigen Wertpapierinhabern

---

*v. Perryman*, 827 F.2d 346, 349 (8th Cir. 1987); *In re Washington Pub. Power Supply Sys. Sec. Litig.*, 823 F.2d 1349, 1350–58 (9th Cir. 1987) (en banc); *Landry v. All American Assurance Co.*, 688 F.2d 381, 384–91 (5th Cir. 1982). Ähnlich *Scholl/Perkowski*, 36 U. Miami L. Rev. 41 (1981). A. A. etwa *Craighead v. E.F. Hutton & Co., Inc.*, 899 F.2d 485, 492 (6th Cir. 1990), sowie *Hazen*, 64 Va. L. Rev. 641 (1978). Der *Supreme Court* der Vereinigten Staaten von Amerika hat diese Frage bislang nicht höchstrichterlich entschieden. Siehe etwa *Bateman Eichler, Hill Richards, Inc. v. Berner*, 472 U.S. 299, 304 n.9 (1985).

456 15 U.S.C. § 78r (2012).

457 Vgl. *Gross v. Diversified Mortgage Investors*, 438 F. Supp. 190, 196 (S.D.N.Y. 1977), und *Hazen*, The Law of Securities Regulation, § 12.18 n.14.

458 Vgl. *Bungert/Paschos*, DZWir 1995, 133, 146 Fn. 196.

459 15 U.S.C. § 78r (2012).

460 Siehe Exchange Act Rule 15d-16(c), 17 C.F.R. § 240.15d-16(c) (2013), und *Form 6-K*, General Instruction B., 17 C.F.R. § 249.306 (2013).

461 Die bislang einzigen Änderungen datieren von Oktober 2008. Siehe hierzu ausführlich *Basnage*, 10 Bus. L. Int'l 156 (2009); *Bohrer*, 41 Rev. of Sec. & Commodities Reg. 289 (2008); *McKinney*, 37 Sec. Reg. L.J. 248 (2009). Zu den speziell für kanadische Bieter und Emittenten geltenden Regelungen siehe Multijurisdictional Disclosure and Modifications to the Current Registration and Reporting System for Canadian Issuers, Securities Act Release No. 6902, Exchange Act Release No. 29354, Trust Indenture Act Release No. 2267, Investment Company Act Release No. 18210, International Series Release No. 291 (June 21, 1991) [56 Fed. Reg. 30036 (July 1, 1991)].

ausländischer Zielgesellschaften zu entgehen.[462] Ziel der SEC war es daher, mit den *cross-border rules* die Einbeziehung einheimischer Anleger in internationale Übernahmetransaktionen und damit letztlich deren gleichberechtigte Partizipation insbesondere an Übernahmeprämien zu fördern. Erreicht werden sollte dies durch die Beseitigung regulatorischer Hindernisse, namentlich durch maßgeschneiderte Befreiungen von den auch und gerade im internationalen Kontext traditionell Geltung beanspruchenden *tender offer* und *registration requirements.*

Um dem Spannungsverhältnis mit dem das US-amerikanische Kapitalmarktrecht prägenden Anlegerschutzgedanken angemessen Rechnung zu tragen, entschied sich die SEC im Jahre 1999 für ein am US-amerikanischen Regelungsinteresse orientiertes sog. „*two-tier*"-System.[463]

---

462 Zum traditionellen Standpunkt der SEC siehe etwa Concept Release on Multinational Tender and Exchange Offers, Securities Act Release No. 6866, Exchange Act Release No. 28093, International Series Release No. 127 § II n.2 (June 6, 1990) [55 Fed. Reg. 23751 (June 12, 1990)] („*The tender offer provisions of the Williams Act are extraterritorial in scope. Even in the absence of an affirmative act of a foreign bidder to invoke U.S. jurisdiction, 'the requisite use of jurisdictional means can be established ... where it is reasonably foreseeable that U.S. shareholders of a foreign issuer that have been excluded from an offshore offer will sell their shares into the market in response to that offer.' [...].*

*Moreover, the application of the antifraud provisions of the federal securities laws, including section 14(e) of the Exchange Act, does not depend upon whether U.S. securityholders are included in an offer, or whether the tender offer is required to comply with Regulation 14D or 14E. [...] The antifraud provisions have been broadly applied by the courts to protect U.S. investors where either significant conduct occurs in the United States [...] or the conduct takes place outside the United States but has a significant effect within the United States or on the interests of U.S. investors. [...].*"). Laut Angaben der SEC wurden in Großbritannien im Jahre 1997 Wertpapierinhaber mit (Wohn-) Sitz in den Vereinigten Staaten von Amerika in 30 von 31 Fällen von Übernahmetransaktionen ausgeschlossen. Der US-Anteilsbesitz lag dabei jeweils unter 15 %. Siehe Cross-Border Tender and Exchange Offers, Business Combinations and Rights Offerings, Securities Act Release No. 7759, Exchange Act Release No. 42054, Trust Indenture Act Release No. 2378, International Series Release No. 1208, § I.A. n.8 (Oct. 22, 1999) [64 Fed. Reg. 61382 (Nov. 10, 1999)].

463 Vgl. Cross-Border Tender and Exchange Offers, Business Combinations and Rights Offerings, Securities Act Release No. 7759, Exchange Act Release No. 42054, Trust Indenture Act Release No. 2378, International Series Release No. 1208, § I.A. (Oct. 22, 1999) [64 Fed. Reg. 61382 (Nov. 10, 1999)] („*The exemptions balance the need to provide U.S. security holders with the protections of the U.S. securities laws against the need to promote the inclusion of U.S. security holders in [...] cross-border transactions.*").

Halten US-Investoren[464] maximal 10 % der Wertpapiere einer ausländischen Zielgesellschaft, eines *foreign private issuer,*[465] sollen internationale Bar- und Tauschangebote nach der sog. *Tier I exemption* von nahezu allen US-amerikanischen Übernahmevorschriften befreit sein;[466] ebenfalls nicht erforderlich ist gemäß Securities Act Rule 802[467] im Rahmen Letzterer die Registrierung der als Gegenleistung angebotenen Wertpapiere bei der SEC.[468]

Liegt der Anteil US-amerikanischer Anleger zwar bei über 10 %, wird aber nicht zugleich die 40 %-Schwelle überschritten, sieht die sog. *Tier II exemption* für grenzüberschreitende Bar- und Tauschangebote Befreiung und Ausnahmen lediglich von ausgewählten, mit ausländischen Bestimmungen und / oder Übernahmepraktiken in direktem Konflikt stehenden Übernahmeregelungen vor;[469] eine für Tauschangebote

---

464 Der in den *cross-border rules* verwendete Begriff „*U.S. holder*" bezeichnet „*any security holder resident in the United States.*" Siehe Exchange Act Rule 14d-1, Instruction 2 to paragraphs (c) and (d), 17 C.F.R. § 240.14d-1 (2013), und Securities Act Rule 800(h), 17 C.F.R. § 230.800(h) (2013).

465 Zu berücksichtigen sind gemäß Exchange Act Rule 14d-1, Instruction 2.ii. to paragraphs (c) and (d), 17 C.F.R. § 240.14d-1 (2013), bzw. Securities Act Rule 800(h)(2), 17 C.F.R. § 230.800(h)(2) (2013), auch durch ADS verbriefte Wertpapiere sowie – seit der Änderung der *cross-border rules* im Jahre 2008 – die Wertpapiere sämtlicher Personen und / oder Gesellschaften mit einer Beteiligungsquote von mehr als 10 %; für die Kalkulation irrelevant sind hingegen andere Arten umtausch- bzw. umwandelbarer Wertpapiere, wie z. B. Wandelschuldverschreibungen und Optionsscheine, sowie solche Wertpapiere, die der Bieter bereits selbst hält. Keine Geltung beanspruchen die *cross-border rules* lediglich, zumindest im Regelfall, bei nach dem Investment Company Act, 15 U.S.C. §§ 80a-1 *et seq.*, registrierten bzw. zu registrierenden Investmentgesellschaften. Siehe Exchange Act Rule 14d-1(c)(4), 17 C.F.R. § 240.14d-1(c)(4) (2013), Exchange Act Rule 14d-1(d)(1)(i), 17 C.F.R. § 240.14d-1(d)(1)(i) (2013), und Securities Act Rules 800, 801 und 802, General Note 9, 17 C.F.R. §§ 230.800, 230.801 and 230.802 (2013).

466 Vgl. Exchange Act Rule 14d-1(c), 17 C.F.R. § 240.14d-1(c) (2013), und Exchange Act Rule 14e-5(b)(10), 17 C.F.R. § 240.14e-5(b)(10) (2013).

467 17 C.F.R. § 230.802 (2013).

468 Zu Beispielen aus der Praxis für „*Tier I*"-Transaktionen siehe etwa das freiwillige öffentliche Erwerbsangebot der *NTT DATA EUROPE GmbH & Co. KG* an die Aktionäre der *itelligence AG* vom 16. November 2012, das diesem vorausgegangene freiwillige öffentliche Übernahmeangebote vom 13. November 2007, das freiwillige öffentliche Erwerbsangebot der *Allianz AZL Vermögensverwaltung GmbH & Co. KG* an die Aktionäre der *Allianz Lebensversicherungs-Aktiengesellschaft* vom 28. Februar 2007 sowie das freiwillige öffentliche Übernahmeangebot der *ITT Industries German Holding GmbH* an die Aktionäre der *WEDECO AG Water Technology* vom 9. Dezember 2003; die entsprechenden Angebotsunterlagen sind allesamt abrufbar unter http://www.bafin.de (zuletzt abgerufen im März 2014).

469 Vgl. Exchange Act Rule 14d-1(d), 17 C.F.R. § 240.14d-1(d) (2013), und Exchange Act Rule 14e-5(b)(11) und (12), 17 C.F.R. § 240.14e-5(b)(11) and (12) (2013).

relevante Befreiung von den *registration requirements* des § 5 Securities Act[470] enthalten die Bestimmungen der SEC in diesem Fall hingegen nicht.[471]

Unberührt von den *cross-border rules* sollen nach Ansicht der Aufsichtsbehörde zudem in beiden Fällen neben den *anti-fraud* und *anti-manipulation rules*[472] auch die *civil liability provisions* des US-amerikanischen Kapitalmarktrechts bleiben.[473] Hintergrund ist die Intention der SEC, den an grenzüberschreitenden Transaktionen beteiligten US-Investoren in Anbetracht der zahlreichen Lockerungen durch die *cross-border rules* über die genannten Haftungsbestimmungen ein Mindestmaß an Schutz zu garantieren.[474]

Was die Ermittlung des für die Anwendbarkeit der *cross-border exemptions* relevanten US-Anteilsbesitzes betrifft, unterscheidet die Aufsichtsbehörde zwischen freundlichen und feindlichen Übernahmetransaktionen.

---

470 15 U.S.C. § 77e (2012).

471 Zu Beispielen aus der Praxis für „*Tier II*"-Transaktionen siehe etwa das freiwillige öffentliche Erwerbsangebot (Teilangebot) der *HRE Investment Holdings L.P.* an die Aktionäre der *Hypo Real Estate Holding AG* vom 23. Mai 2008 sowie das freiwillige öffentliche Übernahmeangebot der *Adecco Germany Holding GmbH* an die Aktionäre der *DIS Deutscher Industrie Service Aktiengesellschaft* vom 6. Februar 2006; die entsprechenden Angebotsunterlagen sind jeweils abrufbar unter http://www.bafin.de (zuletzt abgerufen im März 2014).

472 Insbesondere §§ 10(b) und 14(e) Exchange Act, 15 U.S.C. §§ 78j(b) and 78n(e) (2012), sowie Exchange Act Rules 10b-5 und 14e-3, 17 C.F.R. §§ 240.10b-5 and 240.14e-3 (2013).

473 Siehe etwa Cross-Border Tender and Exchange Offers, Business Combinations and Rights Offerings, Securities Act Release No. 7759, Exchange Act Release No. 42054, Trust Indenture Act Release No. 2378, International Series Release No. 1208, § I.A. (Oct. 22, 1999) [64 Fed. Reg. 61382 (Nov. 10, 1999)].

474 Vgl. zu den Besonderheiten aufgrund der Geltung ausländischer Publizitätspflichten Cross-Border Tender and Exchange Offers, Business Combinations and Rights Offerings, Securities Act Release No. 7759, Exchange Act Release No. 42054, Trust Indenture Act Release No. 2378, International Series Release No. 1208, § I.A. (Oct. 22, 1999) [64 Fed. Reg. 61382 (Nov. 10, 1999)] („*[I]n a transaction eligible for the [cross-border] exemptions […], many of the disclosure and procedural protections of the federal securities laws will not be available. Therefore, it is necessary that the anti-fraud provisions continue to provide a basic level of protection for U.S. security holders participating in these transactions. The application of these provisions […] may be different in the context of foreign disclosure requirements and practices. The [Securities and Exchange] Commission considers the information that is required to be disclosed by a form or schedule generally to be important in investment decisions. However, the omission of the information called for by U.S. forms in the context of foreign disclosure requirements and practices would not necessarily violate the U.S. disclosure requirements. An antifraud action could be brought by the [Securities and Exchange] Commission and investors if the omitted information is material in the context of the transaction and the disclosure provided is misleading as a result of the omission of the information.*").

Im Falle sog. *negotiated transactions* müssen Bieter grundsätzlich eine sog. „*look-through*"-Analyse durchführen. Das bedeutet, dass – sollten im Aktionärsverzeichnis Depotbanken und / oder andere Treuhänder eingetragen sein – Bieter Nachforschungen anstellen müssen, wie viele Wertpapiere wirtschaftlich von in den Vereinigten Staaten von Amerika wohnhaften bzw. ansässigen Kunden gehalten werden. Beschränkt werden können diese Nachforschungen allerdings auf solche Treuhänder, die in den Vereinigten Staaten von Amerika, im Gründungsstaat der Zielgesellschaft und, sofern von Letzterem verschieden, in der den *primary trading market*[475] der Wertpapiere darstellenden Jurisdiktion ansässig sind.[476] Erhält der Bieter allen Anstrengungen zum Trotz keine Informationen über den entsprechenden Anteil, darf dieser für Zwecke der Berechnung unterstellen, dass die Kunden ihren Sitz bzw. Wohnsitz im Staat der Hauptniederlassung des jeweiligen Treuhänders haben.[477] Etwas anderes gilt nur, sofern sich gegenteilige Informationen etwa aus sog. *beneficial ownership reports*[478] oder anderen dem Bieter zur Verfügung gestellten Unterlagen ergeben.[479]

Für den Fall, dass der Bieter nicht in der Lage ist, die „*look-through*"-Analyse durchzuführen, etwa weil es sich bei den begehrten Wertpapieren nicht um Namens-, sondern Inhaberaktien handelt,[480] hat die SEC einen sog. *alternate test* zur

475 Gemäß Exchange Act Rule 12h-6(f)(5), 17 C.F.R. § 240.12h-6(f)(5) (2013), bedeutet „*primary trading market*", dass in einen Zeitraum von zwölf Monaten mindestens 55 % des Handelsvolumens in Wertpapieren eines *foreign private issuer* über Wertpapierbörsen in einer oder maximal zwei ausländischen Jurisdiktionen abgewickelt wird. In letzterem Fall müssen die Handelsumsätze in mindestens einer der Jurisdiktionen größer sein als diejenigen in den Vereinigten Staaten von Amerika.

476 Exchange Act Rule 14d-1, Instruction 2.iii. to paragraphs (c) and (d), 17 C.F.R. § 240.14d-1 (2013), bzw. Securities Act Rule 800(h)(3), 17 C.F.R. § 230.800(h)(3) (2013). Erfolgen kann die Kalkulation des Anteils der in den Vereinigten Staaten von Amerika gehaltenen Wertpapiere seit der 2008er Reform der *cross-border rules* zu jedem beliebigen Zeitpunkt innerhalb von 60 Tagen vor und 30 Tagen nach öffentlicher Ankündigung der Transaktion. Ist dem Bieter die Berechnung innerhalb dieser 90 Tage nicht möglich, kann diese zum nächstmöglichen früheren Zeitpunkt, in keinem Falle jedoch früher als 120 Tage vor Ankündigung des Angebots, erfolgen. Siehe Exchange Act Rule 14d-1, Instruction 2.i. to paragraphs (c) and (d), 17 C.F.R. § 240.14d-1 (2013), bzw. Securities Act Rule 800(h)(1), 17 C.F.R. § 230.800(h)(1) (2013).

477 Exchange Act Rule 14d-1, Instruction 2.iv. to paragraphs (c) and (d), 17 C.F.R. § 240.14d-1 (2013), bzw. Securities Act Rule 800(h)(4), 17 C.F.R. § 230.800(h)(4) (2013).

478 Siehe Regulation 13D-G, 17 C.F.R. §§ 240.13d-1 *et seq.* (2013).

479 Vgl. Exchange Act Rule 14d-1, Instruction 2.v. to paragraphs (c) and (d), 17 C.F.R. § 240.14d-1 (2013), bzw. Securities Act Rule 800(h)(5), 17 C.F.R. § 230.800(h)(5) (2013).

480 Zu weiteren Beispielen siehe Commission Guidance and Revisions to the Cross-Border Tender Offer, Exchange Offer, Rights Offerings, and Business Combination

Verfügung gestellt.[481] Danach kann der Bieter, sollte sich der *primary trading market* der Wertpapiere außerhalb der Vereinigten Staaten befinden, grundsätzlich unterstellen, dass der Anteil der im Inland gehaltenen Wertpapiere unter 10 bzw. 40 % liegt. Die Vermutung gilt allerdings als widerlegt, wenn (i) das durchschnittliche tägliche Handelsvolumen in den Vereinigten Staaten von Amerika in den zwölf Monaten vor der öffentlichen Ankündigung des Angebots 10 bzw. 40 % des durchschnittlichen täglichen Handelsvolumens auf globaler Ebene übersteigt,[482] (ii) der letzte von der Zielgesellschaft vor der öffentlichen Ankündigung der Transaktion bei der SEC oder einer ausländischer Aufsichtsbehörde eingereichte Jahresbericht eine mit den Beschränkungen der jeweiligen Ausnahmebestimmung unvereinbare Beteiligungsquote ausweist,[483] oder (iii) der Bieter vor der öffentlichen Ankündigung der Übernahme weiß bzw. Grund zu der Annahme hat, dass der US-Anteilsbesitz die fragliche Schwelle übersteigt.[484]

Im Falle sog. *non-negotiated* oder *hostile transactions* sehen die *cross-border rules* von vorherein keine Pflicht des Bieters zur Durchführung einer „*look-through*"-Analyse vor. Grund ist die Annahme der SEC, dass Bieter ohne Kooperation der Zielgesellschaft i. d. R. nur begrenzten Zugang zu Informationen über die

---

Rules and Beneficial Ownership Reporting Rules for Certain Foreign Institutions, Securities Act Release No. 8957, Exchange Act Release No. 58597, § II.A.1.c. (Sept. 19, 2008) [73 Fed. Reg. 60050 (Oct. 9, 2008)].

481 Siehe Exchange Act Rule 14d-1, Instruction 3 to paragraphs (c) and (d), 17 C.F.R. § 240.14d-1 (2013), bzw. Securities Act Rule 800(h)(7), 17 C.F.R. § 230.800(h)(7) (2013).

482 Exchange Act Rule 14d-1, Instruction 3.i. to paragraphs (c) and (d), 17 C.F.R. § 240.14d-1 (2013), bzw. Securities Act Rule 800(h)(7)(i), 17 C.F.R. § 230.800(h)(7)(i) (2013). Der 12-Monats-Zeitraum muss spätestens 60 Tage vor der fraglichen Bekanntmachung enden.

483 Exchange Act Rule 14d-1, Instruction 3.ii. to paragraphs (c) and (d), 17 C.F.R. § 240.14d-1 (2013), bzw. Securities Act Rule 800(h)(7)(ii), 17 C.F.R. § 230.800(h)(7)(ii) (2013).

484 Exchange Act Rule 14d-1, Instruction 3.iii. to paragraphs (c) and (d), 17 C.F.R. § 240.14d-1 (2013), bzw. Securities Act Rule 800(h)(7)(iii), 17 C.F.R. § 230.800(h)(7)(iii) (2013). Zurechnen lassen muss sich der Bieter insbesondere alle in *beneficial ownership reports* enthaltenen Informationen über die Beteiligungsverhältnisse. Vgl. Commission Guidance and Revisions to the Cross-Border Tender Offer, Exchange Offer, Rights Offerings, and Business Combination Rules and Beneficial Ownership Reporting Rules for Certain Foreign Institutions, Securities Act Release No. 8957, Exchange Act Release No. 58597, § II.A.2.c. n.129 (Sept. 19, 2008) [73 Fed. Reg. 60050 (Oct. 9, 2008)]. Obsolet dürfte hingegen die Regelung in Exchange Act Rule 14d-1, Instruction 3.iv. to paragraphs (c) and (d), 17 C.F.R. § 240.14d-1 (2013), sein. Deren Streichung dürfte aufgrund eines Redaktionsversehen unterblieben sein.

Beteiligungsverhältnisse der Zielgesellschaft haben.[485] Bietern steht in diesen Fällen daher ebenfalls der *alternate test* zur Verfügung.[486] Im Falle feindlicher Übernahmen ist allerdings zu beachten, dass das *„primary trading market"*-Erfordernis keine Anwendung findet.[487] Zudem wird in Ermangelung gegenteiliger Anhaltspunkte zusätzlich zur Nichtüberschreitung der jeweiligen Beteiligungsschwelle vermutet, dass es sich bei der Zielgesellschaft um einen *„foreign private issuer"* i. S. v. Exchange Act Rule 3b-4[488] bzw. Securities Act Rule 405[489] handelt.

### a. *Exchange Act*

#### aa. *Tier I Exemption*

*„Tier I"*-Transaktionen sind in erster Linie in Übereinstimmung mit den in der *home jurisdiction*[490] der jeweiligen Zielgesellschaft anwendbaren Bestimmungen durchzuführen.[491] Sie unterliegen gemäß Exchange Act Rule 14d-1(c)[492] weder den Anforderungen von Regulation 14D noch denen von Exchange Act Rules 14e-1

---

485 Vgl. Commission Guidance and Revisions to the Cross-Border Tender Offer, Exchange Offer, Rights Offerings, and Business Combination Rules and Beneficial Ownership Reporting Rules for Certain Foreign Institutions, Securities Act Release No. 8957, Exchange Act Release No. 58597, § II.A. (Sept. 19, 2008) [73 Fed. Reg. 60050 (Oct. 9, 2008)].

486 Vgl. Exchange Act Rule 14d-1, Instruction 3 to paragraphs (c) and (d), 17 C.F.R. § 240.14d-1 (2013), bzw. Securities Act Rule 800(h)(6), 17 C.F.R. § 230.800(h)(6) (2013). Der *alternate test* trat im Jahre 2008 an die Stelle der sog. *hostile presumption.* Zur früheren Rechtslage siehe Cross-Border Tender and Exchange Offers, Business Combinations and Rights Offerings, Securities Act Release No. 7759, Exchange Act Release No. 42054, Trust Indenture Act Release No. 2378, International Series Release No. 1208, § II.F.3. (Oct. 22, 1999) [64 Fed. Reg. 61382 (Nov. 10, 1999)].

487 Siehe Cross-Border Tender and Exchange Offers, Business Combinations and Rights Offerings, Securities Act Release No. 7759, Exchange Act Release No. 42054, Trust Indenture Act Release No. 2378, International Series Release No. 1208, § II.A.2.a. n.115 (Oct. 22, 1999) [64 Fed. Reg. 61382 (Nov. 10, 1999)].

488 17 C.F.R. § 240.3b-4 (2013).

489 17 C.F.R. § 230.405 (2013).

490 Der Begriff *„home jurisdiction"* bezeichnet gemäß Exchange Act Rule 14d-1, Instruction 1 to paragraphs (c) and (d), 17 C.F.R. § 240.14d-1 (2013), *„both the jurisdiction of the subject company's incorporation [...] and the principal foreign market where the subject company's securities are listed or quoted."*

491 Vgl. Cross-Border Tender and Exchange Offers, Business Combinations and Rights Offerings, Securities Act Release No. 7759, Exchange Act Release No. 42054, Trust Indenture Act Release No. 2378, International Series Release No. 1208, § II.A. (Oct. 22, 1999) [64 Fed. Reg. 61382 (Nov. 10, 1999)]; *Basnage/Curtin/Rubin*, 61 Bus. Law. 1071, 1087 (2006).

492 17 C.F.R. § 240.14d-1(c) (2013).

und 14e-2.[493] Nicht zu beachten ist daher neben der *minimum offering period* insbesondere die der Gleichbehandlung der Wertpapierinhaber dienende *all-holders* und *best-price rule*. Zudem sind Bieter weder zur Verbreitung von nach Maßgabe US-amerikanischer Rechtsvorschriften erstellten Angebotsunterlagen[494] noch zur förmlichen Einreichung eines *Schedule TO* verpflichtet.[495] Parallel dazu beziehen sich die speziell für Zielgesellschaften geltenden Befreiungen auf die in Exchange Act Rule 14e-2[496] und Exchange Act Rule 14d-9[497] statuierten Pflichten zur Verbreitung einer begründeten Stellungnahme[498] bzw. zur förmlichen Einreichung eines *Schedule 14D-9*.[499]

Auf die *Tier I exemption* berufen können sich sowohl US-amerikanische als auch ausländische Bieter.[500] Eine Inanspruchnahme der Befreiungsvorschrift setzt allerdings voraus, dass es sich bei der Zielgesellschaft um einen *„foreign private issuer"* i. S. v. Exchange Act Rule 3b-4[501] handelt und die sog. *U.S. ownership limitation* nicht überschritten wird, d. h. der US-Anteilsbesitz nicht mehr als 10 % beträgt.[502] Außerdem muss der Bieter den in den Vereinigten Staaten von Amerika wohnhaften bzw. ansässigen Anlegern sowohl in materieller als auch in verfahrensrechtlicher Hinsicht mindestens ebenso günstige Konditionen bieten wie den im Ausland wohnhaften bzw. ansässigen Angebotsadressaten.[503] Ausnahmen von diesem Grundsatz gestattet die SEC ausschließlich im Falle von Tauschangeboten.

---

493 17 C.F.R. §§ 240.14e-1 and 240.14e-2 (2013).

494 Vgl. Exchange Act Rules 14d-4 bis 14d-6, 17 C.F.R. §§ 240.14d-4 through 240.14d-6 (2013).

495 Vgl. Exchange Act Rule 14d-3(a), 17 C.F.R. § 240.14d-3(a) (2013).

496 17 C.F.R. § 240.14e-2 (2013).

497 17 C.F.R. § 240.14d-9 (2013).

498 Siehe Exchange Act Rule 14e-2(d), 17 C.F.R. § 240.14e-2(d) (2013).

499 Siehe Exchange Act Rule 14d-9(e)(2)(iii), 17 C.F.R. § 240.14d-9(e)(2)(iii) (2013).

500 Cross-Border Tender and Exchange Offers, Business Combinations and Rights Offerings, Securities Act Release No. 7759, Exchange Act Release No. 42054, Trust Indenture Act Release No. 2378, International Series Release No. 1208, § II.A. (Oct. 22, 1999) [64 Fed. Reg. 61382 (Nov. 10, 1999)].

501 17 C.F.R. § 240.3b-4 (2013).

502 Exchange Act Rule 14d-1(c)(1), 17 C.F.R. § 240.14d-1(c)(1) (2013). Die *U.S. ownership limitation* gilt nicht für konkurrierende Bieter. Grund ist das Bestreben der SEC, ein sog. *level playing field* für konkurrierende Angebote zu schaffen, insbesondere eine Benachteiligung nachfolgender Bieter durch mögliche Veränderungen in der Gesellschafterstruktur nach Bekanntwerden des ursprünglichen Angebots zu verhindern. Siehe Cross-Border Tender and Exchange Offers, Business Combinations and Rights Offerings, Securities Act Release No. 7759, Exchange Act Release No. 42054, Trust Indenture Act Release No. 2378, International Series Release No. 1208, § I.B. and § II.A.1. (Oct. 22, 1999) [64 Fed. Reg. 61382 (Nov. 10, 1999)]; *Basnage/Curtin/Rubin*, 61 Bus. Law. 1071, 1087 (2006).

503 Exchange Act Rule 14d-1(c)(2), 17 C.F.R. § 240.14d-1(c)(2) (2013). In materieller Hinsicht relevant sind insbesondere Art und Höhe der Gegenleistung; bedeutsam

So darf der Bieter gemäß Exchange Act Rule 14d-1(c)(2)(iii),[504] der sog. *cash-only alternative exemption*, Anleger in den Vereinigten Staaten von Amerika von einem Tauschangebot ausnehmen und diesen stattdessen ausschließlich eine Gegenleistung in bar anbieten.[505] Voraussetzung ist lediglich, dass der Bieter berechtigten Grund zu der Annahme hat, dass der in den Vereinigten Staaten von Amerika offerierte Bargeldbetrag im Wesentlichen dem Wert der im Ausland angebotenen Gegenleistung entspricht. Um dies zu gewährleisten muss der Bieter, sollte es sich bei den im Ausland zum Tausch angebotenen Wertpapieren nicht um sog. „*margin securities*" i. S. v. Regulation T[506] handeln, auf Verlangen der SEC bzw. eines US-Investors eine die Gleichwertigkeit der baren Gegenleistung bestätigende *fairness opinion* einer unabhängigen Investmentbank beibringen.[507] Andernfalls genügt es, wenn der Bieter auf ein entsprechendes Verlangen bestimmte Informationen zu Schlusskursen und Handelsvolumina zur Verfügung stellt.[508]

---

in verfahrensrechtlicher Hinsicht ist neben der Laufzeit insbesondere auch die Gewährung von Rücknahmerechten. Vgl. Cross-Border Tender and Exchange Offers, Business Combinations and Rights Offerings, Securities Act Release No. 7759, Exchange Act Release No. 42054, Trust Indenture Act Release No. 2378, International Series Release No. 1208, § II.A.3. (Oct. 22, 1999) [64 Fed. Reg. 61382 (Nov. 10, 1999)]; Cross-Border Tender Offers, Business Combinations and Rights Offerings, Securities Act Release No. 7611, Exchange Act Release No. 40678, International Series Release No. 1171, § II.B.3. (Nov. 13, 1998) [63 Fed. Reg. 69136 (Dec. 15, 1998)]; *Lander*, 36 Int'l Law. 237, 244 (2002).

504 17 C.F.R. § 240.14d-1(c)(2)(iii) (2013).

505 Eine solche Angebotsgestaltung würde aus deutscher Sicht gegen den übernahmerechtlichen Gleichbehandlungsgrundsatz (§ 3 Abs. 1 WpÜG) verstoßen. Etwas anderes dürfte allenfalls dann gelten, wenn der Bieter außerhalb der Vereinigten Staaten von Amerika ein identisches Barangebot alternativ zum Tauschangebot unterbreitet. Ebenso etwa *Behnke*, WM 2002, 2229, 2234; *Diekmann*, in: Baums/Thoma, WpÜG, Bd. I, § 24 Rdnr. 32; *Josenhans*, Grenzüberschreitende öffentliche Übernahmeangebote, S. 400 f.; *Versteegen*, in: KK-WpÜG, § 24 Rdnr. 22. Zudem hat die SEC u. a. bei Erlass der *cross-border rules* im Jahre 1999 ausdrücklich erklärt, dass alternativ auch sog. *vendor placements* genutzt werden können. Siehe Cross-Border Tender and Exchange Offers, Business Combinations and Rights Offerings, Securities Act Release No. 7759, Exchange Act Release No. 42054, Trust Indenture Act Release No. 2378, International Series Release No. 1208, § II.A.3.a. (Oct. 22, 1999) [64 Fed. Reg. 61382 (Nov. 10, 1999)].

506 12 C.F.R. § 220 (2013). Der Begriff „*margin security*" umfasst insbesondere alle an US-amerikanischen Börsen registrierten Wertpapiere sowie sog. „*foreign margin stock*"; letzterer Begriff bezeichnet Wertpapiere ausländischer Gesellschaften, die entweder auf der von der US-amerikanischen Notenbank periodisch veröffentlichten „*List of Foreign Margin Stocks*" erscheinen oder einen sog. „*ready market*" i. S. v. Exchange Act Rule 15c3–1, 17 C.F.R. § 240.15c3–1 (2013), der sog. *net capital rule* der SEC, haben.

507 Exchange Act Rule 14d-1(c)(2)(iii)(B), 17 C.F.R. § 240.14d-1(c)(2)(iii)(B) (2013).

508 Exchange Act Rule 14d-1(c)(2)(iii)(A), 17 C.F.R. § 240.14d-1(c)(2)(iii)(A) (2013).

Nach der in Exchange Act Rule 14d-1(c)(2)(i) und (ii)[509] normierten sog. *blue sky exemption* ist es dem Bieter zudem gestattet, Wertpapierinhaber in bestimmten US-amerikanischen Bundesstaaten bzw. Jurisdiktionen gänzlich von einem Angebot auszuschließen.

Im Falle sog. *exempt exchange offers*, d. h. solcher Angebote, bei denen die vom Bieter zum Tausch angebotenen Wertpapiere gemäß Securities Act Rule 802[510] von den Registrierungsanforderungen des § 5 Securities Act[511] befreit sind, muss dieser sein Angebot nicht auf Anleger in solchen Staaten bzw. Jurisdiktionen erstrecken, deren *blue sky laws* eine Registrierung (*registration*) bzw. Zulassung (*qualification*) erfordern.[512] Sofern der Bieter allerdings in anderen Staaten bzw. Jurisdiktionen alternativ zu den Wertpapieren eine Gegenleistung in bar offeriert, hat er die identische *cash alternative* auch in den betreffenden Staaten bzw. Jurisdiktionen anzubieten; ein vollständiger Ausschluss scheidet dann aus.[513]

Ähnliches gilt im Rahmen von *registered exchange offers*, d. h. wenn die Gegenleistung des Bieters in nach dem Securities Act registrierten Wertpapieren besteht. In diesen Fällen erachtet die SEC es für zulässig, Anleger in solchen Staaten bzw. Jurisdiktionen von einem Angebot auszuschließen, in denen dem Bieter das Angebot bzw. die Veräußerung der Wertpapiere *„after [...] a good faith effort to register or qualify the offer and sale of securities“* untersagt wurde.[514] Ein gänzlicher Ausschluss scheidet auch hier einzig dann aus, wenn der Bieter andernorts eine *cash alternative* offeriert.

Mit Exchange Act Rule 14d-1(c)(2)(iv)[515] trägt die SEC schließlich den mit sog. *loan notes*[516] verbundenen steuerlichen Besonderheiten ausländischer Jurisdiktionen Rechnung. Eines alternativen Angebots solcher Schuldverschreibungen bedarf es

---

509 17 C.F.R. § 240.14d-1(c)(2)(i) and (ii) (2013).

510 17 C.F.R. § 230.802 (2013).

511 15 U.S.C. § 77e (2012).

512 Exchange Act Rule 14d-1(c)(2)(ii), 17 C.F.R. § 240.14d-1(c)(2)(ii) (2013).

513 Vgl. auch Cross-Border Tender and Exchange Offers, Business Combinations and Rights Offerings, Securities Act Release No. 7759, Exchange Act Release No. 42054, Trust Indenture Act Release No. 2378, International Series Release No. 1208, § II.A.1.3.b. (Oct. 22, 1999) [64 Fed. Reg. 61382 (Nov. 10, 1999)] („*The offeror must offer the cash consideration only if it is offering a cash-only alternative consideration—not merely a partial cash/partial securities form of consideration.*“).

514 Exchange Act Rule 14d-1(c)(2)(i), 17 C.F.R. § 240.14d-1(c)(2)(i) (2013).

515 17 C.F.R. § 240.14d-1(c)(2)(iv) (2013).

516 Zum Begriff *„loan notes“* siehe die Erläuterungen in Cross-Border Tender and Exchange Offers, Business Combinations and Rights Offerings, Securities Act Release No. 7759, Exchange Act Release No. 42054, Trust Indenture Act Release No. 2378, International Series Release No. 1208, § II.A.1.3.c. (Oct. 22, 1999) [64 Fed. Reg. 61382 (Nov. 10, 1999)] („*Loan notes [...] are short-term notes that may be redeemed in whole or in part for cash at par on any interest date in the future. The purpose of the loan notes is the deferral of the recognition of income and capital gains on the sale of securities under foreign tax laws.*“).

in den Vereinigten Staaten von Amerika nach dieser Vorschrift nicht, wenn diese im Ausland, etwa in Großbritannien, einzig zur Verschaffung von in den Vereinigten Staaten von Amerika nicht erzielbaren Steuervorteilen angeboten werden.

Neben den bereits genannten Voraussetzungen, namentlich *„foreign private issuer“*-Status der Zielgesellschaft, *U.S. ownership limitation* und Gleichbehandlung US-amerikanischer Angebotsadressaten, setzt die Inanspruchnahme der *Tier I exemption* schließlich voraus, dass der Bieter den Wertpapierinhabern in den Vereinigten Staaten von Amerika sämtliche in der *home jurisdiction* der Zielgesellschaft zu verbreitenden Angebotsunterlagen, einschließlich etwaiger Änderungen, in vergleichbarer Art und Weise, und zwar in englischer Sprache, zur Verfügung stellt.[517] Erfolgt die Verbreitung der Angebotsdokumentation in der *home jurisdiction* im Wege der Veröffentlichung, hat der Bieter die entsprechenden Informationen zeitgleich[518] und *„in a manner reasonably calculated to inform U.S. holders“*[519] auch in den Vereinigten Staaten von Amerika zu veröffentlichen.[520]

Handelt es sich bei den Wertpapieren um solche i. S. v. § 14(d)(1) Exchange Act,[521] d. h. sind die Wertpapiere der Zielgesellschaft gemäß § 12 des Gesetzes[522] registriert, muss der Bieter zusätzlich der SEC spätestens an dem der Veröffentlichung bzw. anderweitigen Verbreitung der Angebotsunterlage folgenden Werktag elektronisch[523]

517 Exchange Act Rule 14d-1(c)(3)(i), 17 C.F.R. § 240.14d-1(c)(3)(i) (2013).

518 Cross-Border Tender and Exchange Offers, Business Combinations and Rights Offerings, Securities Act Release No. 7759, Exchange Act Release No. 42054, Trust Indenture Act Release No. 2378, International Series Release No. 1208, § II.A.2. (Oct. 22, 1999) [64 Fed. Reg. 61382 (Nov. 10, 1999)].

519 Als Maßstab dürfte insofern Exchange Act Rule 14d-4(c), 17 C.F.R. § 240.14d-4(c) (2013), dienen. Vgl. Cross-Border Tender and Exchange Offers, Business Combinations and Rights Offerings, Securities Act Release No. 7759, Exchange Act Release No. 42054, Trust Indenture Act Release No. 2378, International Series Release No. 1208, § II.A.2. n.24 (Oct. 22, 1999) [64 Fed. Reg. 61382 (Nov. 10, 1999)].

520 Exchange Act Rule 14d-1(c)(3)(ii), 17 C.F.R. § 240.14d-1(c)(3)(ii) (2013). Da Angebotsunterlagen in Deutschland wegen § 14 Abs. 3 WpÜG typischerweise durch Bekanntgabe im Internet sowie im Wege der Schalterpublizität veröffentlicht werden, muss ein die *Tier I exemption* in Anspruch nehmender Bieter sowohl die deutsche Angebotsunterlage als auch deren englische Übersetzung durch Bekanntgabe im Internet veröffentlichen. Außerdem müssen Exemplare der Angebotsunterlage wie auch ihrer englischen Übersetzung im Inland zur kostenlosen Ausgabe bzw. Versendung an die Wertpapierinhaber der Zielgesellschaft bereitgehalten werden. Schließlich muss neben einer entsprechenden Hinweisbekanntmachung im Bundesanzeiger auch eine solche in einer US-amerikanischen Zeitung mit landesweiter Auflage, wie z. B. der US-amerikanischen Ausgabe der Zeitung *The Wall Street Journal*, veröffentlicht werden.

521 15 U.S.C. § 78n(d)(1) (2012).

522 15 U.S.C. § 78*l* (2012).

523 Regulation S-T Rule 101(a)(1)(vi), 17 C.F.R. § 232.101(a)(1)(vi) (2013).

unter Verwendung von Formblatt *Form CB*,[524] der sog. *tender offer/rights offering notification form*, eine englische Übersetzung der Angebotsunterlage übermitteln.[525] Sofern es sich bei dem Bieter um eine ausländische Gesellschaft handelt, hat dieser zugleich einen Zustellungsbevollmächtigten in den Vereinigten Staaten von Amerika zu benennen; dies hat ebenfalls elektronisch,[526] und zwar durch Einreichung von Formblatt *Form F-X*,[527] zu erfolgen.[528] Im Rahmen von „*Tier I*"-Transaktionen erforderlich ist daher statt der Einreichung eines *Schedule TO* lediglich die Übermittlung von *Form CB* sowie ggf. die Einreichung von *Form F-X*. Dessen bzw. deren Erstellung ist für den Bieter mit deutlich weniger Aufwand verbunden.[529] Überdies ist die Übermittlung bzw. Einreichung der Formblätter im Gegensatz zur Einreichung eines *Schedule TO* gebührenfrei.[530]

Ebenso wie dem Bieter steht *Form CB* auch der Zielgesellschaft zur Verfügung.[531] Für diese tritt die Pflicht zur Übermittlung des Formblattes an die Stelle der Pflicht

524 17 C.F.R. § 249.480 (2013). Das Formblatt ist abrufbar unter http://www.sec.gov/about/forms/formcb.pdf (zuletzt abgerufen im März 2014).

525 Exchange Act Rule 14d-1(c)(3)(iii), 17 C.F.R. § 240.14d-1(c)(3)(iii) (2013). Siehe auch *Form CB*, General Instructions I.A., II.C. und Part I, Item 1, 17 C.F.R. § 249.480 (2013). Zu den mit dem Formular zu übermittelnden Anlagen siehe *Form CB*, Part II, 17 C.F.R. § 249.480 (2013). Die Übermittlung von Unterlagen unter Verwendung von Formblatt *Form CB* stellt kein förmliches *filing* dar; eine Haftung des Bieters für falsche oder irreführende Angabe gemäß § 18 Exchange Act, 15 U.S.C. § 78r (2012), kommt folglich nicht in Betracht. Siehe *Form CB*, General Instruction I.B., 17 C.F.R. § 249.480 (2013), und Cross-Border Tender and Exchange Offers, Business Combinations and Rights Offerings, Securities Act Release No. 7759, Exchange Act Release No. 42054, Trust Indenture Act Release No. 2378, International Series Release No. 1208, § II.A.2. (Oct. 22, 1999) [64 Fed. Reg. 61382 (Nov. 10, 1999)].

526 Regulation S-T Rule 101(a)(1)(vii), 17 C.F.R. § 232.101(a)(1)(vii) (2013).

527 17 C.F.R. § 239.42 (2013). Das Formblatt ist abrufbar unter http://www.sec.gov/about/forms/formf-x.pdf (zuletzt abgerufen im März 2014).

528 Exchange Act Rule 14d-1(c)(3)(iii), 17 C.F.R. § 240.14d-1(c)(3)(iii) (2013). Siehe auch *Form CB*, Part III, 17 C.F.R. § 249.480 (2013), sowie *Form FX*, General Instruction I.(g), 17 C.F.R. § 239.42 (2013).

529 Zu dem von der SEC für die Erstellung der Formulare bzw. Formblätter veranschlagten Aufwand siehe Cross-Border Tender and Exchange Offers, Business Combinations and Rights Offerings, Securities Act Release No. 7759, Exchange Act Release No. 42054, Trust Indenture Act Release No. 2378, International Series Release No. 1208, § IV. n.99 (Oct. 22, 1999) [64 Fed. Reg. 61382 (Nov. 10, 1999)] („*[...] Forms CB and F-X [...] impose an estimated burden of two hours per Form. This contrasts with Schedule TO which has an estimated burden of 586 hours per form [...]*.").

530 Siehe Cross-Border Tender and Exchange Offers, Business Combinations and Rights Offerings, Securities Act Release No. 7759, Exchange Act Release No. 42054, Trust Indenture Act Release No. 2378, International Series Release No. 1208, § II.A.2. (Oct. 22, 1999) [64 Fed. Reg. 61382 (Nov. 10, 1999)].

531 Siehe *Form CB*, General Instruction I.A., 17 C.F.R. § 249.480 (2013).

zur förmlichen Einreichung von *Schedule 14D-9*.[532] Sind die Wertpapiere der Zielgesellschaft daher nicht gemäß § 12 Exchange Act[533] registriert, besteht weder für den Bieter noch für die Zielgesellschaft eine Übermittlungspflicht.[534] Dies ist insofern konsequent, als dass die Statuierung entsprechender Pflichten entgegen der Intention der SEC, die Erstreckung internationaler Übernahmen auf die Vereinigten Staaten von Amerika durch Beseitigung regulatorische Hindernisse zu fördern, in ihr Gegenteil verkehrt und stattdessen zusätzliche Belastungen für die Beteiligten geschaffen hätte.

Im Rahmen von „*Tier I*"-Transaktionen ebenfalls von Bedeutung ist neben Exchange Act Rules 14d-1(c), 14d-9(e)(2)(iii) und 14e-2(d)[535] der in Exchange Act Rule 14e-5(b)(10)[536] normierte Befreiungstatbestand. Bieter und bestimmte diesen nahe stehende Personen sind danach von dem in Exchange Act Rule 14e-5[537] statuierten Verbot des Erwerbs von Wertpapieren außerhalb des „*tender offer*"-Verfahrens befreit. Die den US-Anlegern zur Verfügung zu stellenden Angebotsdokumente müssen allerdings sowohl einen deutlich sichtbaren Hinweis auf die Möglichkeit (bzw. die Absicht) solcher Erwerbe als auch Angaben zu Art und Weise der Bekanntgabe entsprechender Vorgänge enthalten.[538] Die Erwerbe selbst haben im Einklang mit dem anwendbaren Übernahmerecht der *home jurisdiction*[539] der Zielgesellschaft

---

532 Vgl. Exchange Act Rule 14d-9(e)(2)(iii), 17 C.F.R. § 240.14d-9(e)(2)(iii) (2013). Angesichts der im Vergleich zu Exchange Act Rule 14d-1(c), 17 C.F.R. § 240.14d-1(c) (2013), unterschiedlichen Systematik dürften ausländische Zielgesellschaften, deren Wertpapieren nicht gemäß § 12 Exchange Act, 15 U.S.C. § 78*l* (2012), registriert sind, im Rahmen von „*Tier I*"-Transaktionen rechtlich nicht zur Verbreitung einer englischen Übersetzung ihrer nach ausländischem Recht erstellten und im Ausland verbreiteten Stellungnahme verpflichtet sein. In Anbetracht des ansonsten von der SEC angestrebten regulatorischen Gleichlaufs dürfte es sich insofern jedoch um eine unbeabsichtigte Lücke in den *cross-border rules* handeln.

533 15 U.S.C. § 78*l* (2012).

534 Siehe Cross-Border Tender and Exchange Offers, Business Combinations and Rights Offerings, Securities Act Release No. 7759, Exchange Act Release No. 42054, Trust Indenture Act Release No. 2378, International Series Release No. 1208, § II.A.2. (Oct. 22, 1999) [64 Fed. Reg. 61382 (Nov. 10, 1999)]; Commission Guidance and Revisions to the Cross-Border Tender Offer, Exchange Offer, Rights Offerings, and Business Combination Rules and Beneficial Ownership Reporting Rules for Certain Foreign Institutions, Securities Act Release No. 8957, Exchange Act Release No. 58597, § I.A. (Sept. 19, 2008) [73 Fed. Reg. 60050 (Oct. 9, 2008)].

535 17 C.F.R. §§ 240.14d-1(c), 240.14d-9(e)(2)(iii) and 240.14e-2(d) (2013).

536 17 C.F.R. § 240.14e-5(b)(10) (2013).

537 17 C.F.R. § 240.14e-5 (2013).

538 Exchange Act Rule 14e-5(b)(10)(ii) und (iii), 17 C.F.R. § 240.14e-5(b)(10)(ii) and (iii) (2013).

539 Der Begriff „*home jurisdiction*" hat gemäß Exchange Act Rule 14e-5(c)(9), 17 C.F.R. § 240.14e-5(c)(9) (2013), die gleiche Bedeutung wie in Exchange Act Rule 14d-1, Instruction 1 to paragraphs (c) and (d), 17 C.F.R. § 240.14d-1 (2013).

zu erfolgen.[540] Explizit vorausgesetzt wird zudem, dass die diesbezüglichen Informationen im Anschluss an jeden Erwerbsvorgang in den Vereinigten Staaten von Amerika in englischer Sprache[541] und in einer der Bekanntgabe in der *home jurisdiction* vergleichbaren Art und Weise veröffentlicht werden.[542]

### bb. *Tier II Exemption*

Im Unterschied zur weit gefassten „*Tier I*"-Ausnahmeregelung sieht die in Exchange Act Rule 14d-1(d)[543] normierte *Tier II exemption* bei einem zwar die 10 %-Schwelle, nicht aber die 40 %-Schwelle überschreitenden US-Anteilsbesitz angesichts des gesteigerten US-amerikanischen Regelungsinteresses lediglich gezielte Befreiungen von einzelnen, mit ausländischen Vorschriften regelmäßig in Konflikt stehenden *tender offer rules* vor.[544] Nicht für erforderlich erachtet hat die SEC zudem, anders als im Falle von „*Tier I*"-Konstellationen, eine Befreiung von den Registrierungsanforderungen des Securities Act.[545]

Um als Bieter von den Erleichterungen der *Tier II exemption* profitieren zu können, dürfen sich nicht mehr als 40 % der Wertpapiere einer ausländischen Zielgesellschaft in den Händen von in den Vereinigten Staaten von Amerika wohnhaften bzw. ansässigen Anlegern befinden.[546] Wenngleich angesichts der Konzeption der

---

540 Exchange Act Rule 14e-5(b)(10)(v), 17 C.F.R. § 240.14e-5(b)(10)(v) (2013).

541 Siehe Cross-Border Tender and Exchange Offers, Business Combinations and Rights Offerings, Securities Act Release No. 7759, Exchange Act Release No. 42054, Trust Indenture Act Release No. 2378, International Series Release No. 1208, § II.C.1.a. (Oct. 22, 1999) [64 Fed. Reg. 61382 (Nov. 10, 1999)].

542 Exchange Act Rule 14e-5(b)(10)(iv), 17 C.F.R. § 240.14e-5(b)(10)(iv) (2013).

543 17 C.F.R. § 240.14d-1(d) (2013).

544 Bei der *Tier II exemption* handelt es sich im Wesentlichen um die Kodifizierung bereits in der Vergangenheit von der SEC eingenommener Standpunkte. Die Möglichkeit der Beantragung weitergehender Befreiungen auf „*case-by-case*"-Basis wurde dadurch für Bieter nicht begrenzt. Allerdings stellte die Behörde bei Erlass der *cross-border rules* klar, dass bei einem US-Anteil von über 40 % Erleichterungen und / oder Befreiungen ausschließlich bei direkten Konflikten zwischen US-amerikanischen und ausländischen Rechtsvorschriften und / oder Gepflogenheiten erwogen würden. Siehe Cross-Border Tender and Exchange Offers, Business Combinations and Rights Offerings, Securities Act Release No. 7759, Exchange Act Release No. 42054, Trust Indenture Act Release No. 2378, International Series Release No. 1208, § II.B. (Oct. 22, 1999) [64 Fed. Reg. 61382 (Nov. 10, 1999)].

545 Vgl. Cross-Border Tender and Exchange Offers, Business Combinations and Rights Offerings, Securities Act Release No. 7759, Exchange Act Release No. 42054, Trust Indenture Act Release No. 2378, International Series Release No. 1208, § II.D.2.a. (Oct. 22, 1999) [64 Fed. Reg. 61382 (Nov. 10, 1999)].

546 Exchange Act Rule 14d-1(d)(1)(i) und (ii), 17 C.F.R. § 240.14d-1(d)(1)(i) and (ii) (2013). Eine Ausnahme gilt wie im Falle der *Tier I exemption* für konkurrierende Bieter. Siehe Cross-Border Tender and Exchange Offers, Business Combinations and Rights Offerings, Securities Act Release No. 7759, Exchange Act Release

*cross-border rules* an sich eine reine Selbstverständlichkeit, verlangt die SEC zudem explizit, dass der Bieter alle nicht von der Ausnahmeregelung betroffenen US-amerikanischen Übernahmebestimmungen beachtet, insbesondere, soweit einschlägig, den inländischen Verfahrens-, Veröffentlichungs- und Einreichungsanforderungen genügt.[547] Entsprechend muss ein sich auf die Ausnahmeregelung berufender Bieter die in Regulation 14E normierte Mindestangebotsfrist etwa ebenso beachten wie bei Anwendbarkeit von Regulation 14D – zumindest grundsätzlich – die strengen US-amerikanischen Gleichbehandlungsanforderungen. Da der Bieter in letzterem Falle anders als bei „*Tier I*"-Transaktionen zudem nicht von der Pflicht zur Einreichung eines *Schedule TO* befreit ist, ist die Übermittlung bzw. Einreichung der Formblätter *Form CB* und *Form F-X* im Rahmen von „*Tier II*"-Transaktionen weder erforderlich noch ausreichend.[548]

Herzstück der *Tier II exemption* ist die Regelung in Exchange Act Rule 14d-1(d)(2)(ii).[549] Nach dieser Vorschrift ist dem Bieter die wegen des übernahmerechtlichen Gleichbehandlungsgrundsatzes des § 3 Abs. 1 WpÜG mit deutschem Recht nicht vereinbare Aufspaltung seines Angebots in eine an US-amerikanische Investoren gerichtete Offerte[550] und ein oder mehrere[551] an außerhalb der Vereinigten Staaten von Amerika wohnhafte bzw. ansässige Wertpapierinhaber adressierte Angebote

---

No. 42054, Trust Indenture Act Release No. 2378, International Series Release No. 1208, § I.B. and § II.B. (Oct. 22, 1999) [64 Fed. Reg. 61382 (Nov. 10, 1999)].

547 Exchange Act Rule 14d-1(d)(1)(iii), 17 C.F.R. § 240.14d-1(d)(1)(iii) (2013).

548 Cross-Border Tender and Exchange Offers, Business Combinations and Rights Offerings, Securities Act Release No. 7759, Exchange Act Release No. 42054, Trust Indenture Act Release No. 2378, International Series Release No. 1208, § II.B. (Oct. 22, 1999) [64 Fed. Reg. 61382 (Nov. 10, 1999)].

549 17 C.F.R. § 240.14d-1(d)(2)(ii) (2013).

550 Seit der Änderung der *cross-border rules* im Jahre 2008 können sämtliche Inhaber von ADR unabhängig von deren Wohnsitz in das US-amerikanische Angebot einbezogen werden. Siehe Commission Guidance and Revisions to the Cross-Border Tender Offer, Exchange Offer, Rights Offerings, and Business Combination Rules and Beneficial Ownership Reporting Rules for Certain Foreign Institutions, Securities Act Release No. 8957, Exchange Act Release No. 58597, § II.C.2.b. (Sept. 19, 2008) [73 Fed. Reg. 60050 (Oct. 9, 2008)].

551 In ihrer Ursprungsfassung aus dem Jahre 1999 war die Regelung auf ein ausländisches Angebot beschränkt. Mit der Änderung aus dem Jahre 2008 trug die SEC dem Umstand Rechnung, dass internationale Übernahmen regelmäßig Berührungspunkte mit mehr als einer – aus US-amerikanischer Sicht – ausländischen Rechtsordnung aufweisen. Siehe Commission Guidance and Revisions to the Cross-Border Tender Offer, Exchange Offer, Rights Offerings, and Business Combination Rules and Beneficial Ownership Reporting Rules for Certain Foreign Institutions, Securities Act Release No. 8957, Exchange Act Release No. 58597, § II.C.2.a. (Sept. 19, 2008) [73 Fed. Reg. 60050 (Oct. 9, 2008)].

gestattet.[552] Einschränkend verlangt die SEC für die Lockerung der *„equal treatment“*-Anforderungen, namentlich der *all-holders* und *best-price rule*, lediglich, dass die Konditionen der im Inland unterbreiteten Offerte zumindest ebenso günstig sind wie diejenigen des bzw. der außerhalb der Vereinigten Staaten von Amerika veröffentlichten Angebote.[553]

Ebenfalls adressiert hat die SEC die im internationalen Übernahmekontext gehäuft auftretende Problematik der Bekanntgabe von Fristverlängerungen sowie diejenige der Fälligkeit der Gegenleistung nach Ablauf der *initial offering period*; mit dem Ergebnis, dass es für die Erfüllung der US-amerikanischen *„public announcement“*- und *„prompt payment“*-Anforderungen[554] bei Vorliegen der Voraussetzungen der *Tier II exemption* genügt, wenn der Bieter die rechtlichen Vorgaben bzw. Gepflogenheiten der *home jurisdiction* der Zielgesellschaft befolgt.[555]

---

552 Im Zuge der Reform der *cross-border rules* im Jahre 2008 hat die SEC Bietern ausdrücklich die Möglichkeit eröffnet, ausländischem Recht unterliegende Angebote auch auf Wertpapierinhaber in den Vereinigten Staaten von Amerika zu erstrecken, allerdings nur, sofern die ausländische Rechtsordnung einen Ausschluss ausdrücklich untersagt und die mit der Teilnahme an einem ausländischen Angebot verbundenen Risiken in den in den Vereinigten Staaten von Amerika verbreiteten Angebotsunterlagen vollumfänglich offengelegt werden. Siehe Commission Guidance and Revisions to the Cross-Border Tender Offer, Exchange Offer, Rights Offerings, and Business Combination Rules and Beneficial Ownership Reporting Rules for Certain Foreign Institutions, Securities Act Release No. 8957, Exchange Act Release No. 58597, § II.C.2.c. (Sept. 19, 2008) [73 Fed. Reg. 60050 (Oct. 9, 2008)]. Ausführlich zur Unzulässigkeit der rechtlichen Aufspaltung öffentlicher Angebote nach deutschem Recht etwa *Behnke*, WM 2002, 2229, 2233; *Fischer*, Rechtsfragen grenzüberschreitender Übernahmeangebote, S. 171 ff.; *Josenhans*, Grenzüberschreitende öffentliche Übernahmeangebote, S. 402 ff.; a. A. *Aha*, AG 2002, 313, 322.

553 Abweichend von Exchange Act Rule 14d-10, 17 C.F.R. § 240.14d-10 (2013), darf der Bieter unter den Voraussetzungen von Exchange Act Rule 14d-1(d)(2)(i), 17 C.F.R. § 240.14d-1(d)(2)(i) (2013), zudem ausschließlich Wertpapierinhabern außerhalb der Vereinigten Staaten von Amerika *loan notes* als alternative Gegenleistung anbieten.

554 Siehe Exchange Act Rule 14e-1(d), 17 C.F.R. § 240.14e-1(d) (2013), bzw. Exchange Act Rule 14e-1(c), 17 C.F.R. § 240.14e-1(c) (2013).

555 Exchange Act Rule 14d-1(d)(2)(iii), 17 C.F.R. § 240.14d-1(d)(2)(iii) (2013), bzw. Exchange Act Rule 14d-1(d)(2)(iv), 17 C.F.R. § 240.14d-1(d)(2)(iv) (2013). Da die BaFin Verlängerungen der Annahmefrist durch den Bieter nicht gestattet, kommt ersterer Regelung im deutsch-US-amerikanischen Verhältnis keine Bedeutung zu. Letztere Vorschrift gilt sowohl im Falle von *Regulation 14E-only tender offers* als auch dann, wenn sich der Bieter bewusst gegen die Einräumung einer *subsequent offering period* entscheidet. Wird eine solche Zusatzfrist hingegen vom Bieter gewährt, ist Exchange Act Rule 14d-1(d)(v), 17 C.F.R. § 240.14d-1(d)(v) (2013), zu beachten.

Mit Exchange Act Rule 14d-1(d)(2)(ix)[556] hat die SEC im Jahre 2008 zudem auf die zwar nicht in Deutschland,[557] wohl aber in anderen ausländischen Jurisdiktionen gängige Praxis reagiert, die Angebots- bzw. Annahmefrist zu beenden und den Zahlungsprozess einzuleiten, sobald sämtliche Angebotsbedingungen erfüllt sind.[558] Eine solche Vorgehensweise gestattet die SEC seither im Rahmen von „*Tier II*"-Transaktionen unter den zusätzlichen Voraussetzungen, dass bereits in den ursprünglichen Angebotsunterlagen hinlänglich sowohl auf die Möglichkeit als auch die Auswirkungen einer solchen vorzeitigen Beendigung der Laufzeit des Angebots hingewiesen wird und zum fraglichen Zeitpunkt alle nach US-amerikanischem Recht zwingend einzuhaltenden Fristen abgelaufen sind. Gewissermaßen als Ersatz für die vorzeitigte Beendigung der Angebots- bzw. Annahmefrist verlangt die SEC zudem, dass der Bieter den Empfängern des Angebots die Möglichkeit gewährt, ihre Wertpapiere noch nachträglich, und zwar im Rahmen einer sich anschließenden *subsequent offering period*, zum Verkauf einzureichen.

Dem Umstand, dass die in § 14(d)(5) Exchange Act[559] u. a. normierten *back-end withdrawal rights* die Ergebnisermittlung im Rahmen internationaler Übernahmen in der Vergangenheit häufig erschwert und entsprechend Befreiungsanträge erforderlich gemacht haben,[560] hat die Aufsichtsbehörde im Jahre 2008 durch Erlass von Exchange Act Rule 14d-1(d)(2)(vii)[561] ebenfalls Rechnung getragen. Die Regelung erlaubt es einem Bieter, die genannten Rücknahmerechte in dem Zeitraum zwischen Ablauf der Angebotsfrist und Ergebnisfeststellung gewissermaßen auszusetzen. Vorausgesetzt wird jedoch insbesondere, dass zum fraglichen Zeitpunkt alle Bedingungen, von denen die Wirksamkeit des Angebots abhängt und auf die der Bieter nicht wirksam verzichtet hat, erfüllt sind und, sollte der Bieter die Wertpapiere

---

556 17 C.F.R. § 240.14d-1(d)(2)(ix) (2013).

557 Siehe Fn. 49.

558 Zu den betroffenen Jurisdiktionen sollen nach Angaben der SEC China (Hong Kong), Großbritannien, Singapur und Südafrika gehören. Siehe Commission Guidance and Revisions to the Cross-Border Tender Offer, Exchange Offer, Rights Offerings, and Business Combination Rules and Beneficial Ownership Reporting Rules for Certain Foreign Institutions, Securities Act Release No. 8957, Exchange Act Release No. 58597, § II.C.6. n.246 (Sept. 19, 2008) [73 Fed. Reg. 60050 (Oct. 9, 2008)]. Ebenfalls als ausreichend wird in den genannten Jurisdiktionen offenbar ein Bedingungsverzicht angesehen.

559 15 U.S.C. § 78n(d)(5) (2012).

560 Für Beispiele aus der Praxis siehe Commission Guidance and Revisions to the Cross-Border Tender Offer, Exchange Offer, Rights Offerings, and Business Combination Rules and Beneficial Ownership Reporting Rules for Certain Foreign Institutions, Securities Act Release No. 8957, Exchange Act Release No. 58597, § II.C.3. n.171 (Sept. 19, 2008) [73 Fed. Reg. 60050 (Oct. 9, 2008)].

561 17 C.F.R. § 240.14d-1(d)(2)(vii) (2013).

nicht bereits akzeptiert haben, die Rücknahmerechte unmittelbar im Anschluss an die Ergebnisermittlung wieder aufleben.[562]

Einen Schwerpunkt der *Tier II exemption* bilden seit jeher überdies die die *subsequent offering period rule* betreffenden Ausnahmen und Erleichterungen:

So genügt ein sich auf die Ausnahmeregelung berufender Bieter gemäß Exchange Act Rule 14d-1(d)(2)(v)[563] den in Exchange Act Rule 14d-11(d) und (c)[564] statuierten „*announcement*"- und „*prompt payment*"-Anforderungen bereits dann, wenn er bei Bekanntgabe des (vorläufigen) Ergebnisses des *tender offer* wie auch bei Erbringung der Gegenleistung für die im Rahmen der *initial offering period* zum Verkauf eingereichten Wertpapiere die einschlägigen ausländischen Bestimmungen und / oder Gepflogenheiten beachtet. Klargestellt hat die SEC zudem, dass die zusätzliche Frist in solch einem Fall erst unmittelbar im Anschluss an die Erfüllung der Veröffentlichungspflicht zu beginnen hat und die Angebotsadressaten in der Zwischenzeit ungeachtet der Regelung des § 14(d)(5) Exchange Act[565] nicht zur Rücknahme bereits zum Verkauf eingereichter Wertpapiere berechtigt sind.

---

562 Die SEC hat ausdrücklich klargestellt, dass eine Aussetzung ausscheidet, wenn das Angebot etwa unter der Bedingung der Kartellfreigabe steht und eine solche bis zum Ablauf der Angebotsfrist nicht erteilt wurde. Siehe Commission Guidance and Revisions to the Cross-Border Tender Offer, Exchange Offer, Rights Offerings, and Business Combination Rules and Beneficial Ownership Reporting Rules for Certain Foreign Institutions, Securities Act Release No. 8957, Exchange Act Release No. 58597, § II.C.3. (Sept. 19, 2008) [73 Fed. Reg. 60050 (Oct. 9, 2008)] („*The rule [...] [is] not intended to eliminate back-end withdrawal rights where a regulatory condition remains outstanding after the expiration of the offer period. Where a lengthy regulatory review process survives the expiration of a tender offer, the back-end withdrawal rights [...] provide an important safeguard for tendering security holders.*"). Ebenso *Lander*, U.S. Securities Law, § 11A:4. Zu zeitlichen Aspekten des Nachweises der Erreichung einer festgesetzten Mindestannahmeschwelle siehe Commission Guidance and Revisions to the Cross-Border Tender Offer, Exchange Offer, Rights Offerings, and Business Combination Rules and Beneficial Ownership Reporting Rules for Certain Foreign Institutions, Securities Act Release No. 8957, Exchange Act Release No. 58597, § II.C.3. n.174 (Sept. 19, 2008) [73 Fed. Reg. 60050 (Oct. 9, 2008)] („*[...] [T]he bidder in a cross-border tender offer may not know at the expiration of the offer whether the minimum tender condition has been satisfied, and the amended rules recognize this issue. [...] [B]ecause the tenders of securities must occur before the expiration, even where the counting process occurs after the end of the offer, [the Securities and Exchange Commission] view[s] a minimum tender condition as being satisfied at or before expiration, consistent with [the Securities and Exchange Commission's] view that all non-regulatory conditions must be satisfied or waived as of that date. [...].*").

563 17 C.F.R. § 240.14d-1(d)(2)(v) (2013).

564 17 C.F.R. § 240.14d-11(d) and (c) (2013).

565 15 U.S.C. § 78n(d)(5) (2012).

Seit der Reform der *cross-border rules* ist es dem Bieter zudem gestattet, während der weiteren Angebotsfrist zum Verkauf eingereichte Wertpapiere abweichend von Exchange Act Rule 14d-11(e)[566] tageweise zu bündeln und die Gegenleistung jeweils innerhalb von 20 Werktagen[567] seit dem Tag ihrer Einreichung zu erbringen.[568] Festgelegt hat die SEC mit dieser Regelung allerdings lediglich eine Art Mindeststandard. Sofern – wie in Deutschland – lokale Gesetze bzw. Gepflogenheiten eine kurzfristigere Erbringung der vom Bieter geschuldeten Gegenleistung vorschreiben bzw. gestatten, genügt dieser den Zahlungsanforderungen der SEC nur, wenn er seinen Verpflichtungen entsprechend zügiger nachkommt.[569]

Gemäß Exchange Act Rule 14d-1(d)(2)(vi)[570] ebenfalls zulässig, sofern ausländisches Recht dies erfordert, ist seit dem Jahre 2008 die Verzinsung der im Rahmen der *subsequent offering period* zu erbringenden Gegenleistung. Anlass für die Ausnahmeregelung war insbesondere die deutsche Regelung in § 305 AktG. Nach dessen Absatz 1 müssen Beherrschungs- wie auch Gewinnabführungsverträge u. a. die Verpflichtung des beherrschenden Vertragspartners enthalten, auf Verlangen eines außenstehenden Aktionärs dessen Aktien gegen eine im Vertrag bestimmte angemessene Abfindung zu erwerben. Als eine solche kommt gemäß § 305 Abs. 2 AktG je nach den Umständen des Einzelfalls entweder die Gewährung von Aktien oder eine Barabfindung in Betracht. Wird eine Barabfindung gewährt, ist diese gemäß § 305 Abs. 3 S. 3 AktG nach Ablauf des Tages, an dem der Beherrschungs- oder Gewinnabführungsvertrag wirksam wird, mit jährlich 5 Prozentpunkten über dem jeweiligen Basiszinssatz nach § 247 BGB zu verzinsen.[571]

566 17 C.F.R. § 240.14d-11(e) (2013).

567 Abweichend von der allgemeinen Definition in Exchange Act Rule 14d-1(g)(3), 17 C.F.R. § 240.14d-1(g)(3) (2013), wird der Begriff „*business day*" für Zwecke von Exchange Act Rule 14d-1(d), 17 C.F.R. § 240.14d-1(d) (2013), „*with reference to the target's home jurisdiction*" bestimmt. Siehe Exchange Act Rule 14d-1(d)(2)(iv), 17 C.F.R. § 240.14d-1(d)(2)(iv) (2013).

568 Zum Hintergrund der Änderung, insbesondere zum Zusammenhang mit der Aufhebung der maximalen Dauer der *subsequent offering period* siehe Commission Guidance and Revisions to the Cross-Border Tender Offer, Exchange Offer, Rights Offerings, and Business Combination Rules and Beneficial Ownership Reporting Rules for Certain Foreign Institutions, Securities Act Release No. 8957, Exchange Act Release No. 58597, § II.C.4.b. (Sept. 19, 2008) [73 Fed. Reg. 60050 (Oct. 9, 2008)].

569 Siehe Exchange Act Rule 14d-1(d)(2)(iv), 17 C.F.R. § 240.14d-1(d)(2)(iv) (2013); Commission Guidance and Revisions to the Cross-Border Tender Offer, Exchange Offer, Rights Offerings, and Business Combination Rules and Beneficial Ownership Reporting Rules for Certain Foreign Institutions, Securities Act Release No. 8957, Exchange Act Release No. 58597, § II.C.4.b. (Sept. 19, 2008) [73 Fed. Reg. 60050 (Oct. 9, 2008)].

570 17 C.F.R. § 240.14d-1(d)(2)(vi) (2013).

571 Zum Zeitpunkt des Wirksamwerdens eines Unternehmensvertrags siehe § 294 Abs. 2 AktG. Hierzu ausführlich *Hüffer*, AktG, § 294 Rdnr. 17 ff.

Angesichts dieser Vorgaben wurden Barabfindungsangebote i. S. v. § 305 Abs. 1 AktG in der Praxis bei Anhaltspunkten für einen die 10 %-Schwelle übersteigenden US-Anteilsbesitz in Übereinstimmungen sowohl mit den Vorgaben des deutschen Aktienrechts[572] als auch mit denjenigen des § 14 Exchange Act[573] sowie der einschlägigen Ausführungsbestimmungen der SEC durchgeführt.[574] Strukturiert wurden sie derart, dass die Pflicht zur Verzinsung der Barabfindung erst während der *subsequent offering period* entstand. Erforderlich waren daher in der Vergangenheit einzelfallbezogene Befreiungen von der *best price rule* ebenso wie von den in Exchange Act Rule 14d-11(f)[575] enthaltenen Vorgaben zur Höhe der Gegenleistung.

Wesentlich erleichtert wurden im Jahre 2008 durch Erlass von Exchange Act Rule 14d-1(d)(2)(viii)[576] schließlich auch grenzüberschreitende *mix and match offers.* Deren Abgabe wurde in der Vergangenheit vor allem dadurch erschwert, dass die *tender offer rules* der SEC, allen voran die Vorschriften zur *subsequent offering period* sowie Exchange Act Rule 14d-10(c)(1),[577] zahlreiche für derartige Offerten charakteristische Merkmale generell untersagen. Explizit gestattet wurde daher neben der umfangmäßigen Begrenzung der vom Bieter angebotenen Gegenleistungen im Hinblick auf die *„prompt payment*"-Anforderungen insbesondere die Verwendung separater sog. *offset and proration pools* für die während der unterschiedlichen Phasen des Angebotsverfahrens zum Verkauf eingereichten Wertpapiere.

Parallel zur Änderung der *Tier II exemption* hat die SEC im Zuge der Reform der *cross-border rules* auch das Verbot des Erwerbs von Wertpapieren außerhalb des

572 Barabfindungsangebote i. S. v. § 305 Abs. 1 AktG unterliegen hingegen nicht den Vorschriften des WpÜG. Siehe Begr. RegE WpÜG, BT-Drucks. 14/7034 vom 5. Oktober 2001, S. 34.

573 15 U.S.C. § 78n (2012).

574 Vgl. etwa No-Action and Exemptive Letter: Blackstone Entities (Dec. 16, 2004), abrufbar unter http://www.sec.gov/divisions/corpfin/cf-noaction/blackstone121604.htm (zuletzt abgerufen im März 2014), sowie Commission Guidance and Revisions to the Cross-Border Tender Offer, Exchange Offer, Rights Offerings, and Business Combination Rules and Beneficial Ownership Reporting Rules for Certain Foreign Institutions, Securities Act Release No. 8957, Exchange Act Release No. 58597, § II.C.4.c. n.208 (Sept. 19, 2008) [73 Fed. Reg. 60050 (Oct. 9, 2008)].

575 17 C.F.R. § 240.14d-11(f) (2013).

576 17 C.F.R. § 240.14d-1(d)(2)(viii) (2013). Von der Regelung erfasst werden ausschließlich ausländische, nicht hingegen in den Vereinigten Staaten von Amerika inkorporierte Zielgesellschaften. Zu den für die Reichweite der Bestimmung relevanten Erwägungen der SEC siehe Commission Guidance and Revisions to the Cross-Border Tender Offer, Exchange Offer, Rights Offerings, and Business Combination Rules and Beneficial Ownership Reporting Rules for Certain Foreign Institutions, Securities Act Release No. 8957, Exchange Act Release No. 58597, § II.C.4.d. (Sept. 19, 2008) [73 Fed. Reg. 60050 (Oct. 9, 2008)].

577 17 C.F.R. § 240.14d-10(c)(1) (2013).

„*tender offer*"-Verfahrens durch Kodifikation dreier sog. *class exemptive letters* aus den Jahren 2006 und 2007[578] erheblich eingeschränkt.

Die Ausnahmeregelung in Exchange Act Rule 14e-5(b)(11)[579] stellt dabei in gewisser Weise eine Ergänzung zu Exchange Act Rule 14d-1(d)(2)(ii)[580] dar. Sie gestattet im Falle von „*dual*"- oder „*multiple offer*"-Strukturen Wertpapiererwerbe im Rahmen des bzw. der ausländischem Recht unterliegenden Angebote, sofern die Erwerbsabsicht des Bieters in der US-amerikanischen Angebotsdokumentation offengelegt wird und eine Benachteiligung der im Inland wohnhaften bzw. ansässigen Wertpapierinhaber, sei sie materieller oder verfahrensrechtlicher Natur, ausgeschlossen ist.[581] Explizit klargestellt hat die SEC zudem, dass die Befreiung von der Verbotsnorm nicht für Erwerbe über die Börse oder etwa solche aufgrund privat ausgehandelter Transaktionen gilt.[582]

Exchange Act Rule 14e-5(b)(12)[583] gestattet zusätzlich sowohl *affiliates* von „*Tier II*"-Transaktionen[584] als *financial advisor* begleitenden Investmentbanken als auch Bietern und deren *affiliates* Erwerbe außerhalb des „*tender offer*"-Verfahrens, sofern selbige nach dem Recht der *home jurisdiction* der Zielgesellschaft zulässig sind und entsprechend den im Ausland geltenden gesetzlichen Vorschriften durchgeführt werden.[585] Einschränkend wird allerdings u. a. vorausgesetzt, dass

578 Siehe No-Action Letter: Mittal Steel Company N.V. (June 22, 2006) (Dual Offers), No-Action Letter: Sulzer AG (Mar. 2, 2007) (Offerors) und No-Action Letter: Cleary Gottlieb Steen & Hamilton LLP (Apr. 4, 2007) (Financial Advisors). Sämtliche Schreiben sind abrufbar unter http://www.sec.gov/divisions/marketreg/mr-noaction.shtml (alle zuletzt abgerufen im März 2014).

579 17 C.F.R. § 240.14e-5(b)(11) (2013). Zur früheren Rechtslage, etwa zum ehemaligen Erfordernis einzelfallbezogener Befreiungen vom Verbot des Erwerbs von Wertpapieren im Rahmen der ausländischem Recht unterliegenden Parallelangebote, siehe SEC Division of Corporation Finance, Manual of Publicly Available Telephone Interpretations, Third Supplement (July 2001), Section I (Regulation M-A: *Release No. 33–7760, October 22, 1999*), Subsection L (Rule 14e-5), Question 3; abrufbar unter http://www.sec.gov/interps/telephone/phonesupplement3.htm (zuletzt abgerufen im März 2014).

580 17 C.F.R. § 240.14d-1(d)(2)(ii) (2013).

581 Exchange Act Rule 14e-5(b)(11)(ii) bis (iv), 17 C.F.R. § 240.14e-5(b)(11)(ii) through (iv) (2013).

582 Exchange Act Rule 14e-5(b)(11)(v), 17 C.F.R. § 240.14e-5(b)(11)(v) (2013).

583 17 C.F.R. § 240.14e-5(b)(12) (2013).

584 Vgl. Exchange Act Rule 14e-5(b)(12)(i)(A) und (B), 17 C.F.R. § 240.14e-5(b)(12)(i)(A) and (B) (2013).

585 Der Begriff „*affiliate*" hat gemäß Exchange Act Rule 14e-5(c)(1), 17 C.F.R. § 240.14e-5(c)(1) (2013), die gleiche Bedeutung wie in Exchange Act Rule 12b-2, 17 C.F.R. § 240.12b-2 (2013). Ein „*affiliate*" i. S. d. Vorschrift ist demnach „*a person that directly, or indirectly through one or more intermediaries, controls, or is controlled by, or is under common control with, the [financial advisor or the bidder, respectively].*"

für ausreichende Transparenz gesorgt wird und keine Wertpapiergeschäfte in den Vereinigten Staaten von Amerika durchgeführt werden.[586]

Im Falle eines Erwerbs des Bieters bzw. eines seiner *affiliates* zu einer wertmäßig höheren als der im Rahmen des „*tender offer*"-Verfahrens offerierten Gegenleistung ist Letztere überdies entsprechend zu erhöhen.[587] Ebenso wie die vergleichbare Regelung des § 31 Abs. 4 WpÜG ist auch diese Vorschrift Ausfluss des übernahmerechtlichen Gleichbehandlungspostulats.[588]

Erwirbt hingegen ein *affiliate* eines *financial advisor* außerhalb des Angebotsverfahrens Wertpapiere der Zielgesellschaft, fordert die SEC zur Verhinderung unzulässiger Informationstransfers zusätzlich insbesondere die Errichtung sog. *Chinese walls*.[589] Bestimmte personelle Verflechtungen zwischen *affiliate* und *financial advisor* sind zudem gänzlich untersagt.[590] Auch sind Erwerbe zur Förderung eines *tender offer* explizit von der Regelung ausgenommen, da die Norm *affiliates* von beratenden Investmentbanken lediglich die Ausübung ihrer normalen Geschäftstätigkeit zu ermöglichen bezweckt.[591]

### *b. Securities Act*

Neben den für internationale Bar- und Tauschangebote relevanten Befreiungen von den US-amerikanischen *tender offer rules* sehen die *cross-border rules* – wie bereits angedeutet – in Securities Act Rule 802[592] für Letztere zusätzlich Befreiungen von den Registrierungsanforderungen des § 5 Securities Act[593] vor, ermöglichen folglich die Durchführung internationaler Tauschangebote in den Vereinigten Staaten von Amerika ohne vorherige Registrierung der in deren Rahmen als Gegenleistung angebotenen Wertpapiere.[594]

---

586 Vgl. Exchange Act Rule 14e-5(b)(12)(i)(C), (D) und (E), 17 C.F.R. § 240.14e-5(b)(12)(i)(C), (D) and (E) (2013).

587 Exchange Act Rule 14e-5(b)(12)(i)(F), 17 C.F.R. § 240.14e-5(b)(12)(i)(F) (2013).

588 Vgl. Revisions to the Cross-Border Tender Offer, Exchange Offer, and Business Combination Rules and Beneficial Ownership Reporting Rules for Certain Foreign Institutions, Securities Act Release No. 8917, Exchange Act Release No. 57781, § II.C.7. (May 6, 2008) [73 Fed. Reg. 26876 (May 9, 2008)].

589 Vgl. Exchange Act Rule 14e-5(b)(12)(i)(G)(1), 17 C.F.R. § 240.14e-5(b)(12)(i)(G)(1) (2013).

590 Vgl. Exchange Act Rule 14e-5(b)(12)(i)(G)(3), 17 C.F.R. § 240.14e-5(b)(12)(i)(G)(3) (2013).

591 Exchange Act Rule 14e-5(b)(12)(i)(G)(4), 17 C.F.R. § 240.14e-5(b)(12)(i)(G)(4) (2013).

592 17 C.F.R. § 230.802 (2013).

593 15 U.S.C. § 77e (2012).

594 Unberührt von der Ausnahmevorschrift bleiben alle sonstigen kapitalmarktrechtlichen Bestimmungen. Siehe Securities Act Rules 800, 801 und 802, General Notes 1, 3 und 4, 17 C.F.R. §§ 230.800, 230.801 and 230.802 (2013). *Exempt exchange offers* lösen keine laufenden Berichtspflichten gemäß § 15(d) Exchange Act, 15 U.S.C. § 78o(d) (2012), aus. Siehe Cross-Border Tender Offers, Business Combinations and

Um sich als Bieter auf die Befreiungsnorm berufen zu können, muss es sich nicht nur bei der ausländischen Zielgesellschaft um einen *foreign private issuer*[595] handeln, sondern dürfen sich zugleich nicht mehr als 10 % der Anteile in den Händen von in den Vereinigten Staaten von Amerika wohnhaften bzw. ansässigen Investoren befinden.[596] Zudem müssen die Angebotsbedingungen für Wertpapierinhaber in den Vereinigten Staaten von Amerika vorbehaltlich einer der *blue sky exemption* entsprechenden Ausnahme zumindest ebenso günstig sein wie die allen anderen Adressaten offerierten Konditionen.[597] Auch die Verbreitungspflichten sind parallel zur *Tier I exemption* geregelt. Entsprechend ist es ausreichend, dass englische Übersetzungen aller in der *home jurisdiction*[598] der Zielgesellschaft zu verbreitenden Dokumente, inklusive Änderungen, in vergleichbarer Art und Weise auch in den Vereinigten Staaten von Amerika zur Verfügung gestellt werden,[599] bzw. – sollte

Rights Offerings, Securities Act Release No. 7611, Exchange Act Release No. 40678, International Series Release No. 1171, § II.F. (Nov. 13, 1998) [63 Fed. Reg. 69136 (Dec. 15, 1998)]. Zum Verhältnis von Securities Act Rule 802, 17 C.F.R. § 230.802 (2013), zu anderen Befreiungstatbeständen siehe Securities Act Rules 800, 801 und 802, General Notes 5 bis 7, 17 C.F.R. §§ 230.800, 230.801 and 230.802 (2013), sowie Cross-Border Tender and Exchange Offers, Business Combinations and Rights Offerings, Securities Act Release No. 7759, Exchange Act Release No. 42054, Trust Indenture Act Release No. 2378, International Series Release No. 1208, § II.D.1. n.49 (Oct. 22, 1999) [64 Fed. Reg. 61382 (Nov. 10, 1999)]. Zu etwaigen Beschränkungen der Übertragbarkeit von im Rahmen von *exempt exchange offers* erworbenen Wertpapieren siehe Securities Act Rules 800, 801 und 802, General Note 8, 17 C.F.R. §§ 230.800, 230.801 and 230.802 (2013) („*[...] [S]ecurities acquired in an exchange offer [...] subject to [Securities Act Rule 802] are 'restricted securities' within the meaning of [Securities Act Rule 144(a)(3)] to the same extent and proportion that the securities tendered or exchanged by the security holder in that transaction were restricted securities.*“).

595 Securities Act Rule 800(d), 17 C.F.R. § 230.800(d) (2013), verweist insofern auf die Definition in Securities Act Rule 405, 17 C.F.R. § 230.405 (2013).

596 Securities Act Rule 802(a)(1), 17 C.F.R. § 230.802(a)(1) (2013). Wie im Falle der *Tier I* und *Tier II exemptions* gilt die *U.S. ownership limitation* nicht für nachfolgende konkurrierende Bieter. Siehe Cross-Border Tender and Exchange Offers, Business Combinations and Rights Offerings, Securities Act Release No. 7759, Exchange Act Release No. 42054, Trust Indenture Act Release No. 2378, International Series Release No. 1208, § I.B. and § II.D.2.a. (Oct. 22, 1999) [64 Fed. Reg. 61382 (Nov. 10, 1999)]. Die Berechnung des US-Anteilsbesitzes richtet sich nach Securities Act Rule 800(h), 17 C.F.R. § 230.800(h) (2013), und folgt inhaltlich den gleichen Regeln wie diejenige im Rahmen der *Tier I* und *Tier II exemptions.*

597 Securities Act Rule 802(a)(2), 17 C.F.R. § 230.802(a)(2) (2013).

598 Der Begriff „*home jurisdiction*“ bezeichnet gemäß Securities Act Rule 800(f), 17 C.F.R. § 230.800(f) (2013), „*both the jurisdiction of the foreign subject company's [...] incorporation, organization or chartering and the principal foreign market where the foreign subject company's [...] securities are listed or quoted.*“

599 Securities Act Rule 802(a)(3)(ii), 17 C.F.R. § 230.802(a)(3)(ii) (2013).

die Verbreitung der Angebotsdokumentation in der *home jurisdiction* im Wege der Veröffentlichung erfolgen – der Bieter die entsprechenden Informationen zeitgleich[600] und „*in a manner reasonably calculated to inform U.S. holders*" auch in den Vereinigten Staaten von Amerika veröffentlicht.[601] Alle Unterlagen müssen zudem einen deutlich sichtbaren Hinweis (*legend*) enthalten, dass das Angebot nach ausländischen, von den US-amerikanischen Offenlegungsvorschriften möglicherweise abweichenden Bestimmungen durchgeführt wird.[602] Schließlich verlangt Securities Act Rule 802[603] – ebenso wie Exchange Act Rule 14d-1(c)[604] –, dass der Bieter spätestens an dem der Veröffentlichung bzw. anderweitigen Verbreitung der Unterlagen folgenden Werktag die englische Übersetzung der Unterlagen an die SEC übermittelt und – sollte es sich bei ihm um eine ausländische Gesellschaft handeln – einen Zustellungsbevollmächtigten in den Vereinigten Staaten von Amerika bestellt.[605] Statt der Einreichung eines *registration statement* bedarf es daher wie im Falle einer

---

600 Vgl. Cross-Border Tender and Exchange Offers, Business Combinations and Rights Offerings, Securities Act Release No. 7759, Exchange Act Release No. 42054, Trust Indenture Act Release No. 2378, International Series Release No. 1208, § II.D.2.f. (Oct. 22, 1999) [64 Fed. Reg. 61382 (Nov. 10, 1999)].

601 Securities Act Rule 802(a)(3)(iii), 17 C.F.R. § 230.802(a)(3)(iii) (2013).

602 Securities Act Rule 802(b), 17 C.F.R. § 230.802(b) (2013). Der von der SEC veröffentlichte Formulierungsvorschlag lautet wie folgt: „*This exchange offer [...] is made for the securities of a foreign company. The offer is subject to disclosure requirements of a foreign country that are different from those of the United States. Financial statements included in the document, if any, have been prepared in accordance with foreign accounting standards that may not be comparable to the financial statements of United States companies. It may be difficult for you to enforce your rights and any claim you may have arising under the federal securities laws, since the issuer is located in a foreign country, and some or all of its officers and directors may be residents of a foreign country. You may not be able to sue a foreign company or its officers or directors in a foreign court for violations of the U.S. securities laws. It may be difficult to compel a foreign company and its affiliates to subject themselves to a U.S. court's judgment. You should be aware that the issuer may purchase securities otherwise than under the exchange offer, such as in open market or privately negotiated purchases.*" Zum Anpassungsbedarf, sofern es sich beim Bieter um eine US-amerikanische Gesellschaft handelt, siehe SEC Division of Corporation Finance, Manual of Publicly Available Telephone Interpretations, Third Supplement (July 2001), Section II (Cross-Border Release: *Release No. 33–7759, October 22, 1999*), Subsection C (Rules 801 and 802), Question 2; abrufbar unter http://www.sec.gov/interps/telephone/phonesupplement3.htm (zuletzt abgerufen im März 2014).

603 17 C.F.R. § 230.802 (2013).

604 17 C.F.R. § 240.14d-1(c) (2013).

605 Securities Act Rule 802(a)(3)(i), 17 C.F.R. § 230.802(a)(3)(i) (2013).

Berufung auf die *Tier I exemption* lediglich der Übermittlung von *Form CB*[606] an sowie ggf. der Einreichung von *Form F-X*[607] bei der SEC.[608]

# B. Einzelstaatliche Regelungen

Im Übernahmekontext Bedeutung erlangen können schließlich sowohl die *anti-takeover statutes* als auch die *blue sky laws* der einzelnen US-amerikanischen Bundesstaaten.

## I. Übernahmegesetze der Einzelstaaten (*Anti-Takeover Statutes*)

Auf die seit Beginn der sechziger Jahre des vorigen Jahrhunderts zunehmende Popularität von *tender offers* haben neben dem US-amerikanischen Kongress auch die Gesetzgeber der einzelnen Bundesstaten mit dem Erlass von Übernahmegesetzen reagiert.[609] Während Ersterer mit dem Williams Act jedoch letztlich einen wirtschaftspolitisch neutralen Ansatz verfolgte, lassen sich die zum Schutz örtlicher Belange konzipierten Übernahmegesetze der Einzelstaaten traditionell als eher übernahmefeindlich charakterisieren.[610]

Die auf Ebene der Einzelstaaten erlassenen Gesetze werden typischerweise in drei Generationen unterteilt, wenngleich vor allem die Grenzen zwischen den Gesetzen der zweiten und der dritten Generation zum Teil fließend sind.

Charakteristisch für die Übernahmegesetze der ersten Generation war deren kapitalmarktrechtlicher Ansatz. Ein für diese Generation typisches Beispiel war der *Illinois Business Take-Over Act* aus dem Jahre 1978. Dessen Anwendungsbereich war eröffnet, wenn sich entweder 10 % der Wertpapiere der Zielgesellschaft in den Händen von in Illinois ansässigen Personen befanden oder die Zielgesellschaft z. B. in Illinois inkorporiert war und dort zugleich ihren Verwaltungssitz hatte. Zudem sah das Gesetz u. a. die Pflicht des Bieters vor, den *Secretary of State* des Staates Illinois wie auch die Zielgesellschaft 20 Tage vor Beginn des „*tender offer*"-Verfahrens über

---

606 17 C.F.R. § 239.800 (2013).

607 17 C.F.R. § 239.42 (2013).

608 Zu den mit der Befreiungsvorschrift verbundenen praktischen Erleichterungen siehe Cross-Border Tender and Exchange Offers, Business Combinations and Rights Offerings, Securities Act Release No. 7759, Exchange Act Release No. 42054, Trust Indenture Act Release No. 2378, International Series Release No. 1208, § IV. n.99 (Oct. 22, 1999) [64 Fed. Reg. 61382 (Nov. 10, 1999)] („*[...] Forms CB and F-X [...] impose an estimated burden of two hours per Form [sic]. This contrasts with [...] Forms S-1, S-2, S-3, S-4, F-1, F-2, F-3 and F-4 which have an estimated burden of 1,239, 470, 397, 1,233, 1,868, 1,397, 166, and 1,308 hours per form, respectively.*").

609 Den Anfang machte einige Monate vor Erlass des Williams Act im Jahre 1968 der Staat Virginia. Hierzu ausführlich *Vaughan*, 7 Rev. of Sec. Reg. 879 (1974).

610 Vgl. *Zinser*, RIW 1999, 844, 846.

seine Intention und die Angebotsbedingungen zu informieren[611] und das Angebot bei Ersterem registrieren zu lassen. Wirksam wurde die Registrierung grundsätzlich 20 Tage nach Antragstellung. Der *Secretary of State* hatte allerdings das Recht, innerhalb dieser Frist zu jedem beliebigen Zeitpunkt ein das Verfahren weiter verzögerndes *hearing* zur Überprüfung der Fairness des Angebots anzuberaumen.[612] Die Durchführung eines *hearing* war überdies zwingend, wenn etwa die Mehrheit der externen Direktoren der Zielgesellschaft dies verlangte. Ebenfalls gesetzlich angeordnet war, dass – sollte ein *hearing* stattfinden – der *Secretary of State* die beantragte Registrierung zu versagen hatte, wenn er zu der Auffassung gelangte, dass der Bieter seinen Veröffentlichungspflichten nicht vollständig nachgekommen bzw. das Angebot unbillig war.

Der *Supreme Court* der Vereinigten Staaten von Amerika leitete im Jahre 1982 mit der Entscheidung *Edgar v. MITE Corp.*[613] das Ende der Übernahmegesetze der ersten Generation ein.[614] In seiner Entscheidung erklärte das oberste Gericht des Landes das Übernahmegesetz des Staates Illinois wegen Verstoßes gegen die *commerce clause*[615] der US-amerikanischen Verfassung für unwirksam.[616] Nach Ansicht der Mehrheit der Richter (5:4) stellte das Gesetz wegen seines weiten Anwendungsbereichs und der Möglichkeit, über die Grenzen des Bundesstaates Illinois hinausgehende Angebote insgesamt zu vereiteln, eine unverhältnismäßige Belastung für den zwischenstaatlichen Handel dar.[617] Drei der neun Richter bejahten zudem einen Verstoß gegen die *supremacy clause*[618] der Verfassung. Als Begründung führten sie an, die gesetzlich eröffneten Verzögerungsmöglichkeiten würden dem vom US-amerikanischen

---

611 Im Gegensatz zur Zielgesellschaft war es dem Bieter während dieser Wartefrist untersagt, mit den Wertpapierinhabern Ersterer in Kontakt zu treten.

612 Zeitliche Vorgaben für die Durchführung des *hearing* gab es nicht.

613 457 U.S. 624 (1982).

614 Das *MITE*-Urteil löste eine Welle unterinstanzlicher Entscheidungen aus, die weitere einzelstaatliche Übernahmegesetze für verfassungswidrig erklärten. Siehe etwa *National City Lines, Inc. v. LLC Corp.*, 687 F.2d 1122 (8th Cir. 1982) (Missouri), und *Martin-Marietta Corp. v. Bendix Corp.*, 690 F.2d 558 (6th Cir. 1982) (Michigan).

615 Art. I, § 8 Abs. 3 der Verfassung der Vereinigten Staaten von Amerika ermächtigt den US-amerikanischen Kongress *„[t]o regulate Commerce […] among the several States […].“*

616 *Edgar v. MITE Corp.*, 457 U.S. 624, 640–46 (1982).

617 Vgl. *Edgar v. MITE Corp.*, 457 U.S. 624, 644 (1982) („*While protecting local investors is plainly a legitimate state objective, the State has no legitimate interest in protecting nonresident shareholders. Insofar as the Illinois law burdens out-of-state transactions, there is nothing to be weighed in the balance to sustain the law.*“).

618 Art. VI Abs. 2 der Verfassung der Vereinigten Staaten von Amerika lautet wie folgt: *„This Constitution, and the Laws of the United States which shall be made in Pursuance thereof; and all Treaties made, or which shall be made, under the Authority of the United States, shall be the supreme Law of the Land; and the Judges in every State shall be bound thereby, any Thing in the Constitution or Laws of any State to the Contrary notwithstanding.“*

Kongress mit dem Williams Act bezweckten Ausgleich widerstreitender Interessen zuwiderlaufen; zugleich würde durch die Möglichkeit, *tender offers* gänzlich zu vereiteln, die Entscheidungsfreiheit der Angebotsadressaten entgegen der Konzeption des Williams Act zugunsten eines extensiven Anlegerschutzes eingeschränkt.[619]

Den vom *Supreme Court* der Vereinigten Staaten von Amerika in der *MITE*-Entscheidung aufgezeigten verfassungsrechtlichen Bedenken Rechnung tragend, konzipierten die US-amerikanischen Bundesstaaten die Übernahmegesetze der zweiten und dritten Generation eher gesellschaftsrechtlich. So greifen diese Gesetze nicht mehr in das Verfahren als solches ein und gelten überdies nur noch für Zielgesellschaften, die nach dem Recht des betreffenden Bundesstaates inkorporiert sind.[620] Dessen ungeachtet sehen auch diese Gesetze je nach Ausgestaltung erhebliche Belastungen bzw. Beschränkungen für feindliche Bieter vor. Sog. *control share acquisition statutes*[621] etwa machen die Stimmrechtsausübung nach erfolgtem Kontrollerwerb bzw. nach Überschreiten bestimmter Beteiligungsschwellen (üblicherweise 20 %, 33 % oder 50 %) von der Zustimmung der übrigen Anteilseigner abhängig.[622] Sog. *fair price* oder *best price statutes* dienen speziell dem Schutz von Minderheitsaktionären vor *two-tiered, front-end loaded offers,* indem sie auf zweiter Stufe spezielle Zustimmungserfordernisse für den Fall vorsehen, dass die den außenstehenden Wertpapierinhabern gebotene Abfindung nicht dem fairen Preis der Anteile entspricht.[623] Eine der deutschen Pflichtangebotsregelung (§ 35 WpÜG) vergleichbare Bestimmung sehen dagegen die sog. *right of redemption, cash-out* oder *fair value statutes* vor. Diese verpflichten einen Investor, bei Überschreiten einer bestimmten Beteiligungsschwelle den übrigen Wertpapierinhabern der Gesellschaft den betreffenden Kontrollerwerb anzuzeigen und auf Verlangen auch deren Anteile zu einem gesetzlich näher bestimmten fairen Wert zu erwerben.[624]

---

619 *Edgar v. MITE Corp.*, 457 U.S. 624, 630–40 (1982). Zwei Richter lehnten eine Verletzung der *supremacy clause* ausdrücklich ab, während die vier übrigen Richter sich nicht mit der Thematik auseinandersetzten.

620 Vgl. *Fleischer/Sussman*, Takeover Defense, Vol. 1, § 4.02[A].

621 Das erste Übernahmegesetz dieser Art wurde im Jahre 1982 im US-Bundesstaat Ohio verabschiedet. Ausführlich hierzu *Kreider*, 52 U. Cin. L. Rev. 108 (1983).

622 Vgl. *Greene et al.*, U.S. Regulation of the International Securities and Derivatives Markets, Vol. 1, § 9.03[12][a]. Die Verfassungsmäßigkeit des Control Share Acquisition Chapter des Indiana Business Corporation Law wurde im Jahre 1987 vom *Supreme Court* der Vereinigten Staaten von Amerika in der Entscheidung *CTS Corp. v. Dynamics Corp. of America*, 481 U.S. 69 (1987), ausdrücklich bestätigt. Zum *CTS*-Urteil ausführlich *Prentice*, 1988 Colum. Bus. L. Rev. 1.

623 Der US-Bundesstaat Maryland verabschiedete im Jahre 1983 das erste Gesetz diesen Typs. Zu den einzelnen Bestimmungen des Gesetzes siehe *Block/Barton/Roth*, 13 Sec. Reg. L.J. 332, 352–53 (1986), und *Hazen*, 23 Wake Forest L. Rev. 77, 82 (1988). Ausführlich zur Frage der Verfassungsmäßigkeit des Gesetzes *Scriggins/Clarke*, 43 Md. L. Rev. 266 (1984).

624 Vgl. *Banke*, in: Apfelbacher/Barthelmess/Buhl/von Dryander, German Takeover Law, Part Three, C, Rdnr. 24. Eine „*cash-out*"-Bestimmung weist etwa das

Die größte Bedeutung kommt in der Praxis jedoch den sog. *business combination* oder *freeze-out statutes* zu, für die sich allen voran die wirtschaftlich bedeutenden Bundesstaaten New York und Delaware[625] entschieden haben.[626] Diese Gesetze hindern feindliche Bieter je nach Bundesstaat für einen Zeitraum von zwei (South Carolina), drei (Arizona, Delaware, Idaho, Illinois, Iowa, Kansas, Massachusetts, Nevada, Ohio, Oklahoma, Oregon, Texas, Virginia, Wisconsin und Wyoming), vier (Minnesota und South Dakota) bzw. fünf Jahren (Connecticut, Georgia, Indiana, Kentucky, Maine, Maryland, Michigan, Missouri, Nebraska, New Jersey, New York, Pennsylvania, Rhode Island, Tennessee und Washington) nach Überschreiten einer gesetzlich festgelegten Beteiligungsschwelle, die je nach Bundesstaat zwischen 5 % (Massachusetts) und 25 % (Maine) variiert, an der Durchführung und dem Vollzug etwa eines *second-step merger* mit der Zielgesellschaft.[627] Etwas anderes gilt i. d. R.,

---

Übernahmegesetz des Bundesstaates Pennsylvania auf (siehe PBCL §§ 2541 et seq.). Ausführlich hierzu *Newlin/Gilmer*, 40 Bus. Law. 111 (1984).

625 In Delaware sind laut Website des Delaware Department of State, Division of Corporations, derzeit mehr als 50 % aller in den Vereinigten Staaten von Amerika börsennotierten Gesellschaften inklusive 64 % der Fortune-500-Unternehmen inkorporiert. Siehe http://www.corp.delaware.gov/aboutagency.shtml (zuletzt abgerufen im März 2014). Allgemein zur Bedeutung des Bundesstaates Delaware für das US-amerikanische Gesellschaftsrecht *Hatzis-Schoch*, RIW 1992, 539 ff. Vgl. auch *Kaouris*, 20 Del. J. Corp. L. 965, 1011 (1995) („*There is no one, specific factor or reason that gives Delaware its edge over other states in the corporate charter market. It is the combination of its flexible corporate code, the responsiveness of its legislature, the wealth of legal precedent, its efficient and knowledgeable court system, and its business-like Secretary of State's Office that allows Delaware to remain the leader in the corporate charter market.*").

626 Vgl. N.Y. Bus. Corp. Law § 912 und § 203 DGCL. Zur Frage der Verfassungsmäßigkeit letzterer Vorschrift siehe die Entscheidungen *BNS Inc. v. Koppers Co., Inc.*, 683 F. Supp. 458 (D. Del. 1988), und *RP Acquisition Corp. v. Staley Continental, Inc.*, 686 F. Supp. 476 (D. Del. 1988), des *United States District Court for the District of Delaware* aus dem Jahre 1988. Ausführlich zur erstgenannten Entscheidung *Maidenberg*, 75 Iowa L. Rev. 235 (1989). Zur aktuellen Diskussion in der Literatur siehe *Subramanian/Herscovici/Barbetta*, 65 Bus. Law. 685 (2010), sowie die diesbezüglich veröffentlichten Stellungnahmen und Erwiderungen von *Jarrell*, 65 Bus. Law. 779 (2010), *Lamb/Gorris*, 65 Bus. Law. 771 (2010), *Nugent*, 65 Bus. Law. 753 (2010), *Ribstein*, 65 Bus. Law. 789 (2010), *Sparks/Bowers*, 65 Bus. Law. 761 (2010), und *Subramanian/Herscovici/Barbetta*, 65 Bus. Law. 799 (2010). Zur Frage der Verfassungsmäßigkeit des *business combination statute* des Staates Wisconsin siehe die Entscheidung *Amanda Acquisition Corp. v. Universal Foods Corp.*, 877 F.2d 496 (7th Cir. 1989), des *United States Court of Appeals for the Seventh District* aus dem Jahre 1989 („*Wisconsin's law may well be folly; we are confident that it is constitutional.*").

627 Quelle: *Subramanian/Herscovici/Barbetta*, 65 Bus. Law. 685 (2010). Ebenfalls vom Wortlaut der Normen ist regelmäßig z. B. auch die Veräußerung wesentlicher Vermögenswerte erfasst.

wenn das *board of directors* der Zielgesellschaft im Vorfeld entweder den Anteilserwerb (erste Stufe) oder bereits die fragliche *business combination* (zweite Stufe) genehmigt.[628] Delaware ist zudem einer der wenigen Staaten, in denen die Wartefrist

---

628 Vgl. etwa N.Y. Bus. Corp. Law § 912(b) und (c)(1) sowie § 203(a)(1) DGCL. Siehe in diesem Kontext auch die seit dem 1. August 2013 im US-Bundestaat Delaware geltende Vorschrift des § 251(h) DGCL („*Notwithstanding the requirements of subsection (c) of this section, unless expressly required by its certificate of incorporation, no vote of stockholders of a constituent corporation whose shares are listed on a national securities exchange or held of record by more than 2,000 holders immediately prior to the execution of the agreement of merger by such constituent corporation shall be necessary to authorize a merger if:*

*(1) The agreement of merger, which must be entered into on or after August 1, 2013, expressly provides that such merger shall be governed by this subsection and shall be effected as soon as practicable following the consummation of the offer referred to in paragraph (h)(2) of this section;*

*(2) A corporation consummates a tender or exchange offer for any and all of the outstanding stock of such constituent corporation on the terms provided in such agreement of merger that, absent this subsection, would be entitled to vote on the adoption or rejection of the agreement of merger;*

*(3) Following the consummation of such offer, the consummating corporation owns at least such percentage of the stock, and of each class or series thereof, of such constituent corporation that, absent this subsection, would be required to adopt the agreement of merger by this chapter and by the certificate of incorporation of such constituent corporation;*

*(4) At the time such constituent corporation's board of directors approves the agreement of merger, no other party to such agreement is an 'interested stockholder' (as defined in § 203(c) of [the DGCL]) of such constituent corporation;*

*(5) The corporation consummating the offer described in paragraph (h)(2) of this section merges with or into such constituent corporation pursuant to such agreement; and*

*(6) The outstanding shares of each class or series of stock of the constituent corporation not to be canceled in the merger are to be converted in such merger into, or into the right to receive, the same amount and kind of cash, property, rights or securities paid for shares of such class or series of stock of such constituent corporation upon consummation of the offer referred to in paragraph (h)(2) of this section.*

*If an agreement of merger is adopted without the vote of stockholders of a corporation pursuant to this subsection, the secretary or assistant secretary of the surviving corporation shall certify on the agreement that the agreement has been adopted pursuant to this subsection and that the conditions specified in this subsection (other than the condition listed in paragraph (h)(5) of this section) have been satisfied; provided that such certification on the agreement shall not be required if a certificate of merger is filed in lieu of filing the agreement. The agreement so adopted and certified shall then be filed and shall become effective, in accordance with § 103 of [the DGCL]. Such filing shall constitute a representation by the person who executes the agreement that the facts stated in the certificate remain true immediately prior to such filing.*“).

entfällt, sofern der sog. *interested stockholder* im Zuge etwa eines *tender offer* seinen Anteil an den Stimmrechten der Gesellschaft von unter 15 % auf mindestens 85 % erhöht oder im Anschluss an den Beteiligungserwerb neben dem *board of directors* auch zwei Drittel der außenstehenden Aktionäre der Zielgesellschaft die *business combination* genehmigen.[629] Demgegenüber haben zahlreiche andere Staaten, wie z. B. New York, die Durchführung des geplanten Zusammenschlusses nach Ablauf der einschlägigen Wartefrist von der Erfüllung zusätzlicher Voraussetzungen, etwa der mehrheitlichen Zustimmung der außenstehenden Aktionäre bzw. der Erfüllung gewisser Fairness-Standards, abhängig gemacht.[630]

## II. Wertpapiergesetze der Einzelstaaten (*Blue Sky Laws*)

Besteht die vom Bieter angebotene Gegenleistung zumindest zum Teil in Wertpapieren, sind bei der Strukturierung von Unternehmensübernahmen zusätzlich ggf. die *blue sky laws* einzelner US-amerikanischer Bundesstaaten, insbesondere deren Registrierungsanforderungen, zu beachten.[631] In der Praxis hat dies zur Folge, dass nicht nur eine Abstimmung mit der SEC, sondern auch eine solche mit der oder den Aufsichtsbehörden der jeweiligen Bundesstaaten erforderlich ist.

Trotz intensiver Vereinheitlichungs- und Koordinierungsbemühungen der *National Conference of Commissioners on Uniform State Laws*, kurz *Uniform Law Commission* oder *ULC*, sowie der breiten Akzeptanz, auf die insbesondere der Uniform Securities Act aus dem Jahre 1956[632] in den Bundesstaaten gestoßen ist, bestehen zwischen den Regelungen in selbigen erhebliche Unterschiede.[633] Auffällig ist zudem, dass sich die meisten Bundesstaaten für einen *merit approach*[634] entschieden

---

629 Siehe § 203(a)(2) und (3) DGCL.

630 Siehe N.Y. Bus. Corp. Law § 912(c)(2) und (3). Ähnliche Bestimmungen enthalten etwa die Gesetze der Bundesstaaten Idaho, Indiana, Kentucky, Maryland, Michigan, Nevada, New Jersey, Ohio, Pennsylvania, Rhode Island, South Carolina, South Dakota, Tennessee, Washington und Wisconsin.

631 Das erste moderne Wertpapiergesetz wurde im Jahre 1911 in Kansas verabschiedet. Hierzu sowie allgemein zum geschichtlichen Ursprung der *blue sky laws* *Macey/Miller*, 70 Tex. L. Rev. 347 (1991).

632 Der Uniform Securities Act of 1956 ersetzte im Jahre 1956 den bereits vor Erlass des Securities Act veröffentlichten Uniform Sales of Securities Act of 1930 und wurde von mehr als 30 Bundesstaaten ganz oder zumindest teilweise übernommen. Eine von den Bundesstaaten wenig beachtete überarbeitete Fassung des Mustergesetzes folgte im Jahre 1985. Zur aktuellen Fassung des Mustergesetzes, dem Uniform Securities Act of 2002, ausführlich *Seligman*, 81 Wash. U. L.Q. 243 (2003).

633 Einige Bundesstaaten, darunter Kalifornien, sind seit jeher zudem eigene Wege im Wertpapierrecht gegangen. Siehe Cal. Corp. Code §§ 25000 *et seq.*

634 Vgl. etwa § 306(a)(7) und (b) Uniform Securities Act of 2002. Zum *merit approach* ausführlich *Ad Hoc Subcommittee on Merit Regulation of the ABA State Regulation of Securities Committee*, 41 Bus. Law. 785 (1986), und *Tyler*, 39 Wash. & Lee L. Rev. 899 (1982).

haben und nicht – wie der Bundesgesetzgeber bei Erlass des Securities Act – für einen „*full disclosure*"-Ansatz.

Für die Praxis spürbare Erleichterung hat bisher lediglich der im Oktober 1996 vom US-amerikanischen Kongress verabschiedete National Securities Markets Improvement Act[635] gebracht. Von den einzelstaatlichen Registrierungspflichten befreit sind seither sog. „*federal covered securities*" i. S. v. § 18 Securities Act.[636] Als solche werden gemäß § 18(b) des Gesetzes[637] insbesondere diejenigen Wertpapiere bezeichnet, die an der New York Stock Exchange, an der American Stock Exchange (heute bekannt als NYSE MKT),[638] im NASDAQ-Börsensegment NASDAQ National Market (heute bekannt als NASDAQ Global Market)[639] oder an einer US-amerikanischen Wertpapierbörse (bzw. in einem anderen Marktsegment) mit gleichwertigen Zulassungsbedingungen[640] notiert bzw. zum Handel zugelassen sind.

---

635 Pub. L. No. 104–290, 110 Stat. 3416 (1996).

636 15 U.S.C. § 77r (2012).

637 15 U.S.C. § 77r(b) (2012).

638 Siehe nur Self-Regulatory Organizations; NYSE Amex LLC; Notice of Filing and Immediate Effectiveness of Proposed Rule Change Amending Its Certificate of Formation, Amended and Restated Operating Agreement, Company Guide, and Rules To Change the Name of the Exchange to NYSE MKT LLC, Exchange Act Release No. 67037 (May 21, 2012) [77 Fed. Reg. 31415 (May 25, 2012)].

639 Siehe etwa Self-Regulatory Organizations; The NASDAQ Stock Market LLC; Notice of Filing and Immediate Effectiveness of a Proposed Rule Change and Amendment No. 1 Thereto to Create the Nasdaq Global Select Market and Rename the Nasdaq National Market, Securities Act Release No. 53799 (May 12, 2006) [71 Fed. Reg. 29195 (May 19, 2006)].

640 Eine Liste der Wertpapierbörsen bzw. Börsensegmente mit gleichwertigen Zulassungsbedingungen findet sich in Securities Act Rule 146, 17 C.F.R. § 230.146 (2013). Zur Rechtsetzungsbefugnis der SEC siehe § 18(b)(1)(B) Securities Act, 15 U.S.C. § 77r(b)(1)(B) (2012).

# Viertes Kapitel: Geographische Reichweite des US-amerikanischen Übernahmerechts und Bedeutung der *Morrison*-Entscheidung im Übernahmekontext

Während der Geltungsbereich des WpÜG maßgeblich durch den Sitz der Zielgesellschaft bestimmt wird,[641] kommt selbigem in den Vereinigten Staaten von Amerika lediglich auf einzelstaatlicher Ebene Bedeutung zu. Die geographische Reichweite der auf Bundesebene erlassenen Kapitalmarktgesetze, allen voran des Securities Act und des Exchange Act, wurde mangels gesetzlicher Regelung hingegen traditionell einzelfallbezogen, und zwar in erster Linie im Rahmen der gerichtlichen Prüfung der sog. *subject matter jurisdiction*, der sachlichen Zuständigkeit, bestimmt.[642]

Die im Laufe der Jahrzehnte von den Instanzgerichten entwickelte Rechtsprechung zur extraterritorialen Anwendbarkeit des US-amerikanischen Kapitalmarktrechts betraf anfangs nahezu ausschließlich die kapitalmarktrechtlichen Betrugsvorschriften. Die dort entwickelten Grundsätze wurden später jedoch auch auf das Übernahmerecht übertragen und zur Beantwortung der Frage herangezogen, ob bzw. unter welchen Voraussetzungen US-amerikanisches Recht auch im Rahmen von primär ausländischem Recht unterliegenden Übernahmeverfahren zu beachten ist. Im Falle der Anwendbarkeit der lokalen Bestimmungen hatte (bzw. hat) dies zur Folge, dass ein Bieter diese etwa im Rahmen eines öffentlichen Übernahmeangebots zum Erwerb von Wertpapieren einer deutschen Zielgesellschaft neben denjenigen des WpÜG zu beachten hat und mit der SEC eine weitere Aufsichtsbehörde in den Übernahmeprozess involviert ist – mit Auswirkungen sowohl was die Kosten als auch die zeitliche Planung des Übernahmeangebots betrifft.

Nachfolgend wird zunächst der traditionelle Ansatz zur Begründung der extraterritorialen Anwendbarkeit der kapitalmarktrechtlichen Betrugsvorschriften sowie die Übertragung der in diesem Kontext entwickelten Grundsätze auf das US-amerikanische Übernahmerecht skizziert. Anschließend wird die Grundsatzentscheidung *Morrison v. National Australia Bank Ltd.*[643] des US-amerikanischen *Supreme Court* aus dem Jahre 2010 zur Frage der materiell-rechtlichen Reichweite erstgenannter Bestimmungen erörtert sowie die durch das Urteil angestoßenen Entwicklungen auf legislativer wie judikativer Ebene dargestellt. Der letzte Teil der Arbeit widmet sich schließlich der Frage der Bedeutung der *Morrison*-Entscheidung im Übernahmekontext; analysiert werden dabei neben den Folgen des Urteils für

641 Vgl. §§ 1 und 2 WpÜG.

642 Den dogmatischen Ansatz seit jeher kritisierend etwa *Fisch*, 87 Nw. U. L. Rev. 523, 546–72 (1993) („*choice-of-law question*").

643 130 S. Ct. 2869 (June 24, 2010).

das US-amerikanische Übernahmerecht auch diejenigen für die deutsche Übernahmepraxis.

## A. Traditioneller Ansatz zur Bestimmung der geographischen Reichweite des US-amerikanischen Übernahmerechts

Aufgrund seiner dualen Struktur ist bei der Bestimmung des (internationalen) Anwendungsbereichs des US-amerikanischen Übernahmerechts zwischen bundesgesetzlichen und einzelstaatlichen Regelungen zu unterscheiden. Während für Letztere – zumindest soweit die dem Gesellschaftsrecht zuzuordnenden „*anti-takeover*"-Bestimmungen betroffen sind – die (engen) territorialen Grenzen bereits durch die Verfassung vorgegeben sind, wird – wie die bisherige Übernahmepraxis zeigt – ein US-amerikanisches Regelungsinteresse unter bestimmten Voraussetzungen selbst für überwiegend als ausländisch zu qualifizierende Sachverhalte angenommen – etwa für ein auch an US-Investoren gerichtetes Angebot eines ausländischen Bieters zum Erwerb der Kontrolle über eine ebenfalls ausländische Zielgesellschaft.[644]

### I. Bundesgesetze

#### *1. Extraterritoriale Anwendbarkeit der kapitalmarktrechtlichen Betrugsvorschriften – Effects- und Conduct-Rechtsprechung*

US-amerikanische Gerichte, allen voran der *United States District Court for the Southern District of New York*, gingen angesichts der seit Jahrzehnten höchstrichterlich anerkannten sog. *presumption against extraterritoriality*[645] ursprünglich davon aus, dass der Exchange Act auf überwiegend als ausländisch zu qualifizierende Sachverhalte, insbesondere solche betreffend im Ausland vorgenommene Wertpapiertransaktionen, keine Anwendung findet.[646]

Eine Art Kehrtwende leitete gegen Ende der sechziger Jahre der für den US-Bundesstaat New York zuständige und mittlerweile als „*Mother Court*"[647] für Kapitalmarkrecht bekannte *Second Circuit Court of Appeals* ein. Dessen Grundsatzentscheidungen zum internationalen Anwendungsbereich der kapitalmarktrechtlichen Betrugsvorschriften aus den Jahren 1968, 1972 und 1975 führten zu der in

---

644 So schon *Josenhans*, Grenzüberschreitende öffentliche Übernahmeangebote, S. 124 f.; *Schuster*, Die internationale Anwendung des Börsenrechts, S. 576 ff.

645 Vgl. statt aller *Foley Bros., Inc. v. Filardo*, 336 U.S. 281, 285 (1949) („*[L]egislation of Congress, unless a contrary intent appears, is meant to apply only within the territorial jurisdiction of the United States [...].*").

646 Siehe etwa *Schoenbaum v. Firstbrook*, 268 F. Supp. 385, 391–92 (S.D.N.Y. 1967).

647 *Blue Chip Stamps v. Manor Drug Stores*, 421 U.S. 723, 762 (1975) (Blackmun, J., dissenting).

Rechtsprechung und Schrifttum viel beachteten Entwicklung sowohl des sog. *effects test* als auch des sog. *conduct test.*

### a. *Leitentscheidungen des Second Circuit Court of Appeals*

#### aa. *Schoenbaum v. Firstbrook* (1968)

Leitentscheidung zum *effects test* war die Entscheidung *Schoenbaum v. Firstbrook*[648] aus dem Jahre 1968.

*Schoenbaum* betraf den Verkauf eigener Aktien, sog. *treasury stock*, durch die kanadische Gesellschaft *Banff* an die ebenfalls kanadischen Unternehmen *Aquitaine* und *Paribas. Banff*-Aktien waren seinerzeit sowohl an der Toronto Stock Exchange als auch an der American Stock Exchange gelistet. Wegen des Vorwurfs, die Erwerber und die ebenfalls beklagten *Banff*-Direktoren hätten konspirativ zusammengewirkt und die Gesellschaft veranlasst, die Anteile zu einem zwar dem Markt-, nicht aber ihrem fairen Wert entsprechenden Preis zu veräußern, machte der Kläger, ein US-amerikanischer *Banff*-Aktionär, unter Berufung auf die kapitalmarktrechtlichen Betrugsvorschriften, namentlich § 10(b) Exchange Act[649] und Exchange Act Rule 10b-5,[650] Schadensersatz im Wege einer Aktionärsklage, einer sog. *shareholder derivative action*, geltend.

Nachdem das Bezirksgericht in erster Instanz u. a. explizit die extraterritoriale Anwendbarkeit des Exchange Act verneint hatte,[651] vertrat der *Second Circuit Court of Appeals* in zweiter Instanz die Auffassung, die Bestimmungen des Gesetzes müssten nach dem Willen des Gesetzgebers zum Schutz US-amerikanischer Investoren sowie des inländischen Kapitalmarkts ggf. auch auf grenzüberschreitende Sachverhalte angewendet werden:

> „*We believe that Congress intended the Exchange Act to have extraterritorial application in order to protect domestic investors who have purchased foreign securities on American exchanges and to protect the domestic securities market from the effects of improper foreign transactions in American securities.*"[652]

Ergänzend wies das für die US-amerikanischen Bundesstaaten Connecticut, New York und Vermont zuständige Berufungsgericht darauf hin, dass seiner Ansicht nach

> „*neither the usual presumption against extraterritorial application of legislation nor the specific language of Section 30(b) [of the Exchange Act] show Congressional intent to preclude application of the Exchange Act to transactions regarding stocks traded in the United States which are effected outside the United*

---

648 405 F.2d 200 (2d Cir.), *rev'd on other grounds*, 405 F.2d 215 (2d Cir. 1968) (en banc), *cert. denied*, 395 U.S. 906 (1969).

649 15 U.S.C. § 78j(b).

650 17 C.F.R. § 240.10b-5.

651 *Schoenbaum v. Firstbrook*, 268 F. Supp. 385, 391–92 (S.D.N.Y. 1967).

652 *Schoenbaum v. Firstbrook*, 405 F.2d 200, 206 (2d Cir.), *rev'd on other grounds*, 405 F.2d 215 (2d Cir. 1968) (en banc), *cert. denied*, 395 U.S. 906 (1969).

*States, when extraterritorial application of the [Exchange] Act is necessary to protect American investors.*“[653]

Dass die extraterritoriale Anwendung des Exchange Act im konkreten Fall zum Schutz US-amerikanischer Investoren erforderlich war, begründete das Gericht anschließend mit den negativen Auswirkungen der in Kanada getätigten Geschäfte im Inland:

> „*A fraud upon a corporation which has the effect of depriving it of fair compensation for the issuance of its stock would necessarily have the effect of reducing the equity of the corporation's shareholders and this reduction in equity would be reflected in lower prices bid for the shares on the domestic stock market. This impairment of the value of American investments by sales by the issuer in a foreign country, allegedly in violation of the [Exchange] Act, has [...] a* ***sufficiently serious effect*** *upon United States commerce to warrant assertion of jurisdiction for the protection of American investors and consideration of the merits of plaintiff's claim.*“[654] (Hervorhebungen durch Verf.)

### bb. *Leasco Data Processing Equip. Corp. v. Maxwell* (1972)

Noch einen Schritt weiter ging der *Second Circuit Court of Appeals* im Jahre 1972 in *Leasco Data Processing Equip. Corp. v. Maxwell*,[655] der Leitentscheidung zum *conduct test*.

In diesem Fall behauptete die Klägerin, die US-amerikanische Gesellschaft *Leasco*, in den Vereinigten Staaten von Amerika unter Vorspiegelung falscher Tatsachen zum Erwerb von Wertpapieren der britischen Gesellschaft *Pergamon* über die London Stock Exchange zu einem über dem wahren Wert der Anteile liegenden Preis verleitet worden zu sein. Beklagter war u. a. der Mehrheitsaktionär von *Pergamon*, der Brite *Robert Maxwell*. Auch in diesem Fall machte die Klägerin eine Verletzung der kapitalmarktrechtlichen Betrugsvorschriften geltend. Im Unterschied zu *Schoenbaum* waren die streitgegenständlichen Wertpapiere jedoch in den Vereinigten Staaten von Amerika weder registriert noch gelistet.

Der *Second Circuit Court of Appeals* hielt unter Hinweis auf den bereits in *Schoenbaum* artikulierten Gesetzeszweck – Schutz US-amerikanischer Investoren – *subject matter jurisdiction* auch in diesem Fall für gegeben.[656] Ausschlaggebend war für

---

653 *Schoenbaum v. Firstbrook*, 405 F.2d 200, 206 (2d Cir.), *rev'd on other grounds*, 405 F.2d 215 (2d Cir. 1968) (en banc), *cert. denied*, 395 U.S. 906 (1969).

654 *Schoenbaum v. Firstbrook*, 405 F.2d 200, 208–09 (2d Cir.), *rev'd on other grounds*, 405 F.2d 215 (2d Cir. 1968) (en banc), *cert. denied*, 395 U.S. 906 (1969).

655 468 F.2d 1326 (2d Cir. 1972).

656 *Leasco Data Processing Equip. Corp. v. Maxwell*, 468 F.2d 1326, 1337 (2d Cir. 1972) („*[W]e must ask ourselves whether, if Congress had thought about the point, it would not have wished to protect an American investor if a foreigner comes to the United*

das Gericht, dass die wissentlich falschen Angaben in den Vereinigten Staaten von Amerika gemacht worden waren:

„*While [...] we doubt that impact on an American company and its shareholders would suffice to make the statute applicable if the misconduct had occurred solely in England, we think it tips the scales in favor of applicability when substantial misrepresentations were made in the United States.*"[657]

Zugleich deutete das Gericht *obiter dictum* an, dass betrügerisches Verhalten im Inland allein wohl nicht ausgereicht hätte; vielmehr kam es für das Gericht entscheidend offenbar auch darauf an, dass Interessen US-amerikanischer Investoren konkret betroffen waren:

„*The case is quite different from another hypothetical we posed at argument, namely, where a German and a Japanese businessman met in New York for convenience, and the latter fraudulently induced the former to make purchases of Japanese securities on the Tokyo Stock Exchange.*"[658]

### cc. *Bersch v. Drexel Firestone, Inc.* (1975)

Drei Jahre später, in *Bersch v. Drexel Firestone, Inc.*,[659] spezifizierte der *Second Circuit Court of Appeals* den in *Leasco* entwickelten *conduct test*. Insbesondere stellte das Gericht klar, dass die Anforderungen an die Qualität der Handlung im Inland von der Nationalität und dem Wohnsitz der geschädigten Anleger abhängig seien.

Während in Konstellationen wie in *Leasco* – Schädigung im Inland wohnhafter bzw. ansässiger US-Investoren – schon unwesentliche Handlungen ausreichen sollten, hielt das Gericht die fraglichen Betrugsvorschriften im Falle einer Schädigung US-amerikanischer Investoren mit (Wohn-) Sitz im Ausland nur dann für anwendbar, wenn Handlungen wesentlich zum Schaden beigetragen hatten. Im Falle von im Ausland lebenden bzw. dort ansässigen ausländischen Investoren erachtete das Gericht hingegen eine unmittelbare Verursachung des Schadens für erforderlich; rein vorbereitende Handlungen sollten daher jedenfalls in letzterem Falle nicht ausreichen.[660]

---

*States and fraudulently induces him to purchase foreign securities abroad—a purpose which its words can fairly be held to embrace.*").

657 *Leasco Data Processing Equip. Corp. v. Maxwell*, 468 F.2d 1326, 1337 (2d Cir. 1972).

658 *Leasco Data Processing Equip. Corp. v. Maxwell*, 468 F.2d 1326, 1338 (2d Cir. 1972).

659 519 F.2d 974 (2d Cir.), *cert. denied*, 423 U.S. 1018 (1975). Hierzu ausführlich *Bukovac*, 9 N.Y.U. J. Int'l L. & Pol. 113 (1976); *Grosser*, 33 Wash. & Lee L. Rev. 397 (1976).

660 *Bersch v. Drexel Firestone, Inc.*, 519 F.2d 974, 992–93 (2d Cir.), *cert. denied*, 423 U.S. 1018 (1975); *Choi/Guzman*, 65 Fordham L. Rev. 1855, 1886 (1997).

### *b. Rechtsprechung weiterer US-amerikanischer Circuit Courts*

Der Ansicht des *Second Circuit Court of Appeals* schlossen sich in der Folgezeit auch die US-amerikanischen Berufungsgerichte für den fünften[661] und den siebten[662] Gerichtsbezirk an.

Eine extensivere, im Wesentlichen auf „*policy*"-Erwägungen gestützte Interpretation des *conduct test* vertraten hingegen die Gerichte für den dritten,[663] den achten[664] und den neunten[665] Gerichtsbezirk. Im Falle ausländischer Geschädigter erachteten diese bereits ein geringeres Maß an inländischem Verhalten für die extraterritoriale Anwendbarkeit der Betrugsvorschriften für ausreichend. So sollte es bereits genügen, dass allein der Förderung des betrügerischen Vorhabens dienende Handlungen auf US-amerikanischem Territorium vorgenommen würden.[666] Nach dieser Ansicht sollten daher selbst vorbereitende Handlungen, wie etwa das Werben um potentielle Investoren im Ausland aus den Vereinigten Staaten von Amerika heraus, genügen.[667]

---

661 Siehe *Robinson v. TCI/US West Cable Communications Inc.*, 117 F.3d 900, 904–07 (5th Cir. 1997) (den Test des *Second Circuit Court of Appeals* ausdrücklich übernehmend).

662 Siehe *Kauthar SDN BHD v. Sternberg*, 149 F.3d 659, 667 (7th Cir. 1998), *cert. denied*, 525 U.S. 1114 (1999) („*We believe [...] that federal courts have jurisdiction over an alleged violation of the antifraud provisions of the securities laws when the conduct occurring in the United States* ***directly causes*** *the plaintiff's alleged loss in that the conduct forms a substantial part of the alleged fraud and is material to its success. This* ***conduct must be more than merely preparatory in nature;*** *however, we do not go so far as to require that the conduct occurring domestically must itself satisfy the elements of a securities violation.*"). (Hervorhebungen durch Verf.)

663 Siehe *SEC v. Kasser*, 548 F.2d 109, 114 (3d Cir.), *cert. denied*, 431 U.S. 938 (1977) („*The federal securities laws [...] do grant [subject matter] jurisdiction in transnational securities cases where* ***at least some activity designed to further a fraudulent scheme*** *occurs within this country. [...] The securities acts expressly apply to 'foreign commerce,' thereby evincing a Congressional intent for a broad jurisdictional scope for the 1933 and 1934 Acts. [...] [There is] no requirement that accomplishment of the attempted fraud be a precondition to statutory liability.*"). (Hervorhebungen durch Verf.)

664 Siehe *Continental Grain (Australia) Pty. Ltd. v. Pacific Oilseeds, Inc.*, 592 F.2d 409, 421 (8th Cir. 1979) („*[W]here defendants'* ***conduct*** *[that involved the use of the mails and other instrumentalities of interstate commerce] in the United States was* ***in furtherance of a fraudulent scheme*** *and was significant with respect to its accomplishment, [...], the district court has subject matter jurisdiction.*"). (Hervorhebungen durch Verf.) Die weite Interpretation des Gerichts kritisierend *Marovitch*, 2 Nw. J. Int'l L. & Bus. 264 (1980).

665 Siehe *Grunenthal GmbH v. Hotz*, 712 F.2d 421, 423–26 (9th Cir. 1983) (den „*Continental Grain*"-Test ausdrücklich übernehmend).

666 Siehe Fn. 663, 664 und 665.

667 *Chang*, 9 Fordham J. Corp. & Fin. L. 89, 97–98 (2003); *Choi/Guzman*, 65 Fordham L. Rev. 1855, 1886–87 (1997); *Choi/Guzman*, 17 Nw. J. Int'l L. & Bus. 207, 217 (1996).

Deutlich restriktiver war dagegen der Ansatz des *United States Court of Appeals for the District of Columbia Circuit* in *Zoelsch v. Arthur Andersen & Co.*[668] Obwohl das Gericht explizit vorgab, trotz Bedenken der Linie des *Second Circuit Court of Appeals* wegen dessen Vormachtstellung im Bereich des Kapitalmarktrechts zu folgen,[669] hielt es das Gericht für erforderlich, dass das Verhalten des Schädigers im Inland alle zur Feststellung einer Verletzung der jeweiligen Betrugsnorm erforderlichen Elemente aufweist.[670] Vorbereitende Handlungen waren nach dieser Ansicht daher unter keinen Umständen ausreichend.

### c. *Zusammenfassung*

Ausgehend von den Leitentscheidungen *Schoenbaum* und *Leasco* hatte der *Second Circuit Court of Appeals* zwischen 1968 und 1975 mit dem *effects* und dem *conduct test* zwei die *presumption against extraterritoriality* gewissermaßen verdrängende Standards zur Bestimmungen des internationalen Anwendungsbereichs der kapitalmarktrechtlichen Betrugsvorschriften entwickelt. Nach diesen Tests konzentrierte sich die Prüfung – wie das Gericht etwa in *SEC v. Berger*[671] zutreffend zusammenfasste – auf die Frage, „*whether the wrongful conduct occurred in the United States*"

---

668 824 F.2d 27 (D.C. Cir. 1987).

669 *Zoelsch v. Arthur Andersen & Co.*, 824 F.2d 27, 32 (D.C. Cir. 1987) („*Were it not for the Second Circuit's preeminence in the field of securities law, and our desire to avoid a multiplicity of jurisdictional tests, we might be inclined to doubt that an American court should ever assert jurisdiction over domestic conduct that causes loss to foreign investors.* ***It is somewhat odd to say,*** *as Bersch and some other opinions do,* ***that courts must determine their jurisdiction by divining what 'Congress would have wished' if it had addressed the problem. A more natural inquiry might be what jurisdiction Congress in fact thought about and conferred.*** *Congress did not think about conduct [in the United States] that contributes to losses abroad in enacting the […] Exchange Act […]; it could easily provide such jurisdiction if that seemed desirable today. But, for the reasons just given, we defer to Bersch and the later Second Circuit cases and adopt the Second Circuit's approach.*"). (Hervorhebungen durch Verf.)

670 *Zoelsch v. Arthur Andersen & Co.*, 824 F.2d 27, 31 (D.C. Cir. 1987) („*The Second Circuit's rule seems to be that jurisdiction will lie in American courts* ***where the domestic conduct comprises all the elements of a defendant's conduct necessary to establish a violation of section 10(b) [of the Exchange Act] and [Exchange Act] Rule 10b-5:*** *the fraudulent statements or misrepresentations must originate in the United States, must be made with scienter and in connection with the sale or purchase of securities, and must cause the harm to those who claim to be defrauded, even though the actual reliance and damages may occur elsewhere.*"). (Hervorhebungen durch Verf.)

671 322 F.3d 187, 192 (2d Cir. 2003).

(*conduct test*) und / oder „*whether the wrongful conduct had a substantial effect in the United States or upon United States citizens*" (*effects test*).[672]

## *2. Übertragung des Effects und des Conduct Test auf das US-amerikanische Übernahmerecht*

Die zur Bestimmung der Reichweite der kapitalmarktrechtlichen Betrugsvorschriften entwickelten Grundsätze wurden mangels anderweitiger gesetzlicher Regelungen von US-amerikanischen Gerichten in der Folgezeit auch zur Ermittlung des internationalen Anwendungsbereichs der US-amerikanischen Übernahmevorschriften herangezogen. Wie die wenigen und zudem stark von tatsächlichen Umständen des Einzelfalls geprägten Entscheidungen erkennen lassen, führte diese Entwicklung allerdings nicht zur Herausbildung eines einheitlichen internationalen Anwendungsbereichs der fraglichen Bestimmungen. Vielmehr betonten die Gerichte in der Vergangenheit *unisono*, die übernahmerechtlichen Publizitäts-, Verfahrens- und Registrierungsvorschriften würden bei der Bestimmung ihrer Reichweite einem strengeren Maßstab unterliegen als etwa die kapitalmarktrechtlichen „*anti-fraud*"-Bestimmungen.[673]

---

672 In der Literatur wurde zuweilen die uneinheitliche Anwendung der kapitalmarktrechtlichen Betrugsvorschriften auf grenzüberschreitende Sachverhalte kritisiert bzw. deren extraterritoriale Anwendbarkeit generell in Frage gestellt. Vgl. etwa *Chang*, 9 Fordham J. Corp. & Fin. L. 89, 103–10 (2003); *Choi/Silberman*, 2009 Wis. L. Rev. 465, 467; *Kelly*, 28 Law & Pol'y Int'l Bus. 477, 492–93 (1997); *Langevoort*, 55 Law & Contemp. Probs. 241, 244–48 (1992); *Sachs*, 28 Colum. J. Transnat'l L. 677 (1990).

673 Vgl. etwa *Europe and Overseas Commodity Traders, S.A. v. Banque Paribas London*, 147 F.3d 118, 125–26 (2d Cir. 1998) („*[T]he extent of conduct or effect in the United States needed to invoke U.S. jurisdiction over a claimed violation of the registration provisions must be greater than that which would trigger U.S. jurisdiction over a claim of fraud.*"); *Consolidated Gold Fields plc v. Minorco, S.A.*, 871 F.2d 252, 262 (2d Cir.), *modified*, 890 F.2d 569 (2d Cir. 1989) („*As we observed in Bersch, [...], the anti-fraud provisions of American securities laws have broader extraterritorial reach than American filing requirements.*"); *Bersch v. Drexel Firestone, Inc.*, 519 F.2d 974, 986 (2d Cir.), *cert. denied*, 423 U.S. 1018 (1975) („*[T]he anti-fraud provisions of the federal securities laws apply to many transactions which are neither within the registration requirements nor on organized American markets.*"); *E.ON AG v. Acciona, S.A.*, 468 F. Supp. 2d 559, 574 (S.D.N.Y. 2007) („*[H]eightened conduct and effects tests should be applied since the Section 14 claim fundamentally rests on a provision of the securities statutes other than an anti-fraud provision.*"). Siehe auch die Ausführungen der SEC in Offshore Offers and Sales, Securities Act Release No. 6863, Exchange Act Release No. 27942; Investment Company Act Release No. 17458, International Series Release No. 122, § II. (Apr. 24, 1990) [55 Fed. Reg. 18306 (May 2, 1990)] („*It is generally accepted that different considerations apply to the extraterritorial application of the antifraud provisions than to the registration provisions of the Securities Act. While it may not be necessary for securities sold in a transaction that occurs*

### a. *Exchange Act*

#### aa. Übernahmerechtliche Publizitäts- und Verfahrensvorschriften

Die Anwendbarkeit der übernahmerechtlichen Publizitäts- und Verfahrensvorschriften setzt gemäß § 14(d) Exchange Act[674] voraus, dass das Angebot des Bieters (i) auf den Erwerb von gemäß § 12 Exchange Act[675] registrierten Wertpapieren gerichtet ist und (ii) unter Verwendung US-amerikanischer Kommunikationseinrichtungen unterbreitet wird (sog. *jurisdictional means test*).[676] Die wenigen einschlägigen Gerichtsurteile lassen zudem erkennen, dass die Prüfung der Reichweite der Norm ebenso wie diejenige von Regulation 14D durch Überlegungen zur *subject matter jurisdiction*, namentlich zum *conduct* und *effects test* ergänzt wird. Gleiches gilt

---

*outside the United States, but touching this country through conduct or effects, to be registered under United States securities laws, such conduct or effects have been held to provide a basis for jurisdiction under the antifraud provisions of the United States securities laws.*"), sowie *Johnson*, 45 Alb. L. Rev. 890, 925–26 (1981) („*[W]here more technical provisions are involved relating to acts which are not, in the words of the Restatement, 'generally recognized as constituent elements of a crime or tort under the laws of states with reasonably developed legal systems,' the courts and the SEC may be reluctant to extend their reach to international transactions.*"). *Josenhans*, Grenzüberschreitende öffentliche Übernahmeangebote, S. 140 f., geht ebenfalls davon aus, dass die Verfahrensvorschriften des Exchange Act bei der Bestimmung ihres internationalen Anwendungsbereichs einem strengeren Maßstab unterliegen als die im Gesetz normierten Betrugsvorschriften, namentlich §§ 10(b) und 14(e) Exchange Act, 15 U.S.C §§ 78j(b) and 78n(e). Als Verfahrensvorschriften zu qualifizieren seien jedoch ungeachtet ihrer systematischen Stellung insbesondere auch Exchange Act Rules 14e-1 und 14e-2, 17 C.F.R. §§ 240.14e-1 and 240.14e-2; für ihre extraterritoriale Anwendung gelte daher ebenso ein restriktiverer Maßstab wie für das Verbot des Erwerbs von Wertpapieren außerhalb eines „*tender offer*"-Verfahrens, welches aufgrund seiner konfliktträchtigen Verhaltenspflicht im Bereich der internationalen Anwendung einer Verfahrenspflicht gleichkomme. Ähnlich z. T. auch *Schuster*, Die internationale Anwendung des Börsenrechts, S. 581 f.

674 15 U.S.C. § 78n(d).

675 15 U.S.C. § 78*l*.

676 Zur Reichweite des Williams Act, insbesondere zum *jurisdictional means test*, siehe etwa *Greene/Curran/Christman*, 51 U. Miami L. Rev. 823, 833–35 (1997) („*[T]he Williams Act purports to regulate any tender offer made either 'directly or indirectly, by the use of the mails or by any means or instrumentality of interstate commerce or of any facility of a national securities exchange or otherwise.' Because of the broad sweep of the 'jurisdictional means' test, the Williams Act effectively reaches any tender offer for a security made to a person in the United States.*

*The level of regulation under U.S. law depends predominantly upon whether the tender offer involves equity securities registered under section 12 of the Exchange Act, and whether the consideration offered is in the form, in whole or in part, of securities (other than securities exempt from the registration requirements of the Securities Act).*").

angesichts möglicher Konflikte mit Regelungen ausländischer Staaten für „*comity*"-Erwägungen (sog. *interest balancing test*).

(1) *Plessey Co. plc v. General Elec. Co. plc* (1986)

Der bekannteste Fall in diesem Kontext ist die Entscheidung *Plessey Co. plc v. General Elec. Co. plc*[677] des *United States District Court for the District of Delaware* aus dem Jahre 1986.

Der britische Telekommunikations- und Technologiekonzern *GEC* hatte am 3. Dezember 1985 in Großbritannien mittels Pressemitteilung bekanntgegeben, dass er der ebenfalls britischen Gesellschaft *Plessey* einen Zusammenschluss der beiden Unternehmen vorgeschlagen hatte. Die entsprechende Mitteilung enthielt jedoch weder Angaben zur Anzahl noch zur Gattung der *Plessey*-Aktien, die *GEC* zu erwerben beabsichtigte; insbesondere war nicht erkennbar, ob sich ein etwaiges Angebot auch an Inhaber von in den Vereinigten Staaten von Amerika registrierten und an der New York Stock Exchange gehandelten *Plessey*-ADR richten würde.[678]

Ebenfalls am 3. Dezember 1985 veranstaltete *GEC* in Großbritannien eine Pressekonferenz. Wenngleich tatrichterlich nicht ermittelt werden konnte, ob an dieser auch Journalisten aus den Vereinigten Staaten von Amerika teilgenommen hatten, wurde die Nachricht vom beabsichtigten Unternehmenszusammenschluss noch am selben Tag auch von der US-amerikanischen Presse aufgegriffen.

Nachdem das Management von *Plessey* am Folgetag, dem 4. Dezember 1985, das Zusammenschlussvorhaben abgelehnt hatte, kündigte *GEC* weitere fünf Tage später, am 9. Dezember 1985, in London sein unmittelbar bevorstehendes (feindliches) Übernahmeangebot inklusive aller wesentlichen Konditionen an.[679] Gleichzeitig wies *GEC* die eigene Presseabteilung an, die Pressemitteilung nicht in die

677 628 F. Supp. 477 (D. Del. 1986).

678 Die insgesamt etwa 1,2 Mio. *Plessey*-ADR wurden von ungefähr 3.000 Anlegern mit (Wohn-) Sitz in den Vereinigten Staaten von Amerika gehalten. Jedes Aktienzertifikat konnte in Dollar-Aktien von *Plessey* umgewandelt werden, die ihrerseits in Sterling-Aktien wandelbar waren. Insgesamt repräsentierten die ADR-Inhaber etwa 1,6 % des Aktienkapitals von *Plessey*.

679 Die konkreten Angebotsbedingungen waren Teil der der Pressemitteilung beigefügten sog. Warburg-Mitteilung („*GEC announces that it is today making an offer for Plessey of more than 160p per ordinary share, which values the company at approximately £1.18 billion. Full details of this offer are contained in the attached announcement by [GEC's London investment banker] S.G. Warburg & Co. Ltd.*"). In der Warburg-Mitteilung wurde zudem u. a. darauf hingewiesen, dass das Angebot (i) „*will not extend to Dollar Ordinary shares of 25p each of Plessey [...] or to American Depository [sic] Receipts evidencing Dollar [Ordinary] shares*" und (ii) „*will not be made directly or indirectly in, or by use of the mails or by any means or instrumentality of inter-state or foreign commerce or of any facilities of a national securities exchange of, the United States of America [...].*" Siehe *Plessey Co. plc v. General Elec. Co. plc*, 628 F. Supp. 477, 482 (D. Del. 1986).

Vereinigten Staaten von Amerika zu senden. Zudem hatten Medienvertreter aus den Vereinigten Staaten von Amerika keinen Zugang zu der von *GEC* ebenfalls am 9. Dezember 1985 veranstalteten Pressekonferenz. Dort verteilte Unterlagen enthielten überdies den Hinweis, dass das Angebot nicht in den Vereinigten Staaten von Amerika verbreitet würde.

Ungeachtet genannter Vorkehrungen wurde tags darauf auch in US-amerikanischen Medien über Einzelheiten des geplanten Angebots berichtet. Zudem sandte *Plessey* – wie nach britischem Übernahmerecht vorgeschrieben – den die Konditionen des Angebots zusammenfassenden Teil der von *GEC* am 9. Dezember 1985 herausgegebenen zweiten Pressemitteilung am 11. Dezember 1985 an ihre einzige eingetragene Inhaberin von Dollar-Aktien, *Citibank*, welche zugleich als Verwahrstelle für *Plessey*'s ADR-Programm fungierte. Von dieser ließ *Plessey* die Informationen zudem entsprechend vertraglicher Vereinbarung an alle ADR-Inhaber, einschließlich solcher in den Vereinigten Staaten von Amerika, weiterleiten.[680]

Die förmliche Angebotsunterlage nach englischem Recht, das sog. „*offering circular*", verbreitete *GEC* am 23. Dezember 1985. Wie schon die Pressemitteilung vom 9. Dezember 1985 enthielt auch diese den Hinweis, dass sich das Angebot nicht an Investoren in den Vereinigten Staaten von Amerika richte. Zusätzlich wies *GEC* in der Angebotsunterlage explizit darauf hin, dass Kopien der das Angebot betreffenden Unterlagen nicht in den Vereinigten Staaten von Amerika verbreitet und Annahmeerklärungen aus den Vereinigten Staaten von Amerika heraus nicht als wirksam angesehen würden. Für den Fall einer Annahme des Angebots aus dem Ausland wurde zudem unterstellt, dass die betreffenden US-Investoren mit einer Art Barabfindung (statt einer gemischten Gegenleistung bestehend insbesondere aus einer Bar- und einer Aktienkomponente) einverstanden sind.

Kurz nach Beginn des Angebotsverfahrens begehrte *Plessey* vor dem *United States District Court for the District of Delaware* den Erlass einer einstweiligen Verfügung, um *GEC* zur Erfüllung der aus § 14(d) Exchange Act[681] folgenden Publizitätspflichten zu verpflichten. Vorrangiges Ziel der Zielgesellschaft war es folglich nicht, den möglicherweise unmittelbar bevorstehenden Kontrollwechsel zu verhindern, sondern vielmehr den Inhabern von *Plessey*-ADR eine informierte Anlageentscheidung zu ermöglichen.

*Plessey*'s Antrag, eine sog. *motion for preliminary injunction*, wurde vom Gericht erster Instanz im Januar 1986 abgelehnt. Zwar ließ das Gericht zunächst offen, ob – wie von *Plessey* behauptet – die Pressemitteilung von *GEC* vom 9. Dezember 1985 als ein (auch) an die Inhaber von *Plessey*-ADR gerichtetes *tender offer* zu qualifizieren sei.[682] Das Gericht stellte jedoch fest, dass weder die am 11. Dezember

---

680 Auf ähnlichem Wege hatten die Inhaber von *Plessey*-ADR zuvor u. a. bereits eine Kopie der *GEC*-Pressemitteilung vom 3. Dezember 1985 erhalten. Siehe *Plessey Co. plc v. General Elec. Co. plc*, 628 F. Supp. 477, 482–83 n.10 (D. Del. 1986).

681 15 U.S.C. § 78n(d).

682 *Plessey Co. plc v. General Elec. Co. plc*, 628 F. Supp. 477, 488–89 (D. Del. 1986).

1985 erfolgte und durch *Plessey* initiierte Verbreitung der Pressemitteilung noch die diesbezügliche Berichterstattung in US-amerikanischen Medien als zurechenbares Gebrauchmachen von *jurisdictional means* angesehen werden könne.[683]

Ungeachtet des Fehlens einer Tatbestandsvoraussetzung des § 14(d) Exchange Act[684] prüfte das Gericht zusätzlich das Vorliegen bzw. Nichtvorliegen seiner *subject matter jurisdiction.* Dabei gelangte das Gericht zu dem Ergebnis, dass

> *„the language of section 14(d)(1) [of the Exchange Act] is too inconclusive to lead us to believe that Congress intended to impose rules governing conduct throughout the world in every instance where an American might have an interest.“* [685]

Diese Feststellung basierte auf einer restriktiven Anwendung sowohl des *conduct* als auch des *effects test.* Zu Ersterem führte das Gericht aus, dass

> *„where a foreign bidder has steadfastly avoided American channels in its pursuit of a foreign target, the American interest in extensive disclosure appears minimal. Where* ***the only acts within the United States are second hand news accounts not directly attributable to the bidder****, the American contact which would justify an exercise of jurisdiction is relatively small and counsels against its use.“* [686] (Hervorhebungen durch Verf.)

Ausreichende *„effects“* im Inland verneinte das Gericht anschließend mit der Begründung, es sei

> *„confronted with the takeover of one British company by another in which 98.4 % of the relevant shares are held outside America and* ***the only possible American consequence is aroused investor interest*** *due to American newspaper accounts beyond the control of the offeror. In such a situation the exercise of federal court jurisdiction appears ill advised [sic].“* [687] (Hervorhebungen durch Verf.)

Seine ablehnende Entscheidung stützte das für den Gerichtsbezirk Delaware zuständige Bundesgericht zudem auf *„comity“*-Erwägungen. Im Rahmen eines *„balancing of interests“* stellte Richter *Joseph J. Longobardi* unter Hinweis auf die in § 403 des seinerzeitigen Entwurfs des sog. Restatement of Foreign Relations Law der Vereinigten Staaten von Amerika aufgeführten Faktoren fest,

> *„that the activities at issue [...] have taken place outside the United States, and have had a negligible impact inside the United States [...]; that the persons to be regulated are British subjects [...]; that the British have their own sophisticated regulatory structure for takeovers which does not impose the requirements sought by Plessey and that these requirements do not appear necessary to protect*

683 *Plessey Co. plc v. General Elec. Co. plc*, 628 F. Supp. 477, 489–94 (D. Del. 1986).
684 15 U.S.C. § 78n(d).
685 *Plessey Co. plc v. General Elec. Co. plc*, 628 F. Supp. 477, 494 (D. Del. 1986).
686 *Plessey Co. plc v. General Elec. Co. plc*, 628 F. Supp. 477, 495 (D. Del. 1986).
687 *Plessey Co. plc v. General Elec. Co. plc*, 628 F. Supp. 477, 495 (D. Del. 1986).

*American interests in this case [...]; that the imposition of American law would frustrate the justifiable expectations of GEC that they would not have to comply with American law [...]; and that American interference with a transaction of such enormous magnitude to the British economy would contravene traditional international notions of non-interference in a matter of strong British interest [...].*"[688]

Selbst gegen eine extensive Anwendung der übernahmerechtlichen Publizitätsvorschriften sprechende „*policy*"-Erwägungen blieben nicht unberücksichtigt:

„*[T]he requirement that British companies comply with the disclosure burdens of United States law in a merger with minimal American contacts might encourage other countries to impose similar requirements on American companies whose operations tangentially affect foreign lands. Such a result would upset the delicate balance struck by the Williams Act by creating an additional obstacle to domestic corporate acquisitions. Thus, an imposition of jurisdiction here would not only affront legitimate and powerful British interests but might [as] well adversely affect the American policy interests of the Williams Act.*" [689]

(2) *CDC Life Sciences Inc. v. Institut Mérieux S.A.* (1988)

Ein ähnlicher Sachverhalt lag der unveröffentlichten Entscheidung *CDC Life Sciences Inc. v. Institut Mérieux S.A.*[690] des *United States District Court for the Southern District of New York* aus dem Jahre 1988 zugrunde.

Das kanadische Unternehmen *CDC* war im April 1988 Ziel eines feindlichen Übernahmeangebots der französische Gesellschaft *Mérieux*. Die Wertpapiere von *CDC* waren in Montreal und Toronto amtlich notiert und konnten zudem an der US-amerikanischen Technologiebörse NASDAQ gehandelt werden. Der Anteil US-amerikanischer Investoren belief sich in jener Zeit auf etwa 15 %.

Sein Angebot gab *Mérieux* in Kanada seinerzeit mit der Maßgabe bekannt, dass dieses nur im Inland, d. h. in Kanada, angenommen werden könne. *CDC*-Aktionäre in den Vereinigten Staaten von Amerika waren zwar nicht von dem Angebot ausgeschlossen, jedoch verzichtete *Mérieux* dort auf jegliche Werbung. Bekannt wurde das Übernahmeangebot dennoch auch in den Vereinigten Staaten von Amerika, und zwar durch Berichte im *The Wall Street Journal* sowie in anderen US-amerikanischen Medien.

Kurz nach Beginn des Übernahmeverfahrens beantragte *CDC* in New York den Erlass einer einstweiligen Verfügung gegen die Fortsetzung des Verfahrens, da *Mérieux* – so die Ansicht *CDC*'s – neben den kanadischen auch die US-amerikanischen Publizitäts- und Verfahrensvorschriften hätte beachten müssen.

Am 26. April 1988 lehnte das für den südlichen Gerichtsbezirk des US-Bundesstaats New York zuständige Bundesgericht den Antrag *CDC*'s ab. Obwohl angesichts

688 *Plessey Co. plc v. General Elec. Co. plc*, 628 F. Supp. 477, 496 (D. Del. 1986).
689 *Plessey Co. plc v. General Elec. Co. plc*, 628 F. Supp. 477, 496 (D. Del. 1986).
690 No. 88 Civ. 2761 (JES) (S.D.N.Y. Apr. 26, 1988).

der tatsächlichen Feststellungen des Gerichts eine vertiefte Auseinandersetzung mit dem *jurisdictional means test* nahegelegen hätte, begründete dieses seine ablehnende Entscheidung in erster Linie unter Hinweis auf „*effects*"- und „*comity*"-Gesichtspunkte.

So verneinte Richter *John E. Sprizzo* hinreichende Auswirkungen auf den US-amerikanischen Kapitalmarkt mit der Begründung, dass

> „*no federal court, district or appellate, has ever issued an injunction which prevented a foreign company from making a tender offer to foreign shareholders merely because the securities were traded in the American market and were held by American shareholders who might tender their shares [...] although they were not asked to do so.*"[691]

Die nach seiner Überzeugung gegen den Erlass einer einstweiligen Verfügung sprechenden „*comity*"-Erwägungen fasste Richter *Sprizzo* anschließend wie folgt zusammen:

> „*I am not persuaded as a matter of law that the American securities laws can have extraterritorial effect in [a foreign country] with respect to [a] foreign offer merely because shares are traded [in the United States] and merely because an American shareholder is not foreclosed from tendering his shares.*"[692]

### (3) Traditioneller Standpunkt der SEC

Großzügiger war seit jeher die Position der SEC. In einem Konzeptpapier zur Erleichterung transnationaler *tender* und *exchange offers* aus dem Jahre 1990 hielt die Aufsichtsbehörde die Bestimmungen des Williams Act nicht nur ohne Weiteres für extraterritorial anwendbar. Vielmehr äußerte sie zugleich die Ansicht, dass

> „*[e]ven in the absence of an affirmative act of a foreign bidder to invoke U.S. jurisdiction, 'the requisite use of jurisdictional means can be established ...* ***where it is reasonably foreseeable that U.S. shareholders*** *of a foreign issuer that have been excluded from an offshore offer* ***will sell their shares into the market*** *in response to that offer.*"[693] (Hervorhebungen durch Verf.)

Ähnliche Erwägungen dürften auch für den Erlass der *cross-border rules* maßgebend gewesen sein. So gab die SEC etwa in der *proposing release* aus dem Jahre 1998 zu erkennen, dass allein die Existenz US-amerikanischer Anleger aus ihrer Sicht für die Anwendbarkeit US-amerikanischen Kapitalmarktrechts ausreichend sei.[694]

---

691 Nachweis bei *Mann/Mari/Lavdas*, 29 Int'l Law. 731, 744 (1995).

692 Nachweis bei *Mann/Mari/Lavdas*, 29 Int'l Law. 731, 745 (1995).

693 Concept Release on Multinational Tender and Exchange Offers, Securities Act Release No. 6866, Exchange Act Release No. 28093, International Series Release No. 127, § II. n.2 (June 6, 1990) [55 Fed. Reg. 23751 (June 12, 1990)].

694 Cross-Border Tender Offers, Business Combinations and Rights Offerings, Securities Act Release No. 7611, Exchange Act Release No. 40678, International Series

(4) Schlussfolgerung

Sind die Wertpapiere einer ausländischen Zielgesellschaft in den Vereinigten Staaten von Amerika registriert, dürfte nach traditioneller Rechtsprechung und Ansicht der SEC die Verbreitung bzw. Veröffentlichung der Angebotsunterlage in den Vereinigten Staaten von Amerika – die Verwendung US-amerikanischer Kommunikationsmittel vorausgesetzt – unter „*conduct*"-Gesichtspunkten für die Anwendbarkeit der übernahmerechtlichen Publizitäts- und Verfahrensvorschriften ausreichen.[695] Gleiches dürfte angesichts der *Plessey*-Entscheidung gelten, wenn ein öffentliches Angebot nicht nur vorhersehbare Auswirkungen im Inland hat, sondern der Bieter in den Vereinigten Staaten von Amerika zudem aktiv um Anteile einheimischer Investoren wirbt.[696] An Letzterem fehlt es insbesondere dann, wenn der Bieter durch geeignete Maßnahmen Berührungen mit der US-amerikanischen Rechtsordnung gerade zu vermeiden sucht.[697] Zudem lassen sowohl die *Plessey*- als auch die *CDC*-Entscheidung erkennen, dass Gesichtspunkten internationaler Rücksichtnahme keine nur untergeordnete Rolle zukommt.[698]

Vor dem Hintergrund der Rechtsprechung und Aufsichtspraxis können Bieter im Falle transnationaler Übernahmeangebote die Anwendbarkeit der US-amerikanischen Publizitäts- und Verfahrensvorschriften traditionell nur dadurch vermeiden, dass sie ein Erstrecken der Offerte auf den US-amerikanischen Kapitalmarkt, insbesondere die Verbreitung des Angebots mittels US-amerikanischer Kommunikationsmittel in den Vereinigten Staaten von Amerika, verhindern; eines Ausschlusses dort wohnhafter bzw. ansässiger Wertpapierinhaber bedarf es – dies lässt insbesondere die *Plessey*-Entscheidung erkennen – hingegen grundsätzlich nicht.[699] Etwas anderes gilt lediglich, wenn – wie die SEC im Jahre 1999 ausdrücklich klargestellt hat – die Veröffentlichung der Angebotsmaterialien zumindest auch – wie etwa im Falle des WpÜG – durch Bekanntgabe im Internet erfolgt.[700] In solch einem Fall lässt sich die

---

Release No. 1171, § II.A.1. (Nov. 13, 1998) [63 Fed. Reg. 69136 (Dec. 15, 1998)] („*[I]f a bidder wants to acquire a foreign private issuer, it must comply with the securities or takeover laws of the target company's home jurisdiction. If the target has U.S. security holders, the bidder must also comply with U.S. securities laws.*").

695 Ebenso *Josenhans*, Grenzüberschreitende öffentliche Übernahmeangebote, S. 151.

696 Ebenso i. E. *Josenhans*, Grenzüberschreitende öffentliche Übernahmeangebote, S. 138 f.; *Schuster*, Die internationale Anwendung des Börsenrechts, S. 580.

697 Ebenso *Josenhans*, Grenzüberschreitende öffentliche Übernahmeangebote, S. 138 f.; *Schuster*, Die internationale Anwendung des Börsenrechts, S. 580.

698 Vgl. auch *Josenhans*, Grenzüberschreitende öffentliche Übernahmeangebote, S. 138 f.

699 Ebenso *Josenhans*, Grenzüberschreitende öffentliche Übernahmeangebote, S. 138 f. und 153 f.

700 Siehe Cross-Border Tender and Exchange Offers, Business Combinations and Rights Offerings, Securities Act Release No. 7759, Exchange Act Release No. 42054, Trust Indenture Act Release No. 2378, International Series Release No. 1208, § II.G.1. (Oct. 22, 1999) [64 Fed. Reg. 61382 (Nov. 10, 1999)] („*The [SEC's] 1998*

Anwendbarkeit der übernahmerechtlichen Publizitäts- und Verfahrensvorschriften traditionell nur dadurch vermeiden, dass der Bieter Wertpapierinhaber mit (Wohn-) Sitz in den Vereinigten Staaten von Amerika nicht nur ausdrücklich vom Angebot ausschließt, sondern zusätzlich z. B. von jedem das Angebot annehmenden Aktionär den Nachweis verlangt, nicht in den Vereinigten Staaten von Amerika wohnhaft bzw. ansässig zu sein.[701]

### bb. Übernahmerechtliche Betrugsvorschriften

Im Gegensatz zu den zuvor erörterten Publizitäts- und Verfahrensvorschriften setzen die der Verhinderung missbräuchlicher Übernahmepraktiken dienenden Betrugsnormen, allen voran § 14(e) Exchange Act,[702] tatbestandlich weder voraus, dass sich der Bieter zur Verbreitung seines Angebots US-amerikanischer Kommunikationseinrichtungen bedient, noch dass die Wertpapiere der Zielgesellschaft in den Vereinigten Staaten von Amerika registriert sind.[703] Auch „*comity*"-Erwägungen spielen angesichts des vergleichsweise geringen Konfliktpotentials mit ausländischen Rechtsordnungen in der gerichtlichen Praxis nur eine untergeordnete Rolle.[704] Entsprechend wird die Reichweite der übernahmerechtlichen Betrugsvorschriften von den Gerichten traditionell nahezu ausschließlich im Rahmen der Prüfung ihrer *subject matter jurisdiction* bestimmt.

---

*Internet Release stated that when an offeror prominently discloses that the offer is being made to countries other than the United States and implements adequate measures reasonably designed to guard against sales to persons in the United States or to U.S. persons in an offshore Internet offer, [the Securities and Exchange Commission] will not view the offer as targeted to persons in the United States or to U.S. persons and thus will not treat it as occurring in the United States for Securities Act registration purposes. [...]* ***[A]n offeror conducting a tender or exchange offer also may rely on the guidance in the 1998 Internet release.***"). (Hervorhebungen durch Verf.)

701 Vgl. Cross-Border Tender and Exchange Offers, Business Combinations and Rights Offerings, Securities Act Release No. 7759, Exchange Act Release No. 42054, Trust Indenture Act Release No. 2378, International Series Release No. 1208, § II.G.2. (Oct. 22, 1999) [64 Fed. Reg. 61382 (Nov. 10, 1999)].

702 15 U.S.C. § 78n(e).

703 Auf diesen Unterschied ebenfalls ausdrücklich hinweisend *Josenhans*, Grenzüberschreitende öffentliche Übernahmeangebote, S. 128; *Karmel*, 66 U. Cin. L. Rev. 1133, 1164–65 (1998); *Schuster*, Die internationale Anwendung des Börsenrechts, S. 581.

704 Die im Bereich der *anti-fraud provisions* geringere Bedeutung des Aspekts internationaler Rücksichtnahme wurde bereits 1980 vom *Second Circuit Court of Appeals* ausdrücklich hervorgehoben. Siehe *IIT v. Cornfeld*, 619 F.2d 909, 921 (2d Cir. 1980) („*The problem of conflict between [U.S.] laws and that of a foreign government is much less when the issue is the enforcement of the anti-fraud sections of the securities laws than with such provisions as those requiring registration of persons or securities.*").

### (1) *Consolidated Gold Fields plc v. Minorco, S.A.* (1989)

Das meistzitierte Urteil zur Frage der extraterritorialen Anwendbarkeit der übernahmerechtlichen „*anti-fraud*"-Bestimmungen ist die vom *Second Circuit Court of Appeals* im Jahre 1989 veröffentlichte Entscheidung *Consolidated Gold Fields plc v. Minorco, S.A.*[705]

Die luxemburgische Gesellschaft *Minorco* hatte im Oktober 1988 in Großbritannien ein feindliches Übernahmeangebot zum Erwerb sämtlicher Anteile der britischen Gesellschaft *Gold Fields* bekanntgegeben. Etwa 2,5 % dieser Anteile wurden seinerzeit direkt bzw. indirekt (d. h. unter Einschaltung britischer Treuhänder) von Investoren in den Vereinigten Staaten von Amerika gehalten.

In seiner Angebotsdokumentation wies *Minorco* ausdrücklich darauf hin, dass das Angebot „*is not being made directly or indirectly in, or by use of the mails or by any means or instrumentality of interstate or foreign commerce or of any facilities of a national securities exchange of, the United States of America, its possessions or territories or any area subject to its jurisdiction or any political sub-division thereof.*"[706] Zugleich ging aus den Unterlagen jedoch hervor, dass auch Annahmeerklärungen von US-Investoren berücksichtigt würden, sofern das für die Annahme des Angebots erforderliche Formular, die sog. *acceptance form*, von einem Ort außerhalb der Vereinigten Staaten von Amerika verschickt würde.

*Minorco* sandte die Angebotsunterlagen wie angekündigt nicht an seine eingetragenen US-Aktionäre. Da die in Großbritannien ansässigen Treuhänder – wie *Minorco* bekannt war – jedoch gesetzlich zur Weiterleitung der von der Bieterin erhaltenen Unterlagen verpflichtet waren, gelangte nahezu zeitgleich auch eine unbestimmte Anzahl von US-Investoren in den Besitz der Angebotsdokumentation.

Kurz nach Bekanntgabe des Angebots beantragte *Gold Fields* in New York den Erlass einer einstweiligen Verfügung gegen den Fortgang des Angebotsverfahrens. Das Unternehmen rügte neben kartellrechtlichen Verstößen insbesondere auch eine Verletzung der Betrugsvorschrift des § 10(b) Exchange Act[707] sowie derjenigen des § 14(e) des Gesetzes.[708] Als Begründung trug *Gold Fields* vor, *Minorco* hätte in den Angebotsunterlagen für die zukünftige Geschäftsentwicklung von *Gold Fields* wesentliche Informationen nicht bzw. nicht zutreffend offengelegt.

In erster Instanz lehnte der *United States District Court for the Southern District of New York* den Antrag der Zielgesellschaft im Hinblick auf die behauptete Verletzung der kapitalmarktrechtlichen „*anti-fraud*"-Bestimmungen mangels *subject matter jurisdiction* ab.[709] Zum einen vermochte das Gericht kein täuschungsrelevantes, seine

---

705 871 F.2d 252 (2d Cir.), *modified*, 890 F.2d 569 (2d Cir. 1989).

706 *Consolidated Gold Fields plc v. Minorco, S.A.*, 871 F.2d 252, 256 (2d Cir.), *modified*, 890 F.2d 569 (2d Cir. 1989).

707 15 U.S.C. § 78j(b).

708 15 U.S.C. § 78n(e).

709 Siehe *Consolidated Gold Fields plc v. Anglo American Corp. of South Africa Ltd.*, 698 F. Supp. 487, 496–97 (S.D.N.Y. 1988). Aus kartellrechtlichen Gründen erließ das

sachliche Zuständigkeit begründendes Verhalten der Bieterin im Inland zu erkennen.[710] Als nicht ausreichend erachtete das Gericht zum anderen die Auswirkungen des vermeintlichen Fehlverhaltens auf den US-amerikanischen Kapitalmarkt; unter Berufung insbesondere auf das *Plessey*-Urteil des *United States District Court for the District of Delaware* aus dem Jahre 1986 vertrat Richter *Michael B. Mukasey* die Auffassung, dass nicht nur die Anzahl der potentiell betroffenen US-Investoren unbedeutend sei, sondern die Bieterin auch alles unternommen hätte, um eine Verbreitung der Angebotsunterlage in den Vereinigten Staaten von Amerika zu verhindern.[711]

In der Berufungsinstanz hob der *Second Circuit Court of Appeals* die erstinstanzliche Entscheidung teilweise auf. Ebenso wie die Vorinstanz prüfte auch das Berufungsgericht die Anwendbarkeit der beiden als verletzt gerügten Betrugsnormen anhand identischer Standards. Anders als das Gericht erster Instanz hielt das Berufungsgericht *subject matter jurisdiction* unter „*effects*"-Gesichtspunkten jedoch für gegeben.[712] Nach Auffassung des Gerichts hatte das Übernahmeangebot von *Minorco* direkte und vorhersehbare Auswirkungen auf US-amerikanische Anleger, da – so die Begründung des Gerichts – der Bieterin bekannt war, dass die britischen Treuhänder gesetzlich zur Weiterleitung der Angebotsunterlage in die Vereinigten Staaten von Amerika verpflichtet waren.[713] Diese Auswirkungen hielt das Berufungsgericht angesichts des Anteils der im Inland direkt bzw. indirekt gehaltenen Wertpapiere unter Berufung auf *Bersch* auch für erheblich.[714] Den entscheidenden Unterschied zur *Plessey*-Entscheidung erkannte der *Second Circuit Court of Appeals* in der Tatsache, dass es inhaltlich in jener Entscheidung nicht um Betrugsvorwürfe, sondern die Erzwingung der Einhaltung der übernahmerechtlichen Publizitätsvorschriften ging; entsprechend erinnerte das Gericht an seine schon in *Bersch* artikulierte Auffassung, dass

---

Gericht im Ergebnis dennoch die von der Zielgesellschaft beantragte einstweilige Verfügung.

710 Vgl. *Consolidated Gold Fields plc v. Anglo American Corp. of South Africa Ltd.*, 698 F. Supp. 487, 496 (S.D.N.Y. 1988).

711 *Consolidated Gold Fields plc v. Anglo American Corp. of South Africa Ltd.*, 698 F. Supp. 487, 496–97 (S.D.N.Y. 1988).

712 Siehe *Consolidated Gold Fields plc v. Minorco, S.A.*, 871 F.2d 252, 261–63 (2d Cir.), *modified*, 890 F.2d 569 (2d Cir. 1989).

713 Vgl. *Consolidated Gold Fields plc v. Minorco, S.A.*, 871 F.2d 252, 262 (2d Cir.), *modified*, 890 F.2d 569 (2d Cir. 1989).

714 *Consolidated Gold Fields plc v. Minorco, S.A.*, 871 F.2d 252, 262 (2d Cir.), *modified*, 890 F.2d 569 (2d Cir. 1989) („*If in Bersch we could say that Congress intended American anti-fraud laws to apply to a transaction involving 41,936 shares owned by 22 American residents, then surely we must come to the same conclusion here, where American residents representing 2.5 % of Gold Fields' shareholders owned 5.3 million shares with a market value of about $120 million.*").

> *„the antifraud provisions of American securities laws have broader extraterritorial reach than American filing requirements.“*[715]

Im Hinblick auf *„comity“*-Erwägungen wies das Gericht die Vorinstanz zudem an, etwaigen ausländischen Interessen auf Rechtsfolgenseite Rechnung zu tragen.[716]

### (2) *John Labatt Ltd. v. Onex Corp.* (1995)

Erwähnenswert erscheint schließlich auch die Entscheidung *John Labatt Ltd. v. Onex Corp.*[717] aus dem Jahre 1995.

In dieser Entscheidung verwarf das für den südlichen Gerichtsbezirk des US-Bundesstaats New York zuständige Bundesgericht u. a. die Annahme der klagenden Zielgesellschaft, des kanadischen Unternehmens *Labatt*, § 14(e) Exchange Act[718] sei bereits anwendbar, wenn sich von einem Angebot ausgeschlossene US-Investoren durch dieses veranlasst sehen könnten, ihre Anteile über die Börse zu veräußern. Das Urteil *Panter v. Marshall Field &. Co.*[719] des *Seventh Circuit Court of Appeals* aus dem Jahre 1981 zitierend, stellte das Gericht u. a. auch mit Blick auf die Entstehungsgeschichte des Williams Act klar, dass vom Schutzzweck der Norm nur diejenigen Anleger erfasst seien, die als Adressaten des Angebots eine Entscheidung für oder gegen dieses zu treffen hätten, und dass

> *„whatever the factors are that might influence a shareholder to retain or sell on the open market outside a tender offer, they are not 'the proscribed pressures the Williams Act was designed to alleviate.“*[720]

### (3) Schlussfolgerung

Die Übertragung der Rechtsprechung zur extraterritorialen Anwendbarkeit der kapitalmarktrechtlichen Betrugsvorschriften auf die übernahmerechtlichen *„antifraud“*-Bestimmungen hat traditionell zur Folge, dass die zurechenbare Verbreitung bzw. Veröffentlichung der Angebotsunterlage in den Vereinigten Staaten von Amerika unter *„conduct“*-Gesichtspunkten die internationale Anwendbarkeit auch dieser Vorschriften begründet.[721] *Gold Fields* zeigt zudem, dass es nach traditioneller

---

715 *Consolidated Gold Fields plc v. Minorco, S.A.*, 871 F.2d 252, 262 (2d Cir.), *modified*, 890 F.2d 569 (2d Cir. 1989).

716 Vgl. *Consolidated Gold Fields plc v. Minorco, S.A.*, 871 F.2d 252, 263 (2d Cir.), *modified*, 890 F.2d 569 (2d Cir. 1989).

717 890 F. Supp. 235 (S.D.N.Y. 1995).

718 15 U.S.C. § 78n(e).

719 646 F.2d 271 (7th. Cir.), *cert. denied*, 454 U.S. 1092 (1981).

720 *John Labatt Ltd. v. Onex Corp.*, 890 F. Supp. 235, 246 (S.D.N.Y. 1995).

721 So auch *Josenhans*, Grenzüberschreitende öffentliche Übernahmeangebote, S. 150 f., der überdies zutreffend darauf hinweist, dass die Unterschiede zwischen den verschiedenen *Circuit Courts* in der Anwendung des *conduct test* im Übernahmerecht nicht relevant werden, da die zurechenbare Verbreitung der

Rechtsprechung unter „*effects*"-Gesichtspunkten lediglich erheblicher und vorhersehbarer Auswirkungen auf US-amerikanische Investoren bedarf, nicht hingegen – wie für die Anwendbarkeit der übernahmerechtlichen Publizitäts- und Verfahrensvorschriften erforderlich – weiterer (gezielter) Berührungspunkte mit dem US-amerikanischen Kapitalmarkt.[722]

Überdies hat der im Vergleich zu den Publizitäts- und Verfahrensvorschriften weitere Anwendungsbereich der übernahmerechtlichen Betrugsvorschriften Bedeutung für die Frage ihrer Umgehung bzw. Vermeidung. Da es vorhersehbare Auswirkungen auf US-Investoren, insbesondere eine Annahme des Angebots durch diese, in jedem Fall zu vermeiden gilt, können Bieter nach traditioneller Auffassung die Anwendbarkeit von § 14(e) Exchange Act[723] sowie diejenige von Regulation 14E[724] mit der für die Praxis erforderlichen Sicherheit nur durch Ausschluss von in den Vereinigten Staaten von Amerika wohnhaften bzw. ansässigen Wertpapierinhabern der Zielgesellschaft vermeiden.[725]

### *b. Securities Act*

Gänzlich anders stellt sich die Rechtslage im Hinblick auf die wertpapierrechtlichen Registrierungsanforderungen dar.

§ 5 Securities Act[726] normiert nach seinem Wortlaut eine Registrierungspflicht für alle öffentlich zum Verkauf angebotenen Wertpapiere. Die Vorschrift unterscheidet insbesondere weder nach der Nationalität der Angebotsempfänger noch danach, ob die Offerte in den Vereinigten Staaten von Amerika oder im Ausland unterbreitet wird. Der Anwendungsbereich der Norm ist dem Wortlaut nach vielmehr bereits eröffnet, wenn sich der Bieter zur Verbreitung seines Angebots US-amerikanischer Kommunikationseinrichtungen bedient, wie z. B. Telefon, Fax oder Internet.

Sowohl der Securities Act selbst als auch die von der SEC auf dessen Grundlage erlassenen Ausführungsbestimmungen enthalten jedoch zahlreiche, den Anwendungsbereich der Norm einschränkende Ausnahmeregelungen. Wie etwa das öffentliche Angebot der belgischen *UCB SA* sowie der deutschen *UCB SP GmbH* an die Aktionäre des ebenfalls deutschen Pharmaunternehmens *Schwarz Pharma* vom 10. November 2006 gezeigt hat, kann im Rahmen grenzüberschreitender

---

Angebotsunterlage in den Vereinigten Staaten von Amerika keine nur vorbereitende Handlung darstellt.

722 Vgl. auch *Josenhans*, Grenzüberschreitende öffentliche Übernahmeangebote, S. 142, der zutreffend anmerkt, dass es entgegen der Ansicht der SEC (siehe Fn. 462) nicht ausreichen dürfte, dass vom Angebot ausgeschlossene US-Investoren ihre Wertpapiere in Reaktion auf das Angebot am freien Markt veräußern.

723 15 U.S.C. § 78n(e).

724 Zu den für Exchange Act Rules 14e-1, 14e-2 und 14e-5, 17 C.F.R. §§ 240.14e-1, 240.14e-2 and 240.14e-5, geltenden Besonderheiten siehe Fn. 673.

725 Ähnlich *Josenhans*, Grenzüberschreitende öffentliche Übernahmeangebote, S. 151 f.

726 15 U.S.C. § 77e.

Tauschangebote insbesondere die Ausnahmeregelung des damaligen § 4(2) Securities Act[727] (heute: § 4(a)(2) Securities Act[728]) praktische Bedeutung erlangen.[729] Diese Norm gestattet Bietern auch in ihrer aktuellen Fassung, unter bestimmten Voraussetzungen parallel zu einem öffentlichen Angebot von Wertpapieren im US-amerikanischen Ausland solche auch innerhalb der Vereinigten Staaten von Amerika unter Befreiung von der Registrierungspflicht im Wege eines sog. *private placement* anzubieten.[730] Bei der Übernahme von *Schwarz Pharma* etwa richtete sich das Angebot in den Vereinigten Staaten von Amerika ausschließlich an sog. „*qualified institutional buyers*" i. S. v. Securities Act Rule 144A;[731] die übrigen US-Investoren waren demgegenüber vom Angebot ausgeschlossen.[732]

Ist ein Tauschangebot – wie z. B. nach deutschem Recht vorgeschrieben – durch Bekanntgabe im Internet zu veröffentlichen, sind weitere Besonderheiten hinsichtlich des Anwendungsbereichs der Norm zu beachten.

So vertrat die SEC im Jahre 1998 im Rahmen ihrer oben bereits zitierten *Internet Release* erstmals die Auffassung, dass die Veröffentlichung von Wertpapierofferten im Internet nur dann nicht als „*offer*", „*general solicitation*" oder etwa „*directed selling*

727 15 U.S.C. § 77d(2) (2006).

728 15 U.S.C. § 77d(a)(2) (2012). Vgl. zu den jüngsten Änderungen der Vorschrift und den dadurch bedingten Reformanstrengungen der SEC insbesondere § 201 JOBS Act, Pub. L. No. 112–106, § 201, 126 Stat. 306, 313–15 (2012), sowie Eliminating the Prohibition Against General Solicitation and General Advertising in Rule 506 and Rule 144A Offerings, Securities Act Release No. 9415, Exchange Act Release No. 69959, Investment Advisers Act Release No. 3624 (July 10, 2013) [78 Fed. Reg. 44771 (July 24, 2013)].

729 Hintergrund und Struktur des Angebots sind ausführlich beschrieben etwa in der Anlage zum No-Action Letter des SEC vom 29. November 2006; abrufbar unter http://www.sec.gov/divisions/marketreg/mr-noaction/ucb112906–14e-5.pdf (zuletzt abgerufen im März 2014).

730 Wegen des in Regulation 14D normierten übernahmerechtlichen Gleichbehandlungsgebots kommt eine Ausgestaltung als *private placement* nicht in Betracht, wenn die Aktien der Zielgesellschaft bei der SEC registriert sind. Vgl. Cross-Border Tender and Exchange Offers, Business Combinations and Rights Offerings, Securities Act Release No. 7759, Exchange Act Release No. 42054, Trust Indenture Act Release No. 2378, International Series Release No. 1208, § II.G.2. n.91 (Oct. 22, 1999) [64 Fed. Reg. 61382 (Nov. 10, 1999)].

731 17 C.F.R. § 230.144A. Der Begriff „*qualified institutional buyer*" i. S. d. Norm erfasst bestimmte institutionelle Investoren mit einem verwalteten Aktienportfolio im Wert von mindestens USD 100 Mio.

732 Eine ähnliche Struktur lag den öffentlichen Umtauschangeboten der *UniCredito Italiano S.p.A.* an die Aktionäre der *Bayerische Hypo- und Vereinsbank Aktiengesellschaft* vom 26. August 2005 und der *DePfa Holding plc* an die Aktionäre der *DEPFA Deutsche Pfandbriefbank AG* vom 19. Januar 2002 zugrunde.

*effort*" i. S. v. § 5 Securities Act,[733] Regulation S[734] bzw. Regulation D[735] anzusehen sei, wenn der Emittent

> „*[implements] precautionary measures that are reasonably designed to ensure that offshore* ***Internet offers*** *are* ***not targeted to persons in the United States or to U.S. persons*** *[as the term is defined in Rule 902(k) of Regulation S, which is premised on residence in the United States].*"[736] (Hervorhebungen durch Verf.)

Die Aufsichtsbehörde führte diesbezüglich aus, dass sie ein Angebot dann nicht als an den US-amerikanischen Kapitalmarkt gerichtet und damit als dort vorgenommen betrachte, wenn

> „*[t]he Web site includes a* ***prominent disclaimer*** *making it clear that the offer is directed only to countries other than the United States [...]* ***and*** *[t]he Web site offeror implements* ***procedures*** *that are reasonably* ***designed to guard against sales to U.S. persons*** *in the offshore offering.*"[737] (Hervorhebungen durch Verf.)

Speziell in Bezug auf *private placements* in den Vereinigten Staaten von Amerika führte die SEC zudem ergänzend aus, dass

> „*[p]ublicly accessible Web site postings may not be used as a means* ***to locate investors*** *to participate in a pending or imminent U.S. offering relying on [former Section 4(2) of the Securities Act].*"[738] (Hervorhebungen durch Verf.)

Im Jahre 1999 stellte die SEC ausdrücklich klar, dass die in der *Internet Release* im Jahr zuvor veröffentlichen Grundsätze auch für durch Bekanntgabe im Internet

---

733 15 U.S.C. § 77e.

734 17 C.F.R. §§ 230.901 *et seq.*

735 17 C.F.R. §§ 230.500 *et seq.*

736 Statement of the Commission Regarding Use of Internet Web Sites to Offer Securities, Solicit Securities Transactions or Advertise Investment Services Offshore, Securities Act Release No. 7516, Exchange Act Release No. 39779, Investment Advisers Act Release No. 1710, Investment Company Act Release No. 23071, International Series Release No. 1125, § III.A. (Mar. 23, 1998) [63 Fed. Reg. 14806 (Mar. 27, 1998)].

737 Statement of the Commission Regarding Use of Internet Web Sites to Offer Securities, Solicit Securities Transactions or Advertise Investment Services Offshore, Securities Act Release No. 7516, Exchange Act Release No. 39779, Investment Advisers Act Release No. 1710, Investment Company Act Release No. 23071, International Series Release No. 1125, § III.B. (Mar. 23, 1998) [63 Fed. Reg. 14806 (Mar. 27, 1998)].

738 Statement of the Commission Regarding Use of Internet Web Sites to Offer Securities, Solicit Securities Transactions or Advertise Investment Services Offshore, Securities Act Release No. 7516, Exchange Act Release No. 39779, Investment Advisers Act Release No. 1710, Investment Company Act Release No. 23071, International Series Release No. 1125, § IV.A.2. (Mar. 23, 1998) [63 Fed. Reg. 14806 (Mar. 27, 1998)].

veröffentlichte *exchange offers* gelten;[739] zugleich konkretisierte die Behörde die Anforderungen an die vom Bieter zu ergreifenden Maßnahmen, um eine Partizipation von in den Vereinigten Staaten von Amerika wohnhaften bzw. ansässigen Investoren zu verhindern.[740] Da es angesichts des bestehenden Investments wahrscheinlicher sei als bei einer Neuemission, dass US-Investoren auf ein derartiges Angebot aufmerksam würden und gewillt sein könnten, an diesem – obwohl nicht an sie gerichtet – zu partizipieren, stellte die SEC klar, dass Bieter im Falle der Bekanntgabe eines solchen im Internet

> „*should take special care that [the Web site] is not used as a means to induce indirect participation by U.S. holders of [the subject] securities.*"[741]

Im Falle der Veröffentlichung eines Tauschangebots durch Bekanntgabe im Internet gelten nach Ansicht der SEC für die Vermeidung der Registrierungspflicht des § 5 Securities Act[742] damit letztlich die gleichen Anforderungen wie für die Vermeidung der Anwendbarkeit der Publizitäts- und Verfahrensvorschriften des Williams Act.[743]

Im Hinblick auf *private placements* wies die Aufsichtsbehörde zudem darauf hin, dass

> „*means must be in place to provide reasonable assurance that the web site is not used to solicit U.S. investors for the private U.S. offering.*"[744]

Als mögliche Maßnahmen nannte die SEC u. a. einen weitestgehenden Verzicht auf Hinweise auf das *private placement* im Internet und eine Erstreckung desselben nur auf solche US-Investoren, die bereits vor der Bekanntgabe der Angebotsunterlage im Internet oder unabhängig von dieser gewonnen werden konnten.[745]

---

739 Siehe Fn. 700.

740 Siehe Cross-Border Tender and Exchange Offers, Business Combinations and Rights Offerings, Securities Act Release No. 7759, Exchange Act Release No. 42054, Trust Indenture Act Release No. 2378, International Series Release No. 1208, § II.G.2. (Oct. 22, 1999) [64 Fed. Reg. 61382 (Nov. 10, 1999)].

741 Cross-Border Tender and Exchange Offers, Business Combinations and Rights Offerings, Securities Act Release No. 7759, Exchange Act Release No. 42054, Trust Indenture Act Release No. 2378, International Series Release No. 1208, § II.G.2. (Oct. 22, 1999) [64 Fed. Reg. 61382 (Nov. 10, 1999)].

742 15 U.S.C. § 77e.

743 Vgl. Cross-Border Tender and Exchange Offers, Business Combinations and Rights Offerings, Securities Act Release No. 7759, Exchange Act Release No. 42054, Trust Indenture Act Release No. 2378, International Series Release No. 1208, § II.G.2. (Oct. 22, 1999) [64 Fed. Reg. 61382 (Nov. 10, 1999)].

744 Cross-Border Tender and Exchange Offers, Business Combinations and Rights Offerings, Securities Act Release No. 7759, Exchange Act Release No. 42054, Trust Indenture Act Release No. 2378, International Series Release No. 1208, § II.G.3. (Oct. 22, 1999) [64 Fed. Reg. 61382 (Nov. 10, 1999)].

745 Siehe Cross-Border Tender and Exchange Offers, Business Combinations and Rights Offerings, Securities Act Release No. 7759, Exchange Act Release No. 42054,

## II. Einzelstaatliche Regelungen

Für die Frage, ob im Rahmen transnationaler Übernahmen ausländischer Zielgesellschaften unter bestimmten Voraussetzungen auch Vorschriften einzelner US-amerikanischer Bundesstaaten zu beachten sind, ist schließlich zwischen den in den Einzelstaaten geltenden *anti-takeover statutes* und *blue sky laws* zu unterschieden.

Die *anti-takeover statutes* der einzelnen Bundesstaaten sind – wie bereits erwähnt – aus verfassungsrechtlichen Gründen nur für diejenigen Gesellschaften relevant, die nach dem Recht des jeweiligen Staates inkorporiert sind. Im transnationalen Übernahmekontext sind sie daher nicht von Bedeutung.

Anders stellt sich die Situation im Hinblick auf die *blue sky laws* der Einzelstaaten dar. Deren Anwendungsbereich ist grundsätzlich immer schon dann eröffnet, wenn Anlegern im betreffenden Staat im Rahmen eines Übernahmeangebots Wertpapiere zum Tausch angeboten werden. Für die Praxis bedeutsame Erleichterungen hat der US-amerikanische Kongress allerdings insbesondere durch die bereits zitierte Regelung des § 18 Securities Act[746] geschaffen.

# B. Grundsatzentscheidung des US-amerikanischen *Supreme Court* zur materiell-rechtlichen Reichweite der kapitalmarktrechtlichen Betrugsvorschriften

## I. Vorbemerkung

Mit der Grundsatzentscheidung *Morrison v. National Australia Bank Ltd.*,[747] hat der US-amerikanische *Supreme Court* am 24. Juni 2010 der vom *Second Circuit Court of Appeals* über Jahrzehnte geprägten und auch für das Übernahmerecht relevanten Rechtsprechung zum internationalen Anwendungsbereich der kapitalmarktrechtlichen Betrugsvorschriften die Grundlage entzogen und die Relevanz der Bestimmungen für Sachverhalte mit Auslandsbezug erheblich eingeschränkt. Zugrunde lag der Entscheidung eine sog. „*foreign-cubed*“ oder „*f-cubed*“-Konstellation, d. h. eine (Sammel-) Klage von – aus US-amerikanischer Perspektive – ausländischen Investoren gegen einen ausländischen Emittenten wegen Verlusten aus an einer ausländischen Börse erworbenen Wertpapieren.

## II. *Morrison v. National Australia Bank Ltd.* (2010)

Im Februar 1998 hatte die australische Großbank *NAB*, deren Aktien ausschließlich an der Australian Stock Exchange sowie anderen Börsenplätzen außerhalb der

Trust Indenture Act Release No. 2378, International Series Release No. 1208, § II.G.3. (Oct. 22, 1999) [64 Fed. Reg. 61382 (Nov. 10, 1999)].

746 15 U.S.C. § 77r.

747 130 S. Ct. 2869 (June 24, 2010).

Vereinigten Staaten von Amerika gehandelt wurden,[748] das private US-amerikanische Hypotheken-Dienstleistungsunternehmen *HomeSide* mit Sitz in Jacksonville, Florida, erworben.

Während *NAB*'s Finanzberichte in den ersten drei Jahren nach der Akquisition den Erfolg und die Profitabilität von *HomeSide* skizzierende Geschäftszahlen enthielten, gab *NAB* im zweiten Halbjahr 2001 Abschreibungen auf Vermögenswerte seiner Tochtergesellschaft in Höhe von insgesamt USD 2,2 Mrd. bekannt. Während die Juli-Abschreibungen in Höhe von USD 450 Mio. von *NAB* noch öffentlich heruntergespielt worden waren, erklärte das Finanzinstitut den zusätzlichen Abschreibungsbedarf in Höhe von weiteren USD 1,75 Mrd. im September 2001 als das Ergebnis (i) nicht vorausgesehener gesunkener Zinssätze, (ii) weiterer fehlerhafter Annahmen zur Ermittlung des Marktwertes der Hypothekenverwaltungsrechte der Tochtergesellschaft, der sog. *mortgage servicing rights*, sowie (iii) eines Verlustes an Goodwill. Der Kurs der *NAB*-Aktien gab infolge der Bekanntmachungen jeweils stark nach; um mehr als 5 % nach der ersten sowie um knapp 13 % nach der zweiten Bekanntmachung.

Ende Januar 2004 reichten drei australische *NAB*-Aktionäre, die ihre Wertpapiere vor Bekanntgabe des Abschreibungsbedarfs in Australien erworben hatten, beim *United States District Court for the Southern District of New York* Sammelklage gegen *NAB*, *HomeSide* und verschiedene Führungskräfte beider Unternehmen wegen angeblicher Verstöße gegen die kapitalmarktrechtlichen Betrugsvorschriften ein. Sie behaupteten, *HomeSide* bzw. drei seiner Führungskräfte hätten die von der Gesellschaft zur Ermittlung des Marktwertes ihrer *mortgage servicing rights* herangezogenen Bewertungsmodelle manipuliert, um die Quote vorzeitiger Tilgungen zu reduzieren und im Gegenzug die für die Bewertung des Unternehmens maßgeblichen Rechte wertvoller erscheinen zu lassen als sie tatsächlich waren; zudem hätte *NAB* bzw. dessen CEO von dieser Täuschung spätestens seit Juli 2000 Kenntnis gehabt.

Bezugnehmend auf die vom *Second Circuit Court of Appeals* entwickelten *effects* und *conduct tests* folgte das Gericht erster Instanz im Oktober 2006 dem Antrag der Beklagten, die Sammelklage mangels sachlicher Zuständigkeit abzuweisen. Zur Begründung führte Richterin *Barbara S. Jones* u. a. aus, dass „*the alleged fraud had very little—if any—demonstrable effect on the United States market*" und dass „*HomeSide's alleged conduct [...] [was] not in itself* **securities** *fraud [but rather] amount[ed] to, at most, a link in the chain of an alleged overall securities fraud that culminated abroad.*"[749] (Hervorhebung im Original)

748 In den Vereinigten Staaten von Amerika wurden ausschließlich ADR von *NAB* gehandelt. Siehe *Morrison v. National Australia Bank Ltd.*, 547 F.3d 167, 168 (2d Cir. 2008).

749 *In re National Australia Bank Sec. Litig.*, No. 03 Civ. 6537 (BSJ), 2006 WL 3844465, at *4, 8 (S.D.N.Y. Oct. 25, 2006).

Im anschließenden Berufungsverfahren sprachen sich neben den in erster Instanz erfolgreichen Beklagten auch verschiedene *amici curiae*[750] kategorisch gegen die Verhandlung von „*foreign-cubed*"-Klagen vor US-amerikanischen Gerichten aus.[751] Zur Begründung führten sie neben der „*general 'presumption' against [...] extraterritorial application of American laws*" insbesondere auch völkerrechtliche Gesichtspunkte an.[752]

Im Oktober 2008 bestätigte der *Second Circuit Court of Appeals* das klageabweisende Urteil erster Instanz,[753] lehnte die Schaffung einer sog. *bright-line rule* jedoch explizit ab.[754] Das Gericht vertrat u. a. die Auffassung, dass „*declining jurisdiction over all 'foreign-cubed' securities fraud actions would conflict with the goal of preventing the export of fraud from America*" und dass der *conduct test* widerstreitende Interessen angemessen berücksichtige.[755]

Die von den Klägern gegen das Berufungsurteil eingelegte Revision wurde vom US-amerikanische *Supreme Court* anschließend zugelassen, um höchstrichterlich über die Frage zu entscheiden,

> „*whether § 10(b) of the [...] Exchange Act [...] provides a cause of action to* ***foreign plaintiffs*** *suing* ***foreign*** *and American* ***defendants*** *for misconduct in connection with securities traded on* ***foreign exchanges****.*"[756] (Hervorhebungen durch Verf.)

In seiner Urteilsbegründung korrigierte das Revisionsgericht zunächst einen – wie es das Gericht nannte – „*threshold error in the Second Circuit's analysis.*"[757] Es stellte klar, dass die höchstrichterlich zu entscheidende Frage der extraterritorialen Reichweite der Betrugsnorm materiell-rechtlicher und nicht – wie vom Berufungsgericht seit 1968 in ständiger Rechtsprechung angenommen – prozessualer Natur sei.[758]

---

750 Als „*amicus curiae*" (lateinisch für „*Freund des Gerichts*") wird in angelsächsischen Rechtsordnungen eine nicht selbst an einem Gerichtsverfahren beteiligte Person oder Organisation bezeichnet, die dem zuständigen Gericht zu einzelnen Rechtsfragen unaufgefordert – üblicherweise in Form von Schriftsätzen – Informationen, Analysen und / oder Stellungnahmen zur Verfügung gestellt hat.

751 *Morrison v. National Australia Bank Ltd.*, 547 F.3d 167, 174 (2d Cir. 2008) („*Appellees and certain of the amici curiae [...] urge us to rule that in so-called 'foreign-cubed' securities actions, showing domestic conduct should never be enough and subject matter jurisdiction cannot be established where the conduct in question has no effect in the United States or on American investors.*").

752 Siehe *Morrison v. National Australia Bank Ltd.*, 547 F.3d 167, 174–75 (2d Cir. 2008).

753 *Morrison v. National Australia Bank Ltd.*, 547 F.3d 167, 175–177 (2d Cir. 2008) („*[The acts performed in the United States did not] 'compris[e] the heart of the alleged fraud.'*").

754 *Morrison v. National Australia Bank Ltd.*, 547 F.3d 167, 174–175 (2d Cir. 2008).

755 *Morrison v. National Australia Bank Ltd.*, 547 F.3d 167, 175 (2d Cir. 2008).

756 *Morrison v. National Australia Bank Ltd.*, 130 S. Ct. 2869, 2875 (June 24, 2010).

757 *Morrison v. National Australia Bank Ltd.*, 130 S. Ct. 2869, 2876–77 (June 24, 2010).

758 *Morrison v. National Australia Bank Ltd.*, 130 S. Ct. 2869, 2877 (June 24, 2010) („*merits question*"). Hinsichtlich der prozessualen Frage der sachlichen Zuständigkeit

Die Betrachtung der materiell-rechtlichen Reichweite der Norm begann der *Supreme Court* sodann mit der bereits 1991 in *EEOC v. Arabian American Oil Co.*[759] getroffenen Feststellung, dass

> „*[i]t is a 'longstanding principle of American law 'that legislation of Congress, unless a contrary intent appears, is meant to apply only within the territorial jurisdiction of the United States.'*" [760]

Diesen seit Jahrzehnten anerkannte Grundsatz hätte der *Second Circuit Court of Appeals* in der irrtümlichen Annahme missachtet, dass

> „*because the Exchange Act is silent as to the extraterritorial application of § 10(b), it was left to the court to 'discern' whether Congress would have wanted the statute to apply.*" [761]

Ergänzend stellte der *Supreme Court* klar, dass (i) „*[t]his disregard of the presumption against extraterritoriality did not originate with the Court of Appeals panel in this case*", dass (ii) „*[i]t has been repeated over many decades by various courts of appeals in determining the application of the Exchange Act, and § 10(b) in particular, to fraudulent schemes that involve conduct and effects abroad*" und dass dies (iii) „*has produced a collection of tests for divining what Congress would have wanted, complex in formulation and unpredictable in application.*"[762]

Die Mehrheit der Richter gelangte im Anschluss zu dem Ergebnis, dass § 10(b) Exchange Act[763] mangels gesetzlicher Anhaltspunkten entgegen auch der Ansicht des *Solicitor General* nicht extraterritorial anwendbar sei.[764] Insbesondere betonten die Richter, dass

> „*[t]he general reference to foreign commerce in the definition of 'interstate commerce' does not defeat the presumption against extraterritoriality.*"[765]

---

verwies das Gericht auf die Regelung des § 27 Exchange Act, 15 U.S.C. § 78aa, in der damals geltenden Fassung („*The district courts of the United States [...] shall have exclusive jurisdiction of violations of [the Exchange Act] or the rules and regulations thereunder, and of all suits in equity and actions at law brought to enforce any liability or duty created by [the Exchange Act] or the rules and regulations thereunder. [...].*").

759 499 U.S. 244, 248 (1991). Siehe auch Fn. 645.

760 *Morrison v. National Australia Bank Ltd.*, 130 S. Ct. 2869, 2877 (June 24, 2010).

761 *Morrison v. National Australia Bank Ltd.*, 130 S. Ct. 2869, 2878 (June 24, 2010).

762 *Morrison v. National Australia Bank Ltd.*, 130 S. Ct. 2869, 2878 (June 24, 2010).

763 15 U.S.C. § 78j(b).

764 *Morrison v. National Australia Bank Ltd.*, 130 S. Ct. 2869, 2881–83 (June 24, 2010) („*[T]here is no affirmative indication in the Exchange Act that § 10(b) applies extraterritorially, and we therefore conclude that it does not.*").

765 *Morrison v. National Australia Bank Ltd.*, 130 S. Ct. 2869, 2882 (June 24, 2010).

Explizit wiesen sie zudem auf den Umkehrschluss zu § 30(a) Exchange Act[766] hin:

> *„Subsection 30(a) [of the Exchange Act] contains what § 10(b) [of the Exchange Act] lacks: a clear statement of extraterritorial effect. Its explicit provision for a specific extraterritorial application would be quite superfluous if the rest of the Exchange Act already applied to transactions on foreign exchanges—and its limitation of that application to securities of domestic issuers would be inoperative.*"[767]

Dem Argument der Kläger, die Feststellung mangelnder extraterritorialer Anwendbarkeit sei im konkreten Fall u. a. deshalb nicht entscheidend, da sie, die Kläger, *„seek no more than domestic application anyway, since Florida is where HomeSide and its senior executives engaged in the deceptive conduct of manipulating HomeSide's financial models*", begegnete das Gericht überdies mit der Klarstellung, dass

> *„the focus of the Exchange Act is not upon the place where the deception originated, but upon purchases and sales of securities in the United States.*"[768]

Konkretisierend führte das Gericht aus, die fragliche *„anti-fraud*"-Bestimmung würde ihrem Wortlaut entsprechend betrügerisches Verhalten nicht *per se*, sondern nur *„in connection with the purchase or sale of any security registered on a national securities exchange or any security not so registered*" sanktionieren. Von der Norm erfasst seien entsprechend ausschließlich (i) „tr*ansactions in securities listed on domestic exchanges*" (sog. *first prong*) und (ii) *„domestic transactions in other securities*" (sog. *second prong*).[769]

Da die Voraussetzungen dieses neuen sog. *transactional test* im konkreten Fall nicht erfüllt waren, bestätigte letztlich auch das Revisionsgericht die Klageabweisung – wenn auch mit abweichender Begründung.[770]

---

766 15 U.S.C. § 78dd(a). Die Vorschrift lautet wie folgt: *„It shall be unlawful for any broker or dealer, directly or indirectly, to make use of the mails or of any means or instrumentality of interstate commerce for the purpose of effecting* ***on an exchange not within or subject to the jurisdiction of the United States****, any transaction in any security the issuer of which is a resident of, or is organized under the laws of, or has its principal place of business in, a place within or subject to the jurisdiction of the United States, in contravention of such rules and regulations as the [Securities and Exchange] Commission may prescribe [...].*" (Hervorhebungen durch Verf.)

767 *Morrison v. National Australia Bank Ltd.*, 130 S. Ct. 2869, 2883 (June 24, 2010). Ergänzend wies das Gericht darauf hin, dass *„the presumption against extraterritoriality is [not] a 'clear statement rule,' [...], if by that is meant a requirement that a statute say 'this law applies abroad.' Assuredly context can be consulted as well.*"

768 *Morrison v. National Australia Bank Ltd.*, 130 S. Ct. 2869, 2884 (June 24, 2010).

769 *Morrison v. National Australia Bank Ltd.*, 130 S. Ct. 2869, 2884 (June 24, 2010).

770 *Morrison v. National Australia Bank Ltd.*, 130 S. Ct. 2869, 2888 (June 24, 2010) (*„Section 10(b) [of the Exchange Act] reaches the use of a manipulative or deceptive device or contrivance only in connection with the purchase or sale of a security listed on an American stock exchange, and the purchase or sale of any other security in the United States. This case involves no securities listed on a domestic exchange, and all*

# C. Entwicklungen im US-Kapitalmarktrecht post-*Morrison*

Die *Morrison*-Entscheidung des US-amerikanischen *Supreme Court* hatte unmittelbare Auswirkungen sowohl auf legislativer wie auch judikativer Ebene.

## I. Reaktion des US-amerikanischen Kongresses auf das *Morrison*-Urteil

Der U.S.-amerikanische Kongress reagierte bereits unmittelbar nach Bekanntgabe des höchstrichterlichen Urteils, indem er den Ende Juli 2010, d. h. knapp vier Wochen nach dem Urteil in Kraft getretenen Dodd-Frank Act unmittelbar vor dessen Verabschiedung um zwei Extraterritorialitätsbestimmungen, namentlich § 929P(b)[771] und § 929Y,[772] ergänzte.

### 1. *Enforcement Actions der SEC und des DOJ*

Die u. a. in § 22(c) Securities Act[773] und § 27(b) Exchange Act[774] kodifizierte Bestimmung des § 929P(b) Dodd-Frank Act[775] betrifft ausschließlich sog. *enforcement actions* der SEC und des DOJ. Obwohl der *Supreme Court* in seiner Grundsatzentscheidung explizit klargestellt hatte, dass die Problematik der materiell-rechtlichen Reichweite einer Norm nicht mit der prozessualen Frage der gerichtlichen Zuständigkeit verwechselt werden dürfe, wurden die genannten Kapitalmarktbestimmungen, allesamt Zuständigkeitsregelungen, jeweils um folgenden Absatz ergänzt:

> „*([...]) Extraterritorial Jurisdiction.—The district courts of the United States [...] shall have jurisdiction of an action or proceeding brought or instituted by the [Securities and Exchange] Commission or the United States alleging a violation of [section 17(a) of the Securities Act / the antifraud provisions of the Exchange Act] involving—*

---

*aspects of the purchases complained of by those petitioners [...] occurred outside the United States. Petitioners have therefore failed to state a claim on which relief can be granted.*"). Den *transactional test* kritisierend etwa *Cosenza*, 11 Chi. J. Int'l L. 343, 347 (2011) („*overly myopic*"); ähnlich *Beyea*, 72 Ohio St. L.J. 537, 556–57 (2011) („*[I] n the interest of ensuring the integrity of the world's financial markets and effective regulation of securities fraud, the Second Circuit's traditional tests may have served an important role in preventing much fraud from slipping through the cracks in the global financial regulatory system.*").

771 Dodd-Frank Act, Pub. L. No. 111–203, § 929P(b), 124 Stat. 1376, 1864–65 (2010).

772 Dodd-Frank Act, Pub. L. No. 111–203, § 929Y, 124 Stat. 1376, 1871 (2010).

773 15 U.S.C. § 77v(c) (2012).

774 15 U.S.C. § 78aa(b) (2012).

775 Pub. L. No. 111–203, § 929P(b), 124 Stat. 1376, 1864–65 (2010).

*(1) conduct within the United States that constitutes significant steps in furtherance of the violation, even if the securities transaction occurs outside the United States and involves only foreign investors; or*

*(2) conduct occurring outside the United States that has a foreseeable substantial effect within the United States.*"

Zur Absicht des Gesetzgebers stellte der damalige republikanische Kongressabgeordnete *Paul E. Kanjorski* aus Pennsylvania bereits Ende Juni 2010 klar, dass

„*[t]his bill's provisions concerning extraterritoriality [...] are intended to rebut th[e] presumption [against extraterritoriality applied by the Supreme Court in Morrison] by clearly indicating that Congress intends extraterritorial application in cases brought by the SEC or the Justice Department.*

*Thus, the purpose of the language of section 929P(b) of the bill is to make clear that in actions and proceedings brought by the SEC or the Justice Department, the specified provisions of the [securities laws] may have extraterritorial application [...] irrespective of whether the securities are traded on a domestic exchange or the transactions occur in the United States, when the conduct within the United States is significant or when conduct outside the United States has a foreseeable substantial effect within the United States.*"[776]

## 2. Privatklagen

Die Regelung des § 929Y Dodd-Frank Act[777] betrifft demgegenüber ausnahmslos auf die kapitalmarktrechtlichen Betrugsvorschriften gestützte Privatklagen. In Bezug auf diese sah der US-Kongress bewusst von einer Neuregelung ab und verpflichtete stattdessen die SEC zur Durchführung einer Studie; in deren Rahmen sollte insbesondere untersucht werden, inwiefern auch Privatklagerechte auf internationale Betrugssachverhalte ausgeweitet werden sollten.[778]

---

776 156 Cong. Rec. H5237 (daily ed. June 30, 2010) (statement of Rep. Paul E. Kanjorski).

777 Pub. L. No. 111–203, § 929Y, 124 Stat. 1376, 1871 (2010).

778 Vgl. Dodd-Frank Act, Pub. L. No. 111–203, § 929Y(a), (b), 124 Stat. 1376, 1871 (2010). Konkret analysiert werden sollte „*(1) the scope of such a private right of action, including whether it should extend to all private actors or whether it should be more limited to extend just to institutional investors or otherwise; (2) what implications such a private right of action would have on international comity; (3) the economic costs and benefits of extending a private right of action for transnational securities frauds; and (4) whether a narrower extraterritorial standard should be adopted.*" Als Frist für die Vorlage eines Berichts, der auch konkrete Handlungsempfehlungen enthalten sollte, hatte der Kongress einen Zeitraum von 18 Monaten ab Erlass des Gesetzes bestimmt. Vgl. Dodd-Frank Act, Pub. L. No. 111–203, § 929Y(c), 124 Stat. 1376, 1871 (2010). Zur Aufforderung der SEC zur Abgabe von Stellungnahmen siehe Study on Extraterritorial Private Rights of Action, Exchange Act Release No. 63174 (Oct. 25, 2010) [75 Fed. Reg. 66822 (Oct. 29, 2010)]. Die der SEC

## II. Umsetzung und Konkretisierung der höchstrichterlichen Vorgaben durch instanzgerichtliche Rechtsprechung

Noch bevor die SEC ihrer Berichtspflicht nachkommen konnte, sahen sich US-amerikanische Instanzgerichte bereits mit Fragen zur Interpretation der *Morrison*-Entscheidung konfrontiert. Von gesteigertem Interesse für Zwecke der hier vorzunehmenden Untersuchung erscheinen insbesondere zwei Urteile aus dem Jahre 2011 zur Frage der Übertragbarkeit der *Morrison*-Grundsätze auf Ansprüche unter dem Securities Act sowie drei Entscheidungen aus den Jahren 2012 und 2013 zur Auslegung von *Morrison*'s „*domestic transactions*" *prong*.

### 1. *Entscheidungen zur Übertragbarkeit der Morrison-Grundsätze auf Ansprüche unter dem Securities Act*

#### a. *In re Royal Bank of Scotland Group plc Sec. Litig. (2011)*

In *In re Royal Bank of Scotland Group plc Sec. Litig.*[779] übertrug der *United States District Court for the Southern District of New York* die Grundsätze der *Morrison*-Entscheidung im Januar 2011 erstmals auf Ansprüche unter dem Securities Act.

Im Juli 2009, knapp ein Jahr vor der *Morrison*-Entscheidung des US-amerikanischen *Supreme Court*, hatten die beiden US-amerikanischen Pensionsfonds *Massachusetts Pension Reserves Investment Management Board* und *Public Employees Retirement System of Mississippi* in New York Sammelklage u. a. gegen das schottische Kreditinstitut *RBS* und zahlreiche seiner Führungskräfte eingereicht. Geltend gemacht hatten die Fonds als sog. *lead plaintiffs* neben Verstößen gegen die „*anti-fraud*"-Bestimmungen des Exchange Act auch solche gegen die zivilrechtlichen Haftungsnormen des Securities Act – Erstere im Namen aller Investoren, die zwischen dem 1. März 2007 und dem 19. Januar 2009, der sog. *class period*, Stammaktien des Kreditinstituts erworben hatten; Letztere stellvertretend ausschließlich für solche Anleger, die die entsprechenden Wertpapiere Ende 2007 im Zuge der Übernahme von *ABN AMRO* bzw. im Rahmen einer im April 2008 von *RBS* durchgeführten Kapitalerhöhung erhalten hatten.[780]

Zur Begründung ihrer Klage trugen die Fonds vor, *RBS*-Investoren hätten als unmittelbare Folge von – wie es in der Klage formuliert ist – „*RBS's undisclosed speculation in subprime assets, failure to value properly those assets and failure to take timely writedowns of goodwill related to the [bank's October 2007] ABN AMRO acquisition*"

übermittelten Stellungnahmen selbst sind abrufbar unter http://www.sec.gov/comments/4-617/4-617.shtml (zuletzt abgerufen im März 2014).

779 765 F. Supp. 2d 327 (S.D.N.Y. 2011).

780 Die von der sog. *Freeman Group* stellvertretend für Erwerber von *RBS*-Vorzugsaktien geltend gemachten Ansprüche unter dem Securities Act waren zunächst nicht Gegenstand des Verfahrens.

hohe Verluste erlitten.[781] Sie behaupteten, *RBS* hätte sowohl in öffentlichen Erklärungen als auch in bei der SEC eingereichten Unterlagen, wie z. B. Jahres- und Zwischenberichten, Registrierungsdokumenten und Prospekten, wiederholt betont, keinen signifikanten Ausfallrisiken am Subprime-Hypothekenmarkt ausgesetzt zu sein und zudem über ein gutes Risikomanagement- und Finanzkontrollsystem zu verfügen. Tatsächlich hätte das Kreditinstitut bis ins Jahr 2008 jedoch beträchtliche Subprime-Risiken angehäuft – u. a. durch den Erwerb der 38-prozentigen Beteiligung an der im Markt für zweitklassige Hypothekenkredite investierten niederländischen Bank *ABN AMRO* im Oktober 2007.[782]

Nachdem *RBS* im Dezember 2007 erstmals ein Subprime-Engagement eingeräumt, zugleich aber – so der Vortrag der Kläger – das Ausmaß der Risiken heruntergespielt hatte, gab das Kreditinstitut am 22. April 2008 Abschreibungen auf Vermögenswerte in Höhe von USD 11,6 Mrd. bekannt[783] und kündigte noch am selben Tag zur Stärkung der Kapitalbasis eine Kapitalerhöhung in Höhe von USD 23,7 Mrd. an.

Am 19. Januar 2009 teilte *RBS* der Öffentlichkeit schließlich mit, für das Geschäftsjahr 2008 angesichts der seit 2005 angehäuften Kreditrisiken sowie des Misserfolgs der *ABN AMRO*-Akquisition einen Jahresfehlbetrag von USD 41,3 Mrd. ausweisen zu müssen. Der Kurs der *RBS*-Aktie brach daraufhin um mehr als 65 % ein.

Kurz nach Veröffentlichung des *Morrison*-Urteils trugen die Beklagten im Hinblick auf die wegen angeblicher Verstöße gegen die kapitalmarktrechtlichen Betrugsvorschriften gegen *RBS* und einzelne Führungskräfte der Bank geltend gemachten Ansprüche vor, die Kläger hätten nicht behauptet, dass die fraglichen Stammaktien des Finanzinstituts, die in London und Amsterdam gelistet waren, an einer US-amerikanischen Wertpapierbörse oder sonst in den Vereinigten Staaten von Amerika erworben worden wären. Demgegenüber argumentierten die Kläger, *Morrison*'s „*listing*"-Anforderung sei bereits dadurch erfüllt, dass ADR des Kreditinstituts an der New York Stock Exchange gelistet seien. Überdies hätten die Erwerbe im Inland stattgefunden, da die Leitkläger ihre Erwerbsentscheidungen in den Vereinigten Staaten von Amerika getroffen hätten.

Im Hinblick auf *Morrison*'s „*listing*" *prong* stellte Richterin *Deborah A. Batts* zunächst fest, dass die von den Klägern unter Berufung auf das ADR-Programm von *RBS* angeführte „*listing*"-Theorie nicht mit *Morrison* vereinbar sei:

---

781 *In re Royal Bank of Scotland Group plc Sec. Litig.*, 765 F. Supp. 2d 327, 333 (S.D.N.Y. 2011).

782 Das seinerzeit von *RBS* als Teil eines Konsortiums abgegebene (feindliche) öffentliche Tauschangebot war als sog. „*dual offer*" strukturiert. Es bestand aus einem nach niederländischem Übernahmerecht durchgeführten (globalen) Angebot an alle *ABN AMRO*-Aktionäre außerhalb der Vereinigten Staaten von Amerika und einem separaten, inhaltlich jedoch identischen US-Angebot, welches ausschließlich an US-Aktionäre adressiert war und nach US-Recht durchgeführt wurde.

783 Allein ein Drittel des Abschreibungsbedarfs war laut Klägervortrag auf im Zuge der *ABN AMRO*-Akquisition erworbene Subprime-Werte zurückzuführen.

*„The idea that a foreign company is subject to U.S. Securities [sic] laws everywhere it conducts foreign transactions merely because it has 'listed'* ***some*** *securities in the United States is simply contrary to the spirit of Morrison."* [784] (Hervorhebung durch Verf.)

Zugleich betonte das Gericht, der *Supreme Court* hätte in *Morrison* keine Zweifel daran gelassen, dass

*„its concern is on the* ***true territorial location*** *where the purchase or sale was executed and the particular securities exchange laws that governed the transaction [...]."*[785] (Hervorhebungen durch Verf.)

Auch das in Bezug auf *Morrison's second prong* vorgebrachte Argument der Kläger, für eine *„domestic transaction"* reiche bereits eine im Inland getroffene Erwerbsentscheidung, lehnte das Gericht mit der Begründung ab, dieser Ansatz sei *„exactly the type of analysis that Morrison seeks to prevent."*[786] Zudem hätte der *Supreme Court* die zuvor von nahezu allen *Circuit Courts* herangezogenen *conduct* und *effects tests* nicht verworfen *„to replace [them] with another difficult-to-employ, fact intensive test."*[787]

Im Hinblick auf die im Zusammenhang mit der Übernahme von *ABN AMRO* gegen *RBS* und zahlreiche Führungskräfte des Kreditinstituts geltend gemachten zivilrechtlichen Haftungsansprüche aus §§ 11, 12(a)(2) und 15 Securities Act[788] folgte Richterin *Batts* ebenfalls dem klageabweisenden Antrag der Beklagten. Zur Begründung führte sie aus, der *Supreme Court* hätte in *Morrison* deutlich erkennen lassen, dass

---

784 *In re Royal Bank of Scotland Group plc Sec. Litig.*, 765 F. Supp. 2d 327, 336 (S.D.N.Y. 2011). Ebenso etwa *In re UBS Sec. Litig.*, No. 07 Civ. 11225 (RJS), 2011 WL 4059356, at *5 (S.D.N.Y. Sept. 13, 2011) (*„[T]he [Supreme] Court makes clear that § 10(b) [of the Exchange Act] applies only to 'purchase-and-sale transactions' that are executed 'in the United States' and not to all securities that happen to be cross-listed on an American exchange."*); *In re Vivendi Universal, S.A. Sec. Litig.*, 765 F. Supp. 2d 512, 531 (S.D.N.Y. 2011) (*„There is no indication that the Morrison majority read Section 10(b) [of the Exchange Act] as applying to securities that may be cross-listed on domestic and foreign exchanges, but where the purchase and sale does not arise from the domestic listing [...]."*); *In re Alstom S.A. Sec. Litig.*, 741 F. Supp. 2d 469, 472–73 (S.D.N.Y. 2010) (*„[The listing theory] presents a selective and overly-technical reading of Morrison that ignores the larger point of the [Morrison] decision."*).

785 *In re Royal Bank of Scotland Group plc Sec. Litig.*, 765 F. Supp. 2d 327, 336 (S.D.N.Y. 2011).

786 *In re Royal Bank of Scotland Group plc Sec. Litig.*, 765 F. Supp. 2d 327, 337 (S.D.N.Y. 2011).

787 *In re Royal Bank of Scotland Group plc Sec. Litig.*, 765 F. Supp. 2d 327, 337 (S.D.N.Y. 2011).

788 15 U.S.C. §§ 77k, 77*l*(a)(2) and 77o.

*„the territorial reach of the Exchange Act and Securities Act involves the '**same focus on domestic transactions.**'"* [789] (Hervorhebung im Original)

Entsprechend hielt es das Gericht auch diesbezüglich für ausreichend, dass die im Rahmen des öffentlichen Tauschangebots von *RBS* als Gegenleistung offerierten Stammaktien weder an einer US-amerikanischen Wertpapierbörse gelistet waren noch die Kläger behauptet hatten, der Erwerb der *RBS*-Aktien im Zuge des Tauschangebots hätte in den Vereinigten Staaten von Amerika stattgefunden.[790]

Ähnlich urteilte Richterin *Batts* schließlich auch in Bezug auf die im Zusammenhang mit der Kapitalerhöhung gegen *RBS*, einzelne Führungskräfte und beteiligte Konsortialbanken geltend gemachten Ansprüche aus §§ 12(a)(2) und 15 Securities Act:[791]

> *„Morrison is dispositive as to the [r]ights [i]ssue claims as no U.S. public offering is present and the [r]ights [i]ssue did not involve a domestic securities transaction. Like the shares issued pursuant to the [e]xchange [o]ffer, the shares issued pursuant to the [r]ights [i]ssue were RBS ordinary shares, which the [District] Court has already found to be deficient because of Morrison."* [792]

### *b. SEC v. Goldman Sachs & Co. (2011)*

Fünf Monate nach der *RBS*-Entscheidung hatte der *United States District Court for the Southern District of New York* in *SEC v. Goldman Sachs & Co.*[793] erneut über die Übertragbarkeit der *Morrison*-Grundsätze auf Ansprüche unter dem Securities Act zu entscheiden. Im Mittelpunkt der Entscheidung stand dabei die Frage, ob und ggf. inwiefern der vom *Supreme Court* in *Morrison* entwickelte *transactional test* auch auf die *„anti-fraud"*-Bestimmung des § 17(a) Securities Act[794] Anwendung findet.

Im April 2010 hatte die SEC Betrugsvorwürfe gegen die US-amerikanische Investmentbank *Goldman Sachs* und deren damaligen Angestellten *Fabrice Tourre* erhoben. Die SEC behauptete, im Zusammenhang mit der Strukturierung und Vermarktung des synthetischen CDO mit der Bezeichnung *„ABACUS 2007-AC1"* wären Investoren – unter ihnen die europäischen Kreditinstitute *IKB* und *ABN AMRO* – wichtige Informationen zu den Anlagerisiken verschwiegen worden. Insbesondere wäre nicht offengelegt worden, dass *Paulson*, ein Hedgefonds mit Sitz in New York, an der

---

789 *In re Royal Bank of Scotland Group plc Sec. Litig.*, 765 F. Supp. 2d 327, 338 n.11 (S.D.N.Y. 2011).

790 *In re Royal Bank of Scotland Group plc Sec. Litig.*, 765 F. Supp. 2d 327, 339 (S.D.N.Y. 2011).

791 15 U.S.C. §§ 77*l*(a)(2) and 77o.

792 *In re Royal Bank of Scotland Group plc Sec. Litig.*, 765 F. Supp. 2d 327, 339 (S.D.N.Y. 2011).

793 790 F. Supp. 2d 147 (S.D.N.Y. 2011).

794 15 U.S.C. § 77q(a).

Zusammensetzung des dem CDO zugrunde liegenden RMBS-Portfolios beteiligt war und zugleich auf dessen Preisverfall gewettet hatte.

Die Klage der SEC gegen *Goldman Sachs* wurde im Juli 2010 gegen Zahlung von USD 550 Mio. beigelegt.[795] *Tourre* hingegen beantragte im September 2010 im Wege einer sog. *motion for judgment on the pleadings* die Abweisung der gegen ihn gerichteten Klage. Gestützt auf das drei Monate zuvor ergangene *Morrison*-Urteil argumentierte dieser, die Klage der SEC sei nicht schlüssig, da diese nicht behauptet hätte, dass es sich bei den *ABACUS*-Transaktionen von *IKB* und *ABN AMRO* um Inlandsgeschäfte gehandelt hätte.

Nachdem das für den südlichen Gerichtsbezirk des US-Bundesstaats New York zuständige Bundesgericht der SEC die Möglichkeit zur Ergänzung ihres Klagevortrags eingeräumt und diese im November 2010 ihre geänderte Klage bei Gericht eingereicht hatte, beantragte *Tourre*, gestützt u. a. auf *Morrison*, die Klage insgesamt abzuweisen.

Im Hinblick auf die auf den Exchange Act gestützten Betrugsvorwürfe widersprach der *United States District Court for the Southern District of New York* im Juni 2011 zunächst dem von der SEC als Reaktion auf den Antrag *Tourre*'s vorgetragenen Argument, der Ort einer Transaktion sei unter Berücksichtigung des gesamten Verkaufsprozesses zu bestimmen:

> „*Tacitly conceding that none of the U.S.-based conduct [the SEC] describe[d] allege[d] that any party incurred "irrevocable liability" in the United States [...] the SEC argue[d] the [District] Court must consider 'the entire selling process.' [...] Morrison[, however,] was clear that* ***Section 10(b) [of the Exchange Act] 'punishes not all acts of deception'*** *(i.e., the selling process),* ***'but only such acts 'in connection with the purchase or sale of any security registered on a national securities exchange or any security not so registered.''***"[796] (Hervorhebungen durch Verf.)

Zudem stellte das Gericht fest, dass „*[t]o the extent the SEC allege[d] and relie[d] upon the ABACUS [New York] closing [to establish a domestic transaction] the closing, absent 'a purchase or sale ... made in the United States,' [...], is not determinative.*"[797]

Im Ergebnis wies Richterin *Barbara S. Jones* die Klage der SEC im Hinblick auf die auf den Exchange Act gestützten Betrugsvorwürfe mangels Schlüssigkeit ab; so hätte die SEC weder hinreichend dargelegt, dass die Anleihegeschäfte von *IKB* noch dass die CDS-Transaktionen von *ABN AMRO* als „*domestic transactions*" i. S. v. *Morrison* zu qualifizieren seien.[798]

---

795 Der Betrag in Höhe von USD 550 Mio. setzte sich aus einer Geldbuße in Höhe von USD 535 Mio. und einer Gewinnabschöpfung in Höhe von USD 15 Mio. zusammen.

796 *SEC v. Goldman Sachs & Co.*, 790 F. Supp. 2d 147, 158 (S.D.N.Y. 2011).

797 *SEC v. Goldman Sachs & Co.*, 790 F. Supp. 2d 147, 158–159 (S.D.N.Y. 2011). Siehe zur „*transfer of title*"-Problematik auch die Entscheidung *SEC v. Tourre*, No. 10 Civ. 3229 (KBF), 2012 WL 5838794 (S.D.N.Y. Nov. 19, 2012).

798 *SEC v. Goldman Sachs & Co.*, 790 F. Supp. 2d 147, 155–161 (S.D.N.Y. 2011).

Ebenfalls stattgegeben wurde dem Antrag *Tourre*'s im Hinblick auf die auf § 17(a) Securities Act[799] gestützten Ansprüche – allerdings nur insoweit, als diese von der SEC mit Veräußerungen („*sales*") an *IKB* bzw. *ABN AMRO* begründet wurden:

> „*To the extent Section 17(a) of the Securities Act and Section 10(b) of the Exchange Act both apply to 'sales,' after Morrison, the Court agrees that* ***Section 17(a) of the Securities Act does not apply to 'sales that occur outside the United States.'***" [800] (Hervorhebungen durch Verf.)

Als Grund für die genannte Einschränkung führte das Gericht an, dass die fragliche Betrugsvorschrift im Gegensatz zu § 10(b) Exchange Act[801] „*applies not only to the 'sale' but also to the 'offer ... of any securities [...]'*", dass „*the focus of 'offer,' under the Securities Act, is [not on the recipient but] on the person or entity 'attempt[ing] or offer[ing] to dispose of' or 'solicit[ing] ... an offer to buy' securities [...]*" und dass mithin „*[i]n order for an 'offer' to be domestic, a person or entity must (1) 'attempt or offer[,]' in the United States, 'to dispose of' securities [...] or (2) 'solicit[,]' in the United States, 'an offer to buy' securities [...].*"[802]

Letzteres und damit einen Verstoß gegen die „*offer*"-Alternative des § 17(a) Securities Act[803] sah das Gericht als hinreichend belegt an, da die Vertriebsaktivitäten *Tourre*'s angesichts der Behauptungen der Aufsichtsbehörde, Ersterer hätte, ohne *Paulson*'s Rolle bei den *ABACUS*-Transaktionen offenzulegen, von New York aus via Telefon und E-Mail Anleihen (*IKB*) und Kreditausfallversicherungen (*ABN AMRO*) angeboten bzw. beworben, als „*domestic 'offers' of securities [...]*" im Sinne des Securities Act zu qualifizieren seien – ein Ergebnis, das sehr an den vom *Supreme Court* verworfenen *conduct test* erinnert.[804]

799 15 U.S.C. § 77q(a).

800 *SEC v. Goldman Sachs & Co.*, 790 F. Supp. 2d 147, 164 (S.D.N.Y. 2011). Anders als § 10(b) Exchange Act, 15 U.S.C. § 78j(b), fordert § 17(a) Securities Act, 15 U.S.C. § 77q(a), keine Verknüpfung des betrügerischen Verhaltens mit „*the purchase or sale of any security*", sondern eine solche mit „*the offer or sale of any securities*".

801 15 U.S.C. § 78j(b).

802 *SEC v. Goldman Sachs & Co.*, 790 F. Supp. 2d 147, 164–165 (S.D.N.Y. 2011).

803 15 U.S.C. § 77q(a).

804 Siehe auch *SEC v. Tourre*, No. 10 Civ. 3229 (KBF), 2013 WL 2407172, at *10 (S.D.N.Y. June 4, 2013) („*[T]o the extent the SEC seeks to hold Tourre liable for fraudulent conduct in the offer of securities to IKB and ABN, Morrison requires only that the SEC prove that Tourre engaged in fraudulent conduct in connection with a domestic offer of those securities. To make that showing, the SEC must prove only that the offeror was in the United States at the time he or she made the relevant offer.*").

## 2. *Entscheidungen zur Interpretation und rechtlichen Einordnung von Morrison's „Domestic Transactions" Prong*

Fragen zur Interpretation und rechtlichen Einordnung von *Morrison*'s *„domestic transactions" prong* gelangten verstärkt erst ab Anfang 2012 in den Fokus der Rechtsprechung.[805]

### a. *Absolute Activist Value Master Fund Ltd. v. Ficeto (2012)*

In *Absolute Activist Value Master Fund Ltd. v. Ficeto*[806] hatte der *Second Circuit Court of Appeals* erstmals der Frage nachzugehen, unter welchen Umständen der Erwerb bzw. die Veräußerung von nicht an einer inländischen Wertpapierbörse gelisteten Anteilsscheinen als *„domestic transaction"* zu betrachten ist.

In *Absolute Activist* ging es um die Klage von neun auf den Cayman Islands registrierten Hedgefonds wegen angeblichen sog. *„pump-and-dump"*-Betrugs.[807] Die klagenden Fonds behaupteten, die Beklagten, fast allesamt Gründer und / oder Führungskräfte bzw. Mitarbeiter des von den Klägern beauftragten Anlageverwalters *ACM*, hätten sie, die Kläger, veranlasst, in großem Umfang in Wertpapiere nahezu wertloser US-amerikanischer Unternehmen, sog. *penny stock companies*, zu investieren. Erworben worden seien die illiquiden, nicht an inländischen Wertpapierbörsen gehandelten Papiere unmittelbar von den betreffenden Unternehmen, und zwar im Wege sog. *„PIPE"*-Transaktionen. Die Beklagten selbst seien zu den fraglichen Erwerbszeitpunkten entweder bereits maßgeblich an den Unternehmen beteiligt gewesen oder hätten im Gegenzug für die von ihnen arrangierten Investments – sei es kostenlos oder zu sehr vorteilhaften Konditionen – Wertpapiere oder Optionsrechte erhalten. Anschließend hätten die Beklagten die Preise der Wertpapiere künstlich in die Höhe getrieben – insbesondere durch Handel zwischen den verschiedenen Fonds unter Zwischenschaltung von *HWM*, einem zwei der Beklagten gehörenden und bei der FINRA wie auch der SEC als *broker-dealer* registrierten Unternehmen mit Sitz in Kalifornien. Profitiert hätten die Beklagten in verschiedener Hinsicht: Zum einen wären durch die Geschäfte hohe Gebühren generiert worden; zum anderen hätten die künstlich erhöhten Kurse es den Beklagten u. a. ermöglicht, die von ihnen gehaltenen Anteile (mit Gewinn) an die Kläger zu veräußern. Der Schaden hätte sich letztlich auf mehr als USD 190 Mio. belaufen.

Nachdem der *United States District Court for the Southern District of New York* die auf die Verletzung kapitalmarktrechtlicher Betrugsvorschriften gestützte Klage

805 Ein klassisches Beispiel für *„domestic transactions in other securities"* dürften Privatplatzierungen ausländischer Emittenten gemäß Regulation D sein. Ebenso etwa *Beyea*, 72 Ohio St. L.J. 537, 569 (2011).

806 677 F.3d 60 (2d Cir. 2012).

807 Zur Bedeutung des Begriffs *„pump-and-dump scheme"* siehe die Ausführungen der SEC unter http://www.sec.gov/answers/pumpdump.htm (zuletzt abgerufen im März 2014).

Ende Dezember 2010 in erster Instanz ungeachtet der Klarstellungen des *Supreme Court* mangels sachlicher Zuständigkeit abgewiesen hatte,[808] hob der *Second Circuit Court of Appeals* Anfang 2012 das erstinstanzliche Urteil teilweise auf und verwies die Sache zur erneuten Entscheidung an den *District Court* zurück.

In seiner Urteilsbegründung stellte das Berufungsgericht fest, dass „*the district court erred in dismissing the case for lack of subject matter jurisdiction because Morrison makes clear that whether § 10(b) [of the Exchange Act] applies to certain conduct is a 'merits' question.*"[809] Zur Frage der Qualifizierung einer Transaktion als „*domestic*" i. S. v. *Morrison's second prong* führte das Gericht sodann aus, dass

> „*to sufficiently allege a domestic securities transaction in securities not listed on a domestic exchange, [...] a plaintiff must allege facts suggesting that* ***irrevocable liability*** *was* ***incurred*** *or* ***title*** *was* ***transferred within the United States.***"[810] (Hervorhebungen durch Verf.)

Zugleich lehnte das Gericht die Vorschläge der Parteien ab, auf den Standort des Brokers, den Ort der Emission und / oder der Registrierung der Wertpapiere bzw. die Staatsangehörigkeit oder den Wohnort von Käufer oder Verkäufer abzustellen.

Unter Hinweis auf den zuvor artikulierten „*domestic transactions*"-Test stellte das Berufungsgericht letztlich fest, die Kläger hätten in ihrer Klage nicht schlüssig dargelegt, dass die Käufe („*purchases*") bzw. Verkäufe („*sales*") in den Vereinigten Staaten von Amerika stattgefunden hätten.[811] Da die Klage jedoch vor Veröffentlichung des *Morrison*-Urteils verfasst worden war und eine Änderung selbiger nach Auffassung des Gerichts nicht als von vornherein aussichtslos erschien, wies der *Second Circuit Court of Appeals* das erstinstanzliche Gericht an, den Klägern die

---

808 Siehe *Absolute Activist Value Master Fund Ltd. v. Homm*, No. 09 Civ. 08862 (GBD), 2010 WL 5415885 (S.D.N.Y. Dec. 22, 2010).

809 *Absolute Activist Value Master Fund Ltd. v. Ficeto*, 677 F.3d 60, 67 (2d Cir. 2012).

810 *Absolute Activist Value Master Fund Ltd. v. Ficeto*, 677 F.3d 60, 68 (2d Cir. 2012).

811 *Absolute Activist Value Master Fund Ltd. v. Ficeto*, 677 F.3d 60, 69–70 (2d Cir. 2012) („*Absent factual allegations suggesting that the Funds became irrevocably bound within the United States or that title was transferred within the United States, including, but not limited to, facts concerning the formation of the contracts, the placement of purchase orders, the passing of title, or the exchange of money, the mere assertion that transactions 'took place in the United States' is insufficient to adequately plead the existence of domestic transactions. [...] [A]llegations that the Funds were heavily marketed in the United States and that United States investors were harmed by the defendants' actions, while potentially satisfying the now-defunct conduct and effects test, [...], do not satisfy the transactional test announced in Morrison.*"). Siehe zu dieser Problematik auch *U.S. v. Vilar*, 729 F.3d 62, 76–79 (2d Cir. 2013).

Möglichkeit zur Ergänzung ihres Klagevortrags im Hinblick auf das Vorliegen inländischer Handelsgeschäfte einzuräumen.[812]

### b. *SEC v. Benger (2013)*

Ebenfalls mit den Konturen von *Morrison*'s „*domestic transactions*"-Test zu befassen hatte sich der *United States District Court for the Northern District of Illinois* in *SEC v. Benger*.[813]

Im Februar 2009 hatte die SEC einer Gruppe von im US-Bundesstaat Illinois ansässigen *distribution* und *escrow agents* wegen angeblicher Beteiligung an einem internationalen sog. „*boiler room scheme*"[814] u. a. Wertpapierbetrug bzw. Beihilfe zu einem solchen vorgeworfen.

Die SEC behauptete, die *distribution agents* hätten mit diversen ausländischen Emittenten, allesamt *penny stock companies*, sog. *distribution agreements* abgeschlossen, denen zufolge sie für die Vermittlung von Investoren als Provision mehr als 60 % des von Letzteren investierten Kapitals erhalten sollten. Unterstützt worden seien die Vermittler laut SEC durch die beklagten Treuhänder, welche vertraglich für die Entgegennahme der von den Investoren unterzeichneten Kaufverträge zuständig waren. Ebenfalls in den Zuständigkeitsbereich der Treuhänder sei die Entgegennahme und Verteilung des von den Anlegern investierten Kapitals sowie die Übersendung der Aktienurkunden an Letztere gefallen.

Um ausländische Investoren anzuwerben, hätten die Vermittler in den jeweiligen Ländern sog. *sales agents* beauftragt, welche potentielle Investoren mittels sog. *cold calls* gezielt angesprochen und aggressive Verkaufstaktiken angewandt hätten.

Die von den einzelnen Investoren unterzeichneten Verträge hätten – so der Vortrag der SEC – keine Angaben zu den Vermittlungsgebühren von mehr 60 % des investierten Kapitals enthalten; vielmehr hätte – von einer minimalen Transaktionsgebühr abgesehen – das gesamte Investment an den jeweiligen Emittenten fließen sollen. Auch die *sales agents* hätten während ihrer unangekündigten Anrufe entweder keine Angaben zu den Vermittlungsgebühren gemacht oder wahrheitswidrig behauptet, es würde lediglich eine äußerst geringe Transaktionsgebühr erhoben.

---

812 *Absolute Activist Value Master Fund Ltd. v. Ficeto*, 677 F.3d 60, 71 (2d Cir. 2012). Nachdem die Kläger ihre geänderte Klage am 6. Juli 2012 bei Gericht eingereicht hatten, entschied der *United States District Court for the Southern District of New York* mit Urteil vom 28. März 2013, dass alle streitigen Transaktionen, die ursprünglichen „*PIPE*"-Transaktionen ebenso wie angesichts der Zwischenschaltung von *HWM* die Geschäfte zwischen den Fonds sowie die Insiderverkäufe an selbige, als „*domestic*" i. S. v. *Morrison*'s *second prong* zu qualifizieren sind. Siehe *Absolute Activist Master Value Fund, Ltd. v. Ficeto*, No. 09 Civ. 8862 (GBD) (S.D.N.Y. Mar. 28, 2013).

813 No. 09 C 676 (N.D. Ill. Feb. 15, 2013).

814 Zur Bedeutung des Begriffs „*boiler room*" siehe die Ausführungen der SEC unter http://www.sec.gov/answers/boiler.htm (zuletzt abgerufen im März 2014).

Das gesamte Investitionsvolumen belief sich laut SEC auf etwa USD 44 Mio., wobei USD 15,2 Mio. bzw. 35 % auf von *IBI* emittierte Wertpapiere entfallen seien, einem nach dem Recht des unabhängigen Inselstaates St. Vincent und die Grenadinen gegründeten Unternehmen mit Hauptgeschäftssitz in São Paulo, Brasilien. Wertpapiere des Unternehmens waren zu keinem Zeitpunkt bei der SEC registriert, noch wurden sie zu irgendeinem Zeitpunkt an einem US-amerikanischen Markt oder einer US-amerikanischen Wertpapierbörse gehandelt.

Mit dem Argument, die *IBI*-Geschäfte seien keine *„domestic transactions“* i. S. v. *Morrison's second prong*, beantragten die Beklagten, die Klage insoweit abzuweisen.

Dem Antrag der Beklagten gab der *United States District Court for the Northern District of Illinois* mit Urteil vom 15. Februar 2013 statt. Angesichts der Einlassung der SEC, es sei für einen Verstoß gegen die kapitalmarktrechtlichen Betrugsvorschriften ausreichend, wenn, wie im vorliegenden Fall, für einen Betrug bedeutsame Handlungen aus dem Inland heraus vorgenommen würden, stellte Richter *Jeffrey Cole* ausdrücklich klar, dass

> *„the question under Morrison is where the stock purchase transaction occurred not the locus of the bulk of the fraudulent activity.“*[815]

Unter Hinweis auf den vom *Second Circuit Court of Appeals* in *Absolute Activist* entwickelten *„irrevocable liability and transfer of title“*-Test sowie insbesondere den Wortlaut der von den Investoren unterzeichneten Kaufverträge kam das Gericht anschließend zu dem Ergebnis, dass weder der Vertragsschluss noch die Übertragung der *IBI*-Anteile im Inland stattgefunden hatte. So sahen Letztere zum einen vor, dass *„[t]he offer to purchase contained in th[e share purchase a]greement[s] once submitted to the Escrow Agent will become irrevocable and binding subject only to acceptance by [IBI at its offices in São Paulo, Brazil]“* und zum anderen, dass es sich bei den einzelnen Geschäften um *„offshore transaction[s] negotiated outside the United States (U.S.) and to be consummated and closed outside the U.S.“* handelte.

### c. *In re Sanofi-Aventis Sec. Litig. (2013)*

Knapp einen Monat nach der *Benger*-Entscheidung des für den nördlichen Gerichtsbezirk des US-Bundesstaats Illinois zuständigen Bundesgerichts hatte auch der *United States District Court for the Southern District of New York* Gelegenheit, die in *Absolute Activist* vom *Second Circuit Court of Appeals* entwickelten Grundsätze weiter zu konkretisieren.

In *In re Sanofi-Aventis Sec. Litig.*[816] ging es um einen Antrag auf Zulassung einer Sammelklage, eine sog. *motion for class certification*, gegen den französischen Pharma-Konzern *Sanofi* und zwei seiner ehemaligen Führungskräfte. Grund für den Antrag waren angebliche Verstöße gegen die kapitalmarktrechtlichen *„anti-fraud“*-Bestimmungen durch Abgabe irreführender Erklärungen über den Stand

---

815 *SEC v. Benger*, No. 09 C 676, 2013 WL 593952, at *8 (N.D. Ill. Feb. 15, 2013).
816 No. 07 Civ. 10279 (GBD) (FM) (S.D.N.Y. Mar. 20, 2013).

der Entwicklung bzw. US-Zulassung von *Rimonabant*, einem Arzneimittel zur Behandlung von Übergewicht.

Antragsteller bzw. Leitkläger waren die beiden institutionellen Pensionsfonds *Hawaii* und *NE Carpenters* – Ersterer als Vertreter einer Gruppe von ADR-Inhabern, Letzterer stellvertretend für eine Gruppe von Erwerbern von *Sanofi*-Stammaktien; *class period* war der Zeitraum zwischen dem 20. Februar 2006 und dem 13. Juni 2007.[817]

In tatsächlicher Hinsicht behaupteten *Hawaii* und *NE Carpenters*, die FDA hätte am 17. Februar 2006 schriftlich die Neubewertung bestimmter Daten mit Blick auf eine mögliche Verbindung zwischen *Rimonabant* und vermehrt auftretenden psychischen Störungen, wie etwa einer erhöhten Neigung zur Selbsttötung, verlangt.

Nachdem die Beklagten bereits einen unabhängigen Experten mit der Erstellung eines Gutachtens beauftragt hatten, hätten Erstere – so die Behauptung der Leitkläger – Investoren im Rahmen zweier *earnings calls* über den Stand der FDA-Zulassung von *Rimonabant* getäuscht.

Die erste unrichtige Erklärung hätte der Beklagte *Gerard Le Fur*, seinerzeit *Sanofi's Senior Executive Vice President of Scientific and Medical Affairs*, am 24. Februar 2006 abgegeben. An diesem Tag hätte er gegenüber Investoren erklärt, die FDA hätte keine zusätzlichen klinischen Studien in Bezug auf die Verwendung des Arzneimittels zur Behandlung von Übergewicht verlangt. Dies hätte Investoren über die zulassungsrelevanten Bedenken der FDA im Ungewissen gelassen.

Die zweite unzutreffende und kapitalmarktrechtlich relevante Erklärung hätte am 26. Oktober 2006 der Beklagte *Hanspeter Spek*, damals *Executive Vice President of Pharmaceutical Operations* bei *Sanofi*, abgegeben. Dieser hätte auf die Frage, ob neue klinische Daten an die FDA übermittelt worden wären, weder die Selbsttötungsthematik noch die in Auftrag gegebene Studie erwähnt, obwohl die Resultate selbiger zuvor bereits der FDA mitgeteilt worden wären.

Informiert worden sei die Öffentlichkeit über den statistisch signifikanten Zusammenhang zwischen *Rimonabant* und einer erhöhten Neigung zur Selbsttötung erst am 13. Juni 2007 – anlässlich einer öffentlichen Sitzung der US-Gesundheitsbehörde zur Besprechung der zu *Rimonabant* erhaltenen Daten.[818]

Am 20. März 2013 gab der *United States District Court for the Southern District of New York* dem Antrag auf Zulassung der Sammelklage im Hinblick auf Erwerber von *Sanofi*-ADR im Wesentlichen statt.[819] Den Antrag im Hinblick auf Erwerber

---

817 *Hawaii* hatte während der *class period* an der New York Stock Exchange insgesamt 1.600 *Sanofi*-ADR erworben; die 41.400 von *NE Carpenters* im maßgeblichen Zeitraum erworbenen *Sanofi*-Stammaktien stammten hingegen allesamt aus außerbörslichen sog. *OTC*-Transaktionen.

818 In der öffentlichen Sitzung vom 13. Juni 2007 hatte das zuständige *Advisory Committee* der US-Behörde einstimmig gegen die Zulassung des Medikaments gestimmt.

819 Das Gericht korrigierte insbesondere den Beginn der *class period* auf den 24. Februar 2006, den Tag der ersten angeblich irreführenden Erklärung.

von *Sanofi*-Stammaktien lehnte das Gericht demgegenüber ab; weder seien selbige an einer US-Börse notiert gewesen[820] noch – so die Auffassung des Gerichts – seien die Voraussetzungen für *Morrison*'s *„domestic transactions" prong* von *NE Carpenters* hinreichend dargelegt worden.

Die Entscheidung *Absolute Activist* zitierend stellte Bezirksrichter *George B. Daniels* zu letzterem Punkt u. a. klar, dass

> *„[t]ransactions involving securities that are not traded on a domestic exchange are domestic if [either, (1)] irrevocable liability is incurred or [(2)] title passes within the United States."*[821]

Dem Vortrag des Leitklägers, *irrevocable liability* sei im Inland zu dem Zeitpunkt begründet worden, als die dem Erwerb von knapp 6.700 Aktien zugrunde liegenden Abwicklungsaufträge der jeweiligen Handelspartner im System der NSCC, einer US-amerikanischen Clearinggesellschaft, gematcht und zur Abwicklung freigegeben worden seien,[822] könne vor diesem Hintergrund schon deshalb nicht gefolgt werden, da

> *„NE Carpenters incurred irrevocable liability before any part of the trade touched the NSCC facilities in New York."*[823]

Zur Begründung zog Richter *Daniels* erneut insbesondere die Ausführungen des *Second Circuit Court of Appeals* in *Absolute Activist* heran:

> *„The point of irrevocable liability is the point 'when the parties to the transaction are committed to one another.' […] This is the point at which there is a 'meeting of the minds of the parties,' and the parties oblige themselves to perform. […] This meeting of the minds occurs at the time when the parties enter into a binding contract."*[824]

Maßgeblich sei demzufolge der Zeitpunkt, *„when the architects of the trade agree on price and quantity—at which time they have entered into a contract and incurred irrevocable liability."*[825]

---

820 *Sanofi*-Stammaktien wurden ausschließlich an der französischen Euronext bzw. außerbörslich gehandelt.

821 *In re Sanofi-Aventis Sec. Litig.*, No. 07 Civ. 10279 (GBD) (FM), 2013 WL 1149672, at *7 (S.D.N.Y. Mar. 20, 2013).

822 Ungeachtet der Tatsache, dass die dem Erwerb von fast 7.000 Aktien zugrunde liegenden *OTC*-Geschäfte im Inland vollumfänglich abgewickelt wurden, hatte *NE Carpenters* seinen Klageanspruch von vornherein ausschließlich auf den *„irrevocable liability" prong* des *„Absolute Activist"*-Tests gestützt.

823 *In re Sanofi-Aventis Sec. Litig.*, No. 07 Civ. 10279 (GBD) (FM), 2013 WL 1149672, at *8 (S.D.N.Y. Mar. 20, 2013).

824 *In re Sanofi-Aventis Sec. Litig.*, No. 07 Civ. 10279 (GBD) (FM), 2013 WL 1149672, at *8 (S.D.N.Y. Mar. 20, 2013).

825 *In re Sanofi-Aventis Sec. Litig.*, No. 07 Civ. 10279 (GBD) (FM), 2013 WL 1149672, at *8 (S.D.N.Y. Mar. 20, 2013).

Das Matching und die Freigabe der Geschäfte zur Abwicklung im System der NSCC qualifizierte das Gericht unter Hinweis auf die Entscheidung *Bradford Nat'l Clearing Corp. v. SEC*[826] des *United States Court of Appeals for the District of Columbia Circuit* aus dem Jahre 1978 hingegen zutreffend wie folgt:

> „*Matching and clearing the trade in the NSCC system is nothing more than an automated, ministerial process for ensuring that the securities eventually get to the buyer and the money to the seller.*"[827]

## III. Studie der SEC zur internationalen Reichweite des auf § 10(b) Exchange Act gestützten Privatklagerechts

### 1. *Ergebnisse der Studie*

Nahezu zeitgleich mit der *Absolute Activist*-Entscheidung des *Second Circuit Court of Appeals*, namentlich am 11. April 2012, veröffentlichte die SEC die im Auftrag des US-amerikanischen Kongresses von ihren Mitarbeitern erstellte Studie zum Umfang des auf § 10(b) Exchange Act[828] gestützten Privatklagerechts.[829]

Anders als vom Gesetzgeber gefordert sprach die Aufsichtsbehörde jedoch keine Empfehlung aus, ob und ggf. inwieweit das auf die allgemeine Betrugsnorm gestützte Privatklagerecht im internationalen Kontext Geltung beanspruchen und ggf. erweitert werden sollte. Stattdessen beschränkte sich die Behörde auf die Unterbreitung zahlreicher Beratungsvorschläge.

Die zu den *conduct* und *effects tests* erörterten Optionen umfassten neben der gesetzlichen Kodifizierung der bereits für *enforcement actions* der SEC und des DOJ vorgesehenen Tests auch alternative (eingeschränkte) Ansätze, wie etwa die Aufnahme eines Erfordernisses zum Nachweis einer unmittelbaren Schädigung durch inländisches Verhalten oder die Beschränkung der Klagebefugnis auf Investoren mit (Wohn-) Sitz in den Vereinigten Staaten von Amerika.

Ebenfalls zur Diskussion stellte die SEC eine Vielzahl von Optionen zur Ergänzung und / oder Klarstellung des vom *Supreme Court* entwickelten *transactional test.* Nach einer Variante wären inländische wie ausländische Investoren unabhängig vom Ort der Transaktion klagebefugt, sofern ihre Wertpapiere einer in den Vereinigten Staaten von Amerika registrierten Gattung angehören. Ebenfalls angedacht hat die SEC einen sog. *fraud in the inducement test.* Danach könnte ein Anleger wegen Verstoßes gegen die kapitalmarktrechtliche Betrugsnorm Privatklage erheben, wenn

826 590 F.2d 1085 (D.C. Cir. 1978).

827 *In re Sanofi-Aventis Sec. Litig.*, No. 07 Civ. 10279 (GBD) (FM), 2013 WL 1149672, at *8 (S.D.N.Y. Mar. 20, 2013).

828 15 U.S.C. § 78j(b).

829 Siehe Study on the Cross-Border Scope of the Private Right of Action Under Section 10(b) of the Securities Exchange Act of 1934 (April 2012). Die Studie der Aufsichtsbehörde ist abrufbar unter http://www.sec.gov/news/studies/2012/929y-study-cross-border-private-rights.pdf (zuletzt abgerufen im März 2014).

er etwa darlegen könnte, in den Vereinigten Staaten von Amerika unter Vorspiegelung falscher Tatsachen zum Kauf oder Verkauf von Wertpapieren verleitet worden zu sein; darauf, ob die Transaktion selbst im Inland stattgefunden hat, käme es auch bei dieser Variante hingegen nicht an. Im Hinblick auf *OTC*-Transaktionen deutete die Behörde zudem an, dass – sollte der Gesetzgeber diesbezüglich tätig zu werden gedenken – es erwägenswert sein könnte, gesetzlich klarzustellen, dass eine *„domestic transaction"* vorliegt, sofern sich eine der Parteien zum Zeitpunkt (der Annahme) des Angebots in den Vereinigten Staaten von Amerika befindet.

Als letzte Option zog die SEC schließlich auch ein Untätigbleiben des Kongresses in Betracht. In diesem Fall bliebe die Interpretation und Weiterentwicklung des *transactional test* den Instanzgerichten überlassen.

### 2. *Abweichende Stellungnahme von Kommissar Luis A. Aguilar*

Kritisch zur Studie der SEC äußerte sich insbesondere *Luis A. Aguilar*, einer der Kommissare der Aufsichtsbehörde.[830] Bereits am Tag ihrer Publikation teilte dieser öffentlich mit, die Studie erläutere nicht hinreichend, inwiefern Privatklagen insbesondere unter Anlegerschutzgesichtspunkten eine unverzichtbare Ergänzung zu den *enforcement actions* der SEC und des DOJ darstellten. Zudem weise – so die Ansicht *Aguilar*'s – die Studie nicht hinreichend auf den für Investoren von *Morrison* ausgehenden Schaden sowie die Dringlichkeit legislativen Tätigwerdens hin. Gesichtspunkten internationaler Rücksichtnahme würde demgegenüber unverhältnismäßig viel Aufmerksamkeit geschenkt.

## D. Bedeutung der *Morrison*-Entscheidung im Übernahmekontext

Wie die instanzgerichtliche Rechtsprechung seit der *Morrison*-Entscheidung gezeigt hat, ist die Bedeutung des Urteils nicht auf die allgemeine *„anti-fraud"*-Bestimmung des Exchange Act und die auf ihrer Grundlage erlassenen Ausführungsbestimmungen der SEC beschränkt; vielmehr wurden die vom *Supreme Court* in *Morrison* entwickelten Grundsätze zum Anwendungsbereich der genannten Betrugsnormen von der Rechtsprechung auch auf andere kapitalmarktrechtliche Vorschriften und selbst auf Gesetze außerhalb des Kapitalmarktrechts übertragen.[831] Zwar war die Frage

830 Siehe Statement by Commissioner Luis A. Aguilar: Defrauded Investors Deserve Their Day in Court – Dissenting Statement Regarding the Study on the Cross-Border Scope of the Private Right of Action Under Section 10(b) of the Securities Exchange Act of 1934 as required by Section 929Y of the Dodd-Frank Wall Street Reform and Consumer Protection Act; abrufbar unter http://www.sec.gov/News/Page/List/Page/1356125649569 (zuletzt abgerufen im März 2014).

831 Vgl. etwa zum RICO Act, 18 U.S.C. §§ 1961 *et seq.*, die Entscheidungen des *Second Circuit Court of Appeals* in *Norex Petroleum Ltd. v. Access Indus. Inc.*, 631 F.3d 29 (2d Cir. 2010), und des *United States District Court for the Southern District of New*

der Bedeutung der Entscheidung für die übernahmerechtlichen Publizitäts-, Verfahrens-, Betrugs- und Registrierungsbestimmungen bislang noch nicht Gegenstand gerichtlicher Auseinandersetzungen; da mit der Verwerfung des *effects test* und des *conduct test* durch das oberste US-amerikanische Gericht jedoch die dogmatische Grundlage zur Bestimmung ihrer Bedeutung im internationalen Übernahmekontext entfallen ist, widmet sich der letzte Abschnitt der Arbeit nicht nur den Auswirkungen der höchstrichterlichen Entscheidung auf das US-amerikanische Übernahmerecht, sondern auch der Bedeutung selbiger für die deutsche Übernahmepraxis.

## I. Bedeutung des Urteils für das US-amerikanische Übernahmerecht

Ebenso wie es im Exchange Act an einer – wie es der *Supreme Court* nannte – *„affirmative indication"* für die extraterritoriale Anwendbarkeit von § 10(b) des Gesetzes fehlt, enthält dieser auch keine Hinweise auf eine die Landesgrenzen überschreitende Reichweite der übernahmerechtlichen Bestimmungen der §§ 14(d) und (e) des Gesetzes. Gleiches gilt für § 5 Securities Act, der zentralen Vorschrift im Falle öffentlicher Tauschangebote.

Der *Supreme Court* hat im Juni 2010 ausdrücklich klargestellt, dass die Erwähnung von *„interstate commerce"* im Tatbestand des § 10(b) Exchange Act – die gleiche Formulierung findet sich sowohl in § 14(d) des Gesetzes als auch in § 5 Securities Act – nicht die höchstrichterlich anerkannte *„presumption against extraterritoriality"* widerlegt.[832] Dass § 14(d) Exchange Act im Unterschied zu erstgenannter Bestimmung zusätzlich eine Art Öffnungsklausel (*„or otherwise"*) enthält, erscheint ebenfalls unbeachtlich. Nahe legt dies insbesondere ein Vergleich mit dem vom

*York* in *Cedeño v. Intech Group, Inc.*, 733 F. Supp. 2d 471, 472–474 (S.D.N.Y. 2010), *aff'd sub nom. Cedeño v. Castillo*, 475 F. App'x 35 (2d Cir. 2012). Siehe in diesem Zusammenhang auch die Entscheidung des *Second Circuit Court of Appeals* in *U.S. v. Vilar*, 729 F.3d 62, 67 (2d Cir. 2013) (*„Section 10(b) [of the Exchange Act] and its implementing regulation, [Exchange Act] Rule 10b-5, do not apply to extraterritorial conduct, regardless of whether liability is sought criminally or civilly."*), sowie *Boehm*, 53 Harv. Int'l L.J. 249, 277 (2012) (*„[N]othing in the Dodd-Frank Act or Rep. Kanjorski's floor statement indicates that Congress intended to rebut the [Supreme] Court's presumption against extraterritoriality beyond the provisions in [...] Section 929P [of the Dodd-Frank Act]. Accordingly, it appears that Morrison's holding on that presumption applies not only with respect to other extraterritorially-silent provisions within the securities laws, but also to statutory regimes not discussed in Morrison. This will have particular impact on laws for which courts or agencies have, similar to [Section] 10(b) [of the Exchange Act], looked past statutory silence and imputed congressional desire for foreign application absent explicit congressional authorization."*).

832 Siehe Fn. 765 und den zugehörigen Text.

*Supreme Court* als Beispiel für ein „*clear statement of extraterritorial effect*“ zitierten § 30(a) Exchange Act.[833]

Ebenfalls unbeachtlich sind die vom US-amerikanischen Kongress als Reaktion auf das *Morrison*-Urteil mit dem Dodd-Frank Act verabschiedeten Vorschriften zur „*extraterritorial jurisdiction*“ US-amerikanischer Bezirksgerichte. Zwar gehen sowohl der Gesetzgeber[834] als auch die SEC[835] übereinstimmend davon aus, mit § 929P(b) Dodd-Frank Act seien die vom *Supreme Court* verworfenen *effects* und *conduct tests* kodifiziert und dem in *Morrison* entwickelten *transactional test* die Grundlage entzogen worden. Jedoch hat das oberste Gericht des Landes in *Morrison* zutreffend klargestellt, dass es sich bei der Frage des von einer Norm sanktionierten bzw. untersagten Verhaltens um eine „*merits question*“, nicht hingegen um eine solche der sachlichen Zuständigkeit eines Gerichts handelt;[836] Letztere ergab sich im Falle einer etwa auf eine Verletzung des Exchange Act gestützten Klage schon damals ohne Weiteres aus § 27 des Gesetzes.[837] Überdies betrifft die fragliche Bestimmung ausdrücklich nur *enforcement actions* der SEC und des DOJ wegen vermeintlicher Verstöße gegen die „*anti-fraud*“-Bestimmung des § 17(a) Securities

---

833 Ebenso *Konevsky/King*, M&A Journal 11/2010, 1, 18 („*Given the example of Section 30(a) of the Exchange Act, [the argument that the presence of the 'or otherwise' language in Section 14(d) of the Exchange Act amounts to a clear statement of the extraterritorial effect] may be too ambiguous to survive the canon of construction / presumption against extraterritoriality.*“). Zum Text der Norm siehe Fn. 766.

834 Vgl. zur Intention des Gesetzgebers die oben zitierten Ausführungen des ehemaligen Kongressabgeordneten *Kanjorski* in 156 Cong. Rec. H5237 (daily ed. June 30, 2010).

835 Die Aufsichtsbehörde erklärte bereits im Oktober 2010, dass „*[w]ith respect to U.S. Government and [Securities and Exchange] Commission actions, the Dodd-Frank Act largely codified the long-standing appellate court interpretation of the law that had existed prior to the Supreme Court's decision in Morrison by setting forth an expansive conducts [sic] and effects test, and providing that the inquiry is one of subject matter jurisdiction. The Dodd-Frank Act made similar changes to the Securities Act of 1933 and the Investment Advisers Act of 1940.*“ Siehe Study on Extraterritorial Private Rights of Action, Exchange Act Release No. 63174, § II. n.1 (Oct. 25, 2010) [75 Fed. Reg. 66822 (Oct. 29, 2010)]. Ähnlich äußerte sich die Behörde im Verfahren gegen *Tourre* mit Schriftsatz vom 21. Dezember 2010: „*In legislation recently enacted, Congress effectively overruled Morrison by codifying the Second Circuit's long-standing conduct and effects test (which Morrison had repudiated) for civil enforcement actions brought by the SEC.*“ Siehe SEC's Memorandum of Law in Opposition to Defendant Tourre's Motion to Dismiss the Amended Complaint, *SEC v. Tourre*, No. 10 Civ. 3229 (BSJ) (MHD) (S.D.N.Y. Dec. 21, 2010); der Schriftsatz ist abrufbar unter http://www.law.du.edu/index.php/corporate-governance/sec-and-governance (zuletzt abgerufen im März 2014).

836 Siehe Fn. 758 und den zugehörigen Text.

837 Siehe Fn. 758.

Act bzw. die Betrugsvorschriften des Exchange Act.[838] Nicht erkennbar ist bislang hingegen eine vergleichbare Absicht des Gesetzgebers im Hinblick auf Privatklagen oder gar außerhalb des Betrugsrechts, etwa im Übernahmerecht. Eine klare Tendenz vermissen lässt selbst zu Ersteren insbesondere auch die Studie der SEC.

838 Siehe zur Frage der rechtlichen Bedeutung der Extraterritorialitätsbestimmungen des Dodd-Frank Act die umfangreichen Erörterungen des *United States District Court for the Northern District of Illinois* in *SEC v. Chicago Convention Center, LLC*, No. 13 C 982, 2013 WL 4012638 (N.D. Ill. Aug. 6, 2013) („*The plain language of Section 929P(b) [of the Dodd-Frank Act] and its placement in the jurisdictional section of the Exchange Act indicate that it may be jurisdictional. It is unclear, however, whether the Court's analysis should stop there because it is possible that this interpretation would create superfluity or contradict the legislative intent.*"). Vgl. auch die Einlassungen des *United States District Court for the Southern District of New York* in *SEC v. Tourre*, No. 10 Civ. 3229 (KBF), 2013 WL 2407172, at *1 n.4 (S.D.N.Y. June 4, 2013) („*Because the Dodd-Frank Act effectively reversed Morrison in the context of SEC enforcement actions, the primary holdings of this opinion affect only pre-Dodd Frank conduct.*"), sowie in *Cornwell v. Credit Suisse Group*, 729 F. Supp. 2d 620, 627 n.3 (S.D.N.Y. 2010) („*For whatever comfort it may bring to Plaintiffs and counsel, and however much restoration of the Second Circuit's pride and vindication of its venerable jurisprudence it is worth, the Court notes that in legislation recently enacted, Congress explicitly granted federal courts extraterritorial jurisdiction under the conduct or effect test for proceedings brought by the SEC [...].*"). Zur Diskussion in der Literatur siehe *Beyea*, 72 Ohio St. L.J. 537, 571 (2011) („*While Congress's intent [...] was clearly to preserve the conduct and effects tests, the language of the [Dodd-Frank] Act as drafted does not actually do so. [...] Therefore, the Dodd-Frank Act may not have any effect on the application of Section 10(b) [of the Exchange Act], depending on the willingness of courts to overlook the plain language of the statute, even if this language is the result of a simple drafting error.*"); *Geevarghese*, 6 Brook. J. Corp. Fin. & Com. L. 235, 250 (2011) („*Congress may have erroneously addressed the power of the federal courts to hear a case, rather than the scope of the antifraud provisions of the Exchange Act.*"); *Pritchard*, 37 J. Corp. L. 105–145 (2011) („*The Morrison decision produced an immediate, if somewhat clumsy, reaction from Congress. [...] Unfortunately, Congress enacted language ensuring only that the courts would have jurisdiction to hear cases with extraterritorial application, not that Section 10(b) [of the Exchange Act] would have extraterritorial application. Thus, Congress repeated the Second Circuit's error of treating the scope of the law as jurisdictional, rather than a merits question.*"); *Rocks*, 56 Vill. L. Rev. 163, 192 (2011) („*While [federal district] courts may entertain SEC and DOJ enforcement actions under Section 929P(b) [of the Dodd-Frank Act], the ability of these agencies to enforce the antifraud provisions of the U.S. securities laws is no clearer than it was prior to the Dodd-Frank Act's enactment. Consequently, despite the drafters' intentions to the contrary, the presumption against extraterritorial application of the provision is not overcome by the Act's provisions.*"). Ausführlich auch *Kaal/Painter*, ECFR 2011, 77, 93 ff.; *Painter*, 1 Harv. Bus. L. Rev. 195, 199–221 (2011); *Painter/Dunham/Quackenbos*, 20 Minn. J. Int'l L. 1, 14–25 (2011).

Eine ebenso restriktive Betrachtung erscheint überdies auch im Hinblick auf die übernahmerechtlichen Ausführungsbestimmungen der SEC, insbesondere die *tender offer rules*, geboten. Wie der *Supreme Court* in seiner Grundsatzentscheidung betont hat, reicht der Anwendungsbereich von Exchange Act Rule 10b-5 *„not [...] beyond conduct encompassed by § 10(b)'s prohibition.*"[839] Entsprechendes muss folglich auch für die Regelungsbefugnisse der SEC im Übernahmekontext sowie die diesbezüglich von der Aufsichtsbehörde artikulierten Standpunkte gelten. So dürfte insbesondere die traditionelle und in den *cross-border rules* zum Ausdruck gekommene Position der Aufsichtsbehörde, allein die Existenz US-amerikanischer Angebotsadressaten würde den Anwendungsbereich des Williams Act und der sonstigen Übernahmevorschriften im internationalen Kontext eröffnen, *de lege lata* kaum (mehr) vertretbar sein.

## II. Bedeutung des Urteils für die deutsche Übernahmepraxis

Was die Erkenntnis, dass die extraterritoriale Anwendbarkeit US-amerikanischen Übernahmerechts *de lege lata* nicht (mehr) vertretbar erscheint, für die internationale, insbesondere deutsche Übernahmepraxis bedeutet, hängt maßgeblich u. a. davon ab, wie US-amerikanische Gerichte die *Morrison*-Entscheidung im Übernahmekontext interpretieren, insbesondere welche Art von Inlandsanknüpfung sie zukünftig für erforderlich erachten werden.

### 1. *Erforderlichkeit eines „Domestic" Tender Offer*

Die post-*Morrison* im Betrugskontext ergangenen Entscheidungen US-amerikanischer Instanzgerichte lassen erkennen, dass der vom *Supreme Court* entwickelte *transactional test*, genauer gesagt *Morrison*'s *„domestic transactions" prong* mit seinem Fokus auf den Ort der Transaktion bzw. des Angebots, auch im Übernahmekontext als maßgeblich erachtet werden dürfte.[840]

Dafür spricht zum einen, dass – wie der *Supreme Court* in *Morrison* allgemein festgestellt hat – die beiden auch für *tender* und *exchange offers* zentralen US-Kapitalmarktgesetze, namentlich der Securities Act und der Exchange Act, *„[share t]he same focus on domestic transactions"*;[841] eine Rechtsansicht, der sich der *United States District Court for the Southern District of New York* in *RBS* und *Goldman* bereits explizit angeschlossen hat. Ein weiteres Indiz liefert die genannte *RBS*-Entscheidung auch insofern, als dieser ein zumindest in Teilen übernahmerechtlicher Sachverhalt,

839 Siehe *Morrison v. National Australia Bank Ltd.*, 130 S. Ct. 2869, 2881 (June 24, 2010).

840 *Morrison*'s *„listing" prong* dürfte hingegen praktisch keine Bedeutung zukommen, da das WpÜG gemäß § 1 Abs. 1 lediglich auf Angebote zum Erwerb von zum Handel an einem organisierten Markt i. S. v. § 2 Abs. 7 WpÜG zugelassenen Wertpapieren anzuwenden ist. Zum Begriff des organisierten Marktes sowie zur Bedeutung des Erfordernisses der Zulassung zu selbigem siehe Fn. 7 und 110.

841 *Morrison v. National Australia Bank Ltd.*, 130 S. Ct. 2869, 2885 (June 24, 2010).

und zwar ein feindliches, als „*dual offer*" strukturiertes öffentliches Tauschangebot zugrunde lag.

Unklar erscheint indes, ob US-amerikanische Gerichte bei der Frage, unter welchen Voraussetzungen ein *tender offer* als „*domestic*" zu qualifizieren ist, ähnlich wie das New Yorker Bezirksgericht in *Goldman* im Rahmen der seinerzeitigen Prüfung der „*offer*"-Alternative des § 17(a) Securities Act auf den Bieter bzw. dessen Standort abstellen werden. Dies insbesondere vor dem Hintergrund, dass ein solcher Ansatz nicht nur im Widerspruch zu dem das US-Kapitalmarktrecht traditionell beherrschenden Anlegerschutzgedanken stünde, sondern zudem Umgehungsmöglichkeiten eröffnen[842] und letztlich die gleichen bzw. ähnliche Fragen hinsichtlich der Qualität des Inlandsbezugs aufwerfen würde, die den *Supreme Court* in *Morrison* bewogen hatten, den *conduct* wie auch den *effects test* zu verwerfen.

Ebenfalls offen erscheint aktuell, ob bzw. inwiefern der vom *Second Circuit Court of Appeals* in *Absolute Activist* für außerbörslich durchgeführte Aktienkäufe bzw. -verkäufe entwickelte und u. a. in *Benger* und *Sanofi* von Gerichten erster Instanz weiter konkretisierte „*irrevocable liability and transfer of title*"-Test herangezogen werden kann bzw. wird – insbesondere da es bei den übernahmerechtlichen Publizitäts-, Verfahrens-, Registrierungs- und selbst Betrugsvorschriften anders als bei den allgemeinen „*anti-fraud*"-Bestimmungen des US-Kapitalmarktrechts nicht um eine Betrachtung *ex post* gehen kann, sondern bereits im Stadium der Angebotserstellung klar sein muss, ob bzw. unter welchen Voraussetzungen US-amerikanisches Recht zu beachten und die SEC als Aufsichtsbehörde zu involvieren ist; zudem stellen jedenfalls die Regelungen des Williams Act naturgemäß ausschließlich auf das Angebot selbst ab, nicht hingegen auf den letztlich durchgeführten Verkauf bzw. Erwerb.[843]

Da es gerade im Übernahmerecht gilt, auch unter „*comity*"- und „*policy*"-Gesichtspunkten vertretbare Lösungen zu erzielen, ist der US-amerikanische Gesetzgeber letztlich aufgefordert, vor dem Hintergrund der geänderten und auch für das Übernahmerecht relevanten Rechtsprechung klare Konturen zu schaffen. Insbesondere dürften dabei auch Fragen wie etwa solche nach der Bedeutung einer Registrierung von Wertpapieren einer Zielgesellschaften in den Vereinigten Staaten von Amerika oder der Verwendung moderner Medien zur Verbreitung eines öffentlichen

---

842 Etwa durch Gründung von Tochtergesellschaften im Ausland.

843 *Tourre* hatte im Verfahren mit der SEC mit Blick auf die „*offer*"-Alternative des § 17(a) Securities Act argumentiert, dass – sollte es letztlich zu einer Veräußerung kommen – es nicht mehr darauf ankomme, wie das der Veräußerung zeitlich vorausgegangene Angebot zu qualifizieren sei. Siehe *SEC v. Tourre*, No. 10 Civ. 3229 (KBF), 2013 WL 2407172, at *7 (S.D.N.Y. June 4, 2013) („*Tourre [...] reads Section 17(a) [of the Securities Act] as an 'either/or, but not both' statute. He argues that if an offer leads to a consummated sale, only the sale is actionable. This, according to Tourre, necessarily means that if the sale is not domestic, neither the sale nor the offer is actionable under Morrison. [...] Similarly, under Tourre's reading, an offer is actionable if and only if it is both domestic and ultimately unconsummated.*").

Angebots zu adressieren sein. Die vereinzelt im Betrugskontext genannte Möglichkeit einer auf § 30(b) Exchange Act gestützten Regelung durch die SEC[844] stellt für das Übernahmerecht hingegen keine Option dar.

## *2. „Domestic" Tender Offer und deutsche Übernahmepraxis*

Da *Morrison* auch im Übernahmekontext einen transaktionsbezogenen Ansatz zur Bestimmung des Anwendungsbereichs der einschlägigen Vorschriften erfordert, *de lege lata* mithin nicht (mehr) nahezu ausschließlich auf die Existenz und das Schutzbedürfnis US-amerikanischer Investoren abgestellt werden kann, hat das US-amerikanische Übernahmerecht inklusive der *cross-border rules* im internationalen, insbesondere deutsch-US-amerikanischen Kontext erheblich an Bedeutung verloren.

Sollten US-Gerichte zur Bestimmung eines *„domestic" tender offer* den *„irrevocable liability and transfer of title"*-Test des für die US-Bundesstaaten Connecticut, New York und Vermont zuständigen *Second Circuit Court of Appeals* heranziehen, käme es ähnlich wie in *Benger* in jedem Einzelfall maßgeblich auf die Gestaltung der Angebotsunterlage, namentlich die Regelungen zu Annahme und Abwicklung des Angebots an.

In nach deutschem Recht erstellten Angebotsunterlagen wird nicht zuletzt aufgrund der Tatsache, dass sich die Aktien nahezu sämtlicher börsennotierter Unternehmen im Sammelbestand bei *Clearstream* befinden,[845] regelmäßig festgelegt, dass die Annahme des Angebots gegenüber dem depotführenden Kredit- bzw. Finanzdienstleistungsinstitut zu erklären ist und mit Umbuchung der zum Verkauf bzw. Tausch eingereichten Aktien bei *Clearstream* wirksam wird.[846] Vertragliche Bindungen würden folglich in Deutschland begründet. Entsprechendes gilt für die Übertragung des Eigentums. Die durch Annahme des Angebots zustande kommenden Kaufverträge werden in der Praxis einheitlich erst nach Ablauf der Annahmefrist vollzogen, wobei die Zahlung des Angebotspreises im Regelfall auf die Konten der depotführenden Institute der annehmenden Aktionäre bei *Clearstream* erfolgt, und zwar Zug um Zug gegen Übertragung der zum Verkauf eingereichten Aktien auf das Depot der zentralen Abwicklungsstelle ebenfalls bei *Clearstream.*[847]

Ein zumindest theoretisch nennenswerter Anwendungsbereich der US-amerikanischen Übernahmevorschriften verbliebe allenfalls bei Heranziehung der vom *United States District Court for the Southern District of New York* in *Goldman* zur *„offer"*-Alternative des § 17(a) Securities Act entwickelten Grundsätze. Eine

---

844 Siehe etwa *Beyea*, 72 Ohio St. L.J. 537, 572 (2011).

845 *Scherer*, in: Ebenroth/Boujong/Joost/Strohn, Handelsgesetzbuch, Bd. 2, § 5 DepotG Rdnr. VI447.

846 Vgl. z. B. Ziff. 9.1 der Angebotsunterlage betreffend das freiwillige öffentliche Übernahmeangebot der *ITT Industries German Holding GmbH* an die Aktionäre der *WEDECO AG Water Technology* vom 9. Dezember 2003; die Angebotsunterlage ist abrufbar unter http://www.bafin.de (zuletzt abgerufen im März 2014).

847 Vgl. etwa Ziff. 9.3 der unter Fn. 846 genannten Angebotsunterlage.

entsprechende Fokussierung auf den Bieter hätte in der Praxis jedoch aller Voraussicht nach zur Folge, dass die US-amerikanischen Bestimmungen im Falle eines in den Vereinigten Staaten von Amerika ansässigen Bieters zwar unabhängig von Existenz und / oder Anzahl US-amerikanischer Aktionäre einschlägig wären, in der weit überwiegenden Anzahl der Fälle jedoch etwa durch Gründung ausländischer Zweckgesellschaften, sog. *special purpose vehicles* oder kurz SPVs, umgangen würden.

Im Ergebnis ist nach geltendem Recht daher im Regelfall selbst bei Existenz US-amerikanischer Investoren eine Beachtung der Vorschriften des US-amerikanischen Kapitalmarktrechts, insbesondere der *Tier I* bzw. *Tier II exemptions*, ebenso wenig erforderlich wie eine zeit- und kostenintensive Zusammenarbeit bzw. sonstige Einbindung der SEC als zusätzlicher Aufsichtsbehörde.[848] *De lege ferenda* ist jedoch zumindest damit zu rechnen, dass sich der US-amerikanische Gesetzgeber der Frage annehmen wird, ob und ggf. wie der Schutz inländischer Investoren im internationalen Kontext zukünftig gewährleistet und ausgestaltet werden soll.

848 Ebenfalls an Bedeutung verloren hat entsprechend auch die deutsche Regelung des § 24 WpÜG.

# Zusammenfassung

Das deutsche Übernahmerecht zeichnet sich durch seine klare Struktur und seinen modernen Ansatz aus. Charakteristisch sind insbesondere die u. a. für öffentliche Übernahmeangebote i. S. d. §§ 29 ff. WpÜG geltenden gesetzlichen Mindestpreisregelungen, welche für einen auf Kontrollerlangung bedachten Bieter nicht nur einen massiven Eingriff in seine Privatautonomie, sondern angesichts der aus § 32 WpÜG folgenden Vollangebotspflicht zugleich erhebliche finanzielle Belastungen darstellen.

Das US-amerikanische Übernahmerecht erscheint demgegenüber in Teilen, insbesondere was die Anforderungen an die Verbreitung der Angebotsdokumentation betrifft, nicht nur antiquiert, sondern stellt sich angesichts seiner dualen Struktur auch als sehr heterogen dar. Anders als dem WpÜG liegt dem Williams Act sowie den sonstigen im Übernahmekontext relevanten Bestimmungen zudem der das US-amerikanische Kapitalmarktrecht beherrschende „*full disclosure*"-Ansatz zugrunde. Anlegerschutz wird entsprechend nicht durch Eingriffe in die Privatautonomie des Bieters, sondern nahezu ausschließlich durch gesetzliche Pflichten zur umfassenden Information der Angebotsadressaten gewährleistet.

Anders als der Anwendungsbereich des WpÜG ist bzw. wurde derjenige des Übernahmerechts der Vereinigten Staaten von Amerika weder gesetzlich noch durch die Rechtsprechung eindeutig definiert.

Im Rahmen internationaler Übernahmen vertritt die SEC traditionell den Standpunkt, US-amerikanisches Recht sei aus Gründen des Anlegerschutzes i. d. R. bereits dann (extraterritorial) anwendbar, wenn inländische Investoren mit einem zum Erwerb einer ausländischen Zielgesellschaft unterbreiteten öffentlichen Angebot konfrontiert werden. Erleichterungen haben für die Praxis bislang lediglich die *cross-border rules* der SEC geschaffen, welche für in- wie für ausländische Bieter unter bestimmten Voraussetzungen umfangreiche Befreiungen sowohl von den US-amerikanischen Übernahmevorschriften als auch von den für *exchange offers* maßgeblichen Registrierungsanforderungen vorsehen.

Mit der *Morrison*-Entscheidung hat der US-amerikanische *Supreme Court* im Juni 2010 den von der Rechtsprechung über Jahrzehnte zur Begründung der extraterritorialen Anwendbarkeit der allgemeinen kapitalmarktrechtlichen Betrugsnormen herangezogenen *effects* und *conduct tests* die Grundlage entzogen und die Bedeutung der fraglichen Normen für transnationale *securities fraud cases* erheblich eingeschränkt.

Der US-amerikanische Kongress hat, was den Betrugskontext betrifft, unmittelbar nach Veröffentlichung der *Morrison*-Entscheidung im Rahmen des Dodd-Frank Act lediglich die sachliche Zuständigkeit US-amerikanischer Bezirksgerichte für von SEC bzw. DOJ initiierte *enforcement actions* bestätigt. Eine die materiell-rechtliche Reichweite der fraglichen Betrugsnormen erweiternde, die Entscheidung des *Supreme Court* mithin revidierende Bedeutung kommt den Regelungen ungeachtet der vom US-Kongress verfolgten gegenläufigen Intention hingegen nicht zu. Gar nicht erst erkennbar ist überdies eine entsprechende Intention des Gesetzgebers über den Betrugskontext hinaus.

Da US-amerikanische Gerichte die im Betrugskontext entwickelten *effects* und *conduct tests* in der Vergangenheit auch zur Bestimmung der geographischen Reichweite der inländischen Übernahmebestimmungen herangezogen haben, ist deren generelle Verwerfung durch die höchstrichterliche *Morrison*-Entscheidung auch im Übernahmekontext von Bedeutung.

Mangels gesetzlicher Anhaltspunkte ist das US-amerikanische Übernahmerecht *de lege lata* ebenso wenig extraterritorial anwendbar wie die allgemeine kapitalmarktrechtliche „*anti-fraud*"-Bestimmung des § 10(b) Exchange Act. Entsprechend dürfte der vom *Supreme Court* entwickelte und sowohl für den Exchange Act wie auch den Securities Act bestätigte transaktionsbezogene Ansatz zur Bestimmung des materiell-rechtlichen Anwendungsbereichs der kapitalmarktrechtlichen Bestimmungen auch für das Übernahmerecht als maßgeblich erachtet werden.

*Morrison*'s „*listing*" *prong* dürfte schon wegen § 1 Abs. 1 WpÜG (Zulassung zum Handel an einem organisierten Markt) im deutsch-US-amerikanischen Kontext praktisch keine Bedeutung zukommen. Angesichts der deutschen Angebotsgestaltung und vor dem Hintergrund der aktuellen post-*Morrison*-Rechtsprechung in den Vereinigten Staaten von Amerika ist überdies davon auszugehen, dass Übernahmeangebote i. S. d. WpÜG grundsätzlich auch nicht als „*domestic*" i. S. v. *Morrison*'s *second prong* zu qualifizieren sind.

Im Falle eines nach deutschem Recht, insbesondere nach dem WpÜG und den auf der Grundlage des WpÜG erlassenen Rechtsverordnungen durchgeführten Angebots ist eine Beachtung des US-amerikanischen Übernahmerechts *de lege lata* grundsätzlich nicht (mehr) erforderlich; entsprechend erübrigen sich zugleich im Regelfall sowohl Überlegungen zum Ausschluss US-amerikanischer Investoren als auch die in der Vergangenheit im Falle der Existenz Letzterer stets erforderliche Einbindung der SEC als zusätzlicher Aufsichtsbehörde.

Angesichts der Auswirkungen der *Morrison*-Entscheidung über den Betrugskontext hinaus ist *de lege ferenda* damit zu rechnen, dass der US-amerikanische Gesetzgeber der Frage nachgehen wird, ob und ggf. wie der Schutz inländischer Anleger im internationalen Übernahmekontext zukünftig gewährleistet und ausgestaltet werden soll.

Im Bereich des Übernahmerechts böte sich zugleich die Gelegenheit, das lokale Recht an international übliche Standards anzupassen und „*comity*"- wie „*policy*"-Gesichtspunkten angemessen Rechnung zu tragen.

# Anhang

## A. Beispiel für *Summary Advertisement* (*Cash Tender Offer*)[849]

*This announcement is neither an offer to purchase nor a solicitation of an offer to sell Shares (as defined below), and the provisions herein are subject in their entirety to the provisions of the Offer (as defined below). The Offer is made solely by the Offer to Purchase, dated October 25, 2010, and the related Letter of Transmittal and any amendments or supplements thereto, and is being made to all holders of Shares. The Offer is not being made to (nor will tenders be accepted from or on behalf of) holders of Shares in any jurisdiction in which the making of the Offer or the acceptance thereof would not be in compliance with the securities, "blue sky" or other laws of such jurisdiction or any administrative or judicial action pursuant thereto. In those jurisdictions where applicable laws require the Offer to be made by a licensed broker or dealer, the Offer will be deemed to be made on behalf of Purchaser (as defined below) by one or more registered brokers or dealers licensed under the laws of such jurisdiction to be designated by Purchaser.*

**Notice of Offer to Purchase for Cash**
**All Outstanding Shares of Common Stock**

**of**
**THE GYMBOREE CORPORATION**

**a Delaware corporation**
**at**
**$65.40 NET PER SHARE**
**Pursuant to the Offer to Purchase dated October 25, 2010**
**by**
**GIRAFFE ACQUISITION CORPORATION**
**a direct wholly owned subsidiary of**
**GIRAFFE HOLDING, INC.**

Giraffe Acquisition Corporation, a Delaware corporation ("*Purchaser*") and a direct wholly owned subsidiary of Giraffe Holding, Inc., a Delaware corporation ("*Parent*"), which is controlled by Bain Capital Fund X, L.P., is offering to purchase for cash all of the outstanding shares of common stock, par value $0.001 per share (the "*Shares*"), of The Gymboree Corporation, a Delaware corporation ("*Gymboree*"), at a purchase price of $65.40 per Share (the "*Offer Price*"), net to the seller in cash, without interest thereon and less any applicable withholding taxes, upon the terms

849 Quelle: http://www.secinfo.com (zuletzt abgerufen im März 2014).

and subject to the conditions set forth in the Offer to Purchase, dated October 25, 2010 (the "*Offer to Purchase*"), and in the related Letter of Transmittal (the "*Letter of Transmittal*" which, together with the Offer to Purchase and other related materials, as each may be amended or supplemented from time to time, constitutes the "*Offer*").

Stockholders of record who tender directly to Wells Fargo Bank, N.A. (the "*Depositary*") will not be obligated to pay brokerage fees, commissions or similar expenses or, except as otherwise provided in the Letter of Transmittal, stock transfer taxes with respect to the purchase of Shares by Purchaser pursuant to the Offer. Stockholders who hold their Shares through a broker, banker or other nominee should consult with such institution as to whether it charges any service fees or commissions.

**THE OFFER AND WITHDRAWAL RIGHTS WILL EXPIRE AT 11:59 P.M., NEW YORK CITY TIME, ON NOVEMBER 22, 2010, UNLESS THE OFFER IS EXTENDED OR EARLIER TERMINATED.**

The Offer is being made pursuant to the Agreement and Plan of Merger, dated as of October 11, 2010 (as it may be amended from time to time, the "*Merger Agreement*"), by and among Parent, Purchaser and Gymboree. The Merger Agreement provides, among other things, that following the consummation of the Offer and subject to the satisfaction or waiver of certain conditions, Purchaser will be merged with and into Gymboree (the "*Merger*"), with Gymboree continuing after the Merger as the surviving corporation and a wholly owned direct subsidiary of Parent. In the Merger, each Share outstanding immediately prior to the effective time of the Merger (other than Shares held (i) in the treasury of Gymboree, by a wholly owned subsidiary of Gymboree, or by Parent or Purchaser, including as a result of an exercise by Purchaser of the Top-Up Option (as defined in the Offer to Purchase) (if necessary to ensure that at least 90 % of the Shares are owned by Parent or Purchaser, which Shares will be cancelled and will cease to exist) or (ii) by stockholders who validly exercise appraisal rights under Delaware law with respect to such Shares) will be cancelled and converted into the right to receive $65.40 or any greater per Share price paid in the Offer, without interest thereon and less any applicable withholding taxes. As a result of the Merger, Gymboree will cease to be a publicly traded company and will become wholly owned by Parent. The Merger Agreement is more fully described in the Offer to Purchase.

The Offer is conditioned upon, among other things, (a) the absence of a termination of the Merger Agreement in accordance with its terms and (b) the satisfaction of (i) the Minimum Tender Condition (as described below), (ii) the HSR condition (as described below) and (iii) the governmental authority condition (as described below). The Minimum Tender Condition requires that the number of shares validly tendered in accordance with the terms of the Offer and not validly withdrawn prior to 11:59 p.m. (New York City time) on November 22, 2010 (the "*Expiration Date*," unless Purchaser shall have extended the period during which the Offer is open in accordance with the Merger Agreement, in which event "*Expiration Date*" shall mean the latest time and date at which the Offer, as so extended by Purchaser, shall expire) which, together with any Shares then owned by Parent and its affiliates, shall equal at least 66 % of the outstanding Shares as of the Expiration Date. The HSR condition requires that any applicable waiting period (or any extension thereof) under the Hart-Scott-Rodino Antitrust Improvements Act of 1976, as amended, and the rules and regulations thereunder, and any other applicable United States or foreign competition, antitrust, merger control or investment laws relating to the purchase of Shares pursuant to the Offer or the consummation of the Merger shall have expired or otherwise been terminated. The governmental authority condition requires that no governmental authority shall have enacted, issued, promulgated, enforced or entered any law or order which is then in effect and has the effect of enjoining or otherwise prohibiting the making of the Offer or the consummation of the Offer, the Top-Up Option or the consummation of the Top-Up Option or the Merger or the consummation of the Merger, or preventing, prohibiting or imposing adverse conditions with respect to the Offer, the Merger or the Top-Up Option. The Offer also is subject to other conditions as described in the Offer to Purchase.

**After careful consideration and following the recommendation of the special committee of independent and disinterested directors of Gymboree's board of directors, Gymboree's board of directors, among other things, has unanimously (i) approved and declared advisable, fair to and in the best interest of the stockholders of Gymboree, the Merger Agreement, the performance by Gymboree of its obligations thereunder and the consummation of the transactions contemplated thereby, including the Offer and the Merger, upon the terms and conditions contained therein, and (ii) recommended that the stockholders of Gymboree accept the Offer, tender their Shares to Purchaser in the Offer and, to the extent required by applicable law, adopt the Merger Agreement and approve the transactions contemplated thereby.**

The Merger Agreement provides that Purchaser must (i) extend the Offer on one or more occasions, in consecutive increments of up to 5 business days (or such longer period as the parties to the Merger Agreement may agree) each, if, at any then-scheduled Expiration Date, any Offer condition (other than the Minimum Tender Condition) shall not have been satisfied or waived, until such time as each such condition shall have been satisfied or waived; (ii) extend the Offer for the minimum period required by any rule, regulation, interpretation or position of the SEC or the staff thereof applicable to the Offer and (iii) if the Marketing Period (as described in the Offer to Purchase) has not ended on the last business day prior to the Expiration Date, extend the Offer until the earliest to occur of (x) any business day before or during the Marketing Period as may be specified by Parent on no less than 2 business days' prior notice to Gymboree, and (y) the first business day after the final day of the Marketing Period; provided, however, that Purchaser shall not be required to extend the Offer beyond March 11, 2011 (the "*Termination Date*"). Notwithstanding the foregoing, if at any then-scheduled Expiration Date, each Offer condition (other than the Minimum Tender Condition) shall have been satisfied or waived and the Minimum Tender Condition shall not have been satisfied, Purchaser may and, if requested by Gymboree, Purchaser must, and Parent must cause Purchaser to, extend the Offer by increments of 5 business days; provided, however, that the maximum number of days that the Offer may be extended under these circumstances shall be 20 business days; provided, further, that Purchaser is not required to extend the Offer beyond the Termination Date. In addition, (i) Purchaser may extend the Offer for up to 10 business days from the day the Marketing Period will otherwise end and (ii) if the debt financing has not funded at the Expiration Date, then the Offer will be automatically extended to the later of (A) 15 business days (or, if the extension in (i) has been exercised, no more than 20 business days in total for clause (i) and this clause (ii)) from the date thereof, (B) December 31, 2010, or (C) such earlier date as Purchaser may specify.

Subject to the applicable rules and regulations of the SEC, Purchaser expressly reserves the right to waive, in whole or in part, any Offer condition or modify the terms of the Offer; provided, however, that, without the consent of Gymboree, Purchaser cannot, and Parent will not permit Purchaser to, (i) reduce the number of Shares subject to the Offer, (ii) reduce the Offer Price, (iii) amend, modify or waive the Minimum Tender Condition, (iv) add to the Offer conditions or amend, modify or supplement any Offer condition in any manner adverse to any holders of Shares, (v) except as expressly provided in the Merger Agreement, terminate, extend or otherwise amend or modify the Expiration Date, (vi) change the form of consideration payable in the Offer, (vii) otherwise amend, modify or supplement any of the terms of the Offer in any manner adverse to any holders of Shares or (viii) provide any "*subsequent offering period*" within the meaning of Rule 14d-11 promulgated under the Securities Exchange Act of 1934, as amended (the "*Exchange Act*"). Any extension, delay, termination or amendment of the Offer will be followed as promptly as practicable by public announcement thereof, and such announcement in the case of an extension will be made no later than 9:00 a.m., New York City time, on the next business day after the previously scheduled Expiration Date. Without limiting the manner in which Purchaser may choose to make any public announcement, it currently intends to make announcements regarding the Offer by issuing a press release and making any appropriate filing with the SEC.

On the terms of and subject to the conditions to the Offer, promptly after the Expiration Date of the Offer, Purchaser will accept for payment, and pay for, all Shares validly tendered to Purchaser in the Offer and not withdrawn prior to the Expiration Date of the Offer. For purposes of the Offer, Purchaser will be deemed to have accepted for payment, and thereby purchased, Shares validly tendered and not properly withdrawn as, if and when Purchaser gives oral or written notice to the Depositary of its acceptance for payment of such Shares pursuant to the Offer. Upon the terms and subject to the conditions of the Offer, payment for Shares accepted for payment pursuant to the Offer will be made by deposit of the Offer Price for such Shares with the Depositary, which will act as paying agent for tendering stockholders for the purpose of receiving payments from us and transmitting such payments to tendering stockholders whose Shares have been accepted for payment. If Purchaser extends the Offer, is delayed in its acceptance for payment of Shares or is unable to accept Shares for payment pursuant to the Offer for any reason, then, without prejudice to its rights under the Offer and the Merger Agreement, the Depositary may retain tendered Shares on its behalf, and such Shares may not be withdrawn except to the extent that tendering stockholders are entitled to withdrawal rights as described in the Offer to Purchase and as otherwise required by Rule 14e-1(c) under the Exchange Act. **Under no circumstances will Purchaser pay interest on the purchase price for Shares by reason of any extension of the Offer or any delay in making such payment for Shares.**

In all cases, Purchaser will pay for Shares tendered and accepted for payment pursuant to the Offer only after timely receipt by the Depositary of (i) the certificates evidencing such Shares (the "*Share Certificates*") or confirmation of a book-entry transfer of such Shares (a "*Book-Entry Confirmation*") into the Depositary's account at The Depository Trust Company ("*DTC*") pursuant to the procedures set forth in the Offer to Purchase, (ii) the Letter of Transmittal (or a manually signed facsimile thereof), properly completed and duly executed, with any required signature guarantees or, in the case of a book-entry transfer, an Agent's Message (as described in the Offer to Purchase) in lieu of the Letter of Transmittal and (iii) any other documents required by the Letter of Transmittal. Accordingly, tendering stockholders may be paid at different times depending upon when Share Certificates or Book-Entry Confirmations with respect to Shares are actually received by the Depositary. There is no procedure for guaranteed delivery in the Offer.

Shares tendered pursuant to the Offer may be withdrawn at any time prior to the Expiration Date and, unless theretofore accepted for payment by Purchaser pursuant to the Offer, may also be withdrawn at any time after December 24, 2010, which is the 60th day after the date of the commencement of the Offer. For a withdrawal to be effective, a written, telegraphic or facsimile transmission notice of withdrawal must be timely received by the Depositary at one of its addresses set forth on the back cover page of the Offer to Purchase. Any such notice of withdrawal must specify the name of the person who tendered the Shares to be withdrawn, the number of Shares to be withdrawn and the name of the registered holder of such Shares, if different from that of the person who tendered such Shares. If Share Certificates evidencing Shares to be withdrawn have been delivered or otherwise identified to the Depositary, then, prior to the physical release of such Share Certificates, the serial numbers shown on such Share Certificates must be submitted to the Depositary and the signature(s) on the notice of withdrawal must be guaranteed by an Eligible Institution, unless such Shares have been tendered for the account of an Eligible Institution (as described in the Offer to Purchase). If Shares have been tendered pursuant to the procedure for book-entry transfer as set forth in the Offer to Purchase any notice of withdrawal must also specify the name and number of the account at DTC to be credited with the withdrawn Shares. Withdrawals of Shares may not be rescinded. Any Shares properly withdrawn will thereafter be deemed not to have been validly tendered for purposes of the Offer. However, withdrawn Shares may be re-tendered by again following one of the procedures described in the Offer to Purchase at any time prior to the Expiration Date.

**Purchaser will determine, in its sole discretion, all questions as to the form and validity (including time of receipt) of any notice of withdrawal and Purchaser's determination will be final and binding. None of Purchaser, the Depositary, the Information Agent or any other person will be under any duty to give notification of any defects or irregularities in any notice of withdrawal or incur any liability for failure to give any such notification.**

The information required to be disclosed by paragraph (d)(1) of Rule 14d-6 of the General Rules and Regulations under the Exchange Act is contained in the Offer to Purchase and is incorporated herein by reference.

Gymboree has provided Purchaser with Gymboree's stockholder list and security position listings for the purpose of disseminating the Offer to Purchase, the related Letter of Transmittal and other related materials to holders of Shares. The Offer to Purchase and related Letter of Transmittal will be mailed to record holders of Shares whose names appear on Gymboree's stockholder list and will be furnished to brokers, dealers, commercial banks, trust companies and similar persons whose names, or the names of whose nominees, appear on the stockholder list or, if applicable, who are listed as participants in a clearing agency's security position listing for subsequent transmittal to beneficial owners of Shares.

The exchange of Shares for cash pursuant to the Offer or the Merger will be a taxable transaction to U.S. Holders for United States federal income tax purposes. See the Offer to Purchase for a more detailed discussion of the tax treatment of the Offer. **Each holder of Shares should consult with its tax advisor as to the particular tax consequences to such holder of exchanging Shares for cash in the Offer or the Merger.**

**The Offer to Purchase and the related Letter of Transmittal contain important information. Holders of Shares should carefully read both documents in their entirety before any decision is made with respect to the Offer.**

Questions and requests for assistance may be directed to the Information Agent at its address and telephone numbers set forth below. Requests for copies of the Offer to Purchase and the related Letter of Transmittal may be directed to the Information Agent. Such copies will be furnished promptly at Purchaser's expense. Stockholders may also contact brokers, dealers, commercial banks or trust companies for assistance concerning the Offer. Purchaser will not pay any fees or commissions to any broker or dealer or any other person (other than the Information Agent or the Depositary) for soliciting tenders of Shares pursuant to the Offer.

***The Information Agent for the Offer is:***

OKAPI
PARTNERS

437 Madison Avenue, 28th Floor
New York, New York 10022

Banks and Brokerage Firms, Please Call: (212) 297 0720
Stockholders and All Others, Call Toll-Free: (877) 285 5990
Email: info@okapipartners.com

October 25, 2010

# B. Ausgewählte Rechtsquellen

## I. Williams Act

### 1. § 13(d)-(e) Exchange Act [15 U.S.C. § 78m(d)-(e) (2012)]

**§ 78m. Periodical and other reports**

**(d) Reports by persons acquiring more than five per centum of certain classes of securities**

(1) Any person who, after acquiring directly or indirectly the beneficial ownership of any equity security of a class which is registered pursuant to section 78*l* of this title, or any equity security of an insurance company which would have been required to be so registered except for the exemption contained in section 78*l*(g)(2)(G) of this title, or any equity security issued by a closed-end investment company registered under the Investment Company Act of 1940 [15 U.S.C. 80a–1 et seq.] or any equity security issued by a Native Corporation pursuant to section 1629c(d)(6) of title 43, or otherwise becomes or is deemed to become a beneficial owner of any of the foregoing upon the purchase or sale of a security-based swap that the Commission may define by rule, and is directly or indirectly the beneficial owner of more than 5 per centum of such class shall, within ten days after such acquisition or within such shorter time as the Commission may establish by rule, file with the Commission, a statement containing such of the following information, and such additional information, as the Commission may by rules and regulations, prescribe as necessary or appropriate in the public interest or for the protection of investors—

(A) the background, and identity, residence, and citizenship of, and the nature of such beneficial ownership by, such person and all other persons by whom or on whose behalf the purchases have been or are to be effected;

(B) the source and amount of the funds or other consideration used or to be used in making the purchases, and if any part of the purchase price is represented or is to be represented by funds or other consideration borrowed or otherwise obtained for the purpose of acquiring, holding, or trading such security, a description of the transaction and the names of the parties thereto, except that where a source of funds is a loan made in the ordinary course of business by a bank, as defined in section 78c(a)(6) of this title, if the person filing such statement so requests, the name of the bank shall not be made available to the public;

(C) if the purpose of the purchases or prospective purchases is to acquire control of the business of the issuer of the securities, any plans or proposals which such persons may have to liquidate such issuer, to sell its assets to or merge it with any other persons, or to make any other major change in its business or corporate structure;

(D) the number of shares of such security which are beneficially owned, and the number of shares concerning which there is a right to acquire, directly or indirectly, by (i) such person, and (ii) by each associate of such person, giving the background, identity, residence, and citizenship of each such associate; and

(E) information as to any contracts, arrangements, or understandings with any person with respect to any securities of the issuer, including but not limited to transfer of any of the securities, joint ventures, loan or option arrangements, puts or calls, guaranties of loans, guaranties against loss or guaranties of profits, division of losses or profits, or the giving or withholding of proxies, naming the persons with whom such contracts, arrangements, or understandings have been entered into, and giving the details thereof.

(2) If any material change occurs in the facts set forth in the statement filed with the Commission, an amendment shall be filed with the Commission, in accordance with such rules and regulations as the Commission may prescribe as necessary or appropriate in the public interest or for the protection of investors.

(3) When two or more persons act as a partnership, limited partnership, syndicate, or other group for the purpose of acquiring, holding, or disposing of securities of an issuer, such syndicate or group shall be deemed a "person" for the purposes of this subsection.

(4) In determining, for purposes of this subsection, any percentage of a class of any security, such class shall be deemed to consist of the amount of the outstanding securities of such class, exclusive of any securities of such class held by or for the account of the issuer or a subsidiary of the issuer.

(5) The Commission, by rule or regulation or by order, may permit any person to file in lieu of the statement required by paragraph (1) of this subsection or the rules and regulations thereunder, a notice stating the name of such person, the number of shares of any equity securities subject to paragraph (1) which are owned by him, the date of their acquisition and such other information as the Commission may specify, if it appears to the Commission that such securities were acquired by such person in the ordinary course of his business and were not acquired for the purpose of and do not have the effect of changing or influencing the control of the issuer nor in connection with or as a participant in any transaction having such purpose or effect.

(6) The provisions of this subsection shall not apply to—

(A) any acquisition or offer to acquire securities made or proposed to be made by means of a registration statement under the Securities Act of 1933 [15 U.S.C. 77a et seq.];

(B) any acquisition of the beneficial ownership of a security which, together with all other acquisitions by the same person of securities of the same class during the preceding twelve months, does not exceed 2 per centum of that class;

(C) any acquisition of an equity security by the issuer of such security;

(D) any acquisition or proposed acquisition of a security which the Commission, by rules or regulations or by order, shall exempt from the provisions of this subsection as not entered into for the purpose of, and not having the effect of, changing or influencing the control of the issuer or otherwise as not comprehended within the purposes of this subsection.

**(e) Purchase of securities by issuer**

(1) It shall be unlawful for an issuer which has a class of equity securities registered pursuant to section 78*l* of this title, or which is a closed-end investment company registered under the Investment Company Act of 1940 [15 U.S.C. 80a–1 et seq.], to purchase any equity security issued by it if such purchase is in contravention of such rules and regulations as the Commission, in the public interest or for the protection of investors, may adopt (A) to define acts and practices which are fraudulent, deceptive, or manipulative, and (B) to prescribe means reasonably designed to prevent such acts and practices. Such rules and regulations may require such issuer to provide holders of equity securities of such class with such information relating to the reasons for such purchase, the source of funds, the number of shares to be purchased, the price to be paid for such securities, the method of purchase, and such additional information, as the Commission deems necessary or appropriate in the public interest or for the protection of investors, or which the Commission deems to be material to a determination whether such security should be sold.

(2) For the purpose of this subsection, a purchase by or for the issuer or any person controlling, controlled by, or under common control with the issuer, or a purchase subject to control of the issuer or any such person, shall be deemed to be a purchase by the issuer. The Commission shall have power to make rules and regulations implementing this paragraph in the public interest and for the protection of investors, including exemptive rules and regulations covering situations in which the Commission deems it unnecessary or inappropriate that a purchase of the type described in this paragraph shall be deemed to be a purchase by the issuer for purposes of some or all of the provisions of paragraph (1) of this subsection.

(3) At the time of filing such statement as the Commission may require by rule pursuant to paragraph (1) of this subsection, the person making the filing shall pay to the Commission a fee at a rate that, subject to paragraph (4), is equal to $92 per $1,000,000 of the value of securities proposed to be purchased. The fee shall be reduced with respect to securities in an amount equal to any fee paid with respect to any securities issued in connection with the proposed transaction under section 6(b) of the Securities Act of 1933 [15 U.S.C. 77f(b)], or the fee paid under that section shall be reduced in an amount equal to the fee paid to the Commission in connection with such transaction under this paragraph.

(4) ANNUAL ADJUSTMENT.—For each fiscal year, the Commission shall by order adjust the rate required by paragraph (3) for such fiscal year to a rate that is equal to the rate (expressed in dollars per million) that is applicable under section 6(b) of the Securities Act of 1933 [15 U.S.C. 77f(b)] for such fiscal year.

(5) Fee collections.—Fees collected pursuant to this subsection for fiscal year 2012 and each fiscal year thereafter shall be deposited and credited as general revenue of the Treasury and shall not be available for obligation.

(6) Effective date; publication.—In exercising its authority under this subsection, the Commission shall not be required to comply with the provisions of section 553 of title 5. An adjusted rate prescribed under paragraph (4) shall be published and take effect in accordance with section 6(b) of the Securities Act of 1933 (15 U.S.C. 77f(b)).

(7) Pro rata application.—The rates per $1,000,000 required by this subsection shall be applied pro rata to amounts and balances of less than $1,000,000.

## 2. § 14(d)-(f) Exchange Act [15 U.S.C. § 78n(d)-(f) (2012)]

### § 78n. Proxies

#### (d) Tender offer by owner of more than five per centum of class of securities; exceptions

(1) It shall be unlawful for any person, directly or indirectly, by use of the mails or by any means or instrumentality of interstate commerce or of any facility of a national securities exchange or otherwise, to make a tender offer for, or a request or invitation for tenders of, any class of any equity security which is registered pursuant to section 78*l* of this title, or any equity security of an insurance company which would have been required to be so registered except for the exemption contained in section 78*l*(g)(2)(G) of this title, or any equity security issued by a a [sic] closed-end investment company registered under the Investment Company Act of 1940 [15 U.S.C. 80a–1 et seq.], if, after consummation thereof, such person would, directly or indirectly, be the beneficial owner of more than 5 per centum of such class, unless at the time copies of the offer or request or invitation are first published or sent or given to security holders such person has filed with the Commission a statement containing such of the information specified in section 78m(d) of this title, and such additional information as the Commission may by rules and regulations prescribe as necessary or appropriate in the public interest or for the protection of investors. All requests or invitations for tenders or advertisements making a tender offer or requesting or inviting tenders of such a security shall be filed as a part of such statement and shall contain such of the information contained in such statement as the Commission may by rules and regulations prescribe. Copies of any additional material soliciting or requesting such tender offers subsequent to the initial solicitation or request shall contain such information as the Commission may by rules and regulations prescribe as necessary or appropriate in the public interest or for the protection of investors, and shall be filed with the Commission not later than the time copies of such material are first published or sent or given to security holders. Copies of all statements, in the form in which such material is furnished to security holders and the Commission, shall be sent to the issuer not later than the date such material is first published or sent or given to any security holders.

(2) When two or more persons act as a partnership, limited partnership, syndicate, or other group for the purpose of acquiring, holding, or disposing of securities of an issuer, such syndicate or group shall be deemed a "person" for purposes of this subsection.

(3) In determining, for purposes of this subsection, any percentage of a class of any security, such class shall be deemed to consist of the amount of the outstanding securities of such class, exclusive of any securities of such class held by or for the account of the issuer or a subsidiary of the issuer.

(4) Any solicitation or recommendation to the holders of such a security to accept or reject a tender offer or request or invitation for tenders shall be made in accordance with such rules and regulations as the Commission may prescribe as necessary or appropriate in the public interest or for the protection of investors.

(5) Securities deposited pursuant to a tender offer or request or invitation for tenders may be withdrawn by or on behalf of the depositor at any time until the expiration of seven days after the time definitive copies of the offer or request or invitation are first published or sent or given to security holders, and at any time after sixty days from the date of the original tender offer or request or invitation, except as the Commission may otherwise prescribe by rules, regulations, or order as necessary or appropriate in the public interest or for the protection of investors.

(6) Where any person makes a tender offer, or request or invitation for tenders, for less than all the outstanding equity securities of a class, and where a greater number of securities is deposited pursuant thereto within ten days after copies of the offer or request or invitation are first published or sent or given to security holders than such person is bound or willing to take up and pay for, the securities taken up shall be taken up as nearly as may be pro rata, disregarding fractions, according to the number of securities deposited by each depositor. The provisions of this subsection shall also apply to securities deposited within ten days after notice of an increase in the consideration offered to security holders, as described in paragraph (7), is first published or sent or given to security holders.

(7) Where any person varies the terms of a tender offer or request or invitation for tenders before the expiration thereof by increasing the consideration offered to holders of such securities, such person shall pay the increased consideration to each security holder whose securities are taken up and paid for pursuant to the tender offer or request or invitation for tenders whether or not such securities have been taken up by such person before the variation of the tender offer or request or invitation.

(8) The provisions of this subsection shall not apply to any offer for, or request or invitation for tenders of, any security—

(A) if the acquisition of such security, together with all other acquisitions by the same person of securities of the same class during the preceding twelve months, would not exceed 2 per centum of that class;

(B) by the issuer of such security; or

(C) which the Commission, by rules or regulations or by order, shall exempt from the provisions of this subsection as not entered into for the purpose of, and not having the effect of, changing or influencing the control of the issuer or otherwise as not comprehended within the purposes of this subsection.

### (e) Untrue statement of material fact or omission of fact with respect to tender offer

It shall be unlawful for any person to make any untrue statement of a material fact or omit to state any material fact necessary in order to make the statements made, in the light of the circumstances under which they are made, not misleading, or to engage in any fraudulent, deceptive, or manipulative acts or practices, in connection with any tender offer or request or invitation for tenders, or any solicitation of security holders in opposition to or in favor of any such offer, request, or invitation. The Commission shall, for the purposes of this subsection, by rules and regulations define, and prescribe means reasonably designed to prevent, such acts and practices as are fraudulent, deceptive, or manipulative.

### (f) Election or designation of majority of directors of issuer by owner of more than five per centum of class of securities at other than meeting of security holders

If, pursuant to any arrangement or understanding with the person or persons acquiring securities in a transaction subject to subsection (d) of this section or subsection (d) of section 78m of this title, any persons are to be elected or designated as directors of the issuer, otherwise than at a meeting of security holders, and the persons so elected or designated will constitute a majority of the directors of the issuer, then, prior to the time any such person takes office as a director, and in accordance with rules and regulations prescribed by the Commission, the issuer shall file with the Commission, and transmit to all holders of record of securities of the issuer who would be entitled to vote at a meeting for election of directors, information substantially equivalent to the information which would be required by subsection (a) or (c) of this section to be transmitted if such person or persons were nominees for election as directors at a meeting of such security holders.

## II. Registrierungs- und Prospektpflicht, § 5 Securities Act [15 U.S.C. § 77e (2012)]

### § 77e. Prohibitions relating to interstate commerce and the mails

### (a) Sale or delivery after sale of unregistered securities

Unless a registration statement is in effect as to a security, it shall be unlawful for any person, directly or indirectly—

(1) to make use of any means or instruments of transportation or communication in interstate commerce or of the mails to sell such security through the use or medium of any prospectus or otherwise; or

(2) to carry or cause to be carried through the mails or in interstate commerce, by any means or instruments of transportation, any such security for the purpose of sale or for delivery after sale.

### (b) Necessity of prospectus meeting requirements of section 77j of this title

It shall be unlawful for any person, directly or indirectly—

(1) to make use of any means or instruments of transportation or communication in interstate commerce or of the mails to carry or transmit any prospectus relating to any security with respect to which a registration statement has been filed under this subchapter, unless such prospectus meets the requirements of section 77j of this title; or

(2) to carry or cause to be carried through the mails or in interstate commerce any such security for the purpose of sale or for delivery after sale, unless accompanied or preceded by a prospectus that meets the requirements of subsection (a) of section 77j of this title.

### (c) Necessity of filing registration statement

It shall be unlawful for any person, directly or indirectly, to make use of any means or instruments of transportation or communication in interstate commerce or of the mails to offer to sell or offer to buy through the use or medium of any prospectus or otherwise any security, unless a registration statement has been filed as to such security, or while the registration statement is the subject of a refusal order or stop order or (prior to the effective date of the registration statement) any public proceeding or examination under section 77h of this title.

### (d) Limitation

Notwithstanding any other provision of this section, an emerging growth company or any person authorized to act on behalf of an emerging growth company may engage in oral or written communications with potential investors that are qualified institutional buyers or institutions that are accredited investors, as such terms are respectively defined in section 230.144A and section 230.501(a) of title 17, Code of Federal Regulations, or any successor thereto, to determine whether such investors might have an interest in a contemplated securities offering, either prior to or following the date of filing of a registration statement with respect to such securities with the Commission, subject to the requirement of subsection (b)(2).

### (e) Security-based swaps

Notwithstanding the provisions of section 77c or 77d of this title, unless a registration statement meeting the requirements of section 77j(a) of this title is in effect as to a security-based swap, it shall be unlawful for any person, directly or indirectly, to make use of any means or instruments of transportation or communication in interstate commerce or of the mails to offer to sell, offer to buy or purchase or sell a security-based swap to any person who is not an eligible contract participant as defined in section 1a(18) of title 7.

# III. Bestimmungen der SEC

## 1. Regulation 14D [17 C.F.R. §§ 240.14d-1 *et seq.* (2013)]

REGULATION 14D

ATTENTION ELECTRONIC FILERS

THIS REGULATION SHOULD BE READ IN CONJUNCTION WITH REGULATION S-T (PART 232 OF THIS CHAPTER), WHICH GOVERNS THE PREPARATION AND SUBMISSION OF DOCUMENTS IN ELECTRONIC FORMAT. MANY PROVISIONS RELATING

### § 240.14d-1 Scope of and definitions applicable to Regulations 14D and 14E.

(a) *Scope.* Regulation 14D (§§ 240.14d-1 through 240.14d-101) shall apply to any tender offer that is subject to section 14(d)(1) of the Act (15 U.S.C. 78n(d)(1)), including, but not limited to, any tender offer for securities of a class described in that section that is made by an affiliate of the issuer of such class. Regulation 14E (§§ 240.14e-1 through 240.14e-8) shall apply to any tender offer for securities (other than exempted securities) unless otherwise noted therein.

(b) The requirements imposed by sections 14(d)(1) through 14(d)(7) of the Act, Regulation 14D and Schedules TO and 14D-9 thereunder, and Rule 14e-1 of Regulation 14E under the Act, shall be deemed satisfied with respect to any tender offer, including any exchange offer, for the securities of an issuer incorporated or organized under the laws of Canada or any Canadian province or territory, if such issuer is a foreign private issuer and is not an investment company registered or required to be registered under the Investment Company Act of 1940, if less than 40 percent of the class of securities outstanding that is the subject of the tender offer is held by U.S. holders, and the tender offer is subject to, and the bidder complies with, the laws, regulations and policies of Canada and/or any of its provinces or territories governing the conduct of the offer (unless the bidder has received an exemption(s) from, and the tender offer does not comply with, requirements that otherwise would be prescribed by Regulation 14D or 14E), *provided that:*

(1) In the case of tender offers subject to section 14(d)(1) of the Act, where the consideration for a tender offer subject to this section consists solely of cash, the entire disclosure document or documents required to be furnished to holders of the class of securities to be acquired shall be filed with the Commission on Schedule 14D-1F (§ 240.14d-102) and disseminated to shareholders of the subject company residing in the United States in accordance with such Canadian laws, regulations and policies; or

(2) Where the consideration for a tender offer subject to this section includes securities of the bidder to be issued pursuant to the offer, any registration statement

and/or prospectus relating thereto shall be filed with the Commission along with the Schedule 14D-1F referred to in paragraph (b)(1) of this section, and shall be disseminated, together with the home jurisdiction document(s) accompanying such Schedule, to shareholders of the subject company residing in the United States in accordance with such Canadian laws, regulations and policies.

NOTES: 1. For purposes of any tender offer, including any exchange offer, otherwise eligible to proceed in accordance with Rule 14d-1(b) under the Act, the issuer of the subject securities will be presumed to be a foreign private issuer and U.S. holders will be presumed to hold less than 40 percent of such outstanding securities, unless (a) the aggregate trading volume of that class on national securities exchanges in the United States and on NASDAQ exceeded its aggregate trading volume on securities exchanges in Canada and on the Canadian Dealing Network, Inc. ("CDN") over the 12 calendar month period prior to commencement of this offer, or if commenced in response to a prior offer, over the 12 calendar month period prior to the commencement of the initial offer (based on volume figures published by such exchanges and NASDAQ and CDN); (b) the most recent annual report or annual information form filed or submitted by the issuer with securities regulators of Ontario, Quebec, British Columbia or Alberta (or, if the issuer of the subject securities is not a reporting issuer in any of such provinces, with any other Canadian securities regulator) or with the Commission indicates that U.S. holders hold 40 percent or more of the outstanding subject class of securities; or (c) the offeror has actual knowledge that the level of U.S. ownership equals or exceeds 40 percent of such securities.

2. Notwithstanding the grant of an exemption from one or more of the applicable Canadian regulatory provisions imposing requirements that otherwise would be prescribed by Regulation 14D or 14E, the tender offer will be eligible to proceed in accordance with the requirements of this section if the Commission by order determines that the applicable Canadian regulatory provisions are adequate to protect the interest of investors.

(c) *Tier I.* Any tender offer for the securities of a foreign private issuer as defined in § 240.3b-4 is exempt from the requirements of sections 14(d)(1) through 14(d)(7) of the Act (15 U.S.C. 78n(d)(1) through 78n(d)(7)), Regulation 14D (§§ 240.14d-1 through 240.14d-10) and Schedules TO (§ 240.14d-100) and 14D-9 (§ 240.14d-101) thereunder, and § 240.14e-1 and § 240.14e-2 of Regulation 14E under the Act if the following conditions are satisfied:

(1) *U.S. ownership limitation.* Except in the case of a tender offer that is commenced during the pendency of a tender offer made by a prior bidder in reliance on this paragraph or § 240.13e-4(h)(8), U.S. holders do not hold more than 10 percent of the class of securities sought in the offer (as determined under Instructions 2 or 3 to paragraphs (c) and (d) of this section).

(2) *Equal treatment.* The bidder must permit U.S. holders to participate in the offer on terms at least as favorable as those offered any other holder of the same class of securities that is the subject of the tender offer; however:

(i) *Registered exchange offers.* If the bidder offers securities registered under the Securities Act of 1933 (15 U.S.C. 77a et seq.), the bidder need not extend the offer to security holders in those states or jurisdictions that prohibit the offer or sale of the securities after the bidder has made a good faith effort to register or qualify the offer and sale of securities in that state or jurisdiction, except that the bidder must offer the same cash alternative to security holders in any such state or jurisdiction that it has offered to security holders in any other state or jurisdiction.

(ii) *Exempt exchange offers.* If the bidder offers securities exempt from registration under § 230.802 of this chapter, the bidder need not extend the offer to security holders in those states or jurisdictions that require registration or qualification, except that the bidder must offer the same cash alternative to security holders in any such state or jurisdiction that it has offered to security holders in any other state or jurisdiction.

(iii) *Cash only consideration.* The bidder may offer U.S. holders only a cash consideration for the tender of the subject securities, notwithstanding the fact that the bidder is offering security holders outside the United States a consideration that consists in whole or in part of securities of the bidder, so long as the bidder has a reasonable basis for believing that the amount of cash is substantially equivalent to the value of the consideration offered to non-U.S. holders, and either of the following conditions are satisfied:

(A) The offered security is a "margin security" within the meaning of Regulation T (12 CFR 220.2) and the issuer undertakes to provide, upon the request of any U.S. holder or the Commission staff, the closing price and daily trading volume of the security on the principal trading market for the security as of the last trading day of each of the six months preceding the announcement of the offer and each of the trading days thereafter; or

(B) If the offered security is not a "margin security" within the meaning of Regulation T (12 CFR 220.2) the issuer undertakes to provide, upon the request of any U.S. holder or the Commission staff, an opinion of an independent expert stating that the cash consideration offered to U.S. holders is substantially equivalent to the value of the consideration offered security holders outside the United States.

(iv) *Disparate tax treatment.* If the bidder offers loan notes solely to offer sellers tax advantages not available in the United States and these notes are neither listed on any organized securities market nor registered under the Securities Act of 1933 (15 U.S.C. 77a et seq.), the loan notes need not be offered to U.S. holders.

(3) *Informational documents.* (i) The bidder must disseminate any informational document to U.S. holders, including any amendments thereto, in English, on a comparable basis to that provided to security holders in the home jurisdiction.

(ii) If the bidder disseminates by publication in its home jurisdiction, the bidder must publish the information in the United States in a manner reasonably calculated to inform U.S. holders of the offer.

(iii) In the case of tender offers for securities described in section 14(d)(1) of the Act (15 U.S.C. 78n(d)(1)), if the bidder publishes or otherwise disseminates an informational document to the holders of the securities in connection with the tender offer, the bidder must furnish that informational document, including any amendments thereto, in English, to the Commission on Form CB (§ 249.480 of this chapter) by the first business day after publication or dissemination. If the bidder is a foreign company, it must also file a Form F-X (§ 239.42 of this chapter) with the Commission at the same time as the submission of Form CB to appoint an agent for service in the United States.

(4) *Investment companies.* The issuer of the securities that are the subject of the tender offer is not an investment company registered or required to be registered under the Investment Company Act of 1940 (15 U.S.C. 80a-1 et seq.), other than a registered closed-end investment company.

(d) *Tier II.* A person conducting a tender offer (including any exchange offer) that meets the conditions in paragraph (d)(1) of this section shall be entitled to the exemptive relief specified in paragraph (d)(2) of this section, provided that such tender offer complies with all the requirements of this section other than those for which an exemption has been specifically provided in paragraph (d)(2) of this section. In addition, a person conducting a tender offer subject only to the requirements of section 14(e) of the Act (15 U.S.C. 78n(e)) and Regulation 14E thereunder (§§ 240.14e-1 through 240.14e-8) that meets the conditions in paragraph (d)(1) of the section also shall be entitled to the exemptive relief specified in paragraph (d)(2) of this section, to the extent needed under the requirements of Regulation 14E, so long as the tender offer complies with all requirements of Regulation 14E other than those for which an exemption has been specifically provided in paragraph (d)(2) of this section:

(1) *Conditions.* (i) The subject company is a foreign private issuer as defined in § 240.3b-4 and is not an investment company registered or required to be registered under the Investment Company Act of 1940 (15 U.S.C. 80a-1 et seq.), other than a registered closed-end investment company;

(ii) Except in the case of a tender offer that is commenced during the pendency of a tender offer made by a prior bidder in reliance on this paragraph or § 240.13e-4(i), U.S. holders do not hold more than 40 percent of the class of securities sought in the offer (as determined under Instructions 2 or 3 to paragraphs (c) and (d) of this section); and

(iii) The bidder complies with all applicable U.S. tender offer laws and regulations, other than those for which an exemption has been provided for in paragraph (d)(2) of this section.

(2) *Exemptions*—(i) *Equal treatment—loan notes.* If the bidder offers loan notes solely to offer sellers tax advantages not available in the United States and these notes are neither listed on any organized securities market nor registered under the Securities Act of 1933 (15 U.S.C. 77a et seq.), the loan notes need not be offered to U.S. holders, notwithstanding § 240.14d-10.

(ii) *Equal treatment—separate U.S. and foreign offers.* Notwithstanding the provisions of § 240.14d-10, a bidder conducting a tender offer meeting the conditions of paragraph (d)(1) of this section may separate the offer into multiple offers: One offer made to U.S. holders, which also may include all holders of American Depositary Shares representing interests in the subject securities, and one or more offers made to non-U.S. holders. The U.S. offer must be made on terms at least as favorable as those offered any other holder of the same class of securities that is the subject of the tender offers. U.S. holders may be included in the foreign offer(s) only where the laws of the jurisdiction governing such foreign offer(s) expressly preclude the exclusion of U.S. holders from the foreign offer(s) and where the offer materials distributed to U.S. holders fully and adequately disclose the risks of participating in the foreign offer(s).

(iii) *Notice of extensions.* Notice of extensions made in accordance with the requirements of the home jurisdiction law or practice will satisfy the requirements of § 240.14e-1(d).

(iv) *Prompt payment.* Payment made in accordance with the requirements of the home jurisdiction law or practice will satisfy the requirements of § 240.14e-1(c). Where payment may not be made on a more expedited basis under home jurisdiction law or practice, payment for securities tendered during any subsequent offering period within 20 business days of the date of tender will satisfy the prompt payment requirements of § 240.14d-11(e). For purposes of this paragraph (d), a business day is determined with reference to the target's home jurisdiction.

(v) *Subsequent offering period/Withdrawal rights.* A bidder will satisfy the announcement and prompt payment requirements of § 240.14d-11(d), if the bidder announces the results of the tender offer, including the approximate number of securities deposited to date, and pays for tendered securities in accordance with the requirements of the home jurisdiction law or practice and the subsequent offering period commences immediately following such announcement. Notwithstanding section 14(d)(5) of the Act (15 U.S.C. 78n(d)(5)), the bidder need not extend withdrawal rights following the close of the offer and prior to the commencement of the subsequent offering period.

(vi) *Payment of interest on securities tendered during subsequent offering period.* Notwithstanding the requirements of § 240.14d-11(f), the bidder may pay interest on securities tendered during a subsequent offering period, if required under applicable foreign law. Paying interest on securities tendered during a subsequent offering period in accordance with this section will not be deemed to violate § 240.14d-10(a)(2).

(vii) *Suspension of withdrawal rights during counting of tendered securities.* The bidder may suspend withdrawal rights required under section 14(d)(5) of the Act (15 U.S.C. 78n(d)(5)) at the end of the offer and during the period that securities tendered into the offer are being counted, provided that:

(A) The bidder has provided an offer period including withdrawal rights for a period of at least 20 U.S. business days;

(B) At the time withdrawal rights are suspended, all offer conditions have been satisfied or waived, except to the extent that the bidder is in the process of determining whether a minimum acceptance condition included in the terms of the offer has been satisfied by counting tendered securities; and

(C) Withdrawal rights are suspended only during the counting process and are reinstated immediately thereafter, except to the extent that they are terminated through the acceptance of tendered securities.

(viii) *Mix and match elections and the subsequent offering period.* Notwithstanding the requirements of § 240.14d-11(b), where the bidder offers target security holders a choice between different forms of consideration, it may establish a ceiling on one or more forms of consideration offered. Notwithstanding the requirements of § 240.14d-11(f), a bidder that establishes a ceiling on one or more forms of consideration offered pursuant to this subsection may offset elections of tendering security holders against one another, subject to proration, so that elections are satisfied to the greatest extent possible and prorated to the extent that they cannot be satisfied in full. Such a bidder also may separately offset and prorate securities tendered during the initial offering period and those tendered during any subsequent offering period, notwithstanding the requirements of § 240.14d-10(c).

(ix) *Early termination of an initial offering period.* A bidder may terminate an initial offering period, including a voluntary extension of that period, if at the time the initial offering period and withdrawal rights terminate, the following conditions are met:

(A) The initial offering period has been open for at least 20 U.S. business days;

(B) The bidder has adequately discussed the possibility of and the impact of the early termination in the original offer materials;

(C) The bidder provides a subsequent offering period after the termination of the initial offering period;

(D) All offer conditions are satisfied as of the time when the initial offering period ends; and

(E) The bidder does not terminate the initial offering period or any extension of that period during any mandatory extension required under U.S. tender offer rules.

*Instructions to paragraphs (c) and (d):*

1. *Home jurisdiction* means both the jurisdiction of the subject company's incorporation, organization or chartering and the principal foreign market where the subject company's securities are listed or quoted.

2. *U.S. holder* means any security holder resident in the United States. Except as otherwise provided in Instruction 3 below, to determine the percentage of outstanding securities held by U.S. holders:

i. Calculate the U.S. ownership as of a date no more than 60 before and no more than 30 days after public announcement of the tender offer. If you are unable to calculate as of a date within these time frames, the calculation may be made as of the most recent practicable date before public announcement, but in no event earlier than 120 days before announcement;

ii. Include securities underlying American Depositary Shares convertible or exchangeable into the securities that are the subject of the tender offer when calculating the number of subject securities outstanding, as well as the number held by U.S. holders. Exclude from the calculations other types of securities that are convertible or exchangeable into the securities that are the subject of the tender offer, such as warrants, options and convertible securities. Exclude from those calculations securities held by the bidder;

iii. Use the method of calculating record ownership in Rule 12g3-2(a) under the Act (§ 240.12g3-2(a) of this chapter), except that your inquiry as to the amount of securities represented by accounts of customers resident in the United States may be limited to brokers, dealers, banks and other nominees located in the United States, the subject company's jurisdiction of incorporation or that of each participant in a business combination, and the jurisdiction that is the primary trading market for the subject securities, if different than the subject company's jurisdiction of incorporation;

iv. If, after reasonable inquiry, you are unable to obtain information about the amount of securities represented by accounts of customers resident in the United States, you may assume, for purposes of this definition, that the customers are residents of the jurisdiction in which the nominee has its principal place of business; and

v. Count securities as beneficially owned by residents of the United States as reported on reports of beneficial ownership that are provided to you or publicly filed and based on information otherwise provided to you.

3. In a tender offer by a bidder other than an affiliate of the issuer of the subject securities that is not made pursuant to an agreement with the issuer of the subject securities, the issuer of the subject securities will be presumed to be a foreign private issuer and U.S. holders will be presumed to hold less than 10 percent (40 percent in the case of paragraph (d) of this section) of such outstanding securities, unless paragraphs 3.i., ii., or iii. of the instructions to paragraphs (c) and (d) of this section indicate otherwise. In addition, where the bidder is unable to conduct the analysis of U.S. ownership set forth in Instruction 2 to paragraphs (c) and (d) of this section, the bidder may presume that the percentage of securities held by U.S. holders is less than 10 percent (40 percent in the case of paragraph (d) of this section) of the outstanding securities so long as there is a primary trading market for the subject securities outside the U.S., as defined in § 240.12h-6(f)(5) of this chapter, unless:

i. Average daily trading volume of the subject securities in the United States for a recent twelve-month period ending on a date no more than 60 days before the public announcement of the offer exceeds 10 percent (40 percent in the case of paragraph (d) of this section) of the average daily trading volume of that class of securities on a worldwide basis for the same period; or

ii. The most recent annual report or annual information filed or submitted by the issuer with securities regulators of the home jurisdiction or with the Commission or any jurisdiction in which the subject securities trade before the public announcement of the offer indicates that U.S. holders hold more than 10 percent (40 percent in the case of paragraph (d) of this section) of the outstanding subject class of securities; or

iii. The bidder knows or has reason to know, before the public announcement of the offer, that the level of U.S. ownership exceeds 10 percent (40 percent in the case of paragraph (d) of this section) of such securities. As an example, a bidder is deemed to know information about U.S. ownership of the subject class of securities that is publicly available and that appears in any filing with the Commission or any regulatory body in the issuer's jurisdiction of incorporation or (if different) the non-U.S. jurisdiction in which the primary trading market for the subject securities is located. The bidder is deemed to know information about U.S. ownership available from the issuer or obtained or readily available from any other source that is reasonably reliable, including from persons it has retained to advise it about the transaction, as well as from third-party information providers. These examples are not intended to be exclusive.

iv. The bidder knows or has reason to know that the level of U.S. ownership exceeds 10 percent (40 percent in the case of 14d-1(d)) of such securities.

4. *United States* means the United States of America, its territories and possessions, any State of the United States, and the District of Columbia.

5. The exemptions provided by paragraphs (c) and (d) of this section are not available for any securities transaction or series of transactions that technically complies with paragraph (c) or (d) of this section but are part of a plan or scheme to evade the provisions of Regulations 14D or 14E.

(e) Notwithstanding paragraph (a) of this section, the requirements imposed by sections 14(d)(1) through 14(d)(7) of the Act [15 U.S.C. 78n(d)(1) through 78n(d)(7)], Regulation 14D promulgated thereunder (§§ 240.14d-1 through 240.14d-10), and §§ 240.14e-1 and 240.14e-2 shall not apply by virtue of the fact that a bidder for the securities of a foreign private issuer, as defined in § 240.3b-4, the subject company of such a tender offer, their representatives, or any other person specified in § 240.14d-9(d), provides any journalist with access to its press conferences held outside of the United States, to meetings with its representatives conducted outside of the United States, or to written press-related materials released outside the United States, at or in which a present or proposed tender offer is discussed, if:

(1) Access is provided to both U.S. and foreign journalists; and

(2) With respect to any written press-related materials released by the bidder or its representatives that discuss a present or proposed tender offer for equity securities registered under Section 12 of the Act [15 U.S.C. 78*l*], the written press-related materials must state that these written press-related materials are not an extension of a tender offer in the United States for a class of equity securities of the subject company. If the bidder intends to extend the tender offer in the United States at some future time, a statement regarding this intention, and that the procedural and filing requirements of the Williams Act will be satisfied at that time, also must be included in these written press-related materials. No means to tender securities, or coupons that could be returned to indicate interest in the tender offer, may be provided as part of, or attached to, these written press-related materials.

(f) For the purpose of § 240.14d-1(e), a bidder may presume that a target company qualifies as a foreign private issuer if the target company is a foreign issuer and files registration statements or reports on the disclosure forms specifically designated for foreign private issuers, claims the exemption from registration under the Act pursuant to § 240.12g3–2(b), or is not reporting in the United States.

(g) *Definitions.* Unless the context otherwise requires, all terms used in Regulation 14D and Regulation 14E have the same meaning as in the Act and in Rule 12b-2 (§ 240.12b-2) promulgated thereunder. In addition, for purposes of sections 14(d) and 14(e) of the Act and Regulations 14D and 14E, the following definitions apply:

(1) The term *beneficial owner* shall have the same meaning as that set forth in Rule 13d-3: *Provided, however,* That, except with respect to Rule 14d-3, Rule 14d-9(d), the term shall not include a person who does not have or share investment power or who is deemed to be a beneficial owner by virtue of Rule 13d-3(d)(1) (§ 240.13d-3(d)(1));

(2) The term *bidder* means any person who makes a tender offer or on whose behalf a tender offer is made: *Provided, however,* That the term does not include an issuer which makes a tender offer for securities of any class of which it is the issuer;

(3) The term *business day* means any day, other than Saturday, Sunday or a federal holiday, and shall consist of the time period from 12:01 a.m. through 12:00 midnight Eastern time. In computing any time period under section 14(d)(5) or section 14(d)(6) of the Act or under Regulation 14D or Regulation 14E, the date of the event which begins the running of such time period shall be included *except that* if such event occurs on other than a business day such period shall begin to run on and shall include the first business day thereafter; and

(4) The term *initial offering period* means the period from the time the offer commences until all minimum time periods, including extensions, required by Regulations 14D (§§ 240.14d-1 through 240.14d-103) and 14E (§§ 240.14e-1 through 240.14e-8) have been satisfied and all conditions to the offer have been satisfied or waived within these time periods.

(5) The term *security holders* means holders of record and beneficial owners of securities which are the subject of a tender offer;

(6) The term *security position listing* means, with respect to securities of any issuer held by a registered clearing agency in the name of the clearing agency or its nominee, a list of those participants in the clearing agency on whose behalf the clearing agency holds the issuer's securities and of the participants' respective positions in such securities as of a specified date.

(7) The term *subject company* means any issuer of securities which are sought by a bidder pursuant to a tender offer;

(8) The term *subsequent offering period* means the period immediately following the initial offering period meeting the conditions specified in § 240.14d-11.

(9) The term *tender offer material* means:

(i) The bidder's formal offer, including all the material terms and conditions of the tender offer and all amendments thereto;

(ii) The related transmittal letter (whereby securities of the subject company which are sought in the tender offer may be transmitted to the bidder or its depositary) and all amendments thereto; and

(iii) Press releases, advertisements, letters and other documents published by the bidder or sent or given by the bidder to security holders which, directly or indirectly, solicit, invite or request tenders of the securities being sought in the tender offer;

(h) *Signatures.* Where the Act or the rules, forms, reports or schedules thereunder require a document filed with or furnished to the Commission to be signed, such document shall be manually signed, or signed using either typed signatures or duplicated or facsimile versions of manual signatures. Where typed, duplicated or facsimile signatures are used, each signatory to the filing shall manually sign a signature page or other document authenticating, acknowledging or otherwise adopting his or her signature that appears in the filing. Such document shall be executed before or at the time the filing is made and shall be retained by the filer for a period of five years. Upon request, the filer shall furnish to the Commission or its staff a copy of any or all documents retained pursuant to this section.

[44 FR 70340, Dec. 6, 1979, as amended at 47 FR 11470, Mar. 16, 1982; 56 FR 30071, July 1, 1991; 60 FR 26622, May 17, 1995; 61 FR 30403, June 14, 1996; 62 FR 53955, Oct. 17, 1997; 64 FR 61404, 61459, Nov. 10, 1999; 73 FR 17814, Apr. 1, 2008; 73 FR 60091, Oct. 9, 2008]

### § 240.14d-2 Commencement of a tender offer.

(a) *Date of commencement.* A bidder will have commenced its tender offer for purposes of section 14(d) of the Act (15 U.S.C. 78n) and the rules under that section at 12:01 a.m. on the date when the bidder has first published, sent or given the means to tender to security holders. For purposes of this section, the means to tender includes the transmittal form or a statement regarding how the transmittal form may be obtained.

(b) *Pre-commencement communications.* A communication by the bidder will not be deemed to constitute commencement of a tender offer if:

(1) It does not include the means for security holders to tender their shares into the offer; and

(2) All written communications relating to the tender offer, from and including the first public announcement, are filed under cover of Schedule TO (§ 240.14d-100) with the Commission no later than the date of the communication. The bidder also must deliver to the subject company and any other bidder for the same class of securities the first communication relating to the transaction that is filed, or required to be filed, with the Commission.

*Instructions to paragraph (b)(2):*

1. The box on the front of Schedule TO indicating that the filing contains pre-commencement communications must be checked.

2. Any communications made in connection with an exchange offer registered under the Securities Act of 1933 need only be filed under § 230.425 of this chapter and will be deemed filed under this section.

3. Each pre-commencement written communication must include a prominent legend in clear, plain language advising security holders to read the tender offer statement when it is available because it contains important information. The legend also must advise investors that they can get the tender offer statement and other filed documents for free at the Commission's web site and explain which documents are free from the offeror.

4. See §§ 230.135, 230.165 and 230.166 of this chapter for pre-commencement communications made in connection with registered exchange offers.

5. "Public announcement" is any oral or written communication by the bidder, or any person authorized to act on the bidder's behalf, that is reasonably designed to, or has the effect of, informing the public or security holders in general about the tender offer.

(c) *Filing and other obligations triggered by commencement.* As soon as practicable on the date of commencement, a bidder must comply with the filing requirements of § 240.14d-3(a), the dissemination requirements of § 240.14d-4(a) or (b), and the disclosure requirements of § 240.14d-6(a).

[64 FR 61459, Nov. 10, 1999]

### § 240.14d-3 Filing and transmission of tender offer statement.

(a) *Filing and transmittal.* No bidder shall make a tender offer if, after consummation thereof, such bidder would be the beneficial owner of more than 5 percent of the class of the subject company's securities for which the tender offer is made, unless as soon as practicable on the date of the commencement of the tender offer such bidder:

(1) Files with the Commission a Tender Offer Statement on Schedule TO (§ 240.14d-100), including all exhibits thereto;

(2) Delivers a copy of such Schedule TO, including all exhibits thereto:

(i) To the subject company at its principal executive office; and

(ii) To any other bidder, which has filed a Schedule TO with the Commission relating to a tender offer which has not yet terminated for the same class of securities of the subject company, at such bidder's principal executive office or at the address of the person authorized to receive notices and communications (which is disclosed on the cover sheet of such other bidder's Schedule TO);

(3) Gives telephonic notice of the information required by Rule 14d-6(d)(2)(i) and (ii) (§ 240.14d-6(d)(2)(i) and (ii)) and mails by means of first class mail a copy of such Schedule TO, including all exhibits thereto:

(i) To each national securities exchange where such class of the subject company's securities is registered and listed for trading (which may be based upon information contained in the subject company's most recent Annual Report on Form 10-K (§ 249.310 of this chapter) filed with the Commission unless the bidder has reason to believe that such information is not current), which telephonic notice shall be made when practicable before the opening of each such exchange; and

(ii) To the National Association of Securities Dealers, Inc. ("NASD") if such class of the subject company's securities is authorized for quotation in the NASDAQ interdealer quotation system.

(b) *Post-commencement amendments and additional materials.* The bidder making the tender offer must file with the Commission:

(1) An amendment to Schedule TO (§ 240.14d-100) reporting promptly any material changes in the information set forth in the schedule previously filed and including copies of any additional tender offer materials as exhibits; and

(2) A final amendment to Schedule TO (§ 240.14d-100) reporting promptly the results of the tender offer.

*Instruction to paragraph (b):* A copy of any additional tender offer materials or amendment filed under this section must be sent promptly to the subject company and to any exchange and/or NASD, as required by paragraph (a) of this section, but in no event later than the date the materials are first published, sent or given to security holders.

(c) *Certain announcements.* Notwithstanding the provisions of paragraph (b) of this section, if the additional tender offer material or an amendment to Schedule TO discloses only the number of shares deposited to date, and/or announces an extension of the time during which shares may be tendered, then the bidder may file such tender offer material or amendment and send a copy of such tender offer material or amendment to the subject company, any exchange and/or the NASD, as required by paragraph (a) of this section, promptly after the date such tender offer material is first published or sent or given to security holders.

[44 FR 70341, Dec. 6, 1979; 64 FR 61460, Nov. 10, 1999, as amended at 73 FR 977, Jan. 4, 2008; 73 FR 17814, Apr. 1, 2008]

### § 240.14d-4 Dissemination of tender offers to security holders.

As soon as practicable on the date of commencement of a tender offer, the bidder must publish, send or give the disclosure required by § 240.14d-6 to security holders of the class of securities that is the subject of the offer, by complying with all of the requirements of any of the following:

(a) *Cash tender offers and exempt securities offers.* For tender offers in which the consideration consists solely of cash and/or securities exempt from registration under section 3 of the Securities Act of 1933 (15 U.S.C. 77c):

(1) *Long-form publication.* The bidder makes adequate publication in a newspaper or newspapers of long-form publication of the tender offer.

(2) *Summary publication.* (i) If the tender offer is not subject to Rule 13e-3 (§ 240.13e-3), the bidder makes adequate publication in a newspaper or newspapers of a summary advertisement of the tender offer; and

(ii) Mails by first class mail or otherwise furnishes with reasonable promptness the bidder's tender offer materials to any security holder who requests such tender offer materials pursuant to the summary advertisement or otherwise.

(3) *Use of stockholder lists and security position listings.* Any bidder using stockholder lists and security position listings under § 240.14d-5 must comply with paragraph (a)(1) or (2) of this section on or before the date of the bidder's request under § 240.14d-5(a).

*Instruction to paragraph (a)*: Tender offers may be published or sent or given to security holders by other methods, but with respect to summary publication and the use of stockholder lists and security position listings under § 240.14d-5, paragraphs (a)(2) and (a)(3) of this section are exclusive.

(b) *Registered securities offers.* For tender offers in which the consideration consists solely or partially of securities registered under the Securities Act of 1933, a registration statement containing all of the required information, including pricing information, has been filed and a preliminary prospectus or a prospectus that meets the requirements of section 10(a) of the Securities Act (15 U.S.C. 77j(a)), including a letter of transmittal, is delivered to security holders. However, for going-private transactions (as defined by § 240.13e-3) and roll-up transactions (as described by Item 901 of Regulation S-K (§ 229.901 of this chapter)), a registration statement registering the securities to be offered must have become effective and only a prospectus that meets the requirements of section 10(a) of the Securities Act may be delivered to security holders on the date of commencement.

*Instructions to paragraph (b):*

1. If the prospectus is being delivered by mail, mailing on the date of commencement is sufficient.
2. A preliminary prospectus used under this section may not omit information under §§ 230.430 or 230.430A of this chapter.
3. If a preliminary prospectus is used under this section and the bidder must disseminate material changes, the tender offer must remain open for the period specified in paragraph (d)(2) of this section.
4. If a preliminary prospectus is used under this section, tenders may be requested in accordance with § 230.162(a) of this chapter.

(c) *Adequate publication.* Depending on the facts and circumstances involved, adequate publication of a tender offer pursuant to this section may require publication in a newspaper with a national circulation or may only require publication in a newspaper with metropolitan or regional circulation or may require publication in a combination thereof: *Provided, however,* That publication in all editions of a daily newspaper with a national circulation shall be deemed to constitute adequate publication.

(d) *Publication of changes and extension of the offer.* (1) If a tender offer has been published or sent or given to security holders by one or more of the methods enumerated in this section, a material change in the information published or sent or given to security holders shall be promptly disseminated to security holders in a manner reasonably designed to inform security holders of such change; *Provided, however,* That if the bidder has elected pursuant to rule 14d-5 (f)(1) of this section to require the subject company to disseminate amendments disclosing material changes to the tender offer materials pursuant to Rule 14d-5, the bidder shall disseminate material changes in the information published or sent or given to security holders at least pursuant to Rule 14d-5.

(2) In a registered securities offer where the bidder disseminates the preliminary prospectus as permitted by paragraph (b) of this section, the offer must remain open from the date that material changes to the tender offer materials are disseminated to security holders, as follows:

(i) Five business days for a prospectus supplement containing a material change other than price or share levels;

(ii) Ten business days for a prospectus supplement containing a change in price, the amount of securities sought, the dealer's soliciting fee, or other similarly significant change;

(iii) Ten business days for a prospectus supplement included as part of a post-effective amendment; and

(iv) Twenty business days for a revised prospectus when the initial prospectus was materially deficient.

[44 FR 70341, Dec. 6, 1979, as amended at 64 FR 61460, Nov. 10, 1999; 76 FR 71876, Nov. 21, 2011]

### § 240.14d-5 Dissemination of certain tender offers by the use of stockholder lists and security position listings.

(a) *Obligations of the subject company.* Upon receipt by a subject company at its principal executive offices of a bidder's written request, meeting the requirements of paragraph (e) of this section, the subject company shall comply with the following sub-paragraphs.

(1) The subject company shall notify promptly transfer agents and any other person who will assist the subject company in complying with the requirements of this section of the receipt by the subject company of a request by a bidder pursuant to this section.

(2) The subject company shall promptly ascertain whether the most recently prepared stockholder list, written or otherwise, within the access of the subject company was prepared as of a date earlier than ten business days before the date of the bidder's request and, if so, the subject company shall promptly prepare or cause to be prepared a stockholder list as of the most recent practicable date which shall not be more than ten business days before the date of the bidder's request.

(3) The subject company shall make an election to comply and shall comply with all of the provisions of either paragraph (b) or paragraph (c) of this section. The subject company's election once made shall not be modified or revoked during the bidder's tender offer and extensions thereof.

(4) No later than the second business day after the date of the bidder's request, the subject company shall orally notify the bidder, which notification shall be confirmed in writing, of the subject company's election made pursuant to paragraph (a)

(3) of this section. Such notification shall indicate (i) the approximate number of security holders of the class of securities being sought by the bidder and, (ii) if the subject company elects to comply with paragraph (b) of this section, appropriate information concerning the location for delivery of the bidder's tender offer materials and the approximate direct costs incidental to the mailing to security holders of the bidder's tender offer materials computed in accordance with paragraph (g)(2) of this section.

(b) *Mailing of tender offer materials by the subject company.* A subject company which elects pursuant to paragraph (a)(3) of this section to comply with the provisions of this paragraph shall perform the acts prescribed by the following paragraphs.

(1) The subject company shall promptly contact each participant named on the most recent security position listing of any clearing agency within the access of the subject company and make inquiry of each such participant as to the approximate number of beneficial owners of the subject company securities being sought in the tender offer held by each such participant.

(2) No later than the third business day after delivery of the bidder's tender offer materials pursuant to paragraph (g)(1) of this section, the subject company shall begin to mail or cause to be mailed by means of first class mail a copy of the bidder's tender offer materials to each person whose name appears as a record holder of the class of securities for which the offer is made on the most recent stockholder list referred to in paragraph (a)(2) of this section. The subject company shall use its best efforts to complete the mailing in a timely manner but in no event shall such mailing be completed in a substantially greater period of time than the subject company would complete a mailing to security holders of its own materials relating to the tender offer.

(3) No later than the third business day after the delivery of the bidder's tender offer materials pursuant to paragraph (g)(1) of this section, the subject company shall begin to transmit or cause to be transmitted a sufficient number of sets of the bidder's tender offer materials to the participants named on the security position listings described in paragraph (b)(1) of this section. The subject company shall use its best efforts to complete the transmittal in a timely manner but in no event shall such transmittal be completed in a substantially greater period of time than the subject company would complete a transmittal to such participants pursuant to security position listings of clearing agencies of its own material relating to the tender offer.

(4) The subject company shall promptly give oral notification to the bidder, which notification shall be confirmed in writing, of the commencement of the mailing pursuant to paragraph (b)(2) of this section and of the transmittal pursuant to paragraph (b)(3) of this section.

(5) During the tender offer and any extension thereof the subject company shall use reasonable efforts to update the stockholder list and shall mail or cause to be mailed promptly following each update a copy of the bidder's tender offer materials (to the extent sufficient sets of such materials have been furnished by the

bidder) to each person who has become a record holder since the later of (i) the date of preparation of the most recent stockholder list referred to in paragraph (a)(2) of this section or (ii) the last preceding update.

(6) If the bidder has elected pursuant to paragraph (f)(1) of this section to require the subject company to disseminate amendments disclosing material changes to the tender offer materials pursuant to this section, the subject company, promptly following delivery of each such amendment, shall mail or cause to be mailed a copy of each such amendment to each record holder whose name appears on the shareholder list described in paragraphs (a)(2) and (b)(5) of this section and shall transmit or cause to be transmitted sufficient copies of such amendment to each participant named on security position listings who received sets of the bidder's tender offer materials pursuant to paragraph (b)(3) of this section.

(7) The subject company shall not include any communication other than the bidder's tender offer materials or amendments thereto in the envelopes or other containers furnished by the bidder.

(8) Promptly following the termination of the tender offer, the subject company shall reimburse the bidder the excess, if any, of the amounts advanced pursuant to paragraph (f)(3)(iii) over the direct costs incidental to compliance by the subject company and its agents in performing the acts required by this section computed in accordance with paragraph (g)(2) of this section.

(c) *Delivery of stockholder lists and security position listings.* A subject company which elects pursuant to paragraph (a)(3) of this section to comply with the provisions of this paragraph shall perform the acts prescribed by the following paragraphs.

(1) No later than the third business day after the date of the bidder's request, the subject company must furnish to the bidder at the subject company's principal executive office a copy of the names and addresses of the record holders on the most recent stockholder list referred to in paragraph (a)(2) of this section; the names and addresses of participants identified on the most recent security position listing of any clearing agency that is within the access of the subject company; and the most recent list of names, addresses and security positions of beneficial owners as specified in § 240.14a-13(b), in the possession of the subject company, or that subsequently comes into its possession. All security holder list information must be in the format requested by the bidder to the extent the format is available to the subject company without undue burden or expense.

(2) If the bidder has elected pursuant to paragraph (f)(1) of this section to require the subject company to disseminate amendments disclosing material changes to the tender offer materials, the subject company shall update the stockholder list by furnishing the bidder with the name and address of each record holder named on the stockholder list, and not previously furnished to the bidder, promptly after such information becomes available to the subject company during the tender offer and any extensions thereof.

(d) *Liability of subject company and others.* Neither the subject company nor any affiliate or agent of the subject company nor any clearing agency shall be:

(1) Deemed to have made a solicitation or recommendation respecting the tender offer within the meaning of section 14(d)(4) based solely upon the compliance or noncompliance by the subject company or any affiliate or agent of the subject company with one or more requirements of this section;

(2) Liable under any provision of the Federal securities laws to the bidder or to any security holder based solely upon the inaccuracy of the current names or addresses on the stockholder list or security position listing, unless such inaccuracy results from a lack of reasonable care on the part of the subject company or any affiliate or agent of the subject company;

(3) Deemed to be an "underwriter" within the meaning of section (2)(11) of the Securities Act of 1933 for any purpose of that Act or any rule or regulation promulgated thereunder based solely upon the compliance or noncompliance by the subject company or any affiliate or agent of the subject company with one or more of the requirements of this section;

(4) Liable under any provision of the Federal securities laws for the disclosure in the bidder's tender offer materials, including any amendment thereto, based solely upon the compliance or noncompliance by the subject company or any affiliate or agent of the subject company with one or more of the requirements of this section.

(e) *Content of the bidder's request.* The bidder's written request referred to in paragraph (a) of this section shall include the following:

(1) The identity of the bidder;

(2) The title of the class of securities which is the subject of the bidder's tender offer;

(3) A statement that the bidder is making a request to the subject company pursuant to paragraph (a) of this section for the use of the stockholder list and security position listings for the purpose of disseminating a tender offer to security holders;

(4) A statement that the bidder is aware of and will comply with the provisions of paragraph (f) of this section;

(5) A statement as to whether or not it has elected pursuant to paragraph (f)(1) of this section to disseminate amendments disclosing material changes to the tender offer materials pursuant to this section; and

(6) The name, address and telephone number of the person whom the subject company shall contact pursuant to paragraph (a)(4) of this section.

(f) *Obligations of the bidder.* Any bidder who requests that a subject company comply with the provisions of paragraph (a) of this section shall comply with the following paragraphs.

(1) The bidder shall make an election whether or not to require the subject company to disseminate amendments disclosing material changes to the tender offer materials pursuant to this section, which election shall be included in the request referred to in paragraph (a) of this section and shall not be revocable by the bidder during the tender offer and extensions thereof.

(2) With respect to a tender offer subject to section 14(d)(1) of the Act in which the consideration consists solely of cash and/or securities exempt from registration

under section 3 of the Securities Act of 1933, the bidder shall comply with the requirements of Rule 14d-4(a)(3).

(3) If the subject company elects to comply with paragraph (b) of this section,

(i) The bidder shall promptly deliver the tender offer materials after receipt of the notification from the subject company as provided in paragraph (a)(4) of this section;

(ii) The bidder shall promptly notify the subject company of any amendment to the bidder's tender offer materials requiring compliance by the subject company with paragraph (b)(6) of this section and shall promptly deliver such amendment to the subject company pursuant to paragraph (g)(1) of this section;

(iii) The bidder shall advance to the subject company an amount equal to the approximate cost of conducting mailings to security holders computed in accordance with paragraph (g)(2) of this section;

(iv) The bidder shall promptly reimburse the subject company for the direct costs incidental to compliance by the subject company and its agents in performing the acts required by this section computed in accordance with paragraph (g)(2) of this section which are in excess of the amount advanced pursuant to paragraph (f)(2)(iii) of this section; and

(v) The bidder shall mail by means of first class mail or otherwise furnish with reasonable promptness the tender offer materials to any security holder who requests such materials.

(4) If the subject company elects to comply with paragraph (c) of this section,

(i) The bidder shall use the stockholder list and security position listings furnished to the bidder pursuant to paragraph (c) of this section exclusively in the dissemination of tender offer materials to security holders in connection with the bidder's tender offer and extensions thereof;

(ii) The bidder shall return the stockholder lists and security position listings furnished to the bidder pursuant to paragraph (c) of this section promptly after the termination of the bidder's tender offer;

(iii) The bidder shall accept, handle and return the stockholder lists and security position listings furnished to the bidder pursuant to paragraph (c) of this section to the subject company on a confidential basis;

(iv) The bidder shall not retain any stockholder list or security position listing furnished by the subject company pursuant to paragraph (c) of this section, or any copy thereof, nor retain any information derived from any such list or listing or copy thereof after the termination of the bidder's tender offer;

(v) The bidder shall mail by means of first class mail, at its own expense, a copy of its tender offer materials to each person whose identity appears on the stockholder list as furnished and updated by the subject company pursuant to paragraphs (c)(1) and (2) of this section;

(vi) The bidder shall contact the participants named on the security position listing of any clearing agency, make inquiry of each participant as to the approximate number of sets of tender offer materials required by each such participant, and furnish, at its own expense, sufficient sets of tender offer materials and any amendment thereto to each such participant for subsequent transmission to the beneficial owners of the securities being sought by the bidder;

(vii)The bidder shall mail by means of first class mail or otherwise furnish with reasonable promptness the tender offer materials to any security holder who requests such materials; and

(viii) The bidder shall promptly reimburse the subject company for direct costs incidental to compliance by the subject company and its agents in performing the acts required by this section computed in accordance with paragraph (g)(2) of this section.

(g) *Delivery of materials, computation of direct costs.* (1) Whenever the bidder is required to deliver tender offer materials or amendments to tender offer materials, the bidder shall deliver to the subject company at the location specified by the subject company in its notice given pursuant to paragraph (a)(4) of this section a number of sets of the materials or of the amendment, as the case may be, at least equal to the approximate number of security holders specified by the subject company in such notice, together with appropriate envelopes or other containers therefor: *Provided, however,* That such delivery shall be deemed not to have been made unless the bidder has complied with paragraph (f)(3)(iii) of this section at the time the materials or amendments, as the case may be, are delivered.

(2) The approximate direct cost of mailing the bidder's tender offer materials shall be computed by adding (i) the direct cost incidental to the mailing of the subject company's last annual report to shareholders (excluding employee time), less the costs of preparation and printing of the report, and postage, plus (ii) the amount of first class postage required to mail the bidder's tender offer materials. The approximate direct costs incidental to the mailing of the amendments to the bidder's tender offer materials shall be computed by adding (iii) the estimated direct costs of preparing mailing labels, of updating shareholder lists and of third party handling charges plus (iv) the amount of first class postage required to mail the bidder's amendment. Direct costs incidental to the mailing of the bidder's tender offer materials and amendments thereto when finally computed may include all reasonable charges paid by the subject company to third parties for supplies or services, including costs attendant to preparing shareholder lists, mailing labels, handling the bidder's materials, contacting participants named on security position listings and for postage, but shall exclude indirect costs, such as employee time which is devoted to either contesting or supporting the tender offer on behalf of the subject company. The final billing for direct costs shall be accompanied by an appropriate accounting in reasonable detail.

NOTE TO § 240.14D-5. Reasonably prompt methods of distribution to security holders may be used instead of mailing. If alternative methods are chosen, the approximate direct costs of distribution shall be computed by adding the estimated direct costs of preparing the document for distribution through the chosen medium (including updating of shareholder lists) plus the estimated reasonable cost of distribution through that medium. Direct costs incidental to the distribution of tender offer materials and amendments thereto may include all reasonable charges paid by the subject company to third parties for supplies or services, including costs attendant to preparing shareholder lists, handling the bidder's materials, and contacting participants named on security position listings, but shall not include indirect costs, such as employee time which is devoted to either contesting or supporting the tender offer on behalf of the subject company.

[44 FR 70342, Dec. 6, 1979, as amended at 61 FR 24657, May 15, 1996; 64 FR 61460, Nov. 10, 1999]

### § 240.14d-6 Disclosure of tender offer information to security holders.

(a) *Information required on date of commencement*—(1) *Long-form publication.* If a tender offer is published, sent or given to security holders on the date of commencement by means of long-form publication under § 240.14d-4(a)(1), the long-form publication must include the information required by paragraph (d)(1) of this section.

(2) *Summary publication.* If a tender offer is published, sent or given to security holders on the date of commencement by means of summary publication under § 240.14d-4(a)(2):

(i) The summary advertisement must contain at least the information required by paragraph (d)(2) of this section; and

(ii) The tender offer materials furnished by the bidder upon request of any security holder must include the information required by paragraph (d)(1) of this section.

(3) *Use of stockholder lists and security position listings.* If a tender offer is published, sent or given to security holders on the date of commencement by the use of stockholder lists and security position listings under § 240.14d-4(a)(3):

(i) The summary advertisement must contain at least the information required by paragraph (d)(2) of this section; and

(ii) The tender offer materials transmitted to security holders pursuant to such lists and security position listings and furnished by the bidder upon the request of any security holder must include the information required by paragraph (d)(1) of this section.

(4) *Other tender offers.* If a tender offer is published or sent or given to security holders other than pursuant to § 240.14d-4(a), the tender offer materials that are published or sent or given to security holders on the date of commencement of such offer must include the information required by paragraph (d)(1) of this section.

(b) *Information required in other tender offer materials published after commencement.* Except for tender offer materials described in paragraphs (a)(2)(ii) and (a)(3)(ii) of this section, additional tender offer materials published, sent or given to security holders after commencement must include:

(1) The identities of the bidder and subject company;
(2) The amount and class of securities being sought;
(3) The type and amount of consideration being offered; and
(4) The scheduled expiration date of the tender offer, whether the tender offer may be extended and, if so, the procedures for extension of the tender offer.

*Instruction to paragraph (b):* If the additional tender offer materials are summary advertisements, they also must include the information required by paragraphs (d)(2)(v) of this section.

(c) *Material changes.* A material change in the information published or sent or given to security holders must be promptly disclosed to security holders in additional tender offer materials.

(d) *Information to be included—*(1) *Tender offer materials other than summary publication.* The following information is required by paragraphs (a)(1), (a)(2)(ii), (a)(3)(ii) and (a)(4) of this section:

(i) The information required by Item 1 of Schedule TO (§ 240.14d-100) (Summary Term Sheet); and

(ii) The information required by the remaining items of Schedule TO (§ 240.14d-100) for third-party tender offers, except for Item 12 (exhibits) of Schedule TO (§ 240.14d-100), or a fair and adequate summary of the information.

(2) *Summary Publication.* The following information is required in a summary advertisement under paragraphs (a)(2)(i) and (a)(3)(i) of this section:

(i) The identity of the bidder and the subject company;

(ii) The information required by Item 1004(a)(1) of Regulation M-A (§ 229.1004(a)(1) of this chapter);

(iii) If the tender offer is for less than all of the outstanding securities of a class of equity securities, a statement as to whether the purpose or one of the purposes of the tender offer is to acquire or influence control of the business of the subject company;

(iv) A statement that the information required by paragraph (d)(1) of this section is incorporated by reference into the summary advertisement;

(v) Appropriate instructions as to how security holders may obtain promptly, at the bidder's expense, the bidder's tender offer materials; and

(vi) In a tender offer published or sent or given to security holders by use of stockholder lists and security position listings under § 240.14d-4(a)(3), a statement that a request is being made for such lists and listings. The summary publication also must state that tender offer materials will be mailed to record holders and will be furnished to brokers, banks and similar persons whose name appears or whose nominee appears on the list of security holders or, if applicable, who are listed as participants in a clearing agency's security position listing for subsequent transmittal to beneficial owners of such securities. If the list furnished to the bidder also included beneficial owners pursuant to § 240.14d-5(c)(1) and tender offer materials will be mailed directly to beneficial holders, include a statement to that effect.

(3) *No transmittal letter.* Neither the initial summary advertisement nor any subsequent summary advertisement may include a transmittal letter (the letter furnished to security holders for transmission of securities sought in the tender offer) or any amendment to the transmittal letter.

[64 FR 61460, Nov. 10, 1999]

## § 240.14d-7 Additional withdrawal rights.

(a) *Rights.* (1) In addition to the provisions of section 14(d)(5) of the Act, any person who has deposited securities pursuant to a tender offer has the right to withdraw any such securities during the period such offer request or invitation remains open.

(2) *Exemption during subsequent offering period.* Notwithstanding the provisions of section 14(d)(5) of the Act (15 U.S.C. 78n(d)(5)) and paragraph (a) of this section, the bidder need not offer withdrawal rights during a subsequent offering period.

(b) *Notice of withdrawal.* Notice of withdrawal pursuant to this section shall be deemed to be timely upon the receipt by the bidder's depositary of a written notice of withdrawal specifying the name(s) of the tendering stockholder(s), the number or amount of the securities to be withdrawn and the name(s) in which the certificate(s) is (are) registered, if different from that of the tendering security holder(s). A bidder may impose other reasonable requirements, including certificate numbers and a signed request for withdrawal accompained [sic] by a signature guarantee, as conditions precedent to the physical release of withdrawn securities.

[44 FR 70345, Dec. 6, 1979, as amended at 51 FR 25882, July 17, 1986; 51 FR 32630, Sept. 15, 1986; 64 FR 61461, Nov. 10, 1999; 76 FR 71876, Nov. 21, 2011]

## § 240.14d-8 Exemption from statutory pro rata requirements.

Notwithstanding the pro rata provisions of section 14(d)(6) of the Act, if any person makes a tender offer or request or invitation for tenders, for less than all of the outstanding equity securities of a class, and if a greater number of securities are deposited pursuant thereto than such person is bound or willing to take up and pay for, the securities taken up and paid for shall be taken up and paid for as nearly as may be pro rata, disregarding fractions, according to the number of securities deposited by each depositor during the period such offer, request or invitation remains open.

(Sec. 23, 48 Stat. 901; sec. 203(a), 49 Stat. 704; sec. 8, 49 Stat. 1379; sec. 10, 78 Stat. 580; sec. 3, 82 Stat. 455; secs. 3–5, 84 Stat. 1497; sec. 18, 89 Stat. 155; 15 U.S.C. 78n(e), 78w(a))

[47 FR 57680, Dec. 28, 1982]

## § 240.14d-9 Recommendation or solicitation by the subject company and others.

(a) *Pre-commencement communications.* A communication by a person described in paragraph (e) of this section with respect to a tender offer will not be deemed to constitute a recommendation or solicitation under this section if:

(1) The tender offer has not commenced under § 240.14d-2; and

(2) The communication is filed under cover of Schedule 14D-9 (§ 240.14d-101) with the Commission no later than the date of the communication.

*Instructions to paragraph (a)(2):*

1. The box on the front of Schedule 14D-9 (§ 240.14d-101) indicating that the filing contains pre-commencement communications must be checked.

2. Any communications made in connection with an exchange offer registered under the Securities Act of 1933 need only be filed under § 230.425 of this chapter and will be deemed filed under this section.

3. Each pre-commencement written communication must include a prominent legend in clear, plain language advising security holders to read the company's solicitation/recommendation statement when it is available because it contains important information. The legend also must advise investors that they can get the recommendation and other filed documents for free at the Commission's web site and explain which documents are free from the filer.

4. See §§ 230.135, 230.165 and 230.166 of this chapter for pre-commencement communications made in connection with registered exchange offers.

(b) *Post-commencement communications.* After commencement by a bidder under § 240.14d-2, no solicitation or recommendation to security holders may be made by any person described in paragraph (e) of this section with respect to a tender offer for such securities unless as soon as practicable on the date such solicitation or recommendation is first published or sent or given to security holders such person complies with the following:

(1) Such person shall file with the Commission a Tender Offer Solicitation/Recommendation Statement on Schedule 14D-9 (§ 240.14d-101), including all exhibits thereto; and

(2) If such person is either the subject company or an affiliate of the subject company,

(i) Such person shall hand deliver a copy of the Schedule 14D-9 to the bidder at its principal office or at the address of the person authorized to receive notices and communications (which is set forth on the cover sheet of the bidder's Schedule TO (§ 240.14d-100) filed with the Commission; and

(ii) Such person shall give telephonic notice (which notice to the extent possible shall be given prior to the opening of the market) of the information required by Items 1003(d) and 1012(a) of Regulation M-A (§ 229.1003(d) and § 229.1012(a)) and shall mail a copy of the Schedule to each national securities exchange where the class of securities is registered and listed for trading and, if the class is authorized for quotation in the NASDAQ interdealer quotation system, to the National Association of Securities Dealers, Inc. ("NASD").

(3) If such person is neither the subject company nor an affiliate of the subject company,

(i) Such person shall mail a copy of the schedule to the bidder at its principal office or at the address of the person authorized to receive notices and communications (which is set forth on the cover sheet of the bidder's Schedule TO (§ 240.14d-100) filed with the Commission); and

(ii) Such person shall mail a copy of the Schedule to the subject company at its principal office.

(c) *Amendments.* If any material change occurs in the information set forth in the Schedule 14D-9 (§ 240.14d-101) required by this section, the person who filed such Schedule 14D-9 shall:

(1) File with the Commission an amendment on Schedule 14D-9 (§ 240.14d-101) disclosing such change promptly, but not later than the date such material is first published, sent or given to security holders; and

(2) Promptly deliver copies and give notice of the amendment in the same manner as that specified in paragraph (b)(2) or (3) of this section, whichever is applicable; and

(3) Promptly disclose and disseminate such change in a manner reasonably designed to inform security holders of such change.

(d) *Information required in solicitation or recommendation.* Any solicitation or recommendation to holders of a class of securities referred to in section 14(d)(1) of the Act with respect to a tender offer for such securities shall include the name of the person making such solicitation or recommendation and the information required by Items 1 through 8 of Schedule 14D-9 (§ 240.14d-101) or a fair and adequate summary thereof: Provided, however, That such solicitation or recommendation may omit any of such information previously furnished to security holders of such class of securities by such person with respect to such tender offer.

(e) *Applicability.* (1) Except as is provided in paragraphs (e)(2) and (f) of this section, this section shall only apply to the following persons:

(i) The subject company, any director, officer, employee, affiliate or subsidiary of the subject company;

(ii) Any record holder or beneficial owner of any security issued by the subject company, by the bidder, or by any affiliate of either the subject company or the bidder; and

(iii) Any person who makes a solicitation or recommendation to security holders on behalf of any of the foregoing or on behalf of the bidder other than by means of a solicitation or recommendation to security holders which has been filed with the Commission pursuant to this section or Rule 14d-3 (§ 240.14d-3).

(2) Notwithstanding paragraph (e)(1) of this section, this section shall not apply to the following persons:

(i) A bidder who has filed a Schedule TO (§ 240.14d-100) pursuant to Rule 14d-3 (§ 240.14d-3);

(ii) Attorneys, banks, brokers, fiduciaries or investment advisers who are not participating in a tender offer in more than a ministerial capacity and who furnish information and/or advice regarding such tender offer to their customers or clients on the unsolicited request of such customers or clients or solely pursuant to a contract or a relationship providing for advice to the customer or client to whom the information and/or advice is given.

(iii) Any person specified in paragraph (e)(1) of this section if:

(A) The subject company is the subject of a tender offer conducted under § 240.14d-1(c);

(B) Any person specified in paragraph (e)(1) of this section furnishes to the Commission on Form CB (§ 249.480 of this chapter) the entire informational document it publishes or otherwise disseminates to holders of the class of securities in connection with the tender offer no later than the next business day after publication or dissemination;

(C) Any person specified in paragraph (e)(1) of this section disseminates any informational document to U.S. holders, including any amendments thereto, in English, on a comparable basis to that provided to security holders in the issuer's home jurisdiction; and

(D) Any person specified in paragraph (e)(1) of this section disseminates by publication in its home jurisdiction, such person must publish the information in the United States in a manner reasonably calculated to inform U.S. security holders of the offer.

(f) *Stop-look-and-listen communication.* This section shall not apply to the subject company with respect to a communication by the subject company to its security holders which only:

(1) Identifies the tender offer by the bidder;

(2) States that such tender offer is under consideration by the subject company's board of directors and/or management;

(3) States that on or before a specified date (which shall be no later than 10 business days from the date of commencement of such tender offer) the subject company will advise such security holders of (i) whether the subject company recommends acceptance or rejection of such tender offer; expresses no opinion and remains neutral toward such tender offer; or is unable to take a position with respect to such tender offer and (ii) the reason(s) for the position taken by the subject company with respect to the tender offer (including the inability to take a position); and

(4) Requests such security holders to defer making a determination whether to accept or reject such tender offer until they have been advised of the subject company's position with respect thereto pursuant to paragraph (f)(3) of this section.

(g) *Statement of management's position.* A statement by the subject company's [management] of its position with respect to a tender offer which is required to be published or sent or given to security holders pursuant to Rule 14e-2 shall be deemed to constitute a solicitation or recommendation within the meaning of this section and section 14(d)(4) of the Act.

[44 FR 70345, Dec. 6, 1979, as amended at 64 FR 61406, 61461–61462, Nov. 10, 1999; 73 FR 17814, Apr. 1, 2008]

### § 240.14d-10 Equal treatment of security holders.

(a) No bidder shall make a tender offer unless:

(1) The tender offer is open to all security holders of the class of securities subject to the tender offer; and

(2) The consideration paid to any security holder for securities tendered in the tender offer is the highest consideration paid to any other security holder for securities tendered in the tender offer.

(b) Paragraph (a)(1) of this section shall not:

(1) Affect dissemination under Rule 14d-4 (§ 240.14d-4); or

(2) Prohibit a bidder from making a tender offer excluding all security holders in a state where the bidder is prohibited from making the tender offer by administrative or judicial action pursuant to a state statute after a good faith effort by the bidder to comply with such statute.

(c) Paragraph (a)(2) of this section shall not prohibit the offer of more than one type of consideration in a tender offer, *Provided*, That:

(1) Security holders are afforded equal right to elect among each of the types of consideration offered; and

(2) The highest consideration of each type paid to any security holder is paid to any other security holder receiving that type of consideration.

(d)(1) Paragraph (a)(2) of this section shall not prohibit the negotiation, execution or amendment of an employment compensation, severance or other employee benefit arrangement, or payments made or to be made or benefits granted or to be granted according to such an arrangement, with respect to any security holder of the subject company, where the amount payable under the arrangement:

(i) Is being paid or granted as compensation for past services performed, future services to be performed, or future services to be refrained from performing, by the security holder (and matters incidental thereto); and

(ii) Is not calculated based on the number of securities tendered or to be tendered in the tender offer by the security holder.

(2) The provisions of paragraph (d)(1) of this section shall be satisfied and, therefore, pursuant to this non-exclusive safe harbor, the negotiation, execution or amendment of an arrangement and any payments made or to be made or benefits granted or to be granted according to that arrangement shall not be prohibited by paragraph (a)(2) of this section, if the arrangement is approved as an employment compensation, severance or other employee benefit arrangement solely by independent directors as follows:

(i) The compensation committee or a committee of the board of directors that performs functions similar to a compensation committee of the subject company approves the arrangement, regardless of whether the subject company is a party to the arrangement, or, if the bidder is a party to the arrangement, the compensation committee or a committee of the board of directors that performs functions similar to a compensation committee of the bidder approves the arrangement; or

(ii) If the subject company's or bidder's board of directors, as applicable, does not have a compensation committee or a committee of the board of directors that performs functions similar to a compensation committee or if none of the members of the subject company's or bidder's compensation committee or committee that performs functions similar to a compensation committee is independent, a special committee of the board of directors formed to consider and approve the arrangement approves the arrangement; or

(iii) If the subject company or bidder, as applicable, is a foreign private issuer, any or all members of the board of directors or any committee of the board of directors authorized to approve employment compensation, severance or other employee benefit arrangements under the laws or regulations of the home country approves the arrangement.

*Instructions to paragraph (d)(2):* For purposes of determining whether the members of the committee approving an arrangement in accordance with the provisions of paragraph (d)(2) of this section are independent, the following provisions shall apply:

1. If the bidder or subject company, as applicable, is a listed issuer (as defined in § 240.10A-3 of this chapter) whose securities are listed either on a national securities exchange registered pursuant to section 6(a) of the Exchange Act (15 U.S.C. 78f(a)) or in an inter-dealer quotation system of a national securities association registered pursuant to section 15A(a) of the Exchange Act (15 U.S.C. 78o-3(a)) that has independence requirements for compensation committee members that have been approved by the Commission (as those requirements may be modified or supplemented), apply the bidder's or subject company's definition of independence that it uses for determining that the members of the compensation committee are independent in compliance with the listing standards applicable to compensation committee members of the listed issuer.

2. If the bidder or subject company, as applicable, is not a listed issuer (as defined in § 240.10A-3 of this chapter), apply the independence requirements for compensation committee members of a national securities exchange registered pursuant to section 6(a) of the Exchange Act (15 U.S.C. 78f(a)) or an inter-dealer quotation system of a national securities association registered pursuant to section 15A(a) of the Exchange Act (15 U.S.C. 78o-3(a)) that have been approved by the Commission (as those requirements may be modified or supplemented). Whatever definition the bidder or subject company, as applicable, chooses, it must apply that definition consistently to all members of the committee approving the arrangement.

3. Notwithstanding Instructions 1 and 2 to paragraph (d)(2), if the bidder or subject company, as applicable, is a closed-end investment company registered under the Investment Company Act of 1940, a director is considered to be independent if the director is not, other than in his or her capacity as a member of the board of directors or any board committee, an "interested person" of the investment company, as defined in section 2(a)(19) of the Investment Company Act of 1940 (15 U.S.C. 80a-2(a)(19)).

4. If the bidder or the subject company, as applicable, is a foreign private issuer, apply either the independence standards set forth in Instructions 1 and 2 to paragraph (d)(2) or the independence requirements of the laws, regulations, codes or standards of the home country of the bidder or subject company, as applicable, for members of the board of directors or the committee of the board of directors approving the arrangement.

5. A determination by the bidder's or the subject company's board of directors, as applicable, that the members of the board of directors or the committee of the board of directors, as applicable, approving an arrangement in accordance with the provisions of paragraph (d)(2) are independent in accordance with the provisions of this instruction to paragraph (d)(2) shall satisfy the independence requirements of paragraph (d)(2).

*Instruction to paragraph (d):* The fact that the provisions of paragraph (d) of this section extend only to employment compensation, severance and other employee benefit arrangements and not to other arrangements, such as commercial arrangements, does not raise any inference that a payment under any such other arrangement constitutes consideration paid for securities in a tender offer.

(e) If the offer and sale of securities constituting consideration offered in a tender offer is prohibited by the appropriate authority of a state after a good faith effort by the bidder to register or qualify the offer and sale of such securities in such state:

(1) The bidder may offer security holders in such state an alternative form of consideration; and

(2) Paragraph (c) of this section shall not operate to require the bidder to offer or pay the alternative form of consideration to security holders in any other state.

(f) This section shall not apply to any tender offer with respect to which the Commission, upon written request or upon its own motion, either unconditionally or on specified terms and conditions, determines that compliance with this section is not necessary or appropriate in the public interest or for the protection of investors.

[51 FR 25882, July 17, 1986, as amended at 71 FR 65408, Nov. 8, 2006]

## § 240.14d-11 Subsequent offering period.

A bidder may elect to provide a subsequent offering period of at least three business days during which tenders will be accepted if:

(a) The initial offering period of at least 20 business days has expired;

(b) The offer is for all outstanding securities of the class that is the subject of the tender offer, and if the bidder is offering security holders a choice of different forms of consideration, there is no ceiling on any form of consideration offered;

(c) The bidder immediately accepts and promptly pays for all securities tendered during the initial offering period;

(d) The bidder announces the results of the tender offer, including the approximate number and percentage of securities deposited to date, no later than 9:00 a.m.

Eastern time on the next business day after the expiration date of the initial offering period and immediately begins the subsequent offering period;

(e) The bidder immediately accepts and promptly pays for all securities as they are tendered during the subsequent offering period; and

(f) The bidder offers the same form and amount of consideration to security holders in both the initial and the subsequent offering period.

NOTE TO § 240.14D-11: No withdrawal rights apply during the subsequent offering period in accordance with § 240.14d-7(a)(2).

[64 FR 61462, Nov. 10, 1999, as amended at 73 FR 60092, Oct. 9, 2008]

## § 240.14d-100 Schedule TO. Tender offer statement under section 14(d)(1) or 13(e)(1) of the Securities Exchange Act of 1934.

*Securities and Exchange Commission,*
Washington, D.C. 20549

Schedule TO

Tender Offer Statement under Section 14(d)(1) or 13(e)(1) of the Securities Exchange Act of 1934

(Amendment No. ___)*

---

(Name of Subject Company (issuer))

---

(Names of Filing Persons (identifying status as offeror, issuer or other person))

---

(Title of Class of Securities)

---

(CUSIP Number of Class of Securities)

---

(Name, address, and telephone numbers of person authorized to receive notices and communications on behalf of filing persons)

CALCULATION OF FILING FEE

| Transaction valuation* | Amount of filing fee |
|---|---|
| | |

*Set forth the amount on which the filing fee is calculated and state how it was determined.

[ ] Check the box if any part of the fee is offset as provided by Rule 0–11(a)(2) and identify the filing with which the offsetting fee was previously paid. Identify

the previous filing by registration statement number, or the Form or Schedule and the date of its filing.

Amount Previously Paid: ______________________________
Form or Registration No.: ______________________________
Filing Party: ______________________________
Date Filed: ______________________________

[ ] Check the box if the filing relates solely to preliminary communications made before the commencement of a tender offer.

Check the appropriate boxes below to designate any transactions to which the statement relates:

[ ] third-party tender offer subject to Rule 14d-1.
[ ] issuer tender offer subject to Rule 13e-4.
[ ] going-private transaction subject to Rule 13e-3.
[ ] amendment to Schedule 13D under Rule 13d-2.

Check the following box if the filing is a final amendment reporting the results of the tender offer: [ ]

If applicable, check the appropriate box(es) below to designate the appropriate rule provision(s) relied upon:

[ ] Rule 13e-4(i) (Cross-Border Issuer Tender Offer)
[ ] Rule 14d-1(d) (Cross-Border Third-Party Tender Offer)

*General Instructions:*

A. File eight copies of the statement, including all exhibits, with the Commission if paper filing is permitted.

B. This filing must be accompanied by a fee payable to the Commission as required by § 240.0–11.

C. If the statement is filed by a general or limited partnership, syndicate or other group, the information called for by Items 3 and 5–8 for a third-party tender offer and Items 5–8 for an issuer tender offer must be given with respect to: (i) Each partner of the general partnership; (ii) each partner who is, or functions as, a general partner of the limited partnership; (iii) each member of the syndicate or group; and (iv) each person controlling the partner or member. If the statement is filed by a corporation or if a person referred to in (i), (ii), (iii) or (iv) of this Instruction is a corporation, the information called for by the items specified above must be given with respect to: (a) Each executive officer and director of the corporation; (b) each person controlling the corporation; and (c) each executive officer and director of any corporation or other person ultimately in control of the corporation.

D. If the filing contains only preliminary communications made before the commencement of a tender offer, no signature or filing fee is required. The filer need not respond to the items in the schedule. Any pre-commencement communications that are filed under cover of this schedule need not be incorporated by reference into the schedule.

E. If an item is inapplicable or the answer is in the negative, so state. The statement published, sent or given to security holders may omit negative and not applicable responses. If the schedule includes any information that is not published, sent or given to security holders, provide that information or specifically incorporate it by reference under the appropriate item number and heading in the schedule. Do not recite the text of disclosure requirements in the schedule or any document published, sent or given to security holders. Indicate clearly the coverage of the requirements without referring to the text of the items.

F.Information contained in exhibits to the statement may be incorporated by reference in answer or partial answer to any item unless it would render the answer misleading, incomplete, unclear or confusing. A copy of any information that is incorporated by reference or a copy of the pertinent pages of a document containing the information must be submitted with this statement as an exhibit, unless it was previously filed with the Commission electronically on EDGAR. If an exhibit contains information responding to more than one item in the schedule, all information in that exhibit may be incorporated by reference once in response to the several items in the schedule for which it provides an answer. Information incorporated by reference is deemed filed with the Commission for all purposes of the Act.

G. A filing person may amend its previously filed Schedule 13D (§ 240.13d-101) on Schedule TO (§ 240.14d-100) if the appropriate box on the cover page is checked to indicate a combined filing and the information called for by the fourteen disclosure items on the cover page of Schedule 13D (§ 240.13d-101) is provided on the cover page of the combined filing with respect to each filing person.

H. The final amendment required by § 240.14d-3(b)(2) and § 240.13e-4(c)(4) will satisfy the reporting requirements of section 13(d) of the Act with respect to all securities acquired by the offeror in the tender offer.

I. Amendments disclosing a material change in the information set forth in this statement may omit any information previously disclosed in this statement.

J. If the tender offer disclosed on this statement involves a going-private transaction, a combined Schedule TO (§ 240.14d-100) and Schedule 13E-3 (§ 240.13e-100) may be filed with the Commission under cover of Schedule TO. The Rule 13e-3 box on the cover page of the Schedule TO must be checked to indicate a combined filing. All information called for by both schedules must be provided except that Items 1–3, 5, 8 and 9 of Schedule TO may be omitted to the extent those items call for information that duplicates the item requirements in Schedule 13E-3.

K. For purposes of this statement, the following definitions apply:

(1) The term *offeror* means any person who makes a tender offer or on whose behalf a tender offer is made;

(2) The term *issuer tender offer* has the same meaning as in Rule 13e-4(a)(2); and

(3) The term third-party tender offer means a tender offer that is not an issuer tender offer.

Under Sections 13(e), 14(d) and 23 of the Act and the rules and regulations of the Act, the Commission is authorized to solicit the information required to be supplied by this schedule.

Disclosure of the information specified in this schedule is mandatory. The information will be used for the primary purpose of disclosing tender offer and going-private transactions. This statement will be made a matter of public record. Therefore, any information given will be available for inspection by any member of the public.

Because of the public nature of the information, the Commission can use it for a variety of purposes, including referral to other governmental authorities or securities self-regulatory organizations for investigatory purposes or in connection with litigation involving the federal securities laws or other civil, criminal or regulatory statutes or provisions.

Failure to disclose the information required by this schedule may result in civil or criminal action against the persons involved for violation of the federal securities laws and rules.

*Item 1. Summary Term Sheet*

Furnish the information required by Item 1001 of Regulation M-A (§ 229.1001 of this chapter) unless information is disclosed to security holders in a prospectus that meets the requirements of § 230.421(d) of this chapter.

*Item 2. Subject Company Information*

Furnish the information required by Item 1002(a) through (c) of Regulation M-A (§ 229.1002 of this chapter).

*Item 3. Identity and Background of Filing Person*

Furnish the information required by Item 1003(a) through (c) of Regulation M-A (§ 229.1003 of this chapter) for a third-party tender offer and the information required by Item 1003(a) of Regulation M-A (§ 229.1003 of this chapter) for an issuer tender offer.

*Item 4. Terms of the Transaction*

Furnish the information required by Item 1004(a) of Regulation M-A (§ 229.1004 of this chapter) for a third-party tender offer and the information required by Item 1004(a) through (b) of Regulation M-A (§ 229.1004 of this chapter) for an issuer tender offer.

*Item 5. Past Contacts, Transactions, Negotiations and Agreements*

Furnish the information required by Item 1005(a) and (b) of Regulation M-A (§ 229.1005 of this chapter) for a third-party tender offer and the information required by Item 1005(e) of Regulation M-A (§ 229.1005) for an issuer tender offer.

*Item 6. Purposes of the Transaction and Plans or Proposals*

Furnish the information required by Item 1006(a) and (c)(1) through (7) of Regulation M-A (§ 229.1006 of this chapter) for a third-party tender offer and the information required by Item 1006(a) through (c) of Regulation M-A (§ 229.1006 of this chapter) for an issuer tender offer.

*Item 7. Source and Amount of Funds or Other Consideration*

Furnish the information required by Item 1007(a), (b) and (d) of Regulation M-A (§ 229.1007 of this chapter).

*Item 8. Interest in Securities of the Subject Company*

Furnish the information required by Item 1008 of Regulation M-A (§ 229.1008 of this chapter).

*Item 9. Persons/Assets, Retained, Employed, Compensated or Used*

Furnish the information required by Item 1009(a) of Regulation M-A (§ 229.1009 of this chapter).

*Item 10. Financial Statements*

If material, furnish the information required by Item 1010(a) and (b) of Regulation M-A (§ 229.1010 of this chapter) for the issuer in an issuer tender offer and for the offeror in a third-party tender offer.

*Instructions to Item 10:*

1. Financial statements must be provided when the offeror's financial condition is material to security holder's decision whether to sell, tender or hold the securities sought. The facts and circumstances of a tender offer, particularly the terms of the tender offer, may influence a determination as to whether financial statements are material, and thus required to be disclosed.

2. Financial statements are *not* considered material when: (a) The consideration offered consists solely of cash; (b) the offer is not subject to any financing condition; *and* either: (c) the offeror is a public reporting company under Section 13(a) or 15(d) of the Act that files reports electronically on EDGAR, or (d) the offer is for all outstanding securities of the subject class. Financial information may be required, however, in a two-tier transaction. *See* Instruction 5 below.

3. The filing person may incorporate by reference financial statements contained in any document filed with the Commission, solely for the purposes of this schedule, if: (a) The financial statements substantially meet the requirements of this item; (b) an express statement is made that the financial statements are incorporated by reference; (c) the information incorporated by reference is clearly identified by page, paragraph, caption or otherwise; and (d) if the information incorporated by reference is not filed with this schedule, an indication is made where the information may be inspected and copies obtained. Financial statements that are required to be presented in comparative form for two or more fiscal years or periods may not be

incorporated by reference unless the material incorporated by reference includes the entire period for which the comparative data is required to be given. *See* General Instruction F to this schedule.

4. If the offeror in a third-party tender offer is a natural person, and such person's financial information is material, disclose the net worth of the offeror. If the offeror's net worth is derived from material amounts of assets that are not readily marketable or there are material guarantees and contingencies, disclose the nature and approximate amount of the individual's net worth that consists of illiquid assets and the magnitude of any guarantees or contingencies that may negatively affect the natural person's net worth.

5. Pro forma financial information is required in a negotiated third-party cash tender offer when securities are intended to be offered in a subsequent merger or other transaction in which remaining target securities are acquired and the acquisition of the subject company is significant to the offeror under § 210.11–01(b)(1) of this chapter. The offeror must disclose the financial information specified in Item 3(f) and Item 5 of Form S-4 (§ 239.25 of this chapter) in the schedule filed with the Commission, but may furnish only the summary financial information specified in Item 3(d), (e) and (f) of Form S-4 in the disclosure document sent to security holders. If pro forma financial information is required by this instruction, the historical financial statements specified in Item 1010 of Regulation M-A (§ 229.1010 of this chapter) are required for the bidder.

6. The disclosure materials disseminated to security holders may contain the summarized financial information specified by Item 1010(c) of Regulation M-A (§ 229.1010 of this chapter) instead of the financial information required by Item 1010(a) and (b). In that case, the financial information required by Item 1010(a) and (b) of Regulation M-A must be disclosed in the statement. If summarized financial information is disseminated to security holders, include appropriate instructions on how more complete financial information can be obtained. If the summarized financial information is prepared on the basis of a comprehensive body of accounting principles other than U.S. GAAP, the summarized financial information must be accompanied by a reconciliation as described in Instruction 8 of this Item.

7. If the offeror is not subject to the periodic reporting requirements of the Act, the financial statements required by this Item need not be audited if audited financial statements are not available or obtainable without unreasonable cost or expense. Make a statement to that effect and the reasons for their unavailability.

8. If the financial statements required by this Item are prepared on the basis of a comprehensive body of accounting principles other than U.S. GAAP, provide a reconciliation to U.S. GAAP in accordance with Item 17 of Form 20-F (§ 249.220f of this chapter), unless a reconciliation is unavailable or not obtainable without unreasonable cost or expense. At a minimum, however, when financial statements are prepared on a basis other than U.S. GAAP, a narrative description of all material variations in accounting principles, practices and methods used in preparing the non-U.S. GAAP financial statements from those accepted in the U.S. must be presented.

*Item 11. Additional Information*

Furnish the information required by Item 1011(a) and (c) of Regulation M-A (§ 229.1011 of this chapter).

*Item 12. Exhibits*

File as an exhibit to the Schedule all documents specified by Item 1016 (a), (b), (d), (g) and (h) of Regulation M-A (§ 229.1016 of this chapter).

*Item 13. Information Required by Schedule 13E-3*

If the Schedule TO is combined with Schedule 13E-3 (§ 240.13e-100), set forth the information required by Schedule 13E-3 that is not included or covered by the items in Schedule TO.

*Signature.* After due inquiry and to the best of my knowledge and belief, I certify that the information set forth in this statement is true, complete and correct.

---

(Signature)

---

(Name and title)

---

(Date)

*Instruction to Signature:* The statement must be signed by the filing person or that person's authorized representative. If the statement is signed on behalf of a person by an authorized representative (other than an executive officer of a corporation or general partner of a partnership), evidence of the representative's authority to sign on behalf of the person must be filed with the statement. The name and any title of each person who signs the statement must be typed or printed beneath the signature. See §§ 240.12b-11 and 240.14d-1(h) with respect to signature requirements.

[64 FR 61462, Nov. 10, 1999, as amended at 72 FR 45112, Aug. 10, 2007; 73 FR 17814, Apr. 1, 2008; 73 FR 60093, Oct. 9, 2008; 76 FR 6046, Feb. 2, 2011]

**§ 240.14d-101 Schedule 14D-9.**

Securities and Exchange Commission,
*Washington, D.C. 20549*

Schedule 14D-9

Solicitation/Recommendation Statement under Section 14(d)(4) of the Securities Exchange Act of 1934

(Amendment No. ___)

---

(Name of Subject Company)

---

(Names of Persons Filing Statement)

---

(Title of Class of Securities)

---

(CUSIP Number of Class of Securities)

---

(Name, address, and telephone numbers of person authorized to receive notices and communications on behalf of the persons filing statement)

[ ] Check the box if the filing relates solely to preliminary communications made before the commencement of a tender offer.

*General Instructions:*

A. File eight copies of the statement, including all exhibits, with the Commission if paper filing is permitted.

B. If the filing contains only preliminary communications made before the commencement of a tender offer, no signature is required. The filer need not respond to the items in the schedule. Any pre-commencement communications that are filed under cover of this schedule need not be incorporated by reference into the schedule.

C. If an item is inapplicable or the answer is in the negative, so state. The statement published, sent or given to security holders may omit negative and not applicable responses. If the schedule includes any information that is not published, sent or given to security holders, provide that information or specifically incorporate it by reference under the appropriate item number and heading in the schedule. Do not recite the text of disclosure requirements in the schedule or any document published, sent or given to security holders. Indicate clearly the coverage of the requirements without referring to the text of the items.

D. Information contained in exhibits to the statement may be incorporated by reference in answer or partial answer to any item unless it would render the answer misleading, incomplete, unclear or confusing. A copy of any information that is incorporated by reference or a copy of the pertinent pages of a document containing the information must be submitted with this statement as an exhibit, unless it was previously filed with the Commission electronically on EDGAR. If an exhibit contains information responding to more than one item in the schedule, all information in that exhibit may be incorporated by reference once in response to the several items in the schedule for which it provides an answer. Information incorporated by reference is deemed filed with the Commission for all purposes of the Act.

E. Amendments disclosing a material change in the information set forth in this statement may omit any information previously disclosed in this statement.

*Item 1. Subject Company Information*

Furnish the information required by Item 1002(a) and (b) of Regulation M-A (§ 229.1002 of this chapter).

*Item 2. Identity and Background of Filing Person*

Furnish the information required by Item 1003(a) and (d) of Regulation M-A (§ 229.1003 of this chapter).

*Item 3. Past Contacts, Transactions, Negotiations and Agreements*

Furnish the information required by Item 1005(d) of Regulation M-A (§ 229.1005 of this chapter).

*Item 4. The Solicitation or Recommendation*

Furnish the information required by Item 1012(a) through (c) of Regulation M-A (§ 229.1012 of this chapter).

*Item 5. Person/Assets, Retained, Employed, Compensated or Used*

Furnish the information required by Item 1009(a) of Regulation M-A (§ 229.1009 of this chapter).

*Item 6. Interest in Securities of the Subject Company*

Furnish the information required by Item 1008(b) of Regulation M-A (§ 229.1008 of this chapter).

*Item 7. Purposes of the Transaction and Plans or Proposals*

Furnish the information required by Item 1006(d) of Regulation M-A (§ 229.1006 of this chapter).

*Item 8. Additional Information*

Furnish the information required by Item 1011(b) and (c) of Regulation M-A (§ 229.1011 of this chapter).

*Item 9. Exhibits*

File as an exhibit to the Schedule all documents specified by Item 1016(a), (e) and (g) of Regulation M-A (§ 229.1016 of this chapter).

*Signature.* After due inquiry and to the best of my knowledge and belief, I certify that the information set forth in this statement is true, complete and correct.

---

(Signature)

---

(Name and title)

---

(Date)

*Instruction to Signature:* The statement must be signed by the filing person or that person's authorized representative. If the statement is signed on behalf of a person by an authorized representative (other than an executive officer of a corporation or general partner of a partnership), evidence of the representative's authority to sign on behalf of the person must be filed with the statement. The name and any title of each person who signs the statement must be typed or printed beneath the signature. See § 240.14d-1(h) with respect to signature requirements.

[64 FR 61464, Nov. 10, 1999, as amended at 73 FR 17814, Apr. 1, 2008; 76 FR 6046, Feb. 2, 2011]

## § 240.14d-102 Schedule 14D-1F. Tender offer statement pursuant to rule 14d-1(b) under the Securities Exchange Act of 1934.

Intentionally Omitted.

## § 240.14d-103 Schedule 14D-9F. Solicitation/recommendation statement pursuant to section 14(d)(4) of the Securities Exchange Act of 1934 and rules 14d-1(b) and 14e-2(c) thereunder.

Intentionally Omitted.

## 2. Regulation 14E [17 C.F.R. §§ 240.14e-1 *et seq.* (2013)]

REGULATION 14E

NOTE: For the scope of and definitions applicable to Regulation 14E, refer to § 240.14d-1.

### § 240.14e-1 Unlawful tender offer practices.

As a means reasonably designed to prevent fraudulent, deceptive or manipulative acts or practices within the meaning of section 14(e) of the Act, no person who makes a tender offer shall:

(a) Hold such tender offer open for less than twenty business days from the date such tender offer is first published or sent to security holders; provided, however, that if the tender offer involves a roll-up transaction as defined in Item 901(c) of Regulation S-K (17 CFR 229.901(c)) and the securities being offered are registered (or authorized to be registered) on Form S-4 (17 CFR 229.25) or Form F-4 (17 CFR 229.34), the offer shall not be open for less than sixty calendar days from the date the tender offer is first published or sent to security holders;

(b) Increase or decrease the percentage of the class of securities being sought or the consideration offered or the dealer's soliciting fee to be given in a tender offer unless such tender offer remains open for at least ten business days from the date that notice of such increase or decrease is first published or sent or given to security holders.

*Provided, however,* That, for purposes of this paragraph, the acceptance for payment of an additional amount of securities not to exceed two percent of the class of securities that is the subject of the tender offer shall not be deemed to be an increase. For purposes of this paragraph, the percentage of a class of securities shall be calculated in accordance with section 14(d)(3) of the Act.

(c) Fail to pay the consideration offered or return the securities deposited by or on behalf of security holders promptly after the termination or withdrawal of a tender offer. This paragraph does not prohibit a bidder electing to offer a subsequent offering period under § 240.14d-11 from paying for securities during the subsequent offering period in accordance with that section.

(d) Extend the length of a tender offer without issuing a notice of such extension by press release or other public announcement, which notice shall include disclosure of the approximate number of securities deposited to date and shall be issued no later than the earlier of: (i) 9:00 a.m. Eastern time, on the next business day after the scheduled expiration date of the offer or (ii), if the class of securities which is the subject of the tender offer is registered on one or more national securities exchanges, the first opening of any one of such exchanges on the next business day after the scheduled expiration date of the offer.

(e) The periods of time required by paragraphs (a) and (b) of this section shall be tolled for any period during which the bidder has failed to file in electronic format, absent a hardship exemption (§§ 232.201 and 232.202 of this chapter), the Schedule TO Tender Offer Statement (§ 240.14d-100), any tender offer material required to be filed by Item 12 of that Schedule pursuant to paragraph (a) of Item 1016 of Regulation M-A (§ 229.1016(a) of this chapter), and any amendments thereto. If such documents were filed in paper pursuant to a hardship exemption (*see* § 232.201 and § 232.202(d)), the minimum offering periods shall be tolled for any period during which a required confirming electronic copy of such Schedule and tender offer material is delinquent.

[44 FR 70348, Dec. 6, 1979, as amended at 51 FR 3035, Jan. 23, 1986; 51 FR 25883, July 17, 1986; 51 FR 32630, Sept. 15, 1986; 56 FR 57255, Nov. 8, 1991; 58 FR 14682, 14685, Mar. 18, 1993; 59 FR 67765, Dec. 30, 1994; 62 FR 36459, July 8, 1997; 64 FR 61465, Nov. 10, 1999; 73 FR 17814, Apr. 1, 2008]

### § 240.14e-2 Position of subject company with respect to a tender offer.

(a) *Position of subject company.* As a means reasonably designed to prevent fraudulent, deceptive or manipulative acts or practices withing [sic] the meaning of section 14(e) of the Act, the subject company, no later than 10 business days from the date the tender offer is first published or sent or given, shall publish, send or give to security holders a statement disclosing that the subject company:

(1) Recommends acceptance or rejection of the bidder's tender offer;

(2) Expresses no opinion and is remaining neutral toward the bidder's tender offer; or

(3) Is unable to take a position with respect to the bidder's tender offer. Such statement shall also include the reason(s) for the position (including the inability to take a position) disclosed therein.

(b) *Material change.* If any material change occurs in the disclosure required by paragraph (a) of this section, the subject company shall promptly publish or send or give a statement disclosing such material change to security holders.

(c) Any issuer, a class of the securities of which is the subject of a tender offer filed with the Commission on Schedule 14D-1F and conducted in reliance upon and in conformity with Rule 14d-1(b) under the Act, and any director or officer of such issuer where so required by the laws, regulations and policies of Canada and/or any of its provinces or territories, in lieu of the statements called for by paragraph (a) of this section and Rule 14d-9 under the Act, shall file with the Commission on Schedule 14D-9F the entire disclosure document(s) required to be furnished to holders of securities of the subject issuer by the laws, regulations and policies of Canada and/or any of its provinces or territories governing the conduct of the tender offer, and shall disseminate such document(s) in the United States in accordance with such laws, regulations and policies.

(d) *Exemption for cross-border tender offers.* The subject company shall be exempt from this section with respect to a tender offer conducted under § 240.14d-1(c).

[44 FR 70348, Dec. 6, 1979, as amended at 56 FR 30075, July 1, 1991; 64 FR 61406, Nov. 10, 1999]

## § 240.14e-3 Transactions in securities on the basis of material, nonpublic information in the context of tender offers.

(a) If any person has taken a substantial step or steps to commence, or has commenced, a tender offer (the "offering person"), it shall constitute a fraudulent, deceptive or manipulative act or practice within the meaning of section 14(e) of the Act for any other person who is in possession of material information relating to such tender offer which information he knows or has reason to know is nonpublic and which he knows or has reason to know has been acquired directly or indirectly from:

(1) The offering person,

(2) The issuer of the securities sought or to be sought by such tender offer, or

(3) Any officer, director, partner or employee or any other person acting on behalf of the offering person or such issuer, to purchase or sell or cause to be purchased or sold any of such securities or any securities convertible into or exchangeable for any such securities or any option or right to obtain or to dispose of any of the foregoing securities, unless within a reasonable time prior to any purchase or sale such information and its source are publicly disclosed by press release or otherwise.

(b) A person other than a natural person shall not violate paragraph (a) of this section if such person shows that:

(1) The individual(s) making the investment decision on behalf of such person to purchase or sell any security described in paragraph (a) of this section or to cause any such security to be purchased or sold by or on behalf of others did not know the material, nonpublic information; and

(2) Such person had implemented one or a combination of policies and procedures, reasonable under the circumstances, taking into consideration the nature of the person's business, to ensure that individual(s) making investment decision(s) would not violate paragraph (a) of this section, which policies and procedures may include, but are not limited to, (i) those which restrict any purchase, sale and causing any purchase and sale of any such security or (ii) those which prevent such individual(s) from knowing such information.

(c) Notwithstanding anything in paragraph (a) of this section to contrary, the following transactions shall not be violations of paragraph (a) of this section:

(1) Purchase(s) of any security described in paragraph (a) of this section by a broker or by another agent on behalf of an offering person; or

(2) Sale(s) by any person of any security described in paragraph (a) of this section to the offering person.

(d)(1) As a means reasonably designed to prevent fraudulent, deceptive or manipulative acts or practices within the meaning of section 14(e) of the Act, it shall be unlawful for any person described in paragraph (d)(2) of this section to communicate material, nonpublic information relating to a tender offer to any other person under circumstances in which it is reasonably foreseeable that such communication is likely to result in a violation of this section *except* that this paragraph shall not apply to a communication made in good faith,

(i) To the officers, directors, partners or employees of the offering person, to its advisors or to other persons, involved in the planning, financing, preparation or execution of such tender offer;

(ii) To the issuer whose securities are sought or to be sought by such tender offer, to its officers, directors, partners, employees or advisors or to other persons, involved in the planning, financing, preparation or execution of the activities of the issuer with respect to such tender offer; or

(iii) To any person pursuant to a requirement of any statute or rule or regulation promulgated thereunder.

(2) The persons referred to in paragraph (d)(1) of this section are:

(i) The offering person or its officers, directors, partners, employees or advisors;

(ii) The issuer of the securities sought or to be sought by such tender offer or its officers, directors, partners, employees or advisors;

(iii) Anyone acting on behalf of the persons in paragraph (d)(2)(i) of this section or the issuer or persons in paragraph (d)(2)(ii) of this section; and

(iv) Any person in possession of material information relating to a tender offer which information he knows or has reason to know is nonpublic and which he knows or has reason to know has been acquired directly or indirectly from any of the above.

[45 FR 60418, Sept. 12, 1980]

### § 240.14e-4 Prohibited transactions in connection with partial tender offers.

(a) *Definitions.* For purposes of this section:

(1) The amount of a person's "net long position" in a subject security shall equal the excess, if any, of such person's "long position" over such person's "short position." For the purposes of determining the net long position as of the end of the proration period and for tendering concurrently to two or more partial tender offers, securities that have been tendered in accordance with the rule and not withdrawn are deemed to be part of the person's long position.

(i) Such person's *long position* is the amount of subject securities that such person:

(A) Or his agent has title to or would have title to but for having lent such securities; or

(B) Has purchased, or has entered into an unconditional contract, binding on both parties thereto, to purchase but has not yet received; or

(C) Has exercised a standardized call option for; or

(D) Has converted, exchanged, or exercised an equivalent security for; or

(E) Is entitled to receive upon conversion, exchange, or exercise of an equivalent security.

(ii) Such person's *short position*, is the amount of subject securities or subject securities underlying equivalent securities that such person:

(A) Has sold, or has entered into an unconditional contract, binding on both parties thereto, to sell; or

(B) Has borrowed; or

(C) Has written a non-standardized call option, or granted any other right pursuant to which his shares may be tendered by another person; or

(D) Is obligated to deliver upon exercise of a standardized call option sold on or after the date that a tender offer is first publicly announced or otherwise made known by the bidder to holders of the security to be acquired, if the exercise price of such option is lower than the highest tender offer price or stated amount of the consideration offered for the subject security. For the purpose of this paragraph, if one or more tender offers for the same security are ongoing on such date, the announcement date shall be that of the first announced offer.

(2) The term *equivalent security* means:

(i) Any security (including any option, warrant, or other right to purchase the subject security), issued by the person whose securities are the subject of the offer, that is immediately convertible into, or exchangeable or exercisable for, a subject security, or

(ii) Any other right or option (other than a standardized call option) that entitles the holder thereof to acquire a subject security, but only if the holder thereof reasonably believes that the maker or writer of the right or option has title to and possession of the subject security and upon exercise will promptly deliver the subject security.

(3) The term *subject security* means a security that is the subject of any tender offer or request or invitation for tenders.

(4) For purposes of this rule, a person shall be deemed to "tender" a security if he:

(i) Delivers a subject security pursuant to an offer,

(ii) Causes such delivery to be made,

(iii) Guarantees delivery of a subject security pursuant to a tender offer,

(iv) Causes a guarantee of such delivery to be given by another person, or

(v) Uses any other method by which acceptance of a tender offer may be made.

(5) The term *partial tender offer* means a tender offer or request or invitation for tenders for less than all of the outstanding securities subject to the offer in which tenders are accepted either by lot or on a *pro rata* basis for a specified period, or a tender offer for all of the outstanding shares that offers a choice of consideration in which tenders for different forms of consideration may be accepted either by lot or on a *pro rata* basis for a specified period.

(6) The term *standardized call option* means any call option that is traded on an exchange, or for which quotation information is disseminated in an electronic interdealer quotation system of a registered national securities association.

(b) It shall be unlawful for any person acting alone or in concert with others, directly or indirectly, to tender any subject security in a partial tender offer:

(1) For his own account unless at the time of tender, and at the end of the proration period or period during which securities are accepted by lot (including any extensions thereof), he has a net long position equal to or greater than the amount tendered in:

(i) The subject security and will deliver or cause to be delivered such security for the purpose of tender to the person making the offer within the period specified in the offer; or

(ii) An equivalent security and, upon the acceptance of his tender will acquire the subject security by conversion, exchange, or exercise of such equivalent security to the extent required by the terms of the offer, and will deliver or cause to be delivered the subject security so acquired for the purpose of tender to the person making the offer within the period specified in the offer; or

(2) For the account of another person unless the person making the tender:

(i) Possesses the subject security or an equivalent security, or

(ii) Has a reasonable belief that, upon information furnished by the person on whose behalf the tender is made, such person owns the subject security or an equivalent security and will promptly deliver the subject security or such equivalent security for the purpose of tender to the person making the tender.

(c) This rule shall not prohibit any transaction or transactions which the Commission, upon written request or upon its own motion, exempts, either unconditionally or on specified terms and conditions.

[49 FR 13870, Apr. 9, 1984, as amended at 50 FR 8102, Feb. 28, 1985. Redesignated and amended at 55 FR 50320, Dec. 6, 1990]

### § 240.14e-5 Prohibiting purchases outside of a tender offer.

(a) *Unlawful activity.* As a means reasonably designed to prevent fraudulent, deceptive or manipulative acts or practices in connection with a tender offer for equity securities, no covered person may directly or indirectly purchase or arrange to purchase any subject securities or any related securities except as part of the tender offer. This prohibition applies from the time of public announcement of the tender offer until the tender offer expires. This prohibition does not apply to any purchases or arrangements to purchase made during the time of any subsequent offering period as provided for in § 240.14d-11 if the consideration paid or to be paid for the purchases or arrangements to purchase is the same in form and amount as the consideration offered in the tender offer.

(b) *Excepted activity.* The following transactions in subject securities or related securities are not prohibited by paragraph (a) of this section:

(1) *Exercises of securities.* Transactions by covered persons to convert, exchange, or exercise related securities into subject securities, if the covered person owned the related securities before public announcement;

(2) *Purchases for plans.* Purchases or arrangements to purchase by or for a plan that are made by an agent independent of the issuer;

(3) *Purchases during odd-lot offers.* Purchases or arrangements to purchase if the tender offer is excepted under § 240.13e-4(h)(5);

(4) *Purchases as intermediary.* Purchases by or through a dealer-manager or its affiliates that are made in the ordinary course of business and made either:

(i) On an agency basis not for a covered person; or

(ii) As principal for its own account if the dealer-manager or its affiliate is not a market maker, and the purchase is made to offset a contemporaneous sale after having received an unsolicited order to buy from a customer who is not a covered person;

(5) *Basket transactions.* Purchases or arrangements to purchase a basket of securities containing a subject security or a related security if the following conditions are satisfied:

(i) The purchase or arrangement to purchase is made in the ordinary course of business and not to facilitate the tender offer;

(ii) The basket contains 20 or more securities; and

(iii) Covered securities and related securities do not comprise more than 5 % of the value of the basket;

(6) *Covering transactions.* Purchases or arrangements to purchase that are made to satisfy an obligation to deliver a subject security or a related security arising from a short sale or from the exercise of an option by a non-covered person if:

(i) The short sale or option transaction was made in the ordinary course of business and not to facilitate the offer;

(ii) In the case of a short sale, the short sale was entered into before public announcement of the tender offer; and

(iii) In the case of an exercise of an option, the covered person wrote the option before public announcement of the tender offer;

(7) *Purchases pursuant to contractual obligations.* Purchases or arrangements to purchase pursuant to a contract if the following conditions are satisfied:

(i) The contract was entered into before public announcement of the tender offer;

(ii) The contract is unconditional and binding on both parties; and

(iii) The existence of the contract and all material terms including quantity, price and parties are disclosed in the offering materials;

(8) *Purchases or arrangements to purchase by an affiliate of the dealer-manager.* Purchases or arrangements to purchase by an affiliate of a dealer-manager if the following conditions are satisfied:

(i) The dealer-manager maintains and enforces written policies and procedures reasonably designed to prevent the flow of information to or from the affiliate that might result in a violation of the federal securities laws and regulations;

(ii) The dealer-manager is registered as a broker or dealer under Section 15(a) of the Act;

(iii) The affiliate has no officers (or persons performing similar functions) or employees (other than clerical, ministerial, or support personnel) in common with the dealer-manager that direct, effect, or recommend transactions in securities; and

(iv) The purchases or arrangements to purchase are not made to facilitate the tender offer;

(9) *Purchases by connected exempt market makers or connected exempt principal traders.* Purchases or arrangements to purchase if the following conditions are satisfied:

(i) The issuer of the subject security is a foreign private issuer, as defined in § 240.3b-4(c);

(ii) The tender offer is subject to the United Kingdom's City Code on Takeovers and Mergers;

(iii) The purchase or arrangement to purchase is effected by a connected exempt market maker or a connected exempt principal trader, as those terms are used in the United Kingdom's City Code on Takeovers and Mergers;

(iv) The connected exempt market maker or the connected exempt principal trader complies with the applicable provisions of the United Kingdom's City Code on Takeovers and Mergers; and

(v) The tender offer documents disclose the identity of the connected exempt market maker or the connected exempt principal trader and disclose, or describe how U.S. security holders can obtain, information regarding market making or principal purchases by such market maker or principal trader to the extent that this information is required to be made public in the United Kingdom;

(10) *Purchases during cross-border tender offers.* Purchases or arrangements to purchase if the following conditions are satisfied:

(i) The tender offer is excepted under § 240.13e-4(h)(8) or § 240.14d-1(c);

(ii) The offering documents furnished to U.S. holders prominently disclose the possibility of any purchases, or arrangements to purchase, or the intent to make such purchases;

(iii) The offering documents disclose the manner in which any information about any such purchases or arrangements to purchase will be disclosed;

(iv) The offeror discloses information in the United States about any such purchases or arrangements to purchase in a manner comparable to the disclosure made in the home jurisdiction, as defined in § 240.13e-4(i)(3); and

(v) The purchases comply with the applicable tender offer laws and regulations of the home jurisdiction; and

(11) *Purchases or arrangements to purchase pursuant to a foreign tender offer(s).* Purchases or arrangements to purchase pursuant to a foreign offer(s) where the offeror seeks to acquire subject securities through a U.S. tender offer and a concurrent or substantially concurrent foreign offer(s), if the following conditions are satisfied:

(i) The U.S. and foreign tender offer(s) meet the conditions for reliance on the Tier II cross-border exemptions set forth in § 240.14d-1(d);

(ii) The economic terms and consideration in the U.S. tender offer and foreign tender offer(s) are the same, provided that any cash consideration to be paid to U.S. security holders may be converted from the currency to be paid in the foreign tender offer(s) to U.S. dollars at an exchange rate disclosed in the U.S. offering documents;

(iii) The procedural terms of the U.S. tender offer are at least as favorable as the terms of the foreign tender offer(s);

(iv) The intention of the offeror to make purchases pursuant to the foreign tender offer(s) is disclosed in the U.S. offering documents; and

(v) Purchases by the offeror in the foreign tender offer(s) are made solely pursuant to the foreign tender offer(s) and not pursuant to an open market transaction(s), a private transaction(s), or other transaction(s); and

(12) *Purchases or arrangements to purchase by an affiliate of the financial advisor and an offeror and its affiliates.* (i) Purchases or arrangements to purchase by an affiliate of a financial advisor and an offeror and its affiliates that are permissible under and will be conducted in accordance with the applicable laws of the subject company's home jurisdiction, if the following conditions are satisfied:

(A) The subject company is a foreign private issuer as defined in § 240.3b-4(c);

(B) The covered person reasonably expects that the tender offer meets the conditions for reliance on the Tier II cross-border exemptions set forth in § 240.14d-1(d);

(C) No purchases or arrangements to purchase otherwise than pursuant to the tender offer are made in the United States;

(D) The United States offering materials disclose prominently the possibility of, or the intention to make, purchases or arrangements to purchase subject securities or related securities outside of the tender offer, and if there will be public disclosure of purchases of subject or related securities, the manner in which information regarding such purchases will be disseminated;

(E) There is public disclosure in the United States, to the extent that such information is made public in the subject company's home jurisdiction, of information regarding all purchases of subject securities and related securities otherwise than pursuant to the tender offer from the time of public announcement of the tender offer until the tender offer expires;

(F) Purchases or arrangements to purchase by an offeror and its affiliates must satisfy the following additional condition: the tender offer price will be increased to match any consideration paid outside of the tender offer that is greater than the tender offer price; and

(G) Purchases or arrangements to purchase by an affiliate of a financial advisor must satisfy the following additional conditions:

(*1*) The financial advisor and the affiliate maintain and enforce written policies and procedures reasonably designed to prevent the transfer of information among the financial advisor and affiliate that might result in a violation of U.S. federal securities laws and regulations through the establishment of information barriers;

(*2*) The financial advisor has an affiliate that is registered as a broker or dealer under section 15(a) of the Act (15 U.S.C. 78o(a));

(*3*) The affiliate has no officers (or persons performing similar functions) or employees (other than clerical, ministerial, or support personnel) in common with the financial advisor that direct, effect, or recommend transactions in the subject securities or related securities who also will be involved in providing the offeror or subject company with financial advisory services or dealer-manager services; and

(*4*) The purchases or arrangements to purchase are not made to facilitate the tender offer.

(ii) [Reserved]

(c) *Definitions.* For purposes of this section, the term:

(1) *Affiliate* has the same meaning as in § 240.12b-2;

(2) *Agent independent* of the issuer has the same meaning as in § 242.100(b) of this chapter;

(3) *Covered person* means:

(i) The offeror and its affiliates;

(ii) The offeror's dealer-manager and its affiliates;

(iii) Any advisor to any of the persons specified in paragraph (c)(3)(i) and (ii) of this section, whose compensation is dependent on the completion of the offer; and

(iv) Any person acting, directly or indirectly, in concert with any of the persons specified in this paragraph (c)(3) in connection with any purchase or arrangement to purchase any subject securities or any related securities;

(4) *Plan* has the same meaning as in § 242.100(b) of this chapter;

(5) *Public announcement* is any oral or written communication by the offeror or any person authorized to act on the offeror's behalf that is reasonably designed to, or has the effect of, informing the public or security holders in general about the tender offer;

(6) *Related securities* means securities that are immediately convertible into, exchangeable for, or exercisable for subject securities;

(7) *Subject securities* has the same meaning as in § 229.1000 of this chapter; and

(8) *Subject company* has the same meaning as in § 229.1000 of this chapter; and

(9) *Home jurisdiction* has the same meaning as in the Instructions to paragraphs (c) and (d) of § 240.14d-1.

(d) *Exemptive authority.* Upon written application or upon its own motion, the Commission may grant an exemption from the provisions of this section, either unconditionally or on specified terms or conditions, to any transaction or class of transactions or any security or class of security, or any person or class of persons.

[64 FR 61465, Nov. 10, 1999, as amended at 73 FR 60093, Oct. 9, 2008]

### § 240.14e-6 Repurchase offers by certain closed-end registered investment companies.

Sections 240.14e-1 and 240.14e-2 shall not apply to any offer by a closed-end management investment company to repurchase equity securities of which it is the issuer pursuant to § 270.23c-3 of this chapter.

[58 FR 19343, Apr. 14, 1993]

### § 240.14e-7 Unlawful tender offer practices in connection with roll-ups.

In order to implement section 14(h) of the Act (15 U.S.C. 78n(h)):

(a) (1) It shall be unlawful for any person to receive compensation for soliciting tenders directly from security holders in connection with a roll-up transaction as provided in paragraph (a)(2) of this section, if the compensation is:

(i) Based on whether the solicited person participates in the tender offer; or

(ii) Contingent on the success of the tender offer.

(2) Paragraph (a)(1) of this section is applicable to a roll-up transaction as defined in Item 901(c) of Regulation S-K (§ 229.901(c) of this chapter), structured as a tender offer, except for a transaction involving only:

(i) Finite-life entities that are not limited partnerships;

(ii) Partnerships whose investors will receive new securities or securities in another entity that are not reported under a transaction reporting plan declared effective before December 17, 1993 by the Commission under section 11A of the Act (15 U.S.C. 78k-1); or

(iii) Partnerships whose investors' securities are reported under a transaction reporting plan declared effective before December 17, 1993 by the Commission under section 11A of the Act (15 U.S.C. 78k-1).

(b) (1) It shall be unlawful for any finite-life entity that is the subject of a roll-up transaction as provided in paragraph (b)(2) of this section to fail to provide a security holder list or mail communications related to a tender offer that is in furtherance of the roll-up transaction, at the option of a requesting security holder, pursuant to the procedures set forth in § 240.14a-7.

(2) Paragraph (b)(1) of this section is applicable to a roll-up transaction as defined in Item 901(c) of Regulation S-K (§ 229.901(c) of this chapter), structured as a tender offer, that involves:

(i) An entity with securities registered pursuant to section 12 of the Act (15 U.S.C. 78*l*); or

(ii) A limited partnership, unless the transaction involves only:

(A) Partnerships whose investors will receive new securities or securities in another entity that are not reported under a transaction reporting plan declared effective before December 17, 1993 by the Commission under section 11A of the Act (15 U.S.C. 78k-1); or

(B) Partnerships whose investors' securities are reported under a transaction reporting plan declared effective before December 17, 1993 by the Commission under section 11A of the Act (15 U.S.C. 78k-1).

[59 FR 63685, Dec. 8, 1994]

### § 240.14e-8 Prohibited conduct in connection with pre-commencement communications.

It is a fraudulent, deceptive or manipulative act or practice within the meaning of section 14(e) of the Act (15 U.S.C. 78n) for any person to publicly announce that the person (or a party on whose behalf the person is acting) plans to make a tender offer that has not yet been commenced, if the person:

(a) Is making the announcement of a potential tender offer without the intention to commence the offer within a reasonable time and complete the offer;

(b) Intends, directly or indirectly, for the announcement to manipulate the market price of the stock of the bidder or subject company; or

(c) Does not have the reasonable belief that the person will have the means to purchase securities to complete the offer.

[64 FR 61466, Nov. 10, 1999]

### § 240.14f-1 Change in majority of directors.

If, pursuant to any arrangement or understanding with the person or persons acquiring securities in a transaction subject to section 13(d) or 14(d) of the Act, any persons are to be elected or designated as directors of the issuer, otherwise than at a meeting of security holders, and the persons so elected or designated will constitute a majority of the directors of the issuer, then, not less than 10 days prior to the date any such person take office as a director, or such shorter period prior to that date as the Commission may authorize upon a showing of good cause therefor, the issuer shall file with the Commission and transmit to all holders of record of securities of the issuer who would be entitled to vote at a meeting for election of directors, information substantially equivalent to the information which would be required by Items 6 (a), (d) and (e), 7 and 8 of Schedule 14A of Regulation 14A (§ 240.14a-101 of this chapter) to be transmitted if such person or persons were nominees for election as directors at a meeting of such security holders. Eight copies of such information shall be filed with the Commission.

[33 FR 11017, Aug. 2, 1968, as amended at 34 FR 6101, Apr. 4, 1969; 51 FR 42072, Nov. 20, 1986]

## 3. Securities Act Rule 162 [17 C.F.R. § 230.162 (2013)]

### § 230.162 Submission of tenders in registered exchange offers.

(a) Notwithstanding section 5(a) of the Act (15 U.S.C. 77e(a)), an offeror may solicit tenders of securities in an exchange offer before a registration statement is effective as to the security offered, so long as no securities are purchased until the registration statement is effective and the tender offer has expired in accordance with the tender offer rules, and either:

(1) The exchange offer is subject to § 240.13e-4 or §§ 240.14d-1 through 14d-11 of this chapter; or

(2) The offeror provides withdrawal rights to the same extent as would be required if the exchange offer were subject to the requirements of § 240.13e-4 or §§ 240.14d-1 through 14d-11 of this chapter; and if a material change occurs in the information published, sent or given to security holders, the offeror complies with the provisions of § 240.13e-4(e)(3) or § 240.14d-4(b) and (d) of this chapter in disseminating information about the material change to security holders, and including the minimum periods during which the offer must remain open (with withdrawal rights) after notice of the change is provided to security holders.

(b) Notwithstanding Section 5(b)(2) of the Act (15 U.S.C. 77e(b)(2)), a prospectus that meets the requirements of Section 10(a) of the Act (15 U.S.C. 77j(a)) need not be delivered to security holders in an exchange offer that commences before the effectiveness of a registration statement in accordance with the provisions of § 230.162(a) of this section, so long as a preliminary prospectus, prospectus supplements and revised prospectuses are delivered to security holders in accordance with § 240.13e-4(e)(2) or § 240.14d-4(b) of this chapter. This applies not only to exchange offers subject to those provisions, but also to exchange offers not subject to those provisions that meet the conditions in § 230.162(a)(2) of this section.

*Instruction to § 230.162 of this section*: Notwithstanding the provisions of § 230.162 of this section above, for going-private transactions (as defined by § 240.13e–3) and roll-up transactions (as described by Item 901 of Regulation S-K (§ 229.901 of this chapter)), a registration statement registering the securities to be offered must have become effective and only a prospectus that meets the requirements of Section 10(a) of the Securities Act may be delivered to security holders on the date of commencement.

[73 FR 60087, Oct. 9, 2008]

## 4. Securities Act Rules 800 und 802 [17 C.F.R. §§ 230.800 and 230.802 (2013)]

### Exemptions for Cross-Border Rights Offerings, Exchange Offers and Business Combinations

Source: Sections 230.800 through 230.802 appear at 64 FR 61400, Nov. 10, 1999, unless otherwise noted.

### General Notes to §§ 230.800, 230.801 and 230.802

1. Sections 230.801 and 230.802 relate only to the applicability of the registration provisions of the Act (15 U.S.C. 77e) and not to the applicability of the anti-fraud, civil liability or other provisions of the federal securities laws.
2. The exemptions provided by § 230.801 and § 230.802 are not available for any securities transaction or series of transactions that technically complies with § 230.801 and § 230.802 but are part of a plan or scheme to evade the registration provisions of the Act.
3. An issuer who relies on § 230.801 or an offeror who relies on § 230.802 must still comply with the securities registration or broker-dealer registration requirements of the Securities Exchange Act of 1934 (15 U.S.C. 78a *et seq.*) and any other applicable provisions of the federal securities laws.
4. An issuer who relies on § 230.801 or an offeror who relies on § 230.802 must still comply with any applicable state laws relating to the offer and sale of securities.
5. Attempted compliance with § 230.801 or § 230.802 does not act as an exclusive election; an issuer making an offer or sale of securities in reliance on § 230.801 or § 230.802 may also rely on any other applicable exemption from the registration requirements of the Act.
6. Section 230.801 and § 230.802 provide exemptions only for the issuer of the securities and not for any affiliate of that issuer or for any other person for resales of the issuer's securities. These sections provide exemptions only for the transaction in which the issuer or other person offers or sells the securities, not for the securities themselves. Securities acquired in a § 230.801 or § 230.802 transaction may be resold in the United States only if they are registered under the Act or an exemption from registration is available.
7. Unregistered offers and sales made outside the United States will not affect contemporaneous offers and sales made in compliance with § 230.801 or § 230.802. A transaction that complies with § 230.801 or § 230.802 will not be integrated with offerings exempt under other provisions of the Act, even if both transactions occur at the same time.
8. Securities acquired in a rights offering under § 230.801 are "restricted securities" within the meaning of § 230.144(a)(3) to the same extent and proportion that the securities held by the security holder as of the record date for the rights offering were restricted securities. Likewise, securities acquired in an exchange

offer or business combination subject to § 230.802 are "restricted securities" within the meaning of § 230.144(a)(3) to the same extent and proportion that the securities tendered or exchanged by the security holder in that transaction were restricted securities.

9. Section 230.801 does not apply to a rights offering by an investment company registered or required to be registered under the Investment Company Act of 1940 (15 U.S.C. 80a-1 *et seq.*), other than a registered closed-end investment company. Section 230.802 does not apply to exchange offers or business combinations by an investment company registered or required to be registered under the Investment Company Act of 1940 (15 U.S.C. 80a-1 *et seq.*), other than a registered closed-end investment company.

## § 230.800 Definitions for §§ 230.800, 230.801 and 230.802.

The following definitions apply in §§ 230.800, 230.801 and 230.802.

(a) *Business combination. Business combination* means a statutory amalgamation, merger, arrangement or other reorganization requiring the vote of security holders of one or more of the participating companies. It also includes a statutory short form merger that does not require a vote of security holders.

(b) *Equity security. Equity security* means the same as in § 240.3a11–1 of this chapter, but for purposes of this section only does not include:

(1) Any debt security that is convertible into an equity security, with or without consideration;

(2) Any debt security that includes a warrant or right to subscribe to or purchase an equity security;

(3) Any such warrant or right; or

(4) Any put, call, straddle, or other option or privilege that gives the holder the option of buying or selling a security but does not require the holder to do so.

(c) *Exchange offer. Exchange offer* means a tender offer in which securities are issued as consideration.

(d) *Foreign private issuer. Foreign private issuer* means the same as in § 230.405 of Regulation C.

(e) *Foreign subject company. Foreign subject company* means any foreign private issuer whose securities are the subject of the exchange offer or business combination.

(f) *Home jurisdiction. Home jurisdiction* means both the jurisdiction of the foreign subject company's (or in the case of a rights offering, the foreign private issuer's) incorporation, organization or chartering and the principal foreign market where the foreign subject company's (or in the case of a rights offering, the issuer's) securities are listed or quoted.

(g) *Rights offering. Rights offering* means offers and sales for cash of equity securities where:

(1) The issuer grants the existing security holders of a particular class of equity securities (including holders of depositary receipts evidencing those securities) the right to purchase or subscribe for additional securities of that class; and

(2) The number of additional shares an existing security holder may purchase initially is in proportion to the number of securities he or she holds of record on the record date for the rights offering. If an existing security holder holds depositary receipts, the proportion must be calculated as if the underlying securities were held directly.

(h) *U.S. holder. U.S. holder* means any security holder resident in the United States. To determine the percentage of outstanding securities held by U.S. holders:

(1) Calculate the percentage of outstanding securities held by U.S. holders as of a date no more than 60 days before or 30 days after the public announcement of a business combination conducted under § 230.802 under the Act or of the record date in a rights offering conducted under § 230.801 under the Act. For a business combination conducted under § 230.802, if you are unable to calculate as of a date within these time frames, the calculation may be made as of the most recent practicable date before public announcement, but in no event earlier than 120 days before public announcement.

(2) Include securities underlying American Depositary Shares convertible or exchangeable into the securities that are the subject of the tender offer when calculating the number of subject securities outstanding, as well as the number held by U.S. holders. Exclude from the calculation other types of securities that are convertible or exchangeable into the securities that are the subject of the tender offer, such as warrants, options and convertible securities. Exclude from those calculations securities held by the acquiror in an exchange offer or business combination;

(3) Use the method of calculating record ownership in Rule 12g3–2(a) under the Exchange Act (§ 240.12g3–2(a) of this chapter), except that your inquiry as to the amount of securities represented by accounts of customers resident in the United States may be limited to brokers, dealers, banks and other nominees located in the United States, the subject company's jurisdiction of incorporation or that of each participant in a business combination, and the jurisdiction that is the primary trading market for the subject securities, if different from the subject company's jurisdiction of incorporation;

(4) If, after reasonable inquiry, you are unable to obtain information about the amount of securities represented by accounts of customers resident in the United States, you may assume, for purposes of this provision, that the customers are residents of the jurisdiction in which the nominee has its principal place of business.

(5) Count securities as owned by U.S. holders when publicly filed reports of beneficial ownership or information that is otherwise provided to you indicates that the securities are held by U.S. residents.

(6) For exchange offers conducted pursuant to § 230.802 under the Act by persons other than the issuer of the subject securities or its affiliates that are not made pursuant to an agreement with the issuer of the subject securities, the issuer of the subject securities will be presumed to be a foreign private issuer and U.S. holders

will be presumed to hold 10 percent or less of the outstanding subject securities, unless paragraphs (h)(7)(i), (ii) or (iii) of this section indicate otherwise.

(7) For rights offerings and business combinations, including exchange offers conducted pursuant to § 230.802 under the Act, where the offeror is unable to conduct the analysis of U.S. ownership set forth in paragraph (h)(3) of this section, the issuer of the subject securities will be presumed to be a foreign private issuer and U.S. holders will be presumed to hold 10 percent or less of the outstanding subject securities so long as there is a primary trading market for the subject securities outside the United States, as defined in § 240.12h-6(f)(5) of this chapter, unless:

(i) Average daily trading volume of the subject securities in the United States for a recent twelve-month period ending on a date no more than 60 days before the public announcement of the business combination or of the record date for a rights offering exceeds 10 percent of the average daily trading volume of that class of securities on a worldwide basis for the same period; or

(ii) The most recent annual report or annual information filed or submitted by the issuer with securities regulators of the home jurisdiction or with the Commission or any jurisdiction in which the subject securities trade before the public announcement of the offer indicates that U.S. holders hold more than 10 percent of the outstanding subject class of securities; or

(iii) The acquiror or issuer knows or has reason to know, before the public announcement of the offer, that the level of U.S. ownership exceeds 10 percent of such securities. As an example, an acquiror or issuer is deemed to know information about U.S. ownership of the subject class of securities that is publicly available and that appears in any filing with the Commission or any regulatory body in the issuer's jurisdiction of incorporation or (if different) the non-U.S. jurisdiction in which the primary trading market for the subject securities is located. The acquiror in a business combination is deemed to know information about U.S. ownership available from the issuer. The acquiror or issuer is deemed to know information obtained or readily available from any other source that is reasonably reliable, including from persons it has retained to advise it about the transaction, as well as from third-party information providers. These examples are not intended to be exclusive.

(i) *United States. United States* means the United States of America, its territories and possessions, any State of the United States, and the District of Columbia.

[64 FR 61400, Nov. 10, 1999, as amended at 73 FR 60087, Oct. 9, 2008]

### § 230.801 Exemption in connection with a rights offering.

Intentionally Omitted.

### § 230.802 Exemption for offerings in connection with an exchange offer or business combination for the securities of foreign private issuers.

Offers and sales in any exchange offer for a class of securities of a foreign private issuer, or in any exchange of securities for the securities of a foreign private issuer in any business combination, are exempt from the provisions of section 5 of the Act (15 U.S.C. 77e), if they satisfy the following conditions:

(a) *Conditions to be met*—(1) *Limitation on U.S. ownership.* Except in the case of an exchange offer or business combination that is commenced during the pendency of a prior exchange offer or business combination made in reliance on this paragraph, U.S. holders of the foreign subject company must hold no more than 10 percent of the securities that are the subject of the exchange offer or business combination (as determined under the definition of "U.S. holder" in § 230.800(h)). In the case of a business combination in which the securities are to be issued by a successor registrant, U.S. holders may hold no more than 10 percent of the class of securities of the successor registrant, as if measured immediately after completion of the business combination.

(2) *Equal treatment.* The offeror must permit U.S. holders to participate in the exchange offer or business combination on terms at least as favorable as those offered any other holder of the subject securities. The offeror, however, need not extend the offer to security holders in those states or jurisdictions that require registration or qualification, except that the offeror must offer the same cash alternative to security holders in any such state that it has offered to security holders in any other state or jurisdiction.

(3) *Informational documents.* (i) If the offeror publishes or otherwise disseminates an informational document to the holders of the subject securities in connection with the exchange offer or business combination, the offeror must furnish that informational document, including any amendments thereto, in English, to the Commission on Form CB (§ 239.800 of this chapter) by the first business day after publication or dissemination. If the offeror is a foreign company, it must also file a Form F-X (§ 239.42 of this chapter) with the Commission at the same time as the submission of the Form CB to appoint an agent for service of process in the United States.

(ii) The offeror must disseminate any informational document to U.S. holders, including any amendments thereto, in English, on a comparable basis to that provided to security holders in the foreign subject company's home jurisdiction.

(iii) If the offeror disseminates by publication in its home jurisdiction, the offeror must publish the information in the United States in a manner reasonably calculated to inform U.S. holders of the offer.

(b) *Legends.* The following legend or an equivalent statement in clear, plain language, to the extent applicable, must be included on the cover page or other prominent portion of any informational document the offeror publishes or disseminates to U.S. holders:

This exchange offer or business combination is made for the securities of a foreign company. The offer is subject to disclosure requirements of a foreign country that are different from those of the United States. Financial statements included in the document, if any, have been prepared in accordance with foreign accounting standards that may not be comparable to the financial statements of United States companies.

It may be difficult for you to enforce your rights and any claim you may have arising under the federal securities laws, since the issuer is located in a foreign country, and some or all of its officers and directors may be residents of a foreign country. You may not be able to sue a foreign company or its officers or directors in a foreign court for violations of the U.S. securities laws. It may be difficult to compel a foreign company and its affiliates to subject themselves to a U.S. court's judgment.

You should be aware that the issuer may purchase securities otherwise than under the exchange offer, such as in open market or privately negotiated purchases.

[64 FR 61400, Nov. 10, 1999, as amended at 73 FR 60088, Oct. 9, 2008]

# Literaturverzeichnis

*Ad Hoc Subcommittee on Merit Regulation of the ABA State Regulation of Securities Committee*, Report on State Merit Regulation of Securities Offerings, 41 Bus. Law. 785–852 (1986).

*Aha, Christof*, Die Cross-Border Rules der SEC und ihre Bedeutung für das deutsche Kapitalmarktrecht, AG 2002, 313–328.

*Albrecht, Christiane*, Das Übernahmerecht des U.S.-amerikanischen Williams Act, Diss., Baden-Baden 2008 (zit.: *Albrecht*, Williams Act).

*Apfelbacher, Gabriele / Barthelmess, Stephan / Buhl, Thomas / von Dryander, Christof* (Hrsg.), German Takeover Law – A commentary, München 2002 (zit.: *Bearbeiter*, in: Apfelbacher/Barthelmess/Buhl/von Dryander, German Takeover Law).

*Aranow, Edward Ross / Einhorn, Herbert A.*, Tender Offers for Corporate Control, New York 1973 (zit.: *Aranow/Einhorn*, Tender Offers for Corporate Control).

*Assmann, Heinz-Dieter*, Die Haftung für die Richtigkeit und Vollständigkeit der Angebotsunterlage nach § 12 WpÜG, AG 2002, 153–160.

*Assmann, Heinz-Dieter / Bozenhardt, Friedrich*, Übernahmeangebote als Regelungsproblem zwischen gesellschaftsrechtlichen Normen und zivilrechtlich begründeten Verhaltensgeboten, ZGR-Sonderheft 9, Übernahmeangebote, S. 1–156, hrsg. von Assmann / Basaldua / Bozenhardt / Peltzer – Berlin, New York 1990 (zit.: *Assmann/Bozenhardt*, in: Assmann/Basaldua/Bozenhardt/Peltzer, ZGR-Sonderheft 9, Übernahmeangebote).

*Assmann, Heinz-Dieter / Pötzsch, Thorsten / Schneider, Uwe H.* (Hrsg.), Wertpapiererwerbs- und Übernahmegesetz, Kommentar, 2. Auflage, Köln 2013 (zit.: *Bearbeiter*, in: Assmann/Pötzsch/Uwe H. Schneider, WpÜG).

*Bartos, James M.*, United States Securities Law: A Practical Guide, Third Edition, Alphen aan den Rijn 2006 (zit.: *Bartos*, U.S. Securities Law).

*Basnage, John M.*, SEC Amends Cross-Border Business Combination Rules, 10 Bus. L. Int'l 156–165 (2009).

*Basnage, John M. / Curtin III, William J. / Rubin, Jeffrey W.*, Cross-Border Tender Offers and Other Business Combination Transactions and the U.S. Federal Securities Laws: An Overview, 61 Bus. Law. 1071–1133 (2006).

*Baum, Harald*, Rückerwerbsangebote für eigene Aktien: übernahmerechtlicher Handlungsbedarf? ZHR 167 (2003) 580–610.

*Baums, Theodor / Thoma, Georg F.* (Hrsg.), WpÜG: Kommentar zum Wertpapiererwerbs- und Übernahmegesetz, Band I und II, Köln, Loseblatt, Stand: Mai 2012 (zit.: *Bearbeiter*, in: Baums/Thoma, WpÜG).

Beck'sches Handbuch der AG – Gesellschaftsrecht, Steuerrecht, Börsengang, 2. Auflage, München 2009 (zit.: *Bearbeiter*, in: Beck'sches Handbuch der AG).

*Behnke, Thorsten*, Erste praktische Erfahrungen mit dem Ausschluss ausländischer Anteilsinhaber nach § 24 WpÜG, WM 2002, 2229–2236.

*Berger, Klaus Peter / Filgut, Esther*, Material-Adverse-Change-Klauseln in Wertpapiererwerbs- und Übernahmeangeboten, WM 2005, 253–260.

*Berrar, Carsten*, Die Finanzierungsbestätigung nach § 13 WpÜG, ZBB 2002, 174–185.

*Berrar, Carsten / Schnorbus, York*, Rückerwerb eigener Aktien und Übernahmerecht, ZGR 2003, 59–112.

*Beyea, Genevieve*, *Morrison v. National Australia Bank* and the Future of Extraterritorial Application of the U.S. Securities Laws, 72 Ohio St. L.J. 537–574 (2011).

*Block, Dennis J. / Barton, Nancy E. / Roth, Andrea J.*, State Takeover Statutes: The "Second Generation," 13 Sec. Reg. L.J. 332–355 (1986).

*Boehm, Joshua L.*, Note, Private Securities Fraud Litigation after *Morrison v. National Australia Bank*: Reconsidering a Reliance-Based Approach to Extraterritoriality, 53 Harv. Int'l L.J. 249–290 (2012).

*Bohrer, Stephen D.*, The SEC's Amendments to the Cross-Border Rules: Right Direction But Off-Target, 41 Rev. of Sec. & Commodities Reg. 289–304 (2008).

*Brandi, Tim Oliver / Süßmann, Rainer*, Neue Insiderregeln und Ad-hoc-Publizität – Folgen für Ablauf und Gestaltung von M&A-Transaktionen, AG 2004, 642–658.

*Bromberg, Alan R.*, The Securities Law of Tender Offers, 15 N.Y.L.F. 459–568 (1969).

*Brown, Gary M.*, Securities Law and Practice Deskbook, Sixth Edition, Looseleaf, Last Updated 04/2013, New York (zit.: *Brown*, Securities Law and Practice Deskbook).

*Brown, Meredith M.*, The Scope of the Williams Act and Its 1970 Amendments, 26 Bus. Law. 1637–1648 (1971).

*Brown, Meredith M. / Ferrara, Ralph C. / Bird, Paul S. / Kubek, Gary W. / Regner, William D.*, Takeovers: A Strategic Guide to Mergers and Acquisitions, Third Edition, Looseleaf, Last Updated 10/2013, New York (zit.: *Brown et al.*, Takeovers).

*Bucklo, Elaine E.*, The Supreme Court Attempts to Define Scienter Under Rule 10b-5: *Ernst & Ernst v. Hochfelder*, 29 Stan. L. Rev. 213–240 (1977).

*Bukovac, Daniel*, Comment, Securities Law—Subject Matter Jurisdiction in Transnational Securities Fraud—*Bersch v. Drexel Firestone, Inc.—IIT v. Vencap, Ltd.*, 9 N.Y.U. J. Int'l L. & Pol. 113–146 (1976).

*Bungert, Hartwin / Paschos, Nikolaos*, Börsennotierung und Emission deutscher Wertpapiere in den USA – Der Zugang zum US-amerikanischen Kapitalmarkt für deutsche Kapitalgesellschaften –, DZWir 1995, 133–147.

*Bürgers, Tobias / Holzborn, Timo*, Haftungsrisiken der Organe einer Zielgesellschaft im Übernahmefall, insbesondere am Beispiel einer Abwehrkapitalerhöhung, ZIP 2003, 2273–2280.

*Busch, Torsten*, Bedingungen in Übernahmeangeboten, AG 2002, 145–152.

*Cascante, Christian / Tyrolt, Jochen*, 10 Jahre WpÜG – Reformbedarf im Übernahmerecht? AG 2012, 97–114.

*Chaffee, Eric C.*, The Dodd-Frank Wall Street Reform and Consumer Protection Act: A Failed Vision for Increasing Consumer Protection and Heightening Corporate Responsibility in International Financial Transactions, 60 Am. U. L. Rev. 1431–1457 (2011).

*Chang, Kun Young*, Multinational Enforcement of U.S. Securities Laws: The Need for the Clear and Restrained Scope of Extraterritorial Subject-Matter Jurisdiction, 9 Fordham J. Corp. & Fin. L. 89–125 (2003).

*Choi, Stephen J. / Guzman, Andrew T.*, National Laws, International Money: Regulation in a Global Capital Market, 65 Fordham L. Rev. 1855–1908 (1997).

*Choi, Stephen J. / Guzman, Andrew T.*, The Dangerous Extraterritoriality of American Securities Law, 17 Nw. J. Int'l L. & Bus. 207–241 (1996).

*Choi, Stephen J. / Silberman, Linda J.*, Transnational Litigation and Global Securities Class-Action Lawsuits, 2009 Wis. L. Rev. 465–506.

*Cohen, Manuel F.*, A Note on Takeover Bids and Corporate Purchases of Stock, 22 Bus. Law. 149–157 (1966).

*Cosenza, Elizabeth*, Paradise Lost: § 10(b) after *Morrison v National Australia Bank*, 11 Chi. J. Int'l L. 343–397 (2011).

*Dietrich, Hartmut*, Die Tender Offer im Bundesrecht der USA, AWD 1973, 304–312.

*Dietrich, Hartmut*, Die Tender Offer im Bundesrecht der Vereinigten Staaten, Diss., Frankfurt am Main 1975 (zit.: *Dietrich*, Tender Offer).

*Ebenroth, Carsten Thomas / Boujong, Karlheinz / Joost, Detlev / Strohn, Lutz*, Handelsgesetzbuch, Kommentar, Band 2, §§ 343–475h, Transportrecht, Bank- und Börsenrecht, 2. Auflage, München 2009 (zit.: *Bearbeiter*, in: Ebenroth/Boujong/Joost/Strohn, Handelsgesetzbuch, Bd. 2).

*Ehricke, Ulrich / Ekkenga, Jens / Oechsler, Jürgen* (Hrsg.), Wertpapiererwerbs- und Übernahmegesetz, Kommentar, München 2003 (zit.: *Bearbeiter*, in: Ehricke/Ekkenga/Oechsler, WpÜG).

*Ekkenga, Jens / Hofschroer, Josef*, Das Wertpapiererwerbs- und Übernahmegesetz (Teil I), DStR 2002, 724–734.

*Ekkenga, Jens / Hofschroer, Josef*, Das Wertpapiererwerbs- und Übernahmegesetz (Teil II), DStR 2002, 768–777.

*Ekkenga, Jens / Kuntz, Thilo*, Grundzüge eines Kollisionsrechts für grenzüberschreitende Übernahmeangebote, WM 2004, 2427–2436.

*Elsing, Siegfried H. / Van Alstine, Michael P.*, US-amerikanisches Handels- und Wirtschaftsrecht, 2. Auflage, Heidelberg 1999 (zit.: *Elsing/Van Alstine*, US-amerikanisches Handels- und Wirtschaftsrecht).

*Fisch, Jill E.*, Imprudent Power: Reconsidering U.S. Regulation of Foreign Tender Offers, 87 Nw. U. L. Rev. 523–575 (1993).

*Fischer, Christian*, Rechtsfragen grenzüberschreitender Übernahmeangebote, Diss., Frankfurt am Main 2008 (zit.: *Fischer*, Rechtsfragen grenzüberschreitender Übernahmeangebote).

*Fleischer, Holger / Kalss, Susanne*, Das neue Wertpapiererwerbs- und Übernahmegesetz: Einführende Gesamtdarstellung und Materialien, München 2002 (zit.: *Fleischer/Kalss*, WpÜG).

*Fleischer, Arthur, Jr. / Sussman, Alexander R.*, Takeover Defense: Mergers and Acquisitions, Successor Edition to Takeover Defense, Sixth Edition, Volume 1, Looseleaf, Last Updated 10/2011, New York (zit.: *Fleischer/Sussman*, Takeover Defense).

Frankfurter Kommentar zum WpÜG, hrsg. von Haarmann / Schüppen, 3. Auflage, Frankfurt am Main 2008 (zit.: *Bearbeiter*, in: FK-WpÜG).

*Friedl, Markus J.*, Die Haftung des Vorstands und Aufsichtsrats für eine fehlerhafte Stellungnahme gemäß § 27 I WpÜG, NZG 2004, 448–455.

*Geevarghese, Nidhi M.*, Note, A Shocking Loss of Investor Protection: The Implications of *Morrison v. National Australia Bank*, 6 Brook. J. Corp. Fin. & Com. L. 235–261 (2011).

*Geibel, Stephan / Süßmann, Rainer* (Hrsg.), Wertpapiererwerbs- und Übernahmegesetz (WpÜG), Kommentar, 2. Auflage, München 2008 (zit.: *Bearbeiter*: in: Geibel/Süßmann, WpÜG).

*Greene, Edward F. / Beller, Alan L. / Rosen, Edward J. / Silverman, Leslie N. / Braverman, Daniel A. / Sperber, Sebastian R. / Grabar, Nicolas*, U.S. Regulation of the International Securities and Derivatives Markets, Tenth Edition, Volume 1, Looseleaf, Last Updated 12/2012, New York (zit.: *Greene et al.*, U.S. Regulation of the International Securities and Derivatives Markets).

*Greene, Edward F. / Curran, Andrew / Christman, David A.*, Toward a Cohesive International Approach to Cross-Border Takeover Regulation, 51 U. Miami L. Rev. 823–874 (1997).

*Griffin, Patrick J., Jr. / Tucker, J. Richard*, The Williams Act, Public Law 90–439—Growing Pains? Some Interpretations with Respect to the Williams Act, 16 How. L.J. 654–718 (1971).

*Grosser, Ted D.*, Note, Extraterritorial Application of § 10(b) of the Securities Exchange Act of 1934—The Implications of *Bersch v. Drexel Firestone, Inc.* and *IIT v. Vencap, Ltd.*, 33 Wash. & Lee L. Rev. 397–414 (1976).

*Harbarth, Stephan*, Die Stellungnahme des Vorstands und Aufsichtsrats zur Gegenleistung bei Übernahmeangeboten, ZIP 2004, 3–12.

*Hasselbach, Kai / Wirtz, Johannes*, Die Verwendung von MAC-Klauseln in Angeboten nach dem WpÜG, BB 2005, 842–845.

*Hatzis-Schoch, Brent*, Die Bedeutung von Delaware für das US-amerikanische Gesellschaftsrecht, RIW 1992, 539–543.

*Hazen, Thomas L.*, A Look Beyond the Pruning of Rule 10b-5: Implied Remedies and Section 17(a) of the Securities Act of 1933, 64 Va. L. Rev. 641–689 (1978).

*Hazen, Thomas L.*, Securities Regulation in a Nutshell, Tenth Edition, St. Paul 2009 (zit.: *Hazen*, Securities Regulation in a Nutshell).

*Hazen, Thomas L.*, State Anti-Takeover Legislation: The Second and Third Generations, 23 Wake Forest L. Rev. 77–120 (1988).

*Hazen, Thomas L.*, The Law of Securities Regulation, Sixth Edition, St. Paul 2009 (zit.: *Hazen*, The Law of Securities Regulation).

*Heidel, Thomas* (Hrsg.), Aktienrecht und Kapitalmarktrecht, 3. Auflage, Baden-Baden 2011 (zit.: *Bearbeiter*, in: Heidel, Aktienrecht).

*Helmis, Sven*, Regulierung von Unternehmensübernahmen in den USA, RIW 2001, 825–834.

*Hopt, Klaus J.*, Grundsatz- und Praxisprobleme nach dem Wertpapiererwerbs- und Übernahmegesetz, ZHR 166 (2002) 383–432.

*Hopt, Klaus J.*, MAC-Klauseln im Finanz- und Übernahmerecht, in: Festschrift für Karsten Schmidt zum 70. Geburtstag, S. 681–704, hrsg. von Bitter / Lutter / Priester / Schön / Ulmer – Köln 2009 (zit.: *Hopt*, in: FS Schmidt).

*Hüffer, Uwe*, Aktiengesetz, Kommentar, 10. Auflage, München 2012 (zit.: *Hüffer*, AktG).

*Jacobs, Arnold S.*, The Williams Act—Tender Offers and Stock Accumulations, 2014 Edition, Eagan (zit.: *Jacobs*, The Williams Act).

*Jarrell, Gregg A.*, A Trip Down Memory Lane: Reflections on Section 203 and Subramanian, Herscovici, and Barbetta, 65 Bus. Law. 779–787 (2010).

*Johnson, Charles J., Jr.*, Application of Federal Securities Laws to International Securities Transactions, 45 Alb. L. Rev. 890–931 (1981).

*Josenhans, Michael*, Grenzüberschreitende öffentliche Übernahmeangebote – Unter besonderer Berücksichtigung des deutsch-amerikanischen Verhältnisses, Diss., Berlin 2007 (zit.: *Josenhans*, Grenzüberschreitende öffentliche Übernahmeangebote).

*K.W.B.*, Comment, Tender Offer Manipulation Under Section 14(e) of the Securities Exchange Act—Beyond *Schreiber*, *Schreiber v. Burlington Northern, Inc.*, 105 S. Ct. 2458 (1985), 64 Wash. U. L.Q. 245–251 (1986).

*Kaal, Wulf A. / Painter, Richard W.*, The Aftermath of Morrison v. National Australia Bank and Elliott Associates v. Porsche, ECFR 2011, 77–99.

*Kaouris, Demetrios G.*, Note, Is Delaware Still a Haven for Incorporation? 20 Del. J. Corp. L. 965–1043 (1995).

*Karmel, Roberta S.*, Transnational Takeover Talk—Regulations Relating to Tender Offers and Insider Trading in the United States, the United Kingdom, Germany, and Australia, 66 U. Cin. L. Rev. 1133–1177 (1998).

*Kelly, John D.*, Note, Let There Be Fraud (Abroad): A Proposal for a New U.S. Jurisprudence with Regard to the Extraterritorial Application of the Anti-Fraud Provisions of the 1933 and 1934 Securities Acts, 28 Law & Pol'y Int'l Bus. 477–507 (1997).

*Kennedy, W. McNeil*, Tender Moment, 23 Bus. Law. 1091–1114 (1968).

*Kirchner, Christian / Painter, Richard W.*, Takeover Defenses Under Delaware Law, the Proposed Thirteenth EU Directive and the New German Takeover Law: Comparison and Recommendations for Reform, 50 Am. J. Comp. L. 451–476 (2002).

*Kirman, Igor / Goldberg, Louis L.*, The Art of Deal Structuring – Doing Deals 2011: The Art of M&A Transactional Practice, New York 2011 (zit.: *Kirman/Goldberg*, The Art of Deal Structuring).

*Kling, Lou R. / Nugent, Eileen T.*, Negotiated Acquisitions of Companies, Subsidiaries and Divisions, Volume 1, Looseleaf, Last Updated 2013, New York (zit.: *Kling/ Nugent*, Negotiated Acquisitions).

*Knoll, Heinz-Christian*, Die Übernahme von Kapitalgesellschaften: Unter besonderer Berücksichtigung des Schutzes von Minderheitsaktionären nach amerikanischem, englischem und deutschem Recht, Diss., Baden-Baden 1992 (zit.: *Knoll*, Die Übernahme von Kapitalgesellschaften).

*Koch, Jens*, Der Erwerb eigener Aktien – kein Fall des WpÜG, NZG 2003, 61–70.

Kölner Kommentar zum WpÜG, hrsg. von Hirte / von Bülow, 2. Auflage, Köln 2010 (zit.: *Bearbeiter*, in: KK-WpÜG).

*Konevsky, Alan P.W. / King, Jessica*, America Sans Frontières? Cross-Border Business Deals: Excluding U.S. Shareholders After Morrison, M&A Journal 11/2010, 1–21.

*Kreider, Gary P.*, Fortress Without Foundation? Ohio Takeover Act II, 52 U. Cin. L. Rev. 108–123 (1983).

*Lamb, Stephen P. / Gorris, Jeffrey M.*, A Practical Response to a Hypothetical Analysis of Section 203's Constitutionality, 65 Bus. Law. 771–778 (2010).

*Land, Volker*, Das neue deutsche Wertpapiererwerbs- und Übernahmegesetz – Anmerkungen zum Regierungsentwurf, DB 2001, 1707–1713.

*Lander, Guy P.*, SEC Rules for Cross-Border Tender Offers, Exchange Offers, and Business Combinations, 36 Int'l Law. 237–264 (2002).

*Lander, Guy P.*, U.S. Securities Law for International Financial Transactions and Capital Markets, Revised Second Edition, Volume 14A, Looseleaf, Last Updated 11/2012, St. Paul (zit.: *Lander*, U.S. Securities Law).

*Langevoort, Donald C.*, *Schoenbaum* Revisited: Limiting the Scope of Antifraud Protection in an Internationalized Securities Marketplace, 55 Law & Contemp. Probs. 241–261 (1992).

*Lebherz, Axel*, Publizitätspflichten bei der Übernahme börsennotierter Unternehmen, WM 2010, 154–163.

*Lederman, Lawrence / Vlahakis, Patricia*, Pricing and Proration in Tender Offers, 14 Rev. of Sec. Reg. 813–819 (1981).

*Lenz, Jürgen / Behnke, Thorsten*, Das WpÜG im Praxistest – Ein Jahr Angebotsverfahren unter der Regie des neuen Gesetzes, BKR 2003, 43–51.

*Lenz, Jürgen / Linke, Ulf*, Die Handhabung des WpÜG in der aufsichtsrechtlichen Praxis, AG 2002, 361–369.

*Letzel, Hans-Joachim*, Das Pflichtangebot nach dem WpÜG, BKR 2002, 293–304.

*Liebscher, Thomas*, Das Übernahmeverfahren nach dem neuen Übernahmegesetz – Übernahmerechtliche Grenzen der Gestaltungsfreiheit im Hinblick auf die Übernahmestrategien des Bieters, ZIP 2001, 853–869.

*Lipton, Martin / Steinberger, Erica H.*, Takeovers & Freezeouts, Volume 1, Looseleaf, Last Updated 2013, New York (zit.: *Lipton/Steinberger*, Takeovers & Freezeouts).

*Loomis, Philip A., Jr.*, Purchases by a Corporation of its Own Securities, 22 Record of N.Y.C.B.A. 275–279 (1967).

*Lowenfels, Lewis D. / Bromberg, Alan R.*, Controlling Person Liability Under Section 20(a) of the Securities Exchange Act and Section 15 of the Securities Act, 53 Bus. Law. 1–33 (1997).

*Lutter, Marcus / Krieger, Gerd*, Rechte und Pflichten des Aufsichtsrats, 5. Auflage, Köln 2008 (zit.: *Lutter/Krieger*, Rechte und Pflichten des Aufsichtsrats).

*Macey, Jonathan R. / Miller, Geoffrey P.*, Origin of the Blue Sky Laws, 70 Tex. L. Rev. 347–397 (1991).

*Maidenberg, Jeffrey A.*, Comment, Delaware's Section 203 Antitakeover Statute Survives Constitutional Challenge: *BNS, Inc. v. Koppers Co.*, 75 Iowa L. Rev. 235–258 (1989).

*Mann, Michael D.* / Mari, Joseph G. / *Lavdas, George*, Oversight by the U.S. Securities and Exchange Commission of U.S. Securities Markets and Issues of Internationalization and Extraterritorial Jurisdiction, 29 Int'l Law. 731–754 (1995).

*Manne, Henry G.*, Cash Tender Offers for Shares—A Reply to Chairman Cohen, 1967 Duke L.J. 231–253.

*Marovitch, Joseph A.*, Note, *Continental Grain (Australia) Pty. Ltd. v. Pacific Oilseeds, Inc.*: An Unjustifiable Expansion of Subject Matter Jurisdiction in a Transnational Securities Fraud Case, 2 Nw. J. Int'l L. & Bus. 264–275 (1980).

*McKinney, Scott D.*, Doing Deals Under the SEC's Revised Cross-Border Tender Offer, Exchange Offer and Business Combination Rules, 37 Sec. Reg. L.J. 248–269 (2009).

Münchener Kommentar zum Aktiengesetz, hrsg. von Goette / Habersack, Band 6, §§ 329–410, WpÜG, 3. Auflage, München 2011 (zit.: *Bearbeiter*, in: MünchKomm-AktG).

*Nahr, J. Christian*, Regulatory conflicts in German-US tender offers, 21 Int'l Fin. L. Rev. 35–38 (2002).

*Neumann, Kay-Uwe / Ogorek, Markus*, Reichweite und verfassungsrechtliche Grenzen der Veröffentlichungs- und Mitteilungspflichten des § 23 Abs. 2 S. 1 Alt. 1 WpÜG bei fehlendem Kontrollerwerb, BB 2010, 1297–1301.

*Newlin, William R. / Gilmer, Jay A.*, The Pennsylvania Shareholder Protection Act: A New State Approach to Deflecting Corporate Takeover Bids, 40 Bus. Law. 111–127 (1984).

*Nugent, Eileen T.*, A Timely Look at DGCL Section 203, 65 Bus. Law. 753–759 (2010).

*Oechsler, Jürgen*, Der RegE zum Wertpapiererwerbs- und Übernahmegesetz – Regelungsbedarf auf der Zielgeraden! NZG 2001, 817–826.

*Oesterle, Dale A.*, Mergers and Acquisitions in a Nutshell, Second Edition, St. Paul 2006 (zit.: *Oesterle*, Mergers and Acquisitions in a Nutshell).

*Painter, Richard W.*, The Dodd-Frank Extraterritorial Jurisdiction Provision: Was it Effective, Needed or Sufficient? 1 Harv. Bus. L. Rev. 195–229 (2011).

*Painter, Richard W. / Dunham, Douglas W. / Quackenbos, Ellen*, When Courts and Congress Don't Say What They Mean: Initial Reactions to *Morrison v. National Australia Bank* and to the Extraterritorial Jurisdiction Provisions of the Dodd-Frank Act, 20 Minn. J. Int'l L. 1–25 (2011).

*Pietzke, Rudolf*, Das zwingende Übernahmeangebot bei Erwerb einer Kontrollmehrheit, in: Festschrift für Wolfgang Fikentscher zum 70. Geburtstag, S. 601–621, hrsg. von Großfeld / Sack / Möllers / Drexl / Heinemann – Tübingen 1998 (zit.: *Pietzke*, in: FS Fikentscher).

*Pluskat, Sorika*, Rückerwerb eigener Aktien nach WpÜG – auch offiziell kein Anwendungsfall mehr, NZG 2006, 731–733.

*Prentice, Robert A.*, The Role of States in Tender Offers: An Analysis of *CTS*, 1988 Colum. Bus. L. Rev. 1–89.

*Pritchard, Adam C.*, Securities Law in the Roberts Court: Agenda or Indifference? 37 J. Corp. L. 105–145 (2011).

*Ribstein, Larry E.*, Preemption as Micromanagement, 65 Bus. Law. 789–798 (2010).

*Rocks, Andrew*, Note, Whoops! The Imminent Reconciliation of U.S. Securities Laws with International Comity After *Morrison v. National Australia Bank* and the Drafting Error in the Dodd-Frank Act, 56 Vill. L. Rev. 163–198 (2011).

*Rothenfußer, Christoph / Friese-Dormann, Ulrike / Rieger, Norbert*, Rechtsprobleme konkurrierender Übernahmeangebote nach dem WpÜG, AG 2007, 137–157.

*Sachs, Margaret V.*, The International Reach of Rule 10b-5: The Myth of Congressional Silence, 28 Colum. J. Transnat'l L. 677–721 (1990).

*Sandberger, Georg*, Teilübernahmeangebote und Zwangsübernahmeangebote im Europäischen Take-over-Recht, DZWir 1993, 319–326.

*Scholl, Dennis / Perkowski, Ronald K.*, An Implied Right of Action Under Section 17(a): The Supreme Court Has Said "No," But Is Anybody Listening? 36 U. Miami L. Rev. 41–66 (1981).

*Schüppen, Matthias*, Übernahmegesetz ante portas! – Zum Regierungsentwurf eines „Gesetzes zur Regelung von öffentlichen Angeboten zum Erwerb von Wertpapieren und von Unternehmensübernahmen" –, WPg 2001, 958–976.

*Schuster, Gunnar*, Die internationale Anwendung des Börsenrechts – Völkerrechtlicher Rahmen und kollisionsrechtliche Praxis in Deutschland, England und den USA, Diss., Berlin, Heidelberg, New York 1996 (zit.: *Schuster*, Die internationale Anwendung des Börsenrechts).

*Schwark, Eberhard / Zimmer, Daniel* (Hrsg.), Kapitalmarktrechts-Kommentar, 4. Auflage, München 2010 (zit.: *Bearbeiter*, in: Schwark/Zimmer, KMRK).

*Scriggins, Larry P. / Clarke, David, Jr.*, Takeovers and the 1983 Maryland Fair Price Legislation, 43 Md. L. Rev. 266–291 (1984).

*Seligman, Joel*, The New Uniform Securities Act, 81 Wash. U. L.Q. 243–299 (2003).

*Sparks, A. Gilchrist III / Bowers, Helen*, After Twenty-Two Years, Section 203 of the Delaware General Corporation Law Continues to Give Hostile Bidders a Meaningful Opportunity for Success, 65 Bus. Law. 761–769 (2010).

*Steinmeyer, Roland* (Hrsg.), Wertpapiererwerbs- und Übernahmegesetz, Kommentar, 3. Auflage, Berlin 2013 (zit.: *Bearbeiter*, in: Steinmeyer, WpÜG).

*Stephan, Klaus-Dieter*, Angebotsaktualisierung, AG 2003, 551–561.

*Subramanian, Guhan / Herscovici, Steven / Barbetta, Brian*, Is Delaware's Antitakeover Statute Unconstitutional? Evidence from 1988–2008, 65 Bus. Law. 685–752 (2010).

*Subramanian, Guhan / Herscovici, Steven / Barbetta, Brian*, Is Delaware's Antitakeover Statute Unconstitutional? Further Analysis and a Reply to Symposium Participants, 65 Bus. Law. 799–808 (2010).

*Süßmann, Rainer*, Anwendung des WpÜG auf öffentliche Angebote zum Erwerb eigener Aktien? AG 2002, 424–433.

*Thaeter, Ralf / Brandi, Tim Oliver* (Hrsg.), Öffentliche Übernahmen – Recht und Praxis der Übernahme börsennotierter Unternehmen, München 2003 (zit.: *Bearbeiter*, in: Thaeter/Brandi, Öffentliche Übernahmen).

*Thoma, Georg F.*, Das Wertpapiererwerbs- und Übernahmegesetz im Überblick, NZG 2002, 105–112.

*Tröger, Tobias*, Unternehmensübernahmen im deutschen Recht (I) – Die Regelungen des WpÜG für öffentliche Angebote –, DZWIR 2002, 353–363.

*Tröger, Tobias*, Unternehmensübernahmen im deutschen Recht (II) – Übernahmeangebote, Pflichtangebot, Squeeze Out –, DZWIR 2002, 397–407.

*Tyler, Richard B.*, More About Blue Sky, 39 Wash. & Lee L. Rev. 899–941 (1982).

*Van Alstine, Michael P.*, Die EG-Übernahme-Richtlinie im Lichte der Erfahrungen in den USA, EWS 1993, 8–16.

*Vaughan III, C. Porter*, Tender Offers in Virginia, 7 Rev. of Sec. Reg. 879–882 (1974).

*Veranneman, Peter / Gärtner, Mathias G.*, Grenzüberschreitende Tauschangebote nach WpÜG, AG 2009, 648–654.

*White, David Jonathan*, Rulemaking Under Section 14(e) of the Exchange Act: The SEC Exceeds Its Reach in Attempting to Pull The Plug on Multiple Proration Pools, 36 Vand. L. Rev. 1313–1349 (1983).

*Zinser, Alexander*, Der RefE eines „Gesetzes zur Regelung von öffentlichen Angeboten zum Erwerb von Wertpapieren und von Unternehmensübernahmen" vom 12. 3. 2001, NZG 2001, 391–397.

*Zinser, Alexander*, Unternehmensübernahmen in Europa und den USA, RIW 1999, 844–850.

*Zschocke, Christian O. / Schuster Stephan*, Bad Homburger Handbuch zum Übernahmerecht, Heidelberg 2003 (zit.: *Bearbeiter*, in: Zschocke/Schuster, Bad Homburger Handbuch zum Übernahmerecht).